आज के प्रश्न-23

संकट में खेती

आन्दोलन पर किसान

आज के प्रश्न

इस पुस्तक शृंखला का लक्ष्य है समकालीन राजनीतिक, आर्थिक और सामाजिक दृश्यपट की प्रखर, विस्तृत और वस्तुपरक पड़ताल। कम मूल्य पर विचारपूर्ण सामग्री देने की इस योजना के तहत चार महीने के अन्तराल पर दो ऐसी पुस्तकें प्रकाशित की जा रही हैं, जो किसी महत्त्वपूर्ण घटना, मुद्दे या समस्या से जुड़ी हों। शृंखला के संस्थापक सम्पादक थे प्रसिद्ध लेखक और पत्रकार राजकिशोर। सन् 2022 से इसका सम्पादन वरिष्ठ पत्रकार और शिक्षक प्रो. अरुण कुमार त्रिपाठी कर रहे हैं।

'आज के प्रश्न' शृंखला में अब तक प्रकाशित पुस्तकें :

1. अयोध्या और उससे आगे
2. भारतीय मुसलमान : मिथक और यथार्थ
3. हिन्दू होने का मतलब
4. विनाश को निमन्त्रण : भारत की नयी अर्थनीति
5. कश्मीर का भविष्य
6. हरिजन से दलित
7. स्त्री के लिए जगह
8. भारत का राजनीतिक संकट
9. भ्रष्टाचार की चुनौती
10. मानव अधिकारों का संघर्ष
11. हिन्दुत्व की राजनीति
12. अश्लीलता का हमला
13. जाति का जहर
14. स्त्री, परम्परा और आधुनिकता
15. बच्चे और हम
16. हिंसा की सभ्यता
17. मुस्लिम आतंकवाद बनाम अमेरिका
18. दलित राजनीति की समस्याएँ
19. नैतिकता के नये सवाल
20. माओवाद, हिंसा और आदिवासी
21. धर्म और धर्मसत्ता
22. तालिबान की वापसी : अफ़ग़ानी जिहाद बनाम अमेरिकी आज़ादी
23. संकट में खेती : आन्दोलन पर किसान

संकट में खेती
आन्दोलन पर किसान

सम्पादक
अरुण कुमार त्रिपाठी

वाणी प्रकाशन

वाणी प्रकाशन
4695, 21-ए, दरियागंज, नयी दिल्ली 110 002
फ़ोन : +91 11 23273167 फ़ैक्स : +91 11 23275710
शाखाएँ
अशोक राजपथ, पटना 800 004, बिहार
कॉफ़ी हाउस कैम्पस, महात्मा गांधी मार्ग, इलाहाबाद 211 001, उत्तर प्रदेश
महात्मा गांधी अन्तरराष्ट्रीय हिन्दी विश्वविद्यालय, वर्धा 442 001, महाराष्ट्र
सुल्तानिया रोड, मोतिया पार्क, भोपाल 462 001, मध्य प्रदेश
www.vaniprakashan.com
marketing@vaniprakashan.in
sales@vaniprakashan.in

Sankat Mein Kheti : Aandolan Par Kisan
Edited by Arun Kumar Tripathi

ISBN : 978-93-5518-083-4
Aaj Ke Prashn

प्रथम संस्करण 2022

मूल्य : ₹ 475

आर. टेक ऑफ़सेट प्रिंटर्स, दिल्ली-110032 में मुद्रित

वाणी प्रकाशन का लोगो मक़बूल फ़िदा हुसेन की कूची से

अनुक्रम

सम्पादक की बात

कृषि संकट की गहराई और प्रतिरोध

कृषि संकट न तो सितम्बर 2020 में पारित किये गये तीन कृषि क़ानूनों के कारण उत्पन्न हुआ है और न ही नवम्बर 2021 में उन क़ानूनों को वापस ले लेने से दूर होने वाला है, लेकिन एक बात निश्चित है कि इन क़ानूनों से भारतीय किसानों को कोई राहत नहीं मिलने वाली थी जैसा कि दावा किया जा रहा था। उल्टे खेती का संकट उससे बढ़ने वाला था। इसलिए क़ानूनों को वापस लिए जाने से जो तात्कालिक संकट गहराया था वह तो टल गया है और आन्दोलन की जीत से किसानों के भीतर थकान की बजाय उत्साह पैदा हुआ है। इसी के साथ सरकार और किसानों के बीच जो कटुता बन रही थी वह कम हुई, लेकिन खेती में सुधार करने, उसे घाटे की बजाय मुनाफ़े में करने, उसमें नयी प्रौद्योगिकी लाने और हरित क्रान्ति के बुरे प्रभावों से निकलने की जो बेचैनी है वह जारी रहनी चाहिए। उसके लिए खेती से जुड़े सभी पक्षकारों को एक सौहार्द्रपूर्ण वातावरण में एक–दूसरे की बातें सुनकर नये कार्यक्रम और नया रास्ता निकालना चाहिए। ज़ाहिर है कि इसमें किसान और किसान संगठन सबसे ज़रूरी पक्षकार हैं और उनकी बात सुने और उनके सुझावों पर अमल किये बिना कोई उपयोगी और कारगर रास्ता निकल नहीं सकता।

कृषि के संकट का जो रूप है उसे आगे दिये जाने वाले कुछ कारणों और संकेतकों से चिह्नित किया जा सकता है। हरित क्रान्ति के बाद खेती में नये उन्नतशील बीज, उर्वरक, कीटनाशक और सिंचाई का ख़र्च बढ़ता गया। ऊपर से मशीनीकरण के कारण पूँजी की भारी ज़रूरत लगने लगी। आरम्भ में खाद्यान्न के मामले में देश को आत्मनिर्भर करने के लिए सरकार इन चीज़ों पर सब्सिडी देती थी, लेकिन 1991 के बाद उदारीकरण की नीतियों के तहत सरकार ने सब्सिडी से हाथ खींचना शुरू कर दिया। उसने खेती में निवेश भी

निरन्तर घटाया। इसलिए खेती की लागत महँगी होना एक बड़ा कारण है उसमें आये संकट का।

दूसरा कारण है पिछले तीस सालों से बीज, उर्वरक और कीटनाशक के उत्पादन को कॉरपोरेट के हाथों में दिया जा रहा है। वे उसके दाम बढ़ाते जा रहे हैं। इस बीच डीजल, पेट्रोल, बिजली और नहरों से मिलने वाले पानी का किराया बहुत बढ़ा है।

तीसरा प्रमुख कारण है इतनी भारी लागत लगाने के बावजूद किसानों को उनकी उपज का उचित दाम नहीं मिलता। सरकार सैद्धान्तिक रूप से या कहें कागजी तौर पर 23 फ़सलों पर एमएसपी देती है, लेकिन व्यावहारिक रूप से उसका कोई अर्थ नहीं है। क्योंकि एमएसपी पर व्यापारी ख़रीदता नहीं और सरकार सीमित ख़रीद करती है। यहाँ तक पंजाब और हरियाणा जहाँ पर एपीएमसी (कृषि उत्पाद मण्डी परिषद्) विकसित स्थिति में हैं वहाँ पर भी धान और गेहूँ के अलावा सरकार बाक़ी 21 फ़सलों की एमएसपी पर ख़रीद नहीं करती।

कृषि में लगने वाली भारी लागत और बदले में उचित दाम न मिलने के कारण एक ओर किसानों पर क़र्ज़ बढ़ता है तो दूसरी ओर वे मजबूरी में अपने उत्पाद बेचते हैं। क़र्ज़ का बोझ बढ़ने से उनकी मानसिक दशा ख़राब होती है और वे आत्महत्या की ओर प्रवृत्त होते हैं। दूसरी ओर मजबूरी में फ़सल बेचने पर उचित दाम नहीं मिलता और वे खेती से निराश होते हैं।

खेती के बारे में कहा जाता रहा है कि वह मौसम के साथ जुआ है। किसान कभी सूखा झेलता है, कभी बाढ़ का सामना करता है तो कभी ओला वृष्टि का। बेमौसम बारिश भी उसके समक्ष एक समस्या है। इस बीच आवारा पशुओं ने भी खेती में बाड़ लगाने और उसकी रक्षा करने की लागत बढ़ा दी है, लेकिन उससे भी किसानों को निजात नहीं मिलती और छुट्टा जानवर उनकी फ़सलों को हानि पहुँचाते हैं। प्रधानमन्त्री फ़सल बीमा योजना इसमें एक सीमा तक ही कारगर है। वजह साफ़ है कि नौकरशाही में भ्रष्टाचार किसानों तक कोई लाभ आसानी से पहुँचने नहीं देता। दूसरी वजह यह है कि बीमा योजना से किसानों से ज़्यादा लाभ बीमा कम्पनियों को हो रहा है। किसान अपना हिस्सा देकर लाभ ले नहीं पाते और कम्पनियाँ किसान और सरकार के धन से समृद्ध होती जाती हैं।

कृषि के संकट में आने की एक और वजह है कृषि से जुड़ी आयात और निर्यात की नीति विश्व व्यापार संगठन *(WTO)* के निर्देश पर फ्री ट्रेड एग्रीमेंट

(FTA) से निर्धारित होती है। देशी किसान भले न निर्यात कर पायें, लेकिन अन्तरराष्ट्रीय समझौते के तहत जितना अनाज आयात करने का समझौता है उतना तो करना ही पड़ेगा। इससे बाज़ार में बड़े पैमाने पर बाहरी उत्पादों की मौजूदगी के कारण देशी कृषि उत्पादों के दाम कम रहते हैं। इससे किसान आहत हैं।

हालाँकि डब्ल्यूटीओ दावा करता है कि दुनिया में मुक्त बाज़ार बनाया जा रहा है, लेकिन वास्तव में मुक्त बाज़ार कहीं है ही नहीं। विकसित देशों में किसानों के पास बड़े बड़े फार्म हैं इसके बावजूद उन्हें भारी सब्सिडी दी जाती है। उन्हें सीधे नकदी हस्तान्तरित की जाती है। उन्हें लागत पर सब्सिडी मिलती है। यानी पूरी दुनिया में खेती मुनाफे का काम नहीं है। वह एक संरक्षित और सहायता पर निर्भर व्यवसाय है। यही वजह है कि भारत विश्व व्यापार संगठन में प्रतिरोध जता रहा है कि जब विकसित देश इतनी सब्सिडी देते हैं तो विकासशील देशों को सब्सिडी कम करने के लिए क्यों कहा जाता है।

किसानों का क़र्ज़ माफ़ करने में सरकार काफ़ी ना नुकुर करती है। जिसके नाते लाखों किसान आत्महत्या कर चुके हैं। पिछले 25 सालों में यह आँकड़ा चार लाख तक पहुँच गया है। जबकि कॉरपोरेट जगत यानी कम्पनियों को करों में बड़ी राहत दी जाती है।

खेती का एक संकट उससे जुड़े भूमिहीन मज़दूरों और आंदिवासियों का भी है। पिछले सात सालों से राष्ट्रीय रोज़गार सुरक्षा गारण्टी अधिनियम और वन अधिकार अधिनियम को कमज़ोर किया जा रहा है। उनमें इस तरह से संशोधन किया जा रहा है कि वह कॉरपोरेट के पक्ष में जाये। एक क़ानून से मनरेगा योजना के तहत खेती में काम करने वाले मज़दूर लाभान्वित होते हैं और दूसरी से आदिवासी और वन उत्पादों पर निर्भर रहने वाले लोग। जब आरम्भ में मनरेगा लाया गया तो वादा किया गया था कि इसके तहत आगे चल कर परिवार के एक सदस्य को सौ दिन की मज़दूरी दी जायेगी, लेकिन वह मज़दूरी अभी भी 54 दिन की ही है। अभी उन्हें 203 रुपये मज़दूरी मिलती है। लेकिन उन्हें कम से कम 310 रुपये प्रतिदिन की मज़दूरी दी जानी चाहिए। अगर 310 रुपये की मज़दूरी के लिहाज़ से देखें तो परिवार के एक सदस्य को सौ दिन का काम देने के लिए 2,37,692 करोड़ रुपये की राशि चाहिए। क्योंकि देश में 766.75 लाख सक्रिय जॉब कार्ड धारक हैं। लेकिन हैरानी की बात यह है कि केन्द्र सरकार ने 2020-21 के बजट में मनरेगा के लिए सिर्फ़ 73,000 करोड़ रुपये की राशि आवंटित की है।

इसी के साथ अटका हुआ भूमि सुधार भी खेती के संकट का महत्त्वपूर्ण कारण है। ग्रामीण समाज की जाति व्यवस्था भी खेती के संकट को बढ़ाती रही है।

नेशनल स्टेटिस्टिकल ऑफिस के सिचुएशनल एसेसमेंट सर्वे के अनुसार 2018-19 में किसान भारतीय आबादी के 50 प्रतिशत थे। एक किसान की प्रतिदिन आय 27 रुपये बैठती है। बंगाल के अकाल से अब तक भारतीय खेती ने काफ़ी प्रगति की है। उसने उत्पादन में बेतहाशा बढ़ोतरी की है। देश अनाज के मामले में आत्मनिर्भर हुआ है। अमेरिकी जहाज़ से लोगों के मुँह तक निवाला पहुँचने वाला मुहावरा अब मर चुका है। भारत की सम्प्रभुता मज़बूत हुई है और अनाज की आत्मनिर्भरता के चलते वह दुनिया में सिर ऊंचा करके चलने लायक हुआ है। आज यानी 2020-21 में देश में 30.733 करोड़ टन अनाज का उत्पादन हुआ है, लेकिन फिर भी किसान की आय दयनीय है। किसान की आय मज़दूर से तो कम है ही वह एक गाय की कमाई से भी कम है। यह तनाव 1991 के बाद बढ़ा है। आर्थिक सुधार की नीतियों के तहत विश्व बैंक ने सुझाव दिया था कि देश के 40 करोड़ लोगों को 20 सालों में गाँव से निकाल कर शहर में ले जाना चाहिए। इससे खेती पर बोझ कम होगा। शायद तमाम योजनाएँ इसी निर्देश को लक्ष्य करके बन रही हैं।

सन 2016 के आर्थिक सर्वेक्षण के अनुसार 17 राज्यों में किसानों की औसत आय 20,000 रुपये सालाना है। यह 1700 रुपये प्रति माह बैठेगी। अगर एमएसपी न मिलने और प्राकृतिक आपदा में होने वाली हानि के लिहाज़ से सोचें तो 2000 से 2006-17 के बीच भारतीय किसानों को 45 लाख करोड़ रुपये की हानि हुई है।

किसान कौन है इसकी परिभाषा भी की जानी चाहिए। तभी खेती और उसके संकट और मौजूदा किसान आन्दोलन के रिश्तों को ठीक से समझा जा सकता है। प्रसिद्ध अर्थशास्त्री प्रोफ़ेसर ईश्वरी प्रसाद के अनुसार कृषि उत्पादक को किसान कहते हैं। किसान वह है जो ज़मीन के छोटे से टुकड़े पर अपने परिवार के श्रम के साथ सामाजिक ज़रूरतों तथा सरकारी कर दायित्व को पूरा करने के लिए कृषि धन का उत्पादन करता है वही किसान है, लेकिन किसानों का यह चरित्र स्थायी नहीं रहता। कृषि भूमि का असमान बँटवारा बहुत उथल पुथल पैदा करता है। कुछ लोगों के पास ज़्यादा ज़मीन हो जाती है तो कुछ लोग भूमिहीन हो जाते हैं। किसानों की ऐसी स्थिति देशहित में नहीं है। अगर कुछ बिन्दुओं में किसानों की परिभाषा और उसकी अस्मिता का वर्णन करना हो तो उसे इस प्रकार किया जा सकता है–

(1) किसान वही है जिसका कृषि भूमि से अटूट लगाव हो।
(2) किसान अपने पौधों से चिपका रहता है और उससे एक प्रकार का रागात्मक रिश्ता कायम रखता है। यह उसका स्वाभाविक चरित्र है।
(3) किसान की खेत की मिल्कियत, पूँजी और श्रम की मिल्कियत से भिन्न होती है।
(4) किसान विकट परिस्थितियों में अधिक श्रम करता है और अपनी ज़रूरतें कम रखता है।
(5) किसान की ज़िन्दगी ऋतुओं से बँधी होती है।
(6) किसान और कृषि भूमि के सम्बन्धों में ख़लल से विद्रोह पैदा होता है।
(7) किसान पारिवारिक खेती करता है। वह किसी का शोषण नहीं करता बल्कि खुद अपना शोषण कराता है।
(8) किसान का अस्तित्व ग्रामीण व्यवस्था से जुड़ा होता है।

ब्रिटिश समाजशास्त्री और किसानों के शास्त्र के अन्तरराष्ट्रीय विशेषज्ञ टियोडर शैनिन *(Teodor Shanin)* ने किसानों को परिभाषित करने की कोशिश की है। इस बारे में उनकी दो प्रसिद्ध पुस्तकें हैं। एक पुस्तक है–डिफाइनिंग पीजेंट *(Defining Peasants)* और दूसरी पुस्तक है- *पीजेंट एंड पीजेंट सोसायटीज* (सम्पादित) *(Peasant and Peasant Societies (ed.))*। शैनिन बताते हैं कि संयुक्त राष्ट्र मानवाधिकार चार्टर के अनुच्छेद एक में किसान शब्द का प्रयोग किसी अधिकार धारक के लिए किया गया है। उनका कहना है कि किसान शब्द की पश्चिमी समाजशास्त्र में चार प्रकार की परिभाषाएँ दी गयी हैं–

(1) **ऐतिहासिक**- यह परिभाषा परिसम्पत्ति, जाति, किसी भौगोलिक क्षेत्र में रहने वाले लोगों और सामाजिक गतिशीलता के आधार पर दी जाती है।
(2) नृतत्वशास्त्रीय और समाजशास्त्रीय परिभाषा। यह परिभाषा व्यवहार, संस्कृति और सामाजिक संगठन के आधार पर दी जाती है।
(3) कार्यकर्ताओं की परिभाषा। यह परिभाषा अस्मिता सम्बन्धी या मुआवजा सम्बन्धी आन्दोलन वाले संगठन देते हैं।
(4) निर्देशात्मक परिभाषा। इस तरह की परिभाषा सिविल सोसायटी संगठन प्रस्तावित करते हैं। वैसी परिभाषाएँ मानवाधिकार परिषद भी कर सकती हैं।

कृषक शब्द का प्रयोग यूरोप में उत्तर मध्ययुगीन और आरम्भिक आधुनिक काल में आता है। इस शब्द का सन्दर्भ ग्रामीण ग़रीब, ग्रामीण निवासी, दास, कृषि मज़दूर, आम आदमी या भोले-भाले आदमी से लिया जाता है। 13वीं सदी में जर्मनी में पीजेंट शब्द का प्रयोग खलनायक, देहाती, दानव, लुटेरा, बटमार और डकैत के लिए किया जाता है। जबकि फ्रैन्च भाषा में किसान के लिए पायसम शब्द का प्रयोग होता है। उसका भी अर्थ देहाती, अज्ञानी, मूर्ख और जाहिल के अर्थ में होता है। कहने का अर्थ यह है कि यह शब्द शहरी लोगों द्वारा ग्रामीण लोगों के लिए निकाला गया और इस शब्द के माध्यम से शहरी लोग अपनी सारी परेशानियों के लिए पीजेंट को ही दोष देते हैं।

पीजेंट में समाजशास्त्रियों की रुचि 1960 और 1970 के दशक में जगी। इसके आरम्भ के दशकों में दुनिया के कई देशों में कृषक क्रान्तियाँ हुई थीं। जैसे कि मैक्सिको, चीन, अल्जीरिया और वियतनाम में किसानों ने आगे बढ़कर सत्ता में परिवर्तन किया और अपने अनुकूल व्यवस्था के निर्माण की कोशिशें कीं। जब तीसरी दुनिया या थर्ड वर्ल्ड शब्दावली आयी तो ग्रामीण जनता को समझने की कोशिशें और तेज़ हुई। भारत में और दुनिया के अन्य देशों में उपनिवेशवाद विरोधी संघर्ष में भी किसानों ने अपनी भूमिका निभायी। उसके कारण किसान श्रेणी चर्चा में रही, लेकिन किसान श्रेणी विशेषतौर पर ग़ैर किसानों के लिए ज़्यादा गौरतलब रहती है।

टियोडर शैनिन के लिहाज़ से किसान नाम के सामाजिक संगठन के लिए परिवार की ज़मीन एक बुनियादी बहुआयामी इकाई है। ज़मीन के इस टुकड़े पर जुताई बुवाई की जाती है और जानवरों को पाला जाता है। इसी से उनकी आजाविका चलती है। किसानों की विशिष्ट क़िस्म की पारम्परिक संस्कृति होती है। यह एक छोटी ग्रामीण इकाई होती है जो ताक़तवर अभिजात वर्ग के नियन्त्रण में काम करती है। भारत में महात्मा गाँधी के साथी और अन्तरराष्ट्रीय स्तर के चर्चित अर्थशास्त्री जे.सी. कुमारप्पा ने खेती को नये नजरिये से परिभाषित करने के लिए *इकॉनमी ऑफ परमानेंस* नामक पुस्तक लिखी है। उनका कहना है कि जहाँ औद्योगिक सभ्यता या कारोबार एक हिंसक कारोबार है जो प्रकृति के साथ अधिकतम हिंसा पर खड़ा हुआ है वहीं खेती एक अहिंसक क़िस्म का व्यवसाय है। अगर उद्योग धरती के पर्यावरण का विनाश करते हैं तो खेती उसे बचाती है। इसलिए अगर मनुष्य को इस ग्रह पर लम्बे समय तक रहना है तो उसे खेती को ही मूल व्यवसाय बनाना होगा, लेकिन यहाँ एक बात उल्लेखनीय है और जिसका ज़िक्र शैनिन की पुस्तक पीजेंट एंड पीजेंट सोसायटीज में आता है।

उनके लेखकों का मानना है कि किसान जैसी श्रेणी की ज़रूरत न तो पूँजीवादी समाज को है और न ही कम्युनिस्ट समाज को। वे दोनों इसे विलीन करना चाहते हैं। यही कारण है कि सोवियत संघ में स्टालिन के शासन काल में सामूहिक खेती से इनकार करने पर लाखों किसानों को मरवा दिया गया। जबकि आज की पूँजीवादी सभ्यता किसान के शोषण और उनकी आत्महत्याओं पर अपना विकास कर रही है।

दरअसल खेती के बारे में जो बहुत सारी दृष्टि निर्मित हुई है वह यूरोपीय अर्थशास्त्र और समाजशास्त्र से निर्मित हुई है। वहाँ जिस तरह से औद्योगिक सभ्यता के प्रसार के साथ गाँव समाप्त हो गये और कृषक समाज भी ज़्यादातर देशों में दो से तीन प्रतिशत तक बचा है, उसी तरह की कल्पना तीसरी दुनिया के देशों के लिए भी की जाने लगी। यह कहा जाने लगा कि उदारीकरण के साथ भारत में तेज़ी से शहरीकरण हो रहा है और शहर आर्थिक विकास के इंजन हैं। ऐसे में गाँव को समाप्त ही होना है। हालाँकि जो अध्ययन और भावी अनुमान आ रहे हैं उनके मुताबिक 2050 में भी भारत के 80 करोड़ लोग गाँवों में रहेंगे। यह देश की आधी आबादी होगी। दरअसल भारत में गाँव और खेती को लेकर दो प्रमुख दृष्टियाँ रही हैं। एक दृष्टि महात्मा गाँधी की रही है तो दूसरी दृष्टि डॉ. भीमराव अम्बेडकर की। जहाँ महात्मा गाँधी गाँवों को पश्चिम की भौतिकवादी जीवन शैली का विकल्प मानते थे वहीं डॉ. अम्बेडकर गाँव को पिछड़ापन, ग़रीबी, अन्याय, अत्याचार और अज्ञान का केन्द्र मानते थे। गाँधी चाहते थे कि गाँव अपने में आत्मनिर्भर बनें तो अम्बेडकर चाहते थे गाँव नष्ट हो जायें क्योंकि वहाँ जाति व्यवस्था बहुत विद्रूप तरीक़े से विद्यमान है। गाँधी भारतीय संविधान में गाँव गणराज्य की अवधारणा को शामिल कराना चाहते थे, लेकिन डॉ. अम्बेडकर और नेहरू ने उसे ठुकरा दिया था। गाँव की नकारात्मक छवि जहाँ यूरोपीय नज़रिये की देन है वहीं उसके पीछे जाति व्यवस्था का भी योगदान है। जबकि गाँधी का मानना था कि गाँव में खेती के साथ उद्योग भी रहे हैं। औपनिवेशिक शोषण ने उन्हें नष्ट किया है। अगर उन्हें फिर से बहाल कर दिया जाये तो गाँव समृद्ध भी होंगे और रहने लायक भी।

अर्थशास्त्री और राजनीतिक कार्यकर्ता सुनील खेती के महत्त्व को रेखांकित करते हुए कहते हैं कि वह तीन कारणों से महत्त्वपूर्ण है। पहला कारण यह है कि तमाम औद्योगिकीकरण और विकास के बावजूद आज भी मानव जाति का बहुत बड़ा हिस्सा गाँवों में रहता है। वह आजीविका के लिए खेती और पशुपालन पर निर्भर है। भारत समेत दुनिया के अनेक देशों में आज भी रोजगार

का सबसे बड़ा स्रोत खेती और पशुपालन ही है। दूसरा कारण यह है कि खेती से मनुष्य की सबसे बुनियादी ज़रूरत यानी भोजन की पूर्ति होती है। अभी तक खाद्यान्नों का कोई विकल्प आधुनिक प्रौद्योगिकी ढूँढ़ नहीं पायी है। अन्तरराष्ट्रीय कूटनीति में आज भी अनाज को एक औजार के रूप में इस्तेमाल किया जाता है। तीसरा कारण यह है कि मनुष्य के समाज की आर्थिक गतिविधि में यही ऐसी गतिविधि है जिसमें उत्पादन और सृजन होता है। प्रकृति की मदद से किसान अनाज के एक दाने से बीस तीस दाने पैदा करता है। जबकि उद्योगों और सेवाओं और अन्य आर्थिक गतिविधियों में कोई नया उत्पादन नहीं होता बल्कि पहले से उत्पादित पदार्थों का रूप बदला जाता है।

सुनील भारतीय खेती के संकट के तीन आयाम देखते हैं। पहला आयाम है:–(1) आधुनिक पूँजीवादी विकास में खेती को एक आन्तरिक उपनिवेश के रूप में पूँजी निर्माण या शोषण का स्रोत बनाना। (2) हरित क्रान्ति के भ्रामक नाम से एक अनुपयुक्त, साम्राज्यवादी, किसान विरोधी और प्रकृति विरोधी टेक्नोलॉजी थोपना। (3) ग्लोबीकरण के तहत किसानों पर हमले और बहुराष्ट्रीय कम्पनियों के क़ब्ज़े की प्रक्रिया को और तेज़ करना।

हरित क्रान्ति से आरम्भ में हुई तरक्की और बाद में लागत बढ़ने के साथ पैदा हुई चुनौती के साथ ही उदारीकरण ने कृषि के संकट को बढ़ा दिया। उदारीकरण के प्रभावों से लड़ने के लिए या तो किसान आत्महत्याएँ कर रहे थे या फिर भारत के विभिन्न हिस्सों में अलग-अलग आन्दोलन चल रहे थे। लेकिन कोविड-19 के कारण लगे लॉकडाउन और फिर शहरों से गाँवों की ओर हुए पलायन ने गाँव की अर्थव्यवस्था पर अतिरिक्त बोझ डाल दिया। एक ओर बेराजगारी बढ़ी तो दूसरी ओर गाँवों की जो आमदनी शहरों से हो रही थी, वह बन्द हो गयी। उससे पहले नोटबन्दी ने खेतिहर और ग्रामीण समाज को करारा झटका दिया था।

कोविड-19 के कारण मार्च 2020 में तालाबन्दी की अचानक घोषणा हुई। शहरों में काम करने वाले लाखों मज़दूरों को अपने गाँव का ही सहारा नज़र आया। भले ही उनसे कहा गया कि जो जहाँ है वहीं रहे उसे खाना खिलाया जायेगा और दवाइयाँ दी जायेंगी, लेकिन गाँवों से शहर में पलायन करके काम करने गयी उस श्रमशक्ति को अपने गाँव में ही जीवन की सुरक्षा का भरोसा था, लेकिन गाँवों में सुरक्षित पहुँचने के लिए उन्होंने अपना जीवन ही दाँव पर लगा दिया। लोग मीलों पैदल चलकर घर पहुँचे। पूरा दृश्य विभाजन के समय

वाला था। कई लोगों ने रास्ते में जान गँवाई। परेशानियाँ जो हुई वह अपने में पीड़ा का महाकाव्य था। सेंटर फार मानिटरिंग इंडियन इकानमी *(CMIE)* के अनुसार इस कोविड-19 के चलते हुए लॉकडाउन के कारण 12.2 करोड़ लोगों की नौकरियाँ गयीं। जून 2020 में बेरोज़गारी 10.99 प्रतिशत थी। आज भी बेरोज़गारी 6 प्रतिशत से ऊपर है। इसका असर गाँवों पर ज़्यादा पड़ रहा है।

दिहाड़ी मज़दूर तो और भी परेशान हैं। उनके पास न तो पीने का साफ़ पानी था और न ही मेडिकल सुविधाएँ। 2017-18 में भारत में 18.9 करोड़ लोग अपोषित थे। जो कि दुनिया के कुल कुपोषित लोगों का एक चौथाई है। 2019 में भारत में 28 प्रतिशत लोग ठिगने थे दुनिया भर कें 43 प्रतिशत लोग कम वजन और ऊँचाई के थे।

सन् 2021 के वैश्विक भूख सूचकांक में दुनिया के 116 देशों में भारत का नम्बर 101 था। ख़राब जलवायु से यह स्थितियाँ और भी बिगड़ने लगी हैं। इस बीच उत्तराखण्ड और केरल में बाढ़ ने भारी तबाही मचायी है। हाल में आये वर्ल्ड इनइक्विलिटी रिपोर्ट के अनुसार भारत बेहद असमानता वाला देश है। यहाँ ऊपर के दस प्रतिशत लोगों के पास राष्ट्रीय आय का 57 प्रतिशत है। जबकि नीचे वाले 50 प्रतिशत लोगों के पास राष्ट्रीय आय का महज़ 13 प्रतिशत हिस्सा गया है। देश के 1 प्रतिशत लोगों के पास 22 प्रतिशत राष्ट्रीय आय आ रही है। भारत में इस समय 119 अरबपति हैं। 2000 में सिर्फ़ 9 अरबपति थे जो 2011 में 101 हो गये। सन् 2018 से 2022 तक भारत में रोजाना 70 करोड़पति पैदा हो रहे हैं।

देश में जब महामारी, भूख और असमानता की तमाम परेशानियाँ चल रही थी उसी समय 20 सितम्बर 2020 को केन्द्र सरकार ने राज्यों के संवैधानिक अधिकारों में हस्तक्षेप करते हुए तीन कृषि क़ानून पारित किये। वे क़ानून थे-(1) कृषक (सबलीकरण और संरक्षण) क़ीमत आश्वासन और कृषि सेवा पर करार क़ानून 2020 (2) कृषि उत्पादन व्यापार और वाणिज्य (संवर्धन और सुविधा) क़ानून 2020 (3) आवश्यक वस्तु (संशोधन) अधिनियम 2020।

पहले वाले क़ानून के बारे में सरकार का दावा था कि वह इसके माध्यम से किसानों को उसकी फ़सल की निश्चित क़ीमत दिलवाना चाहती है। इस क़ानून के तहत कोई भी किसान फ़सल उगाने से पहले किसी व्यापारी के साथ समझौता कर सकता था। इस समझौते में फ़सल की क़ीमत, फ़सल की गुणवत्ता, मात्रा और खाद आदि का इस्तेमाल जैसी बातें शामिल होनी थीं।

क़ानून के मुताबिक किसान को फ़सल की डिलीवरी के समय ही दो तिहाई राशि का भुगतान किया जाता। बाक़ी पैसा 30 दिन में देना होता। खेत से फ़सल उठाने की जिम्मेदारी व्यापारी की होती। दावा किया जा रहा था कि यह क़ानून कृषि उत्पादों की बिक्री, फार्म सेवाओं, कृषि बिजनेस फर्मों, प्रोसेसर्स, थोक विक्रेताओं, बड़े खुदरा विक्रेताओं और निर्यातकों के साथ किसानों को जुड़ने के लिए सशक्त किये जाने के लिए लाया गया है।

दूसरा क़ानून था कृषि उत्पादन व्यापार और वाणिज्य (संवर्धन और सुविधा) क़ानून 2020 इसके तहत यह व्यवस्था की गयी थी कि किसान एपीएमसी यानी मण्डियों के बाहर भी अपना उत्पाद बेच सकते थे। दावा किया जा रहा था कि किसानों को मण्डी और आढ़तियों से आज़ादी दी जा रही है। कहा जा रहा था कि इससे दो राज्यों के बीच और राज्य के भीतर विपणन को बढ़ावा मिलेगा। प्रावधान था कि किसान और उसके उत्पादन के ख़रीददारों को मण्डियों में कोई फीस भी नहीं देनी होगी।

तीसरा क़ानून था आवश्यक वस्तु (संशोधन) अधिनियम 2020। यह क़ानून 1955 में बना था। इस क़ानून का मुख्य उद्देश्य आवश्यक वस्तुओं की जमाखोरी रोकने के लिए उसके उत्पादन, सप्लाई और क़ीमतों को नियन्त्रित करना था, लेकिन मौजूदा संशोधन के तहत अनाज, दलहन, तिलहन, खाद्य तेल, प्याज़ और आलू को आवश्यक वस्तुओं की सूची से हटाने का प्रावधान किया गया था। कहा गया था कि इससे किसानों को सही मूल्य मिल सकेगा क्योंकि बाज़ार में प्रतिस्पर्धा बढ़ेगी।

इसी दौरान सरकार ने कृषि को डिजिटलाइज करने के लिए सूचना प्रौद्योगिकी की कई बड़ी कम्पनियों माइक्रोसाफ्ट, सिस्को, आमेजन और जियो वगैरह के साथ एमओयू साइन किये। इन तमाम क़ानूनों को लाने के पीछे सरकार की जो दलीलें थीं वे यह थीं कि वह मण्डियों और आढ़तियों से किसानों को आज़ादी देना चाहती है। अब किसान जहाँ भी चाहेगा ले जाकर अपना अनाज बेच सकेगा। इसी के साथ यह भी दलील दी गयी कि इन क़ानूनों से कृषि में नयी प्रौद्योगिकी आयेगी और पूँजी भी आयेगी। जबकि आवश्यक वस्तु अधिनियम में संशोधन के पीछे तर्क दिया जा रहा था कि इससे बाज़ार में खेती के उत्पादों के दाम बढ़ेंगे क्योंकि प्रतिस्पर्धा पैदा होगी।

लेकिन सरकार की दलीलें उन तमाम किसान संगठनों को नहीं समझ में आयीं जो लम्बे समय से इस सरकार की नीतियों पर निगाह लगाये हुए थे और उदारीकरण की प्रक्रिया से चिन्तित थे। उन किसान संगठनों का कहना

था कि एक तो इन क़ानूनों को लाने से पहले किसान संगठनों से किसी प्रकार का मशविरा नहीं किया गया और फिर कृषि के विषय पर क़ानून का मामला राज्यों का विषय है। केन्द्र सरकार ने राज्यों के अधिकार क्षेत्र में अनावश्यक हस्तेक्षप किया है। फिर सरकार भले ही दावा कर रही है कि यह क़ानून किसानों के लिए लाये गये हैं वास्तव में वे क़ानून बड़ी कम्पनियों के हित में थे। जो कम्पनियों के मण्डी से बाहर अनाज ख़रीदने की छूट दे रहे थे, किसानों से कान्ट्रैक्ट फार्मिंग के लिए करार करने का मौक़ा दे रहे थे तो कम्पनियों को बेहिसाब अनाज के भण्डारण की छूट दे रहे थे। इससे एक ओर किसान पिसता नज़र आ रहा था तो दूसरी ओर देश की खाद्य सुरक्षा भी संकट में पड़ती नज़र आ रही थी। सरकार भले ही दावा कर रही थी कि वह मण्डियाँ खत्म नहीं करने जा रही है और एमएसपी था, है और रहेगा, लेकिन नीति आयोग की रपटों और इन क़ानूनों के इरादों से यही लग रहा था कि सरकार खेती से अपना हाथ झाड़कर उसे बाज़ार और बड़ी कम्पनियों के हवाले करने जा रही है। बस क्या था किसानों के बर्दाश्त की सीमा पार हो गयी और वे आन्दोलन करने निकल पड़े।

26 नवम्बर, 2020 से शुरू होकर साल भर तक चले इस आन्दोलन ने राजधानी दिल्ली को चारों ओर से घेर रखा था। विशेषकर टिकरी बॉर्डर, सिंघु बॉर्डर और गाजीपुर बॉर्डर पर बहुत मज़बूत मोर्चे लगे थे। अवधि, एकजुटता और प्रभाव के लिहाज़ से इसे देश का सबसे बड़ा किसान आन्दोलन कहा जा सकता है। इतिहास में देश के अलग अलग हिस्सों में किसान आन्दोलन चले हैं। उनका प्रभाव भी रहा है, लेकिन अखिल भारतीय स्तर पर चला एक आन्दोलन जिसने केन्द्र सरकार को संसद से पारित तीन क़ानून वापस लेने पर मजबूर कर दिया हो वैसा शायद ही हुआ हो। बल्कि कभी नहीं हुआ। इस आन्दोलन में किसानों ने असाधारण साहस का परिचय दिया। उन्होंने अगर 0 से माइनस डिग्री तक का जाड़ा झेला तो 45 डिग्री की गर्मी झेली और उतनी ही भीषण बरसात झेली। कोरोना महामारी की सबसे भयंकर दूसरी लहर झेली और फिर भी डटे रहे। इस दौरान 700 से ऊपर किसानों ने शहादत भी दी। इस आन्दोलन में संयुक्त किसान मोर्चा (एसकेएम) के बैनर तले 500 किसान संगठनों ने हिस्सेदारी की। इसे केन्द्रीय ट्रेड यूनियन संगठनों का पूरा समर्थन मिला। बल्कि यह आन्दोलन अखिल भारतीय वर्किंग क्लास की हड़ताल के साथ ही शुरू हुआ था। आन्दोलन ने केन्द्र, हरियाणा और उत्तर प्रदेश की भाजपा सरकारों का भयंकर दमन झेला। उन पर आँसू गैस के गोले छोड़े गये,

पानी की बौछार डाली गयी, कंक्रीट के अवरोधक लगाये गये, बीच सड़क पर कीलें ठोकी गयीं।, लाठीचार्ज किया गया। किसानों की गिरफ्तारियाँ की गयीं। उन्हें लखीमपुर जिले में जीप से कुचला भी गया। किसान नेताओं और कार्यकर्ताओं पर राजद्रोह की धारा से लेकर तमाम अन्य धाराओं के तहत मुक़दमे भी दायर किये गये। भारतीय जनता पार्टी और संघ परिवार के साथ सरकार समर्थक मीडिया जिसे गोदी मीडिया भी कहा जाता है उसने आन्दोलन के विरुद्ध पूरा दुष्प्रचार किया। पहले कहा गया कि यह किसान हैं ही नहीं। फिर कहा गया कि यह सब खालिस्तानी हैं। फिर कहा गया कि नक्सलवादी हैं, माओवादी हैं, पाकिस्तानी हैं और चीन से प्रेरित हैं। आन्दोलन की ओर से भी गलतियाँ हुईं और उसके चलते उन पर मीडिया और सरकार की ओर से हमला करने का पूरा अवसर मिला। विशेषकर जिस तरह से 26 जनवरी, 2021 को ट्रैक्टर मार्च के दौरान किसानों का जत्था लाल किले तक पहुँच गया और वहाँ तिरंगे के साथ निशान साहिब फहरा दिया उससे पूरे देश में आन्दोलन की बदनामी हुई और सरकार या उसके समर्थक मीडिया का यह आरोप सही होता दिखा कि इसके भीतर अलगाववादी लोग हैं। हालाँकि अलगाववादी समूहों की उपस्थिति से आन्दोलन के नेता भी इनकार नहीं करते और वे कहते हैं कि जब पंजाब से सारी सिख जत्थेबन्दियाँ आयीं तो उनके साथ अलगाववादी और खालिस्तानी लोग भी आये। उन्होंने आन्दोलन के कन्धे पर चढ़कर अपना प्रचार भी करना चाहा। सरकार ने भी उन्हें आगे आने का मौक़ा दिया और लाल किले तक चढ़ जाने दिया। सरकार की इस ढिलाई को संयुक्त किसान मोर्चा के नेता एक प्रकार की साजिश मानते हैं ताकि इसमें फँसा कर आन्दोलन को बदनाम किया जा सके।

आन्दोलन की बदनामी कराने वाली दूसरी बड़ी घटना अन्तिम चरण में सिंघु बॉर्डर पर निहंगों द्वारा एक छोटी जाति के व्यक्ति के हाथ पैर काटकर उसकी हत्या करने की है। जिस व्यक्ति की हत्या की गयी उस पर आरोप था कि उसने सिख धर्म की बेअदबी की है। इन घटनाओं ने दिखाया कि आन्दोलन के भीतर अलगाववादी और कट्टरपन्थी तत्व थे और जिनकी हरकतों के कारण आन्दोलन का बचाव करना कठिन हो जाता था। आन्दोलन के भीतर दलित और भूमिहीन मज़दूरों की उपस्थिति और उनके साथ व्यवहार की भी समस्या रही है। उस बारे में कई शिकायतें भी आयीं, लेकिन कुल मिलाकर यह ज़रूर कहा जा सकता है कि आन्दोलन व्यापक तौर पर शान्तिपूर्ण रहा। इसमें देश के विभिन्न हिस्सों, धर्मों, भाषाओं, जातियों और राजनीतिक प्रतिबद्धताओं के लोगों ने हिस्सा लिया। इस आन्दोलन के माध्यम से लोगों ने महसूस किया कि किसान चाहे

जिस प्रान्त, जाति या धर्म के हों उनके भीतर एक प्रकार का साझापन होता है। ज़मीन से एक सरोकार होता है। बड़ी पूँजी और बड़ी राजनीतिक सत्ता के लोग उन्हें चाहे जितना बाँटें, लेकिन वे एक भी हो सकते हैं।

जिन वजहों से किसान आन्दोलन सफल हुआ उनमें से कुछ का उल्लेख यहाँ ज़रूरी हो जाता है। सबसे बड़ी वजह थी किसानों की एकता। इस आन्दोलन में भारतीय किसान यूनियन के पंजाब के 32 गुट एक साथ काम कर रहे थे। जबकि वे पंजाब में अलग अलग समूहों में काम करते हैं। उत्तर प्रदेश के गाजीपुर बॉर्डर पर पश्चिमी उत्तर प्रदेश की भारतीय किसान यूनियन एकजुट थी। हालाँकि उसके दो नेताओं नरेश टिकैत और राकेश टिकैत के बीच मतभेद रहते हैं। गाजीपुर बॉर्डर की एक और खूबी यह दिखी कि यहाँ पर पश्चिमी उत्तर प्रदेश के जाट किसान और तराई व उत्तराखण्ड के सिख किसान आये थे। इन किसानों की आपसी एकता ने खालिस्तानी के आरोप को खारिज कर दिया। हालाँकि सिंघु और टिकरी बॉर्डर पर सिख किसानों की अधिकता के कारण उन्हें खालिस्तानी कहने में सुविधा होती थी।

पाँच सितम्बर 2021 को मुजफ्फरनगर में किसानों की महापंचायत हुई। उस सभा में जाटों और मुसलमानों की सेक्यूलर एकता कायम हुई। राकेश टिकैत ने मंच से 'अल्लाह हो अकबर' और 'हर हर महादेव' के नारे एक साथ लगाये। इसने 2013 के उस घाव को भरने का काम किया जिसे दंगों के ज़ख़्म ने बनाया था। उसके बाद 27 सितम्बर को संयुक्त किसान मोर्चा की ओर से भारत बन्द क। जो आयोजन हुआ वह काफ़ी सफल रहा। फिर राकेश टिकैत ने राजस्थान, हरियाणा और उत्तर प्रदेश में जो सभाएँ कीं उसने संघर्ष के वातावरण को निर्मित करने में बड़ी भूमिका निभायी। उधर केरल, तमिलनाडु, महाराष्ट्र, कर्नाटक, पश्चिम बंगाल, तेलंगाना, उड़ीसा जैसे राजधानी से दूर बसे राज्यों से भी निरन्तर समर्थन मिलता रहा। मध्य प्रदेश और छत्तीसगढ़ ने भी इस आन्दोलन को मज़बूती दी। कर्नाटक के एक युवा इंजीनियर ने 185 दिनों तक पैदल चल कर 5100 किलोमीटर की यात्रा तय की और 19 नवम्बर को दिल्ली पहुँचे।

आन्दोलन कुछ थक रहा था तभी लखीमपुर में धरने के एक कार्यक्रम से लौट रहे किसानों पर गृह राज्य मन्त्री अजय मिश्र टेनी के बेटे और उनके साथियों ने जीप चढ़ा कर चार किसानों और एक पत्रकार को कुचल दिया। इस घटना ने केन्द्र सरकार और भारतीय जनता पार्टी के विरुद्ध गुस्से का माहौल निर्मित किया। सरकार ने डैमेज कंट्रोल के तौर पर कुछ कार्रवाई की,

लेकिन बिगड़ते माहौल को देखकर सरकार को लग गया कि अगर किसानों से कोई समझौता नहीं किया गया तो उत्तर प्रदेश, उत्तराखण्ड और पंजाब के चुनाव भारतीय जनता पार्टी और उसके सहयोगी दलों को भारी पड़ेंगे। इस बीच, पश्चिम बंगाल, हिमाचल प्रदेश और राजस्थान के उपचुनावों में भारतीय जनता पार्टी को जो झटका लगा उससे वह चौकन्नी हो गयी।

इससे पहले सरकार और किसानों के बीच 11 दौर की वार्ताएँ हुईं थीं, लेकिन सभी वार्ताएँ बेनतीज़ा रहीं। अन्तिम दौर की वार्ता 22 जनवरी को हुई थी। उसके बाद सरकार ने अगला कोई दौर तय करने से मना कर दिया था। हालाँकि प्रधानमन्त्री नरेन्द्र मोदी ने कहा था कि वे किसानों से एक फोन काल की दूरी पर हैं, वे जब चाहें तब आ सकते हैं मिलने। इन वार्ताओं में सरकार ने किसानों के समक्ष प्रस्ताव रखा था कि सरकार डेढ़ साल के लिए क़ानून मुअत्तल कर देगी, लेकिन किसान वापस लेने की माँग छोड़ दें। पर किसान क़ानून वापसी से कम पर तैयार नहीं थे। हालाँकि सुप्रीम कोर्ट ने क़ानूनों के क्रियान्वयन पर रोक लगा दी थी। किसानों की एक माँग यह भी थी कि विद्युत संशोधन बिल रोक दिया जाये। इससे बिजली का निजीकरण हो रहा था और बिजली की दरें बढ़ रही थीं। एमएसपी पर किसानों की माँग थी कि स्वामीनाथन आयोग की सिफारिश के तहत किसानों को C_2 फार्मूले के तहत फ़सलों के दाम दिये जायें। अभी सरकार किसानों को *A2+FL* फार्मूले के तहत एमएसपी दी जा रही थी। जो कि बहुत कम थी। इस दर से तो सन 2022 तक किसानों की आय दोगुनी करने का सरकार का दावा तो पूरा होने वाला नहीं था। किसान पराली जलाने पर लगाये जाने वाले मुक़दमे वापस लिए जाने की माँग कर रहे थे। इस आन्दोलन को देश के 11 विपक्षी दलों का समर्थन मिला था, लेकिन आन्दोलन किसान संगठनों ने ही चलाया। उन्होंने किसी राजनीतिक दल को अपने मंच पर नहीं आने दिया, लेकिन 20 सितम्बर को जब क़ानून पारित हुए थे तब किसी को उम्मीद नहीं थी कि इतना कड़ा विरोध होगा। हालाँकि पंजाब के किसान तभी से विरोध कर रहे थे जब इन क़ानूनों को लाये जाने की चर्चा थी और उन्होंने दिल्ली आने के छह माह पहले से ही आन्दोलन चला रखा था। इसका मतलब खेती के संकट गहरे थे और वे तीनों क़ानूनों के आने से पहले चल रहे थे। इन क़ानूनों ने पहले से सुलग रहे बारूद में पलीता लगा दिया।

किसान सरकार की ओर से किसी पहल का इन्तज़ार कर रहे थे और धैर्य रखकर चल रहे थे कि यह आन्दोलन लम्बा चल सकता है। प्रधानमन्त्री की वापसी की घोषणा से हफ़्तेभर पहले किसान नेता जोगिन्दर सिंह उगराहां ने

टिकरी बॉर्डर पर इस लेखक से बड़े आत्मविश्वास से कहा था कि क़ानून वापस होंगे वरना भाजपा के भीतर दरार पड़ेगी। उनका कहना था कि यह आन्दोलन जितने दिन चल रहा है भाजपा का ग्राफ़ उतना ही गिर रहा है। उन्होंने मेघालय के राज्यपाल सत्यपाल मलिक के कथन को उद्धृत करते हुए कहा कि अगर क़ानून वापस नहीं हुए तो उत्तर प्रदेश में भाजपा साफ़ हो जायेगी। उन्होंने भाजपा सांसद वरुण गाँधी के भी समय-समय पर आने वाले बयानों का हवाला दिया।

अचानक 19 नवम्बर को, प्रकाश पर्व यानी गुरु नानक की जयन्ती और देवदिवाली के दिन प्रधानमन्त्री नरेन्द्र मोदी ने पहले ट्वीट किया और उसके बाद खुद टी.वी. के पर्दे पर आकर ऐलान किया कि वे तीनों कृषि क़ानून वापस ले रहे हैं। किसानों को जो कष्ट हुआ उसके लिए उन्होंने उनसे माफ़ी भी माँगी। प्रधानमन्त्री मोदी ने अपनी इस घोषणा से न सिर्फ़ किसानों और देश को चौंकाया बल्कि अपने मन्त्रिमण्डल के साथियों को भी चौंकाया। उन्होंने वापसी की घोषणा से पहले मन्त्रिमण्डल की मन्जूरी नहीं ली थी। मन्त्रिमण्डल की मन्जूरी भी बाद में यानी 24 नवम्बर को ली गयी।

नरेन्द्र मोदी सरकार ने 29 नवम्बर 2021 को सोमवार के दिन संसद से तीनों कृषि क़ानूनों को वापस लिए जाने का बिल पारित कर दिया। हालाँकि जब यह बिल पास हुए थे तब भी विपक्ष को चर्चा करने का मौक़ा नहीं दिया गया था और जब वापस हुए तब भी विपक्ष को बहस का मौक़ा नहीं मिला।

कृषि क़ानून वापस हुए और किसान आन्दोलन स्थगित हुआ। किसानों ने अपनी ऐतिहासिक जीत का उत्सव मनाया। किसान अपने साथ विजय का अहसास लेकर घर लौटे। राजनीतिक दलों के नेता चुनाव प्रचार में लग गये। सारी स्थिति और भविष्य पर नज़र डालने वाले स्वराज इंडिया के अध्यक्ष और इस आन्दोलन में सारे समय जुटे रहने वाले किसान नेता योगेन्द्र यादव की टिप्पणी बेहद मौजूँ है। उन्होंने सभी को आगाह करते हुए कहा कि कहीं किसान आन्दोलन यथास्थितिवाद के रसातल में न चला जाए। एक ओर बाज़ारवादी कह रहे हैं कि अब हमारे देश में कृषि को कोई सुधार नहीं सकता। दूसरी तरफ यह आशंका है कि कहीं किसान नेता यह न मानने लगें कि जो होना था सो हो गया अब खेती-बाड़ी को उसी ढर्रे पर चलने दो। बेशक क़ानून निरस्त हो गये हैं, लेकिन जो संकट पहले से चले आ रहे हैं वे अभी टले नहीं हैं। योगेन्द्र कहते हैं कि भारत में कृषि क्षेत्र को हर चन्द सुधार की ज़रूरत है, लेकिन यह सुधार किसानों पर कहीं और से थोपे नहीं जाने चाहिए। बल्कि यह सुधार किसानों की पसन्द और ज़रूरत के मुताबिक़ ही होने चाहिए। किसान बदलने को तैयार हैं

और नयी चीज़ें सीखने को तैयार हैं। बशर्ते ऐसा करने में उसे फ़ायदा जान पड़े। हरित क्रान्ति के तौर तरीक़े वाली खेती का पूरे देश में विस्तार करने के झूठे सपने से हमें परहेज करना चाहिए। हमारे पास खेती-बाड़ी के तौर तरीक़ों के ज्ञान की एक समृद्ध विरासत तो है, लेकिन उस ज्ञान राशि को मांजने और आधुनिक विज्ञान से चमकाने की ज़रूरत है।

1950 के दशक में भूमिहीन किसानों के बीच जिस तर्ज पर कृषि भूमि बाँटने की बात की जाती थी, छोटी जोत के दौर में वैसा कर पाना तो सम्भव नहीं लेकिन अब भी भूमिहीनों के बीच घराड़ी के तौर पर कुछ ज़मीनें बाँटी जा सकती हैं। उन्हें ऊसर भूमि के टुकड़े दिये जा सकते हैं जिन-जिन दलित परिवारों को ज़मीन के पट्टे दिये जायें उनके नाम उन्हें पक्का कर दिया जाए। योगेन्द्र यादव यह भी कहते हैं कि पारिस्थितिकी के टिकाऊपन के मुद्दे को अगले दिनों के लिए स्थगित नहीं किया जा सकता, क्योंकि हरित क्रान्ति का खात्मा हो चुका है और जलवायु परिवर्तन के संकट सिर पर आन खड़े हैं।

इस संकलन में जितने आलेख शामिल किये गये हैं वे अलग अलग समय पर विभिन्न नजरिये से लिखे गये हैं। कुछ ने खेती के संकट को देखने तो कुछ ने आन्दोलन को देखने की कोशिश की है। अरविन्द कुमार सिंह ने विगत पचहत्तर साल में भारतीय खेती की यात्रा का एक तथ्यपरक खाका खींचा है। उन्होंने यह दर्शाने की कोशिश की है जिन प्रथम प्रधानमन्त्री जवाहरलाल नेहरू को खेती की उपेक्षा के लिए बहुत कोसा जाता है उन्होंने क्या प्रयास किये। सचिन कुमार जैन ने उदारीकरण और वैश्वीकरण के नाम पर हो रहे आर्थिक सुधारों के माध्यम से खेती के सामने पेश चार तरह की चुनौतियों का वर्गीकरण किया है। उन्होंने विश्व व्यापार संगठन की शर्तों का खेती पर पड़ने वाले नकारात्मक प्रभावों की चर्चा की है। देविन्दर शर्मा ने बताया है कि खेती पूरी दुनिया में संकट में है और उसका उद्धार सरकारी मदद के बिना हो नहीं सकता। जबकि डॉ. सुखपाल सिंह ने गहन शोध के माध्यम से यह बताया है कि किसानों की खुदकुशी के आँकड़े विशेषकर पंजाब में ज़मीनी हक़ीक़त से अलग हैं। मृणाल पाण्डे यह बता रही हैं कि खेती के काम में महिलाओं की बड़ी आबादी लगी है, लेकिन उनके स्वास्थ्य की कोई सुरक्षा नहीं है। वे पारिवारिक उत्पादन से लेकर राष्ट्रीय और अन्तरराष्ट्रीय उत्पादन तक में योगदान देती हैं, लेकिन संस्थागत रूप से उनके स्वास्थ्य को सुरक्षित करने का इन्तज़ाम नहीं है, बल्कि अगर उसका ज़िक्र किया जाये तो लोग उल्टे सवाल करते हैं कि महिलाएँ खेती करती क्यों हैं। चिन्मय मिश्र बता रहे हैं कि किसानों ने ही जब ठहर कर खेती

करना शुरू किया तब यह धरती बसी लेकिन आज वे ही दर-ब-दर भटक रहे हैं। उन्होंने आन्दोलन पर भी सवाल उठाया है कि इतने लम्बे आन्दोलन से कुछ सकारात्मक कार्यक्रम निकलने चाहिए। मैंने (अरुण कुमार त्रिपाठी ने) उन तमाम बातों को एक साथ रखा है जिनको ध्यान में रखकर सरकार ने कृषि सुधारों की पहल की थी। तीनों कृषि क़ानूनों के पीछे सरकार की सोच थी कि भारतीय खेती अन्तरराष्ट्रीय स्तर का व्यापार बनेगी, उसमें पूँजी निवेश होगा, नयी प्रौद्योगिकी आयेगी और पुरानी जड़ता टूटेगी। जिसका ज़िक्र प्रधानमन्त्री नरेन्द्र मोदी ने क़ानून वापस लेने के अपने ऐलान के दौरान किया। आशुतोष इन तीनों कृषि क़ानूनों के पक्ष में हैं, लेकिन उनका मानना है कि उन्हें लाने और पारित करने वाली सरकार का व्यवहार लोकतान्त्रिक नहीं है इसलिए किसानों ने उनका भारी विरोध किया। प्रेम सिंह ने कृषि सुधार के लिए लाये गये क़ानूनों में औपनिवेशिक अतीत देखा है और वे पूँजीवाद के व्यवहार के प्रति आगाह करते हैं। डॉ. ए.के. अरुण ने कोरोना काल में किसानों के संघर्ष को देखने की कोशिश की है और बताया है कि उन्होंने लम्बे समय से चले रहे शोषण के कारण अदम्य साहस का परिचय दिया है। उन्होंने खेती की समस्या को कॉरपोरेट की बजाय किसानों के नजरिये से देखने की सलाह दी है। महेन्द्र मिश्र इस आन्दोलन को ऐतिहासिक मानते हुए इसे एक सतत क्रान्ति की श्रेणी में रखते हैं। जबकि अटल तिवारी ने लखीमपुर खीरी की घटना के माध्यम से अवध तक फैले किसान आन्दोलन की पड़ताल की है। गाजीपुर बॉर्डर पर साल भर तक जमे रहने वाले डॉ. अनिल चौधरी ने यह साबित किया है कि खाप पंचायतें इस आन्दोलन की रीढ़ थीं। आधुनिक मीडिया में उन्हें कोसने का कार्यक्रम काफ़ी चलता है, लेकिन यहाँ उन्होंने लोकतन्त्र के हित में एक सकारात्मक योगदान दिया है। उन्होंने 2007 में लिया गया चौधरी महेन्द्र सिंह टिकैत का एक इंटरव्यू भी प्रस्तुत किया है जिसका अपना ऐतिहासिक महत्त्व है। किसान आन्दोलन को जोड़ने वाले और बौद्धिक फ़लक प्रदान करने वाले पंजाब के नेता डॉ. दर्शनपाल सिंह से मैंने (अरुण कुमार त्रिपाठी ने) लम्बी बातचीत की है। उनकी बातचीत से खेती के संकट और पंजाब से उठे आन्दोलन का राष्ट्रीय चरित्र समझा जा सकता है। दूसरी बातचीत टिकरी बॉर्डर पर मोर्चा लगाये बैठे पंजाब के मालवा क्षेत्र के बड़े किसान नेता जोगिन्दर सिंह उगराहां से की गयी है। क़ानून वापसी के ऐलान के हफ़्तेभर पहले लिए गये इस इंटरव्यू में उनका विश्वास साफ़ झलकता है कि कृषि क़ानून वापस होंगे। तीसरा इंटरव्यू राकेश टिकैत से है जो साफ़ कह रहे हैं इस समय लड़ाई कॉरपोरेट से चल रही है।

सरकार तो उनकी रक्षा में तैनात है। दिल्ली से मालवा तक कवर करने वाली जेनिफर ने अपनी रपट में बताया है कि किस प्रकार तमाम अन्तर्विरोधों के बावजूद दलित समाज और उनकी स्त्रियों ने आन्दोलन को मदद पहुँचायी है। किसान नेता डॉ. सुनीलम ने मध्य प्रदेश के अनुभव से दिल्ली के आन्दोलन को जोड़ा है और बताया है कि मन्दसौर की पिपलिया मण्डी में गोली चलने में किसानों के मारे जाने के बाद किसानों की अखिल भारतीय एकता कायम हुई। उसी के परिणामस्वरूप अखिल भारतीय किसान संघर्ष समन्वय समिति का गठन हुआ और किसान आन्दोलन का राष्ट्रीय विस्तार हुआ। रवि अरोड़ा ने पंजाब की संस्कृति के साथ आन्दोलन को जोड़ कर देखा है और बताया है कि अगर उनमें सेवा भाव और दृढ़ता है तो एक प्रकार की उग्रता भी है। यह दोनों चीज़ें आन्दोलन में समय-समय पर दिखी भी हैं। अभिषेक श्रीवास्तव ने गुजरात के कच्छ के किसानों के रवैए के माध्यम से बताया है कि मौजूदा सरकार ने अपने प्रभाव से देश के कई हिस्सों में किसानों को आन्दोलन से जुड़ने से किस प्रकार रोका भी। सिंगुर आन्दोलन के चश्मदीद रहे प्रोफ़ेसर कृपाशंकर चौबे ने पश्चिम बंगाल में किसानों के आन्दोलन से वामपन्थ के सफाये का वर्णन किया है। उन्होंने आदिवासियों के विस्थापन और संघर्ष को नक्सलवाड़ी आन्दोलन से जोड़ कर भी देखा है। कृष्णप्रताप सिंह ने सौ साल पूरा कर रहे अवध के ऐतिहासिक किसान आन्दोलन के माध्यम से यह सवाल किया है कि जो इलाका कभी किसान आन्दोलन के लिए बहुत उर्वर था वह आज ख़ामोश क्यों है?

खेती का संकट और किसान आन्दोलन की कहानी न तो इस संकलन से समाप्त होने वाली है और न ही यह संकलन अब तक हुए खेती के विकास और आन्दोलनों के बारे में मुकम्मल बात कह पाने का दावा करता है। यह सब कुछ एक कालखण्ड के अनुसार देखने और समझने का प्रयास है। कोशिश यही की गयी है कि इसमें विभिन्न पहलू को छुआ जा सके, हालाँकि बहुत पहलू छूट भी गये हैं। दस्तावेज़ीकरण के इस प्रयास का मूल्यांकन पाठक ही करेंगे।

स्मरण और आभार

पत्रकारिता में हमारे जैसे तमाम पत्रकारों के मार्गदर्शक रहे राजकिशोर की बड़ी विरासत के एक हिस्से 'आज के प्रश्न' शृंखला का सम्पादन सँभालते हुए गर्व की अनुभूति हो रही है। साथ ही उनसे तकरीबन 30 साल का निजी रिश्ता रखने के कारण यह जिम्मेदारी भावुक भी कर रही है। इस शृंखला का प्रकाशन उन्होंने 1993 में शुरू किया और 2015 तक उस दायित्व को नियमित रूप से निभाते रहे। संयोग से पहला संकलन 'अयोध्या और उससे आगे' बाबरी मस्जिद ध्वंस और उससे उठे विमर्श की चर्चा करते हुए आया था और आख़िरी संकलन 'धर्म और धर्मसत्ता' भी उसी के प्रभाव में बन रही राजनीति को केन्द्र में रखकर निकाला गया था। पहले और बाद के कुछ अंक को छोड़कर लगभग सभी अंकों में उन्होंने मुझसे लिखवाया। उसे सँवारा और दमदारी के साथ प्रस्तुत किया। आज के प्रश्न शृंखला के कुल 21 अंकों में से 18 अंकों में मैंने लिखा। उनमें से कुछ लेख तो काफ़ी चर्चित रहे। इस शृंखला में अपने समय के शीर्षस्थ बौद्धिकों के लेखों को राजकिशोर ने संकलित किया और उससे विषय को राष्ट्रीय फलक पर चर्चित करने में सफलता पाई। एक तरह से उन्होंने हिन्दी समाज को दो दशकों की उथल-पुथल के दौर में राह दिखाने और समझ को सन्तुलित करने में अपना विशिष्ट योगदान दिया। इन संकलनों में सच्चिदानन्द सिन्हा, किशन पटनायक, कृष्ण कुमार, डॉ. धर्मवीर, ओमप्रकाश वाल्मीकि, मस्तराम कपूर, पुरुषोत्तम अग्रवाल, सुमन केशरी, विष्णु नागर, लीला दुबे, अलगा सरावगी, प्रयाग शुक्ल, विनोद भारद्वाज, विभांशु दिव्याल, अरुण पाण्डेय, विनोद अग्निहोत्री, नीरेन्द्र नागर, शम्भुनाथ, मैत्रेयी पुष्पा, अनामिका, सविता सिंह, आनन्द प्रधान, प्रफुल्ल कोलख्यान जैसे तमाम चर्चित और स्थापित लेखकों के विचारों को तो शामिल ही किया गया कई नये लेखकों को भी लेखन के लिए सक्रिय किया। शायद कई लेखक इसी

के साथ परिपक्व भी होते गये। उनका लेखकीय परिवार बहुत बड़ा था। वे हिन्दी समाज की तमाम खाइयों को तोड़ते थे और विभिन्न धाराओं के लोगों को अपनी इस शृंखला के माध्यम से हिन्दी समाज के सामने विचार रखने और उससे संवाद करने का अवसर देते थे। विशेषतौर पर स्त्री, दलित और अल्पसंख्यकों के लिए उनके मन में विशेष करुणा थी। वे चाहते थे कि धर्म, जाति और पूँजी की कट्टरता से मुक्त होकर एक लोकतान्त्रिक समाज बने। इसलिए पिछली सदी के आख़िरी और इस सदी के पहले दशक में जब समाज भारी उथल पुथल वाली राजनीति से गुज़र रहा था तब उन्होंने अपने लेखकीय परिवार के माध्यम से साहस के साथ हस्तक्षेप किया और समाज के भ्रम और बेचैनी को मिटाकर उसे सही राह पर ले चलने का प्रयास किया।

लेकिन यह सब सम्भव नहीं था अगर वाणी प्रकाशन के प्रबन्ध निदेशक अरुण माहेश्वरी उन्हें पूरी छूट न देते और इस तरह की शृंखला पर उठने वाले विवादों और विरोधों को झेलने के लिए सीना तान कर खड़े न रहते। सन् 2018 में राजकिशोर जी के निधन के साथ इस शृंखला की निरन्तरता टूट गयी थी। इस बीच हिन्दी समाज इलेक्ट्रानिक चैनलों और उन्हीं की तर्ज पर बदल रहे अख़बारों की दुनिया में बढ़ती विचारों की कमी से निराश था और वैचारिक प्रेरणा के लिहाज़ से खाली-खाली महसूस कर रहा था। यह शृंखला उस शून्य को भरने का एक विनम्र प्रयास है। जो लोग सोचते हैं कि हिन्दी समाज का काम एक ही तरह के आख्यान से चल जायेगा और एक ही नेता उन्हें हाँकता रहेगा वे ग़लत सोचते हैं। हिन्दी समाज जो कि भारतीयता और राष्ट्रवाद का इंजन है वह अपनी वैचारिक विविधता को कायम करने के लिए बेचैन है। एक ओर इलेक्ट्रॉनिक मीडिया उसे कलही बना रहा है तो दूसरी ओर सोशल मीडिया उसे ज्ञान से अज्ञान की ओर ले जा रहा है। यह समय है कि हिन्दी समाज को फिर से कोलाहल से निकाल कर गम्भीर संवाद की ओर लाया जाए। उसे ग़लत सूचनाओं और एकतरफा विश्लेषणों के अन्धकूप से निकालकर फिर से रोशनी और हवा के ताजेपन से जोड़ा जाये ताकि नये विचारों के नये अँकुर फूट सकें।

वाणी प्रकाशन की कार्यकारी निदेशक आदिति माहेश्वरी और उसके प्रबन्ध निदेशक अरुण माहेश्वरी के आग्रह पर इस शृंखला को फिर से आरम्भ करते हुए हर्ष हो रहा है। उम्मीद है कि हिन्दी समाज और हिन्दी का बौद्धिक जगत इसका फिर वैसा ही स्वागत करेगा जैसा पहले करता रहा है। साथ ही यह भी आशा है कि वह अपनी आलोचनात्मक दृष्टि से हमारी ओर देखेगा

और हमें भटकने नहीं देगा। राजकिशोर जी के पुण्य स्मरण के साथ उन तमाम लेखकों का आभार जिन्होंने अब तक इसमें योगदान दिया है। साथ ही उन लेखकों से योगदान देने का आग्रह भी है जो अभी सक्रिय हैं और विमर्श की उस परम्परा को चलाये रखना चाहते हैं। यह अंक भारत के कृषि संकट और किसान आन्दोलन पर केन्द्रित है। सम्भवतः इस शृंखला को फिर से शुरू करने के लिए इससे ज़्यादा सामयिक विषय और कोई हो भी नहीं सकता था।

अरुण कुमार त्रिपाठी
वसुन्धरा, ग़ाज़ियाबाद

पचहत्तर साल में खेती

अरविन्द कुमार सिंह

'कोई भी व्यक्ति कृषि की महत्ता से इनकार नहीं कर सकता। भारत में कृषि की उन्नति और विशेषकर अन्न सम्बन्धी स्थिति को सुधारने से अधिक महत्त्वपूर्ण कोई और बात नहीं हो सकती है और किसी और वस्तु को उच्चतर प्राथमिकता नहीं दी जा सकती। वैसे तो मैं सभी तरह की इंडस्ट्री का समर्थन करता हूँ, लेकिन कृषि मेरे लिए सबसे ज़्यादा मायने रखती है।'

आज़ाद भारत के पहले प्रधानमन्त्री पण्डित जवाहरलाल नेहरू का यह कथन आज के दौर में लोग भूल गये हैं, लेकिन आज़ादी मिलने के कुछ ही समय बाद उनको इस बात का आभास हो गया था कि सारी चीज़ें इन्तज़ार कर सकती है लेकिन खेती नहीं। आरम्भिक कई सालों तक खेती-बाड़ी को लेकर कितनी तरह की दिक़्क़तों से जूझना पड़ा, यह बात नयी पीढ़ी के लोगों के दिलो-दिमाग़ में नही है। उनको तो यही बताया जाता है कि अनाज के गोदाम भरे पड़े हैं और किसान बेवजह आन्दोलन करते हैं। सोशल मीडिया पर किसानों की छवि कुछ अलग दिखायी जाती है।

लेकिन हमें आज़ादी मिली तो नीति निर्माताओं की सबसे बड़ी चिन्ता भुखमरी और अनाज की कमी थी। उनके दिलो-दिमाग़ पर चालीस के दशक के बंगाल के भयावह अकाल का असर था, जिसमें भूख से अनगिनत लोग मरे थे। ऐसी नौबत फिर न आए इसको लेकर अन्तरिम सरकार के कृषि मन्त्री डॉ. राजेन्द्र प्रसाद से लेकर इन्दिरा गाँधी सरकार में कृषि मन्त्री बाबू जगजीवन राम तक ने तमाम प्रयास किये। तमाम महत्त्वाकाँक्षी विचारों और खेती-बाड़ी में प्रगतिशील देशों के अनुभवों को ज़मीन पर उतारने की कोशिशें हुई। सारी ताक़त झोंक कर 1951-52 तक भारत को अन्न के मामलों में आत्मनिर्भर

बनाने का सपना भी देखा गया जो सपना ही रहा। तमाम सरकारी योजनाएँ अपेक्षित परिणाम नहीं दे सकीं और अनाज आयात का बिल बढ़ता रहा।

आज़ादी मिलने के दौरान भारत में खेती पशुपालन और सहयोगी गतिविधियों पर निर्भर आबादी प्रति हज़ार पर 706 थी, जबकि अमेरिका में 128 और ब्रिटेन में केवल 50 तक। फिर भी 1953-54 में कुल राष्ट्रीय आय में खेती-बाड़ी का योगदान 50.9% था, जबकि अमेरिका में छह, ब्रिटेन में पाँच और जापान में 24% तक था। तब हमारे कृषि क्षेत्र का 21.8% हिस्सा धान, 7.1% गेहूँ, 32.2% मोटे अनाज, 15.1% दलहन और 4.6% गन्ने की खेती के काम आ रहा था। हमारे खेती का स्वरूप अलग था और अलग-अलग राज्यों में ज़मींदारियों का स्वरूप भी अलग था और किसानों का भी।

अंग्रेज़ी राज में भारत में अकाल लाखों लोगों को निगल रहा था। 1860 के बाद 25 बड़े अकालों में तमिलनाडु, बिहार, ओडिशा और बंगाल में दो करोड़ लोग मारे गये। कई प्रान्तों में दो चार साल पर अकाल-दुकाल पड़ते थे और ग़रीब कई-कई दिन भूखे रहते थे। आज़ादी जब दस्तक दे रही थी तो 1943 में बंगाल के अकाल ने सबको हिला कर रख दिया। उसमें 15 से 40 लाख के बीच मौतें हुईं। बेहतर प्रबन्धन के अभाव और अंग्रेज़ अफसरों की संवेदनहीनता के कारण मुनाफ़ाखोरों ने जमकर धन कमाया। अन्यथा इतनी मौतों को टाला जा सकता था, जिसे लेकर देश दुनिया में भारी आलोचना हुई।

अंग्रेज़ी राज ने खेती-बाड़ी के विकास के लिए कुछ क़दम उठाये थे, लेकिन उनको केवल अपने काम के कृषि उत्पादों जैसे कपास, नील, अफीम और गन्ना आदि से ही ख़ास मतलब था। उनके शासन में क़दम-क़दम पर किसानों का भारी शोषण हो रहा था, लेकिन हमारे स्वाधीनता सेनानियों को उनकी तकलीफ़ों की जानकारी थी। इस कारण चम्पारण, बारदौली, खेड़ा, अवध के कई इलाक़ों समेत देश में कई बड़े किसान आन्दोलन चले, जिसमें गाँधी जी, सरदार पटेल, पण्डित नेहरू और आचार्य नरेन्द्र देव से लेकर राजर्षि पुरुषोत्तम दास टण्डन जैसे कई नायक शामिल रहे। 1938 में महाराष्ट्र के फैजपुर गाँव में कांग्रेस का अधिवेशन हुआ तो उसमें जमींदारी उन्मूलन और किसानों की दशा पर लम्बी चर्चा के बाद कृषि सुधार का एक व्यापक प्रस्ताव पारित हुआ।

महात्मा गाँधी ने आज़ाद भारत की पहली प्राथमिकता सबको मानवीय गरिमा के साथ भोजन दिलाना और ग्रामीण पंचायतों को सशक्त बनाना माना था। हालाँकि यह काम सरल नहीं था क्योंकि विभाजन के बाद पंजाब तथा

बंगाल का प्रमुख गेहूँ और धान उत्पादक इलाक़ा हमारे हाथ से निकल गया था। पंजाब का वही सबसे बेहतर सिंचित इलाक़ा भी था जहाँ अच्छी खेती की सम्भावनाएँ थीं। आज़ादी मिली तो करीब 80% से ज़्यादा लोग खेती-बाड़ी पर निर्भर थे।

1947 में हमारी आबादी 35-36 करोड़ थी, लेकिन हम 60 लाख टन गेहूँ पैदा करते थे, जिसके दोगुने से ज़्यादा आज अकेले पंजाब सरकारी अन्न भण्डार को दे रहा है। कई सालों तक भारत सरकार और राज्य सरकारों को अन्न संकट से ही सबसे अधिक जूझना पड़ा। हालत ऐसी थी कि पण्डित नेहरू को 1 मई 1951 को ऑल इंडिया रेडियो पर जनता से यह अपील करनी पड़ी कि लोग सप्ताह में एक दिन भोजन त्याग दें। ज़रूरतमन्दों को अन्न वितरण के काम में सेना को लगाना पड़ा। बिहार और मद्रास जैसे प्रान्तों में ऐसा संकट उपजा था कि अमेरिका, चीन और रूस से मदद की गुहार लगानी पड़ी। ब्रिटेन ने अनाज ढोने के लिए जहाज़ दिया। पण्डित नेहरू ने अपनी अपील में देश के लोगों को यह भी बताया था कि विदेशों से यह सब सहायता प्राप्त करते हुए हमने स्पष्ट कर दिया है कि इसका कोई राजनीतिक अभिप्राय नहीं होना चाहिए। उसके साथ ऐसी कोई शर्त नहीं लगी होनी चाहिए जो किसी स्वाभिमानी राष्ट्र को अस्वीकार्य हो। इस प्रकार का कोई दबाव नहीं रहना चाहिए जिसका लक्ष्य हमारी घरेलू और अन्तरराष्ट्रीय नीति में परिवर्तन कराना हो।

लेकिन हर साल बाहर से अनाज मँगाना भारी पड़ रहा था और उसे लेकर तमाम सवाल सरकार के भीतर से भी उठ रहे थे। 1952 में तत्कालीन खाद्य मन्त्री रफी अहमद किदवई ने खुले आम कहा था कि जो रुपया हम सालों से विदेशों से चावल और गेहूँ ख़रीदने में ख़र्च करते रहे हैं वह देश के विकास के लिए व्यवहार करें। नयी खाद्य नीति बनी और विभिन्न इलाक़ों में अनाज की ख़रीद आरम्भ हुई। अंग्रेज़ी राज में आरम्भ किया गया कंट्रोल भी धीरे-धीरे हटाया गया। हालाँकि भारत सरकार के पहले राशनिंग सलाहकार कर्बी का दावा था कि भारत कभी भी कंट्रोल और अनाज की राशनिंग को हटा नहीं सकेगा क्योंकि बेहतर हालत कभी नहीं होंगे।

उस दौरान खेती लायक ज़मीनों की तस्वीर अलग थी। ब्रिटिश भारत में शोषण कुछ अलग तरीक़े का था, जबकि देसी राज्यों में अलग तरीक़े का सामन्ती अत्याचार था। आधे से अधिक लोग भूमिहीन थे। किसान मनमानी लगान वसूली के साथ बेदख़ली और शोषण के शिकार थे और उनसे बेगार

भी लिया जाता था। गाँवों में भारी ग़रीबी पर वे सामुदायिकता और एकता के भाव के नाते पर्दा डाल लेते थे। उनके खेतों की उपज नाम मात्र की थी हर साल सूखा, बाढ़ और खेत-खलिहानों और गाँवों में अग्निकाण्ड से लेकर तमाम चुनौतियाँ उनका जीवन कठिन बनाती रहती थीं। किसानों पर आश्रित खेत मज़दूरों और ग्रामोद्योगों से जुड़े लोगों की हालत तब क्या रही होगी, इसी से आसानी से समझी जा सकती है। तमाम लोकगीत उस दौर के किसान तस्वीर को बताने के लिए काफ़ी हैं-

सबसे अभागा हम किसान एही देशवा में।
अपने से खेत जोती, अपने से खेत बोई,
तबौ नाहीं अन्न के ठेकान एही देशवा में।
करजा दिन दूना बाढै रात चौगुना बाढे,
होई गैले सहुआ सब बेईमान हमरे देसवा में।

एक तरह से अंग्रेज़ी राज से विरासत में जो खेती-बाड़ी मिली थी वह वेंटिलेटर पर पड़ी थी। उसकी राह की अनेक बाधाएँ थीं जिनको दूर करने के साथ राज्यों की चुनौतियाँ के हिसाब से रणनीति बनाने की दरकार थी। सारे पक्षों को समझने के साथ सरकार सबसे पहले जमींदारी उन्मूलन भूमि सुधारों पर आगे बढ़ी। कांग्रेस ने 1945-46 के प्रान्तीय चुनावों में यह वायदा भी किया था। जहाँ सरकारें बनीं वहाँ राज्य और ज़मीन जोतने वालों के बीच से मध्यस्थों को हटाने का प्रयास भी हुआ, लेकिन जमींदारों और राजे रजवाड़ों की मज़बूत लॉबी और प्रशासन पर उनकी मज़बूत पकड़ के कारण इस राह में तमाम रोड़े थे। फिर भी राजनीतिक इच्छाशीलता के नाते बहुत सी क़ानूनी जंग के बावजूद जमींदारी उन्मूलन हुआ। फिर भूमि सुधारों और चकबन्दी की बारी आयी, जिसे खेती की तस्वीर बदलने में सबसे अहम माना जा सकता है। उसी दौरान आचार्य विनोबा भावे के भूदान यज्ञ ने भी दुनिया भर के करोड़ों रचनात्मक कार्यकर्ताओं में एक नया सन्देश दिया। और करोड़ों भूमिहीनों को जीने का नया सहारा मिला। शायद यह काम करने में सरकारों को जाने कितने साल लग जाते।

1947 से 1964 के दौरान पण्डित जवाहरलाल नेहरू ने खेती के विकास के लिए जो क़दम उठाये, उसमें सबसे अहम था सिंचाई और बिजली के लिए आधुनिक मन्दिरों के रूप में निरूपित भाखड़ा नाँगल, दामोदर घाटी, हीराकुण्ड, नागार्जुन सागर और गाँधीसागर जैसे बाँधों का निर्माण। उसी दौरान रासायनिक खादों और कीटनाशकों के कारखाने खुले और तमाम संस्थाएँ स्थापित हुईं।

सहकारिता आन्दोलन, सहकारी और सामूहिक खेती की दिशा में भी प्रयास हुए। उस दौरान यह अफ़वाह ज़ोरों पर थी कि सहकारी खेती के नाम पर सरकार किसानों की ज़मीन हड़प लेगी। फिर भी किसानों को खाद, बीज और खेती के लिए ज़रूरी सामान सुलभ कराने के लिए निचले स्तर तक सहकारी समितियों का जाल बिछा जो फ़ायदेमन्द रहा।

1951 के बाद पहली से लेकर चौथी पँचवर्षीय योजनाओं में खेती–बाड़ी के विकास को ख़ास प्राथमिकता मिली। आज खेती–बाड़ी की चुनौती और किसान आन्दोलनों के बीच बहुत से दक्षिणपन्थी विचारक भारत में कृषि की ख़राब दशा को लेकर घूम फिर कर नेहरू की आलोचना करते पाये जाते हैं। सरदार पटेल और लाल बहादुर शास्त्री को वे आगे रख कर तारीफ़ करते हैं और कृषि प्रयासों के मामले में इन्दिरा गाँधी के योगदान पर भी चुप रहते हैं। लेकिन हक़ीक़त यही है कि आज हमें जो स्थायी सफलता मिली है उसमें पण्डित नेहरू की सरकार के दौरान बनायी गयी योजनाएँ ही सबसे कारगर रही हैं। उनके शासनकाल में आत्मनिर्भरता से सम्बन्धित सारी योजनाएँ संसद और राज्य सरकारों के साथ बड़े विचार मन्थन के बाद तैयार हुई थीं, जिनको आगे की अलग धाराओं की सरकारों ने भी बनाये रखा।

आरम्भिक दौर में अनेक चुनौतियाँ थीं। खेती के पुराने तरीक़ों के कारण हमारी प्रति एकड़ पैदावार संसार में सबसे कम थी। कृषि उत्पादन वैज्ञानिक खेती से ही बढ़ सकता था, लेकिन पाँच लाख से अधिक गाँवों में फैले 600 लाख से अधिक किसानों को इस तरफ मोड़ना सरल नहीं था और किसान भी मानसिक तौर पर तैयार नहीं थे। लिहाज़ा गैर–सरकारी संगठनों की मदद ली गयी। जापानी धान की खेती के साथ विदेशों के कई अनुभवों को भारत के खेतों पर आज़माने का प्रयास भी कृषि वैज्ञानिकों की मदद से हुआ। सिंचाई सुविधा का बेहतर इन्तज़ाम हुआ तो देश के बाक़ी हिस्सों की तुलना में आज के पंजाब, हरियाणा और पश्चिमी उत्तर प्रदेश के किसानों ने इसमें ख़ास दिलचस्पी ली।

साठ के दशक तक पंजाब में एक खुशहाल किसान वह माना जाता था जिसके पास बैलों की एक जोड़ी हो, अच्छा दूध देने वाली एक भूरी भैंस हो, आसानी से बिजाई कर सकने के लिए बारिश की चन्द बूँदें और गेहूँ से भरपूर एक अनाजघर हो। देश के कई इलाक़ों की ऐसी ही तस्वीर थी, लेकिन इससे काम नहीं चल सकता था।

पण्डित नेहरू का ध्यान वैज्ञानिक खेती पर था। उन्होंने 17 नवम्बर 1960 को पन्त नगर में उत्तर प्रदेश कृषि विश्वविद्यालय की स्थापना कर इसे देश के कृषक पुत्र पुत्रियों को अर्पित किया तो नयी उम्मीद जगी। लैंड ग्रांट पैटर्न पर अमेरिकी तकनीकी सहायता से बने इस विश्वविद्यालय के 14,500 एकड़ क्षेत्र को प्रयोग भूमि और उन्नत बीजों का आधार बनाया गया। यहाँ राष्टभाषा में स्नातक पाठ्यपुस्तकें तैयार कराने के लिए अलग निदेशालय बना। इसी दौरान 1960-61 में भारत सरकार ने सात जिलों में जिला सघन कृषि कार्यक्रम आरम्भ किया, जिसे पैकेज कार्यक्रम कहा गया। भारतीय सिविल सेवा के अधिकारी एम.एस. रन्धावा को इसका जिम्मा सौंपा गया। सरकार की मदद से बीज, खाद, कीटनाशक और ऋण सुविधा किसानों को मिली तो कई सकारात्मक लक्षण दिखे और चुनिन्दा फ़सलों की उपज बढ़ी।

1950 के दशक में संसद में अधिकतर चर्चाएँ खाद्य संकट और खेती-बाड़ी की दुर्दशा पर होती रहीं। खाद्य उत्पादन बढ़ा कर आयात बिल को कम करना, उचित दामों पर लोगों को अनाज पहुँचाना और उसका न्यायपूर्ण वितरण आकलन करने के साथ जमाख़ोरी पर रोक लगाना सरकार के लिए ख़ास चुनौती थी। 1957 में अशोक मेहता की अध्यक्षता में खाद्यान्न जाँच समिति ने विस्तृत अध्ययन के बाद आकलन किया कि अगर स्थिति सामान्य रही तो 1960-61 में खाद्यान्नों की माँग करीब 7.90 करोड़ टन रहेगी और उत्पादन 7.70 करोड़ टन तक होगा। फिर भी अनाज की कमी दूर करने के लिए 30 लाख टन तक आयात करना होगा।

1950-51 में कृषि उपज जहाँ 5.30 करोड़ टन थी वह एक दशक के प्रयासों से बढ़ कर 1960-61 तक 7.93 करोड़ टन हो गयी, लेकिन इस दौरान जो कोशिशें चलीं 1962 की चीन की लड़ाई के कारण उसे झटका लग गया। हालाँकि तब यह विचार और मज़बूत हुआ कि देश की सुरक्षा के लिए भी कृषि क्षेत्र का और मज़बूत होना ज़रूरी है। इसी नाते आपात स्थिति की घोषणा के पहले तीसरी योजना में कृषि विकास को प्रमुख स्थान देते हुए योजना के अन्त तक 10 करोड़ टन खाद्यान्न उत्पादन का लक्ष्य रखा गया। जमाखोरी रोकने के लिए आवश्यक वस्तु अधिनियम में संशोधन हुआ और गेहूँ और चावल के लिए अलग ज़ोन बना कर निगरानी तन्त्र मज़बूत किया गया।

इन प्रयासों के बावजूद बाहर से अन्न मँगाने की विवशता ऐसी थी कि 1964 में पण्डित नेहरू के निधन के साल 266.25 करोड़ रुपया ख़र्च कर 62.70 लाख टन अन्न बाहर से मँगाया गया था। 1965 में लाल बहादुर शास्त्री

के प्रधानमन्त्री काल में 74.60 लाख टन अनाज आया जो 290.32 करोड़ रुपये राशि का था। अमेरिका से पीएल 480 और कनाडा से कोलम्बो प्लान के अलावा हम कई देशों से अनाज मँगा रहे थे। इस दौरान आबादी भी बढ़ रही थी। इस नाते 1964-65 के बाद योजनाओं का फोकस सीमित अन्तराल में आत्मनिर्भरता पर हुआ और यह रणनीति बनी कि 1976 तक 62 करोड़ से अधिक आबादी के लिए सालाना 15 करोड़ टन अनाज का इन्तज़ाम कैसे हो। 10-12 सालों में अनाज उत्पादन दोगुना करना बहुतों को सपना लगा। सरकार ने अनाज के प्रयोग को कम कर दूसरे खाद्य पदार्थों को प्रोत्साहित करने की कोशिश की, लेकिन ख़ास असर नहीं हुआ। उल्टे लोगों की खाद्य आदतों में नया बदलाव आया। मोटे अनाजों की उपेक्षा के साथ ज्वार बाजरा वाले इलाके में भी गेहूँ-चावल लोकप्रिय होने लगा।

लाल बहादुर शास्त्री प्रधानमन्त्री बने तो खाद्य संकट और गहराई के साथ उनके सामने खड़ा था। कांग्रेस संसदीय दल के नेता चुने जाने के बाद शास्त्री जी ने पत्रकारों से बातचीत में खाद्य संकट और महँगाई को अपनी सबसे बड़ी चिन्ता माना। प्रधानमन्त्री बनते ही मुख्यमन्त्रियों की बैठक बुला कर लम्बा मन्थन किया और जमाखोरों और मुनाफ़ाखोरों पर कड़े क़दम उठाने के साथ आढ़तियों पर शिकंजा कसा। जय जवान, जय किसान का नारा भी उनके ही प्रधानमन्त्री काल में गूँजा।

7 नवम्बर, 1964 को के. कामराज की अध्यक्षता में सुदूर दक्षिण में गुँटूर में हुई कांग्रेस कार्य समिति की बैठक में बलवन्त राय मेहता, सी. सुब्रमण्यम, एस.के. पाटिल जैसे तमाम दिग्गजों की मौजूदगी में देश की खाद्य स्थिति पर ही ख़ास चर्चा हुई। तब सरकार ने गेहूँ चावल, ज्वार, बाजरा, मक्का और चने के सरकारी ख़रीद के दाम तय कर दिये थे और भारतीय खाद्य निगम की स्थापना के लिए संसद में विधेयक लाने की तैयारी चल रही थी। 18 नवम्बर, 1964 को हुई कार्यसमिति की बैठक में लाल बहादुर शास्त्री की मौजूदगी में तत्कालीन कृषि मन्त्री सी. सुब्रमण्यम को सबसे अधिक सफ़ाई अपने विभाग पर देनी पड़ी। बाद में 1 जुलाई, 1965 को आकाशवाणी से राष्ट्र को सम्बोधित करते हुए शास्त्री जी ने कहा था कि-हमें जहाँ ज़्यादा से ज़्यादा पैदावार बढ़ानी है वहीं खाने की चीज़ों की बर्बादी भी रोकनी है। देश को बाहर से अनाज मँगाना पड़ता है तो हमारे लिए लाज़िमी है कि अनाज का एक दाना भी बरबाद न होने दें। बड़ी बड़ी दावतों और बीसों क़िस्म की चीज़ों को परोसने का यह सही समय नहीं है।

शास्त्री जी ने 10 अक्टूबर, 1965 को लाल किले से सम्बोधित करते हुए कहा कि मैं अनाज पैदा करना आज उतना ही ज़रूरी समझता हूँ जितना कि रक्षा का प्रबन्ध। हम देश के भीतर ही काफ़ी अनाज पैदा कर आत्मनिर्भर बनें तभी एक स्वस्थ और ताक़तवर राष्ट्र बन सकेंगे। अनाज के लिए बाहर के देशों के सहारे रहना न केवल देश की अर्थव्यवस्था के लिए बुरा है बल्कि इससे हमारे स्वाभिमान, आत्मविश्वास, इज्जत और भरोसे की भावना को ठेस पहुँचती है।

शास्त्री जी की अपील पर श्रीमती इन्दिरा गाँधी ने 18 अक्टूबर, 1965 को सभी कांग्रेस पदाधिकारियों को अनाज बचाने, किसानों को अन्न उत्पादन के बाबत सभी सम्भव मदद करने, खाद्य आदतों में बदलाव लाने के लिए बाकायदा अभियान चलाने के लिए पत्र लिखा। 1965 में केन्द्र और राज्य सरकारों के प्रयासों से देश में किसानों से 31 लाख टन अनाज की ख़रीद हुई फिर भी विदेशों से 75 लाख टन अनाज मँगाना पड़ा। चौथी योजना के अन्त तक 12.50 करोड़ टन अनाज उत्पादन का लक्ष्य भी सरकार ने रखा। 1965 में सी. सुब्रमण्यम ने छह करोड़ छोटे-छोटे खेतों के मालिक छोटे किसानों पर ज़ोर दिया और समझाया कि वे उन्नत बीज और उर्वरकों का उपयोग कर वैज्ञानिक तरीक़े से खेती करें। 1965-66 में भारत कई तनावों से गुजरा। भारत पाकिस्तान के बीच युद्ध के बाद ताशकन्द में शास्त्री जी का निधन हो गया और इन्दिरा गाँधी प्रधानमन्त्री बनी तो उनके सामने भी खाद्य संकट खड़ा था। 1964-65 में 8.9 करोड़ टन अनाज उत्पादन के साथ जो बेहतर संकेत मिला था उसे आगे दो सालों तक सूखे ने बिगाड़ दिया। 1965-66 में 7.2 करोड़ और 1966-67 में 7.4 करोड़ टन अनाज पैदा हुआ। अनाज के दाम ऐसे आसमान छूने लगे तो सरकार को करीब 100 लाख टन अनाज आयात करना पड़ा। तब अमेरिका से पीएल-480 के तहत मिले गेहूँ की शर्तें इतनी अपमानजनक थीं कि इन्दिरा गाँधी तिलमिला गयीं थीं। उन्होंने 9 अप्रैल, 1966 को मुख्यमन्त्रियों की एक बैठक में बहुत तल्खी से कहा अगर हम चन्द सालों में अनाज में आत्मनिर्भरता नहीं हासिल कर लेते तो महान देश तो दूर हमें स्वतन्त्र कहलाने का हक़ भी नहीं है।

उस दौरान कौन-सी बात इन्दिरा गाँधी को कचोट गयी थी, इसका ख़ास खुलासा तो नहीं होता, लेकिन यह ज़रूर है कि इन्दिरा गाँधी के प्रधानमन्त्री काल के दौरान कृषि क्षेत्र में व्यापक बदलाव देखने को मिला। अनाज उत्पादन 1967-68 में 28% बढ़ोतरी के साथ यह अनाज उत्पादन 9.5 करोड़ टन हो

गया तो उस साल सरकार ने 2.48 लाख नये ट्यूबवेल लगवाये। 1968-69 में 85 लाख हेक्टेयर ज़मीन पर अधिक उपज वाली फ़सलें बोने की योजना बनी। 30 लाख टन अनाज का बफर स्टॉक बनाने की रणनीति के साथ सरकार ने कृषि से सम्बन्धित राष्ट्रीय आयोग गठित किया। भूमि सुधार समिति भी बनी और किसानों के लिए उदार ऋण सुविधा की दिशा में भी क़दम उठाये।

भारत में खेती-बाड़ी के इतिहास में 1970-71 का साल एक अलग स्थान रखता है। तब 10.80 करोड़ अन्न उत्पादन का नया रिकॉर्ड बना और सरकार ने विदेशों से अन्न मँगाना बन्द कर दिया। 1966 से 1970 के बीच चार सालों में गेहूँ क्रान्ति हुई, जिसे असाधारण घटना मानते हुए यूएसएड्स *(USAID)* के विलियम गौड ने 1968 में हरित क्रान्ति नाम दिया था। इसी की देन थी कि 1966 से 2014 के बीच गेहूँ उत्पादन नौ गुना से अधिक बढ़ा जबकि धान उत्पादन पाँच गुना।

हालाँकि अमेरिकी अनुसन्धानकर्ताओं विलियम पैंडडौक और पाल पैंडडौक ने उस दौरान भविष्यवाणी की थी कि भारत में अनाज का संकट बना रहेगा और विदेशों से अनाज मँगाने की मात्रा बढ़ती रहेगी। इन्दिरा गाँधी के प्रधानमन्त्री काल में भारत का अनाज उत्पादन 8 करोड़ टन से बढ़ कर 15 करोड़ टन तक पहुँच गया तो पूरी दुनिया ने इसे किसी चमत्कार से कम नहीं माना। उस दौरान भारत सरकार ने एक बड़ा नीतिगत फ़ैसला मैक्सिकन गेहूँ का 18,000 टन बीज आयात करके किया था। 1967 में कल्याण सोना, सोनालिका और मैक्सिकन गेहूँ के कुछ सलैक्शन से (जिसकी औसत पैदावार 35 से 50 कुन्टल प्रति हेक्टेयर थी) भारत में गेहूँ क्रान्ति का दरवाज़ा खुला।

इसी तरह धान उत्पादन में बढ़ोतरी आयातित बीज आईआर-8 फिलीपींस और ताईचुंग नेटिव-1 ताईवान से हासिल की गयी थी, लेकिन बात केवल बीज से नहीं बनीं बल्कि राजनीतिक इच्छाशक्ति, संसाधन प्रबन्धन और किसानों और वैज्ञानिकों की मदद और केन्द्र तथा राज्यों के बीच बेहतर तालमेल से बनी। हरित क्रान्ति की कामयाबी के बाद श्वेत, पीत और नीली क्रान्तियाँ भी देखने को मिलीं। सामूहिक तौर पर इनको इन्द्रधनुषी क्रान्ति कहा जाता है। फिर भी कृषि उत्पादन बढ़ाने में सबसे बड़ा योगदान उन्नत बीजों और खादों का था। 1963 में राष्ट्रीय बीज निगम की स्थापना नेहरू के शासनकाल में हुई थी फिर 1969 के दौरान राज्य फार्म निगम स्थापित हुए। इन सबने बीजों की सुलभता को सहज किया।

लेकिन यह क्रान्ति सिंचित इलाके में हुई। गेहूँ क्रान्ति को भारत के किसानों और कृषि वैज्ञानिकों की मदद से ज़मीन पर उतारने में सबसे मददगार रहे नोबेल पुरस्कार विजेता डॉ. नारमन बारलाक का मत था कि अगर भारत अपना ध्यान वर्षासिंचित इलाक़ों पर केन्द्रित कर दें तो वह गेहूँ उत्पादन में चीन की बादशाहत को मात दे सकता है। ऐसा तो नहीं हो सका है, लेकिन गेहूँ और धान के सहारे आयी हरित क्रान्ति ने हमें आत्मनिर्भरता ज़रूर दी। इस हरित क्रान्ति की शुरुआत 1950 के दशक में मैक्सिको में हुई थी। इसके प्रभाव इतने थे कि बीसवीं सदी की महानतम उपलब्धि के रूप में आँका गया। आगे के सालों में भी यही सहारा दिये रही जिसके कारण भारत में अन्न संकट की नौबत नहीं आयी।

डगमगाती हरित क्रान्ति

हाल में देश के सबसे लम्बे और एक साल से अधिक चले किसान आन्दोलन ने यह दिखा दिया कि हरित क्रान्ति वाले सबसे सम्पन्न कहे जाने किसानों के भीतर कैसी पीड़ा और बेचैनी है। हरित क्रान्ति ने भले ही खेती का चेहरा बदला, लेकिन यह गेहूँ और चावल पर आधारित खाद्य सुरक्षा पर ही केन्द्रित रही और देश में पैदा होने वाले अन्य 370 तरह के परम्परागत या प्रचलित अनाजों की घोर उपेक्षा हुई। इससे कई हिस्सों में कृषि उपजों में एक नये क़िस्म का असन्तुलन खड़ा हुआ। पश्चिमी उत्तर प्रदेश, पंजाब और हरियाण ा देश में उत्पादित कुल गेहूँ का सबसे बड़ा हिस्सा पैदा करता हैं और यहीं सबसे बेहतर सिंचाई सुविधाएँ हैं, मण्डी और आधुनिक खेती के साजो सामान हैं। पंजाब केवल दो फ़ीसदी आबादी और दो फ़ीसदी ज़मीन पर देश की खाद्य सुरक्षा का करीब आधा बोझ सँभालते हुए आज बेहद थक गया है। खेती की लगातार बढ़ रही लागत से किसान डगमगा रहे हैं और हरित क्रान्ति ने पानी, ज़मीन और पर्यावरण पर बुरा असर डाला है। पंजाब की फ़सल सघनता 186% से ज़्यादा है। यह सरकारी अन्न भण्डार को हर साल 130 लाख टन गेहूँ और 133 लाख टन चावल दे रहा है, लेकिन इसकी ग्रामीण क़र्ज़दारी 35 हज़ार करोड़ रुपये की हो गयी है जो आन्ध्र प्रदेश से ज़्यादा है। पश्चिमी उत्तर प्रदेश में गन्ना किसान बेहाल हैं और हरियाणा में भी तस्वीर कोई बहुत बेहतर नही हैं। फिर भी इन इलाक़ों में बेहतर मण्डी व्यवस्था और एमएसपी पर ख़रीद की तस्वीर बेहतर है, लेकिन खेती किसानों की ज़रूरतों को पूरा करने में अब सक्षम नही हैं।

खेती-बाड़ी पर बढता दबाव

हमारे पास दुनिया का 2.4% इलाक़ा और 4% जल संसाधन हैं, लेकिन दुनिया की 17% आबादी और 15% पशुधन का दबाव भी है। आबादी के बढने के साथ ज़मीनों पर बढता दबाव छोटे किसानों की आजीविका पर संकट डाल रहा है। हमारी 58% से ज़्यादा आबादी खेती पर निर्भर है लेकिन नीति आयोग में बैठे लोग खेती की हैसियत का आकलन जीडीपी में उसके योगदान के हिसाब से करते हैं जो 1950 में 50% से घटते हुए आज 17% के करीब हो गया है। विकल्प मिले तो 40% किसान खेती छोड़ना चाहते हैं। किसान आज समाज में सबसे निचले पायदान पर खड़ा है। किसानों और अन्य संगठित क्षेत्र के बीच सत्तर के दशक में 1-2 का जो अन्तर था वह बढ़कर 1-8 हो गया है और खेती में जोखिम पहले से अधिक बढ़ गया है।

कृषि उत्पादन प्राकृतिक संसाधनों यानी बागवानी की छह गुना भूमि, जल और जैव विविधता पर निर्भर करता है। भारत को इस मायने में कई सुयोग हासिल रहे हैं, जैसे हमारी कुल भूमि का 52% खेती लायक है जबकि विश्व औसत 11% है। दुनिया की मिट्टी की 60 क़िस्मों में भारत के पास 46 क़िस्में हैं। जलवायु पस्थितियों का भी हमें लाभ मिला है, लेकिन इस तथ्य से भी मुँह नहीं मोड़ा जा सकता कि चीन के मुक़ाबले हमारी प्रमुख फ़सलों की उपज लगभग आधी है जबकि 1960 में भारत और चीन का कृषि उत्पादन करीब बराबर होता था।

हमारी मक्का और दालों की उत्पादकता पाकिस्तान बांग्लादेश, नेपाल और म्यांमार से भी कम है। भारत 3264 कि.ग्रा. प्रति हेक्टेयर धान पैदा करता है जबकि चीन 6548 कि.ग्रा., भारत का गेहूँ उत्पादन 3,264 कि.ग्रा. है तो चीन प्रति हेक्टेयर 4748 कि.ग्रा. दलहन में भारत का उत्पादन 694 कि.ग्रा. है जबकि चीन का 1567 कि.ग्रा. प्रति हेक्टेयर। फिर भी 1950-51 से हमारा अनाज उत्पादन चार गुना, बाग़वानी छह गुणा, मछली उत्पादन नौ गुना और दूध उत्पादन में छह गुना बढ़ा है।

भारत की खेती-बाड़ी पहले की तुलना में पाँच गुना से अधिक मज़बूत है, लेकिन यह भी सच है कि यह अब किसानों का पसन्दीदा पड़ाव नहीं है। एनएसएसओ द्वारा जनवरी से दिसम्बर 2019 के दौरान किसान परिवारों पर किये गये सर्वे से पता चला कि हर किसान परिवार की औसत आय महज़ 10,218 रुपये थी। इसमें से 4063 रुपये उसकी मज़दूरी, 3798 रुपये फ़सल उत्पादन, 1582 रुपये पशुपालन, 641 रुपये गैर-कृषि व्यवसाय और

134 रुपये भूमि के पट्टे पर देने से आय होती है। छह सालों में किसानों की आय महज़ 717 रुपये बढ़ी है, जबकि मज़दूरी 2012-13 में 2071 रुपये से बढ़ कर 2018-19 में 4063 रुपये हो गयी। 2012-13 में प्रति किसान परिवार जहाँ औसतन 17 हज़ार रुपये क़र्ज़ था, वह 2018-19 में 58% बढ़ोतरी के साथ 74,000 रुपये हो गया। पंजाब में 80% से अधिक किसान क़र्ज़दार हैं और वहाँ हर किसान पर औसतन 1,19,500 रुपये का क़र्ज़ है।

किसान कल्याण के दावे और हक़ीक़त

मोदी सरकार ने कृषि मन्त्रालय का नाम बदल कर कृषि और किसान कल्याण मन्त्रालय करने के साथ 2022 तक किसानों की आय दोगुना करने के लिए कई योजनाएँ बनायीं। पीएम किसान, किसान मानधन योजना, प्रधानमन्त्री कृषि सिंचाई परियोजना, प्रधानमन्त्री फ़सल बीमा योजना, जैविक खेती, मृदा स्वास्थ्य कार्ड से लेकर जैविक खेती जैसी कई योजनाएँ बनीं। दूसरी हरित क्रान्ति और प्रोटीन क्रान्ति के साथ बीज से बाज़ार तक कई अहम घोषणाएँ की गयीं।

लेकिन कृषि सम्बन्धी स्थायी समिति की रिपोर्ट बताती है कि इस क्षेत्र में भारी कुप्रबन्धन है। कृषि और किसान कल्याण मन्त्रालय के बजट से 2018-19 में 2.044-42 करोड़ रुपये और 2019-20 में 28581.26 करोड़ रुपये वित्त मन्त्रालय को सरेंडर करना पड़ा। कृषि क्षेत्र का बजट आवन्टन 2020-21 में 134399.77 करोड़ रुपये था जो कुल केन्द्रीय योजना का 4.42 फ़ीसदी बनता है। इस समय पीएम किसान ही ऐसी योजना है जिसे सीमित मायनों में बेहतर माना जा सकता है। आरम्भ में इस योजना में 14.5 करोड़ किसानों का आकलन किया गया था, लेकिन तमाम प्रयासों के बावजूद 10 करोड़ 75 हज़ार किसान ही रजिस्टर्ड हो सके हैं।

खुद भाजपा के नेता खेती-बाड़ी की चुनौतियों को स्वीकार करते हैं। मई 2018 में कृषि मन्त्रियों के सम्मेलन में केन्द्रीय कृषि मन्त्री ने माना था कि तमाम उपलब्धियों के बाद भी किसान अपने बेटे को किसान नहीं बनाना चाहता जबकि डॉक्टर से लेकर तमाम पेशों के लोग अपने पेशे में अपने बेटों को लाने का यत्न करते हैं। 19 जुलाई, 2019 को राज्य सभा में भाजपा सांसद विजय पाल सिंह तोमर ने किसानों की समस्याओं के समाधान के लिए संवैधानिक दर्जे वाले एक राष्ट्रीय किसान आयोग की स्थापना की माँग की और कहा कि सरकार सुनिश्चित करें कि फ़सलों को एमएसपी से कम क़ीमत पर

ख़रीदा या बेचा न जायें किसान सम्मान निधि छह हज़ार की जगह सालाना 10 हज़ार रुपये हो और कृषि उपकरणों को जीएसटी से बाहर रखा जाये।

छोटे किसानों की चिन्ता

कृषि जनगणना 2015-16 में देश में लघु एवं सीमान्त किसानों की संख्या 12.56 करोड़ आँकी गयी है। देश में 35% किसानों के पास 0.4 हेक्टेयर से कम ज़मीन है, जबकि 69% के पास एक हेक्टेयर से कम ज़मीन है। आमदनी के लिहाज़ से 0.4 हेक्टेयर से कम ज़मीन वाले किसान औसतन सालाना 8,000 रुपये कमाते हैं जबकि एक से दो हेक्टेयर ज़मीन वाले किसान सालाना औसतन 50,000 रुपये कमाते हैं। छोटे किसानों को फ़सल के लिए बाज़ार और बेहतर मूल्य की दिक़्क़त बरकरार है और क़र्ज़ के लिए साहूकारों की शरण में जाना पड़ता है। भूमिहीनों के साथ अलग समस्या है।

एक विकल्प पशुपालन का है जो उनकी आजीविका में मददगार हैं। देश में 80% से अधिक दूध उत्पादन छोटे किसान करते हैं और डेयरी क्षेत्र में 40 लाख महिलाएँ अग्रणी भूमिका में हैं। दूध उत्पादक किसानों में 70 फ़ीसदी के पास एक से तीन पशु ही हैं ऐसे में अगर उनको मदद मिले तो जीवन बेहतर हो सकता है क्योंकि खेती के भरोसे उनका काम नहीं चलने वाला है।

दलहन और तिलहन की चुनौतियाँ

अनाज के मामले में भले ही आत्मनिर्भरता हासिल हो गयी है, लेकिन अभी भी दलहन और तिलहन में दिक़्क़तें बरकरार है। भारत 60 हज़ार करोड़ रुपये का खाद्य तेल आयात कर रहा है। फिर भी तेलों के दाम कब आसमान पर पहुँच जायें पता नहीं। 2017-18 में तिलहन उत्पादन 110.1 लाख टन था और आयात 154 लाख टन हुआ, जबकि 2020-21 में उत्पादन 124.7 लाख टन था और आयात 133.5 लाख टन हुआ। भारत विश्व तिलहन उत्पादन में करीब 10 फ़ीसदी का योगदान देता है, लेकिन तिलहन का 72 फ़ीसदी क्षेत्र वर्षा सिंचित है।

दालों के साथ भी संकट है जबकि भारत विश्व की 28% दालों का उपभोग करने के साथ 14 क़िस्म की दालें पैदा करता है। साठ के दशक तक हमारा दलहन उत्पादन 110 लाख टन था जो 2010 से पहले करीब 140 से 150 लाख टन के आस-पास ठहरा रहा। 2013-14 में 192.50 लाख टन दाल पैदा हुई तो रिकॉर्ड बना। 2019-20 में दलहन उत्पादन 230.3 लाख टन था

और आयात 20.56 लाख टन रहा जबकि 2020–21 में 255.6 लाख टन उत्पादन रहा और आयात 22.71 लाख टन हुआ।

सिंचित और असिंचित इलाक़ों की चुनौतियाँ

खेती–बाड़ी में तमाम बदलाव के बाद भी यह आज भी सबसे जोख़िम भरा व्यवसाय है। अधिकतर किसान मौसम पर निर्भर है। उनकी समस्या का निदान सिंचाई के बेहतर साधनों में निहित है। इधर जलवायु परिवर्तन भी बड़ी चुनौती के रूप में उभर रहा है। हर साल मानसून के पैटर्न में बदलाव आ रहा है। बारिश की मात्रा करीब वही है, लेकिन इसका सामयिक स्वरूप बदल गया है।

भारत में 18.19 करोड़ हेक्टेयर कृषि योग्य भूमि में 7.15 करोड़ हेक्टेयर निवल सिंचित क्षेत्र है। वहाँ भी उचित जल प्रबन्धन के अभाव में भूजल नीचे जा रहा है और ट्यूबवैल फैल हो रहे हैं। भारत में उपलब्ध ताजे जल का 70 फ़ीसदी कृषि में उपयोग हो रहा है। आर्थिक समीक्षा 2018–19 में किसानों को इसके लिए संवेदनशील बनाने के साथ जल प्रयोग में सुधार को राष्ट्रीय प्राथमिकता बनाने की बात कही गयी है।

12वीं पंचवर्षीय योजना (2012–2017) में छोटी–बड़ी 337 सिंचाई योजनाओँ को पूरा करने के लिए करीब 4.25 करोड़ लाख रुपये की ज़रूरत आँकी गयी थी। मोदी सरकार ने सरयू नहर परियोजना जैसी करीब पूरी हो चुकी कुछ परियोजनाओं को संसाधन देकर पूरा किया, लेकिन समग्र रुप से सिंचाई का क्षेत्र को अपेक्षित संसाधन नहीं मिला है।

सूखे का संकट भी समय समय पर किसानों की चिन्ता बढ़ाता आ रहा है। यह भविष्य में खाद्य सुरक्षा प्रभावित करने में बड़ा कारक बन सकता है। बीते कुछ दशकों में 1982, 1986, 1987, 1988, 1999, 2000, 2002 और 2009 में सात विकराल सूखे का असर 14 राज्यों में 334 ज़िलों तक था। 1987 का सूखा और भयावह था क्योंकि बारिश सामान्य से 20 फ़ीसदी कम हुई थी, लेकिन भुखमरी की नौबत नहीं आयी। 2016 में भी भयानक सूखा संकट रहा जिसकी बदइन्तज़ामी देख कर सुप्रीम कोर्ट आगे आया और उसने कई अहम आदेश जारी किये।

जिन इलाक़ों में मानसून पर खेती–बाड़ी निर्भर है वह हमारे कुल खाद्य उत्पादन में 40% का योगदान देता है। यहीं पर 88% मोटा अनाज, 87% दलहन, 48% धान और 28% कपास पैदा हो रहा है, लेकिन इन किसानों को सिंचित इलाक़ों सी न तो सब्सिडी मिलती है, न दूसरी सुविधाएँ।

सबसे अधिक आत्महत्याएँ इन इलाक़ों में ही हुई हैं या हो रही हैं। देश के सिंचित कृषि क्षेत्रों में अनाज की औसत पैदावार अगर चार टन प्रति हेक्टेयर है तो असिंचित क्षेत्रों में महज़ 1.2 टन।

कृषि अनुसन्धान तन्त्र और बीज कारोबार की चुनौतियाँ

खेती-बाड़ी के विकास में हमारे कृषि अनुसन्धान तन्त्र के योगदान को नज़रअन्दाज़ नहीं किया जा सकता है, लेकिन किसानों की तरह चोटी के कृषि वैज्ञानिकों को भी अपेक्षित सम्मान नहीं मिला। भारतीय कृषि अनुसन्धान परिषद् के 103 संस्थानों और 74 कृषि विश्वविद्यालयों की भूमिका को भी उचित महत्त्व नहीं मिला जिसने तमाम उन्नत क़िस्में विकसित की और नयी तकनीकें भी। भारतीय कृषि अनुसन्धान परिषद् के स्थापना दिवस कार्यक्रम के मौके पर 29 जुलाई, 2014 को प्रधानमन्त्री नरेन्द्र मोदी ने कहा था कि हमें दो चीज़ों को सिद्ध करना है-पहला हमारा किसान देश और दुनिया का पेट भरने में सक्षम हो और दूसरा हमारी खेती-बाड़ी किसानों की जेब भरने में समर्थ हो।

लेकिन यह दोनों काम नहीं हो सके। कृषि शिक्षा का क्षेत्र भी कई चुनौतियों से घिरा है। भारत में 12% छात्र ही विज्ञान आधारित स्नातक पाठ्यक्रमों में दाखिला लेते हैं, जिसमें मात्र 0.65% कृषि विज्ञान की तरफ जाते हैं। शहरी युवाओं को भले खेती की पढाई में कैरियर दिखता हो, लेकिन समग्र रुप में ग्रामीण छात्रों की हिस्सेदारी इसमें 48% ही है।

इसी तरह किसानों को वाजिब दाम पर उचित बीज की उपलब्धता की दिक़्क़त भी है। आज अधिकतम बीज कारोबार पर निजी या विदेशी कम्पनियों का क़ब्ज़ा हो चुका है। 1963 में राष्ट्रीय बीज निगम बनने के बाद जो मज़बूत ढाँचा खड़ा हुआ था उसे बहुराष्ट्रीय कम्पनियों ने लड़खड़ा दिया है। बीटी कपास के 95% बीजों पर मोनसेंटों कम्पनी का क़ब्ज़ा है। आज देश में 540 निजी बीज कम्पनियाँ ही अधिकतम बीज कारोबार को सँभाले हुए हैं। 2020-21 में कुल 40.84 लाख टन बीज की ज़रूरत रही, जिसमें से निजी क्षेत्र ने 64.46% बीज तैयार जबकि सार्वजनिक क्षेत्र ने 35.54% तक। दिलचस्प बात यह है कि निजी कम्पनियाँ अधिकतर बीज वही तैयार कर रही हैं जिनको भारतीय कृषि अनुसन्धान परिषद् ने विकसित किया है।

आज भी देश में करीब 60 से 80% किसान खुद के बचाये बीजों से काम चलाते हैं। प्रमुख फ़सलों में बीज बदलने की दर 10 से 12% है।

सब्ज़ी के बीजों की खपत ज़रूर बढ़ी है। हमारे परम्परागत बीजों पर आज गम्भीर संकट मँडरा रहा है। देसी क़िस्में अपने विशिष्ट गुणों स्वाद, पोषकता और कई खूबियों के नाते विभिन्न इलाक़ों को सदियों से पोषण और भोजन सुरक्षा देती रही है। संकर बीजों से बेहतर उत्पादकता है, लेकिन बीज हर साल बदलना होता है लिहाज़ा अधिक लागत आती है।

बैल से टूटा किसान का रिश्ता

आर्थिक सर्वेक्षण 2019-20 में खेती के कार्य में मशीनों का प्रयोग और बढ़ाने की ज़रूरत पर बल दिया गया है। हमारे देश में खेती में 40% मशीनों का उपयोग हो रहा जबकि चीन में 60% और ब्राजील में 75% तक मशीनीकरण हो चुका है। भारत विश्व में ट्रैक्टर का सबसे बड़ा बाज़ार बन रहा है और सालाना सात से आठ लाख ट्रैक्टर बिक रहे हैं। पंजाब और हरियाणा में ख़ास यन्त्रीकरण से किसानों की खेती की लागत भी बढ़ी है।

छोटे किसानों में मशीनीकरण की सामर्थ्य नहीं है। कृषि सम्बन्धी स्थायी समिति ने माना है कि छोटे किसानों के पास सीमित निवेश की हैसियत और नाम की ज़मीन है इस नाते उनकी हैसियत लायक उपकरण और औज़ार बनें, लेकिन छोटे किसानों के लिए लाभप्रद उपकरणों पर ध्यान कम है। आज कृषि क्षेत्र में बैल प्रतीकात्मक बचे हैं जबकि ट्रैक्टर, पावर टिलर, कम्बाइन हारवेस्टर और अन्य मशीनरी छाती जा रही है। व्यावसायिक बैंक बैलों के लिए ऋण नहीं देते हैं और ट्रैक्टर लेने को प्रोत्साहित करते हैं। पशुबल आधारित उपकरण और औजार बनाने में कम्पनियों की रुचि नहीं है। 2017-18 में आर्थिक समीक्षा से पता चलता है कि बहुत कम इलाक़ों में बैलों के जरिये खेती हो रही है। 1960-61 के दौरान देश की खेती का करीब 93% मानव और बैलों के जरिये होता था। महज़ सात फ़ीसदी हिस्से पर मशीनों से खेती होती थी, लेकिन अब 10% हिस्से पर भी बैलों के जरिये खेती नहीं हो रही है। परम्परागत खेती में बैलों से जुताई, सिंचाई और बैलगाड़ी के जरिये फ़सलों व अनाज की ढुलाई समेत खेत से खलिहान और बाज़ार तक काम होते थे।

कृषि मण्डियाँ और वाजिब दाम का सवाल

भारत में कृषि उपज कारोबार में करीब बीस लाख थोक कारोबारी और पचास लाख खुदरा व्यापारी लगे हैं। एक कृषि उपज मण्डी औसतन 450 वर्ग किमी के दायरे में सेवाएँ देती है। किसान और उपभोक्ता के बीच सीधे संवाद

के तहत मौजूदा 22 हज़ार हाट बाज़ारों को ग्रामीण कृषि बाज़ारों के रुप में विकसित करने का ऐतिहासिक फ़ैसला मोदी सरकार ने लिया था, लेकिन यह एक़दम आगे नहीं बढ़ा। ई-नैम का फ़ायदा भी नहीं हुआ। उल्टे परम्परागत मण्डियाँ डगमगाने लगी।

न्यूनतम समर्थन मूल्य यानी एमएसपी पर फ़सलों की ख़रीद का एक नया संकट है। एमएसपी निर्धारण 22 फ़सलों के लिए होता है, जिसमें से 14 फ़सलें खरीफ और सात रबी की हैं। कृषि मूल्य नीति 1985-86 में बनी थी जिसमें एमएसपी पर ख़रीद को सरकार का संवैधानिक दायित्व माना गया था। एमएसपी से किसानों को कुछ गारंटी मिली, लेकिन जो फ़सलें इसके दायरे से बाहर हैं उसके किसान भारी अनिश्चितता के शिकार है। स्वामिनाथन आयोग ने एमएसपी के बाबत जो सिफारिश की थी, उसे सरकार ने आधे-अधूरे मन से स्वीकार किया। जो किसानों को नहीं मिला, उससे अधिक लागत बढ़ने से घाटा हो गया।

2020-21 में खरीफ में एमएसपी 894.19 लाख टन से अधिक धान की ख़रीद की गयी जिससे करीब 131.13 लाख किसान लाभान्वित हुए। वहीं 2021-22 में रबी मौसम में 433.44 लाख टन गेहूँ ख़रीदा गया जिससे 49.20 लाख किसानों को ही फ़ायदा हुआ। इस दौरान 8.37 लाख टन दलहन और तिलहन ख़रीद हुई जिससे 5.26 लाख किसान लाभान्वित हुए। एमएसपी पर गेहूँ की सरकारी ख़रीद 10 राज्यों में और धान ख़रीद सबसे अधिक 23 राज्यों में होती है।

भारत के समग्र कृषि परिवेश को देखें तो देश में 10 शीर्षस्थ फ़सलों में गन्ना, धान, गेहूँ, आलू, मक्का, प्याज़, टमाटर, चना, सोयाबीन और बाजरा आता है, ऐसे में एमएसपी पर दो फ़सलों की ख़रीद से काम नहीं चलेगा। जिस देश में 14.65 करोड़ भूजोतों वाले किसान हों वहाँ सरकारी ख़रीद से कपास के 21.50 लाख किसान, दलहन के 11 लाख किसान और जूट के महज़ 3744 किसानों को लाभ पहुँचे तो इसे क्या माना जाये।

कृषि उत्पादन बढ़ाना ज़रूरी

कुछ साल पहले विख्यात कृषि वैज्ञानिक एमएस स्वामिनाथन ने कहा था कि भविष्य उन राष्ट्रों का होगा जिनके पास अनाज होगा न कि बन्दूकें। आज हमें अपनी 134 करोड़ की आबादी और 51.2 करोड़ से अधिक पशुधन की ज़रूरतों को पूरा करने के लिए अनाज और चारा चाहिए, जिसकी पूर्ति खेतों

से ही हो रही है। आज भारत के किसानों ने देश को ऐसी स्थिति में खड़ा कर दिया है कि काफ़ी मात्रा में कृषि उपजों का निर्यात हो रहा है।

2030 तक भारत की आबादी करीब 150 करोड़ होगी और अनाज की ज़रूरत 35 करोड़ टन तक हो जायेगी। खेत नहीं बढ़ेंगे, लेकिन प्रति हेक्टेयर पैदावार बढ़ा कर हमें 50 फ़ीसदी अतिरिक्त उपज बढ़ानी होगी। बेशक भारत में पैदावार बढ़ी, लेकिन अन्तरराष्ट्रीय स्तर की तुलना से पता चलता है कि अभी भी देश की प्रमुख फ़सलों की औसत पैदावार में बढ़ोतरी की व्यापक सम्भावनाएँ हैं।

2017 में विश्व व्यापार संगठन की बैठक में अर्जेंटीना में तत्कालीन वाणिज्य मन्त्री सुरेश प्रभु ने स्वीकार किया था कि भारत में 60 करोड़ ऐसे ग़रीब लोग हैं जिनको खाद्य सुरक्षा देना ज़रूरी है। देश में 25 करोड़ खेतिहर मज़दूर हैं और खेती पर निर्भर किसानों की संख्या 60 करोड़ से अधिक है।

राष्ट्रीय खाद्य सुरक्षा अधिनियम के तहत सालाना कम से कम 614.4 लाख टन अनाज की ज़रूरत है, लेकिन किसानों ने 1 फ़रवरी, 2021 को केन्द्रीय पूल में 822 लाख टन का विशाल भण्डार खड़ा कर दिया था जबकि 1 जुलाई, 2021 को केन्द्रीय पूल में 900.45 लाख टन अनाज था। कोरोना संकट के सबसे कठिन दौर में अनाज का कोई संकट नहीं रहा। 2020–21 में हमारा खाद्यान्न उत्पादन 30.86 करोड़ टन के रिकॉर्ड तक पहुँचा जिस नाते प्रधानमन्त्री ने मुक्त हाथों से मुफ़्त अनाज बाँटा जो 2021–22 में दी गयी 1.8 लाख करोड़ रुपये की खाद्य सब्सिडी से अलग था। कोरोना संकट के दौरान ही कृषि क्षेत्र में सुधारों के नाम पर तीन विवादित क़ानून बना दिये गये जिस कारण खेती–बाड़ी के सबसे महत्त्वपूर्ण इलाक़ों में किसानों को आन्दोलन पर एक साल से अधिक तक आन्दोलन की राह पर उतरना पड़ा।

आज खेती की चुनौतियों को बिल्कुल नये नज़रिये से और समग्र रूप में देखने की ज़रूरत है। किसानों की आय बढ़ाने के लिए खेती–बाड़ी से इतर दूसरी सहायक गतिविधियों, खाद्य प्रसंस्करण, पशुपालन और सम्भावनाओं भरे क्षेत्रों पर निवेश करने की ज़रूरत है जिससे खाद्य सुरक्षा के साथ किसानों की आजीविका भी सम्मानजनक तरीक़े से चल सकें इसके लिए बेहतर होगा कि हर राज्य की चुनौतियों का आकलन करते हुए राज्यवार रणनीति पहले बने फिर केन्द्रीय स्तर पर नीतियों को उसी को केन्द्र में रख कर आगे बढ़ाया जाये और ज़रूरी हो तो फिर इसी तरह क़ानूनी सुधार भी किये जायें।

चार व्यापक चुनौतियाँ

सचिन कुमार जैन

एक : डब्ल्यूटीओ के जाल में फँसी है भारतीय कृषि

कृषि से सम्बन्धित तीन क़ानूनों पर जो बहस चली है, उससे जुड़ा हुआ एक बेहद महत्त्वपूर्ण पक्ष सरकार छिपा गयी है। वह पक्ष है विश्व व्यापार संगठन (डब्ल्यूटीओ) में वर्ष 1995 में हुए कृषि समझौते के बन्धन का। हुआ यूँ कि वैश्विक स्तर पर व्यापार करने के लिए अच्छा माहौल बनाने और स्वस्थ प्रतिस्पर्धा के लिए समतल मैदान बनाने के लिए उस साल यह समझौता हुआ था। समझौता यह था कि विश्व के सभी देश कृषि और खाद्य सुरक्षा के लिए दी जा रही राजकीय सहायता (सब्सिडी) को कम करेंगे। इस समझौते को लागू करने की प्रक्रिया वर्ष 2001 में कतर की राजधानी दोहा में हुई डब्ल्यूटीओ की मन्त्रीस्तरीय बैठक से शुरू हुई।

यह जानना ज़रूरी है कि इस समझौते में ऐसा क्या है जो आज भारत सरकार के लिए गले की हड्डी बन रहा है। डब्ल्यूटीओ में हुए कृषि समझौते के मुताबिक 'सुधार' शब्द का इस्तेमाल करते हुए सरकार को कृषि सब्सिडी कम करना है और निजी क्षेत्र के व्यापार को बढ़ावा देने के लिए ऐसे नियम बनाने हैं, जिनमें कम्पनियों की किसानों और मज़दूरों के प्रति कोई जवाबदेही न रहे। इतना ही नहीं ये कम्पनियाँ किसी भी तरह से जल स्रोतों का दोहन करने, खाद्य प्रसंस्करण के जरिये असीमित मुनाफ़ा कमाने के लिए स्वतन्त्र रहेंगी। हाल के कृषि क़ानूनों में एक भी बिन्दु ऐसा नहीं है, जिसमें यह उल्लेख हो कि भारत में रसायनों का इस्तेमाल सीमित किया जायेगा। सरकार की नीति स्पष्ट है कि हमें भारत के खेतों में किसान नहीं, बहुराष्ट्रीय पूँजीवादी नुमाइन्दों की उपस्थिति चाहिए। भारत के नीति आयोग ने (जो नीतियाँ बनाता है)

किसानों की आय दोगुनी करने के लिए जो रणनीति बनायी है, उसमें लिखा है कि वर्ष 2004-05 में भारत में 16.61 करोड़ किसान थे, जो वर्ष 2011-12 में कम होकर 14.62 करोड़ रह गये। अभी खेती से किसानों की बेदख़ली की यह दर 1.807 प्रतिशत, अगले 7 सालों में 13.4 प्रतिशत और 10 सालों में 19.6 प्रतिशत किसानों को खेतों से बाहर धकेलना होगा।

सरकार न्यूनतम समर्थन मूल्य को एक क़ानूनी स्वरूप नहीं देना चाहती है और इसके दो कारण हैं—पहला कारण यह है कि यदि इसे क़ानूनी रूप दिया तो उसे हमेशा (या लम्बे समय तक) कृषि उपज का ज़्यादा भण्डारण करते रहना होगा। अभी भारत में चार कारणों (युद्ध या प्राकृतिक आपदा सरीखी आपातकालीन स्थिति में देश की ज़रूरत को पूरा करना, बाज़ार में क़ीमतों के उतार-चढ़ाव को नियन्त्रित करना, समाज को उचित दर पर राशन उपलब्ध करवाना और खाद्य उत्पादन को प्रोत्साहित करना) से अनाज की ख़रीदी करके भारत सरकार और राज्य सरकारों के भण्डार में अनाज रखा जाता है। हर तिमाही के लिए यह मानक तय हैं कि एक निर्धारित मात्रा में सरकार के भण्डार (भारतीय खाद्य निगम और राज्य निगम) में औसतन 3 करोड़ टन अनाज का भण्डार होना चाहिए। यह उल्लेखनीय है कि वर्ष 2020 में अब तक सरकार के गोदामों में 5.25 से 8.25 करोड़ टन अनाज तक का भण्डार इकठ्ठा हुआ।

भारत के कुल खाद्यान्न उत्पादन का लगभग 27 से 29 प्रतिशत ही सरकार ख़रीदती है। शेष उत्पादन खुले बाज़ार में उपलब्ध होता है। सरकार चाहती है कि सार्वजनिक वितरण प्रणाली यानी सस्ते राशन की योजना को नकद हस्तान्तरण योजना में तब्दील कर दिया जाये; यानी लोगों को 20 रुपये प्रति किलो गेहूँ के हिसाब से बैंक में नकद राशि दे दी जाये और वे खुले बाज़ार से जाकर जो लेना चाहें, ख़रीद लें। सरकार यह सच छिपा रही है कि राशन की दुकान बन्द होने और इसके एवज में लोगों के हाथ में नकद आने से खाद्य सामग्री की महँगाई बढ़ेगी और क़ीमतों में असीमित उतार-चढ़ाव होगा। सम्भव है कि उस नकद से लोग अपनी ज़रूरत का राशन भी न ख़रीद पायें।

महत्त्वपूर्ण बात यह है कि जब सरकार गेहूँ, चावल, दालों की ख़रीद करती है और भण्डार सुरक्षित रखती है, इससे बाज़ार की ताक़तें मुनाफ़ाखोरी और क़ीमतों से खिलवाड़ नहीं कर पाती हैं।

हाल ही में बनाये गये दो नये क़ानून और आवश्यक वस्तु अधिनियम में खेती और खाद्य सुरक्षा की देशज व्यवस्था को खोखला करने वाले थे

क्योंकि भारत के लिए खेती केवल व्यापार या उद्योग नहीं है बल्कि सांस्कृतिक व्यवस्था का अभिन्न अँग है। इससे 14 करोड़ परिवारों का जीवन यापन ही नहीं होता है, बल्कि देश के सभी 28 करोड़ परिवारों की खाद्य सुरक्षा भी सुनिश्चित होती है। ये सरकार सांस्कृतिक राष्ट्रवाद का दम्भ भरते हुए चल रही है, और इसे इतनी बात समझ नहीं आ रही है कि कॉरपोरेट खेती न तो मिट्टी को ज़िन्दा रहने देगी, न धरती के पेट में पानी, जरा सोचिये कि क्या गाय की रक्षा करना मुनाफ़ाखोर कम्पनियों की प्राथमिकता में होगा?

सरकार के क़दम कृषि में सुधार के हैं या अनाचार के, इसे तय करने का सबसे बुनियादी पैमाना यह है कि क्या यह किसानों और कृषि संसाधनों को संरक्षण प्रदान करते हैं? यदि संरक्षण के प्रावधान साफ़-साफ़ नज़र नहीं आते हैं, तो मान लेना होगा कि इन सुधारों का मकसद कार्पोरेट्स से गलबहियाँ करना और एकाधिकार को बढ़ावा देना है। वास्तव में कृषि क़ानूनों पर सरकार की उलझनों से यह साबित हो गया है कि वह देश के भीतर और देश के बाहर पूँजीवादी और हिंसक आर्थिक नीति के जाल में फँस गयी है। कृषक उपज व्यापार और वाणिज्य (संवर्धन और सरलीकरण) अधिनियम, 2020 के जरिये किसानों और व्यापारियों को मण्डी से बाहर फ़सल बेचने और निजी मण्डियों की स्थापना की व्यवस्था करने का प्रावधान किया गया है। तर्क़ है कि इससे किसान कहीं भी अपने मनचाहे दामों पर फ़सल बेच सकेगा। वास्तविकता यह है कि छोटे और मझौले किसानों के पास इतनी क्षमता ही नहीं है कि वह कहीं और जाकर अपनी फ़सल बेच सकें।

सरकार इतनी मासूम है कि उसे पता ही नहीं है कि केवल किसान और उसका अपना उत्पादन ही इस देश में एक मात्र ऐसा काम है, जहाँ उत्पादक खुद अपने उत्पाद की क़ीमत तय नहीं करता है। एक तो वह इतनी परिवहन लागत झेलने की स्थिति में नहीं होता दूसरा उसको सोसायटी और साहूकारों के क़र्ज़ चुकाने होते हैं।

क़ानून के अनुसार फ़सल को मण्डी के भीतर बेचने पर लगभग 6 फ़ीसदी टैक्स लगेगा। बाहर कहीं फ़सल का सौदा कर-मुक्त होगा। इसका सीधा असर यह होगा कि टैक्स बचाने के फेर में भी ज़्यादातर फ़सलें मण्डी के बाहर बेची जायेंगी और जब मण्डियों को टैक्स नहीं मिलेगा तो धीरे-धीरे उनका परिचालन बन्द कर दिया जायेगा। इससे कुछ समय बाद मण्डियाँ बन्द हो जायेंगी और पूरी व्यवस्था निजी हाथों में होगी। सरकार ने भी जता दिया है कि वह मण्डी व्यवस्था को बन्द करना चाहती है। भविष्य में यह हालात

होंगे कि फिर कारोबारी अपने मन-मुताबिक दामों पर किसानों से उनकी उपज ख़रीदेंगे। मण्डियों के अन्दर फ़सल की नीलामी के वक़्त कई ख़रीददारों के होने की वजह से मूल्यों में बढ़ोतरी होती है, यह अवसर बाद में नहीं बचेगा। सरकार ने स्पष्ट किया है कि एपीएमसी बन्द नहीं किया जायेगा और न्यूनतम समर्थन मूल्य पर सरकार उपार्जन करती रहेगी, लेकिन इसे क़ानून में लिखा नहीं गया है। सवाल उठता है कि ऐसा क्यों नहीं लिखा गया है?

पिछले 30 सालों से किसानों की केवल एक ही अपेक्षा है कि उन्हें अपनी उपज की लाभदायक क़ीमत मिल जाए। स्वामीनाथन आयोग ने अनुशन्सा की थी कि किसानों को उनकी लागत (जिसमें उत्पादन करने में लगा प्रत्यक्ष ख़र्च, मज़दूरी और पूँजीगत व्यय की गणना हो) से 50 प्रतिशत ज़्यादा मूल्य मिले। 50 प्रतिशत का आधार यह माना जाना चाहिए कि मौसम, कीटों या बीजों के कारण उनकी फ़सल ख़राब भी होती है, अतः यह मूल्य उन्हें सुरक्षा देगा। आज किसान कह रहे हैं कि फ़सल कहीं भी बेची जाये, मण्डी में या खुले बाज़ार में, उन्हें उपज का न्यूनतम समर्थन मूल्य मिलना चाहिए। अभी केवल 7 प्रतिशत किसानों को ही सरकारी ख़रीद के कारण न्यूनतम समर्थन मूल्य मिलता है, शेष बदहाली में रहते हैं।

कृषक (सशक्तिकरण व संरक्षण) क़ीमत आश्वासन और कृषि सेवा पर क़रार क़ानून, 2020 कान्ट्रैक्ट फार्मिंग यानी अनुबन्ध खेती को क़ानूनी वैधता देता था। इसके तहत किसान बड़े कारोबारी और निजी कम्पनियाँ से अनुबन्ध कर सकते थे जिसमें उन्हें अग्रिम भुगतान होगा और किसान वही उगायेंगे, जिसका अनुबन्ध होगा। यानी प्राथमिकता कम्पनियाँ तय करेंगी। किसी भी तरह के विवाद की स्थिति में वह न्यायालय में भी नहीं जा सकता है। यह क़ानून देश में सालों से चली आ रही अनौपचारिक एग्रीमेंट ठेका या बँटाई की समस्या का कोई समाधान नहीं करता था। इस आदेश से किसान अपनी ही ज़मीन का मज़दूर बनकर रह जायेगा। इससे पर्यावरणीय समस्याएँ भी पैदा होतीं। बड़ी कम्पनियाँ उस पूरे इलाके के प्राकृतिक संसाधनों का दोहन कर लेतीं, इससे उस इलाके के छोटे किसानों के लिए फ़सल लेना मुश्किल हो सकता था। इसमें राज्य सरकारों के पास ठेका खेती की अनुमति देने या न देने का विकल्प भी नहीं था। इस अधिनियम में किसानों को न्यूनतम समर्थन मूल्य प्राप्त करने का क़ानूनी अधिकार नहीं दिया गया था। इससे खाद्यान्न क़ीमतों में अस्थिरता आती।

आवश्यक वस्तु (संशोधन) अध्यादेश 2020 भी कम ख़तरनाक नहीं था। यह किसी को भी कितनी भी तादाद में अनाज और खाद्यान्न की जमाखोरी करने की छूट देता है। यह संशोधन उस प्रावधान पर लाया गया था, जिसमें सुनिश्चित किया गया था कि मुनाफ़ाखोर सस्ते में खाद्यान्न ख़रीद कर उसकी जमाखोरी न कर सकें। इस नये संशोधन के बाद सीधे तौर पर जमाखोरी पर कोई नियन्त्रण नहीं रह जाता है। मतलब साफ़ है कि व्यापारी अब आलू, तेल, प्याज़, अनाज, दालें, तिलहन जितना चाहें, जमा करके रख सकते हैं। इसका सीधा मतलब है कि व्यापारी आपूर्ति अधिक होने पर सस्ते दामों में मनचाहा जितना माल ख़रीदकर जमा कर सकेंगे, बनावटी क़िल्लत पैदा करके उसे महंगे दामों में बेचा जायेगा, इसके कई उदाहरण हम देश में देखते रहे हैं। इससे असर केवल किसानों पर ही नहीं देश के हर उपभोक्ता पर पड़ेगा। प्रावधान के मुताबिक जमाख़ोरी की सीमा तय करने के बारे में सरकार तभी विचार कर सकती थी जब जल्दी ख़राब होने वाली सामग्री की क़ीमतों के दाम 100 प्रतिशत और खाद्यान्नों के दाम 50 प्रतिशत से ज़्यादा बढ़ जायें, ये अपने आप में अजीब बात है कि सरकार खुद क़ानून के जरिये अपने को सीमाओं में बाँध रही है।

अमीर और एकाधिकारवादी पूँजीपतियों का प्रभाव इतना अधिक है कि नये कृषि क़ानूनों को बनाने के लिए उस संविधान की बलि दे दी गयी थी, जिसका गुणगान मन की बात में किया जाता है। चार ऐसे क़दम हैं, जिनके तले संवैधानिक तत्वों को रौंदा गया–जिस विषय पर क़ानून बनाये गये, वे संघ सूची का नहीं, राज्य सूची का विषय हैं यानी केन्द्र सरकार को ये क़ानून बनाने का अधिकार ही नहीं है। संविधान की राज्य सरकार के अधिकार में ये विषय हैं–'कृषि, जिसके अन्तर्गत कृषि शिक्षा और अनुसन्धान, नाशक जीवों से संरक्षण और पादप रोगों का निवारण है, पशुधन का परिरक्षण, संरक्षण और सुधार, भूमि, यानी भूमि और उस पर अधिकार, भूमि विकास और कृषि सुधार'; दूसरी बात यह है कि यदि केन्द्र सरकार ये क़ानून बना भी रही थी, तो कोविड-19 महामारी के संकट के ठीक बीच में क्यों बनाया गया, जबकि संसद में गिने-चुने जन प्रतिनिधि ही उपस्थित हो रहे थे? तीसरी बात संसद में यह क़ानून बना भी रहे थे तो विपक्ष के ख़िलाफ़ षड्यन्त्र रच कर उन्हें निष्काषित क्यों किया गया और केवल 4 घण्टे की बहस से ऐसे क़ानून पारित करवा दिये, जिनसे पूरे भारत का भविष्य अन्धकार मय हो जायेगा? चौथी बात भारत के लोकतन्त्र में सम्भवतः किसी क़ानून में पहली बार ऐसा प्रावधान

डाला गया थी कि अनुबन्ध खेती तो होगी, लेकिन कोई केन्द्र सरकार, राज्य सरकार, दोनों सरकारों के अधिकारियों के ख़िलाफ़ न्यायिक कार्यवाही नहीं हो सकेगी। यानी न्याय और संवैधानिक उपचार का अधिकार भी छीन लिया गया।

दो : खाद्यान्न के स्थानीय और अन्तरराष्ट्रीय बाज़ार की खाई

सरकार का बहुत बड़ा रणनीतिक सपना है कि हमारा किसान अन्तरराष्ट्रीय कृषि बाज़ार में जाकर प्रतिस्पर्धा करे और देश का विकास करे। न्यूनतम समर्थन मूल्य और सरकार के संरक्षण पर निर्भर न हो, लेकिन इस सपने के पीछे का सिद्धान्त यह है कि सब्सिडी तो दी जायेगी, सरकार के खजाने से रियायत दी जायेगी, लेकिन उसे कुटिलता के साथ परिभाषित किया जाता है। पिछले 30 साल के अनुभव यह बताते हैं कि भारत और दुनिया में खेती को अपने अधीन कर लेने के उद्देश्य से दुनिया की बड़ी निजी कृषि कम्पनियाँ (एग्रो कार्पोरेशंस) यह माहौल बना रही हैं कि सीधे किसानों को लाभ पहुँचाने वाली सब्सिडी "ख़राब और अशुद्ध सब्सिडी" होती है और एग्री-कार्पोरेशंस को लाभ पहुँचाने वाली सब्सिडी "अच्छी और शुद्ध सब्सिडी" होती है। भारत के अनुभव बताते हैं कि भारत में किसानों को बहुत कम सब्सिडी मिलती है, इसलिए उनकी उत्पादन लागत दुनिया के उन अमीर देशों से ज़्यादा आती है, जो कृषि उपज के अन्तरराष्ट्रीय बाज़ार में अपना आधिपत्य जमा रखे हैं। भारत का अन्तरराष्ट्रीय बाज़ार में हिस्सा अभी बहुत कम है और आने वाले समय में इसे बढ़ाने के लिए भारत के बड़े कॉर्पोरेट्स धमकी या अधिकार के साथ सरकार से सब्सिडी और रियायत माँगेंगे और सरकार खुले मन से देगी भी। वास्तव में बस तय यह होना है कि सरकार का ममतामयी संरक्षण किसानों को मिलेगा या फिर कॉर्पोरेट्स को।

हम यह भूल जाते हैं कि भारत के किसान के पास पूँजी और संसाधन नहीं हैं। भारत में वर्ष 2016 में जोत का औसतन आकार 1.08 हेक्टेयर मात्र था। जोतें लगातार छोटी होती जा रही हैं, अत: इसी स्थिति को ध्यान में रख कर कृषि में सुधार करना होगा। देश में 1 हेक्टेयर से कम आकार की 12.59 करोड़ जोतें थी, जबकि एक से चार हेक्टेयर के बीच के आकार की 1.93 करोड़ और 4 से 10 हेक्टेयर की 8.3 लाख जोतें थी। सरकार चाहती है कि किसान खेती छोड़ें, और उनकी ज़मीन इकट्ठा करके बड़ी कम्पनियों के हाथों में सौंप दी जायें। इस सोच के साथ "सुधार" की नीतियाँ अपनायी जा रही हैं। इन सुधारों का सबसे अहम हिस्सा है कृषि सब्सिडी यानी कृषि क्षेत्र में दी जा रही रियायतों को कम से कम करना।

जब रियायतें कम होंगी तो उत्पादन की लागत बढ़ेगी और बाज़ार में क़ीमतें भी। इसका असर व्यापक समाज पर पड़ेगा। अमेरिका और यूरोप जैसे देश कृषि पर भारत से 50 से 300 गुना ज़्यादा सब्सिडी देकर उत्पादन लागत को कम देते हैं और अन्तरराष्ट्रीय बाज़ार पर अपना एकाधिकार स्थापित कर लेते हैं।

सब्सिडी की इस असमानता का प्रभाव अन्तरराष्ट्रीय बाज़ार में कृषि उपज की क़ीमतों पर पड़ता है। कृषि लागत और मूल्य आयोग (सीएसीपी) की रिपोर्ट (2020-21) बताती है कि दूसरी तिमाही में भारत में गेहूँ का थोक मूल्य 1909 रुपये और न्यूनतम समर्थन मूल्य 1925 रुपये क्विंटल था, किन्तु अन्तरराष्ट्रीय बाज़ार में गेहूँ 1639 रुपये प्रति क्विंटल मिल रहा था।

भारत में जब जौ का थोक मूल्य 1518 रुपये और न्यूनतम समर्थन मूल्य 1525 रुपये प्रति क्विंटल था, तब अन्तरराष्ट्रीय बाज़ार में जौ 742 रुपये प्रति क्विंटल के भाव में मिल रहा था। भारत में धान का थोक मूल्य 1698 रुपये और न्यूनतम समर्थन मूल्य 1815 रुपये प्रति क्विंटल था, तब अन्तरराष्ट्रीय बाज़ार में वह मूल्य 2038 रुपये प्रति क्विंटल था। मक्के के मामले में भारत अन्तरराष्ट्रीय बाज़ार में टिकता ही नहीं है। हमारे यहाँ मक्के का थोक भाव 1839 रुपये प्रति क्विंटल और न्यूनतम समर्थन मूल्य 1760 रुपये प्रति क्विंटल है, जबकि अन्तरराष्ट्रीय बाज़ार में 1188 रुपये प्रति क्विंटल था। भारत में ज्वार का थोक भाव 2373 रुपये प्रति क्विंटल था, तब अन्तरराष्ट्रीय बाज़ार में इसके आधे से कम क़ीमत 1163 रुपये थी।

इसके दूसरी तरफ दालों का उत्पादन कम होता है और उसे आयात करना पड़ता है इसलिए अन्तरराष्ट्रीय बाज़ार में उसकी क़ीमतें ज़्यादा होती हैं। भारत में चने का थोक मूल्य 4102 रुपये और न्यूनतम समर्थन मूल्य 4875 रुपये प्रति क्विंटल था, किन्तु अन्तर्राष्ट्रीय बाज़ार में चने का मूल्य 5518 रुपये था। यही बात मसूर (भारत 4800 रुपये और अन्तरराष्ट्रीय बाज़ार–5513 रुपये), अरहर (भारत 5800 रुपये और अन्तरराष्ट्रीय बाज़ार–4982 रुपये), उड़द (भारत 5174 रुपये और अन्तरराष्ट्रीय बाज़ार–6997 रुपये) के लिए भी लागू होती है।

भारत को खेती और खाद्य सुरक्षा के मामले में सबसे पहले अपनी ज़मीन, संसाधन और किसानों का हित देखना चाहिए।

खाद्य सुरक्षा के मामले में आत्मनिर्भरता सबसे पहला लक्ष्य होना चाहिए। कृषि में निजीकरण और कार्पोरेटीकरण करने के बाद भारत की सब्सिडी

कम होगी; वस्तुस्थिति यह है कि सरकार बड़े व्यापारिक घरानों को सब्सिडी प्रदान करेगी।

भारत में कृषि सब्सिडी और विश्व व्यापार संगठन

भारत जैसे देशों की सरकारें डब्ल्यूटीओ में जाकर समझौता कर आती हैं और आम जनता को अपनी मजबूरी बताती हैं कि देखिए, अब हमें अपनी सब्सिडी कम करनी ही होगी, नहीं तो डब्ल्यूटीओ में हमारे ख़िलाफ कार्रवाई होगी। इससे हमारी दुनिया में छवि ख़राब होगी और विदेशी निवेश नहीं आयेगा। ऐसा करते हुए वास्तव में सरकार संसद और संविधान को एक किनारे रख देती है। डब्ल्यूटीओ में भारत का पक्ष क्या होगा, यह निर्णय संसद को पूरी तरह विश्वास में लेकर नहीं होता है।

यह समझना ज़रूरी है कि सब्सिडी क्यों दी जाती है? कृषि क्षेत्र में सरकार रियायत इसलिए देती है ताकि उत्पादन लागत कम रहे और उत्पादन लागत कम होगी तो बाज़ार में क़ीमतें सन्तुलित रहेंगी। यही कारण है कि कृषि उपज का न्यूनतम समर्थन मूल्य सरकार तय करती है। यह माना जाता है कि जैसे ही सरकार का नीतिगत और आर्थिक दख़ल कृषि क़ीमतों पर सीमित होगा, बाज़ार और बहुराष्ट्रीय कम्पनियों का नियन्त्रण उतना ही बढ़ेगा। किसान उनके सामने अपनी शर्तें रख कर व्यापार नहीं कर पायेगा क्योंकि उसके पास इतनी पूँजी नहीं है कि वह हर कृषि मौसम में क़ीमतों के सही स्तर पर आने का इन्तज़ार करे या अपनी उपज का भण्डारण खुद करके रख सके।

भारत में केन्द्र और राज्य सरकारें मुख्य रूप से उर्वरकों, बिजली, सिंचाई के लिए रियायत देती हैं। इसके साथ ही किसानों को जो कृषि ऋण दिया जाता है, उस पर उनसे कम ब्याज लिया जाता है। ब्याज के प्रचलित मूल्य और किसानों से वसूल किये जाने वाले ब्याज का अन्तर भी सब्सिडी ही होता है। इसके अलावा फ़सल बीमा की प्रीमियम के एक भाग का भुगतान भी सरकार करती है, वह भी रियायत की श्रेणी में आता है। एक और महत्त्वपूर्ण हिस्सा है समर्थन मूल्य का। न्यूनतम समर्थन मूल्य पर अनाज ख़रीदी करके सरकार आपातकालीन स्थितियों, खाद्य सुरक्षा, किसानों को संरक्षण और मूल्यों के नियन्त्रण के लिए भण्डार सुरक्षित रखती है। इसके लिए भी कृषि सब्सिडी का इस्तेमाल किया जाता है।

15वें वित्त आयोग के लिए कृषि सब्सिडी पर कराये गये एक अध्ययन में लिखा है कि भारत सरकार उर्वरक (70 हज़ार करोड़ रुपये), ऊर्जा

(91 हज़ार करोड़ रुपये), ऋण पर रियायत (20 हज़ार करोड़ रुपये), सिंचाई (17.5 हज़ार करोड़ रुपये), फ़सल बीमा (13 हज़ार करोड़ रुपये) और मूल्य समर्थन (24 हज़ार करोड़ रुपये) पर कुल मिलाकर 2.355 लाख करोड़ रुपये की सब्सिडी मिली। यह समझना होगा कि यह सब्सिडी आख़िर में जाकर भारत में अनाजों की क़ीमतों को नियन्त्रित रखती है, भारत में खाद्य सुरक्षा की स्थिति बना कर अन्दरूनी खुशहाली और शान्ति का निर्माण करती है। सरकार इस सब्सिडी को कम-से-कम करना चाहती है। क्योंकि क़ीमतों पर सरकार का नियन्त्रण रहने से खुले बाज़ार और कार्पोरेट का नियन्त्रण स्थापित नहीं हो पाता है।

क्या भारत में दी जाने वाली 2.355 लाख करोड़ रुपये (लगभग 36 अरब डॉलर) की सब्सिडी बहुत ज़्यादा है? जो भी विद्वान यह तर्क देते हैं कि भारत कृषि सब्सिडी पर बहुत ख़र्च करता है, वे यह बात छिपा जाते हैं कि अमेरिका भारत से 302 गुना ज़्यादा कृषि सब्सिडी देता है। यूरोपीय यूनियन 54 गुना ज़्यादा कृषि सब्सिडी देते हैं।

अमेरिका में कृषि सब्सिडी और डब्ल्यूटीओ

अमेरिका में वर्ष 1862 में मोरिल अधिनियम के माध्यम से कृषि शिक्षा के लिए उच्च शिक्षा की व्यवस्था की गयी, 1887 में हेच अधिनियम के माध्यम से कृषि शोध और अध्ययन को सरकारी सहायता देना शुरू किया गया, वर्ष 1914 में स्मिथ-लीवर अधिनियम के माध्यम से कृषि शिक्षा को आर्थिक सहायता दी गयी। इसके बाद वर्ष 1916 में केन्द्रीय कृषि ऋण अधिनियम के माध्यम से किसानों को क़र्ज़ देने के लिए सहकारी बैंक स्थापित हुए, जो बाद में कृषि ऋण और अनुदान व्यवस्था में तब्दील कर दिये गये।

अभी अमेरिका 100 फ़सलों के लिए 8.7 अरब डॉलर बीमा सब्सिडी के रूप में ख़र्च कर रहा है। कृषि जोखिम और क़ीमतों की हानि को कवर करने के लिए क्रमशः 3.7 अरब डॉलर और 3.2 अरब डॉलर का प्रावधान है। ज़मीन के संरक्षण के लिए अमेरिकी सरकार 5 अरब डॉलर की सहायता देती है। उत्पाद विपणन और निर्यात प्रोत्साहन के लिए 1.36 अरब डॉलर, आपदाओं में सहायता के लिए 1.9 अरब डॉलर, शोध और अन्य सहायताओं के लिए 3 अरब डॉलर का प्रावधान किया गया।

अमेरिका में प्रति व्यक्ति औसत आय 83143 डॉलर है किन्तु कृषि परिवारों की औसत आय 1.18 लाख डॉलर (42 प्रतिशत ज़्यादा) है।

जबकि भारत में नाबार्ड के अध्ययन के मुताबिक प्रति किसान आय 1.071 लाख रुपये (रुपये 8931 प्रतिमाह), जबकि भारत के आर्थिक सर्वेक्षण के मुताबिक भारत की प्रति व्यक्ति आय 1.35 लाख रुपये (26 प्रतिशत ज़्यादा) है। विश्व व्यापार संगठन में वर्ष 1995 में किये गये कृषि समझौते के मुताबिक यह तय किया गया था कि कृषि क्षेत्र में दी जाने वाली सब्सिडी को धीरे-धीरे कम किया जायेगा। इसमें एक कुटिल सूत्र का इस्तेमाल किया गया। वह सूत्र था एग्रीगेट मेजरमेंट ऑफ़ सपोर्ट (कुल समग्र सहायता/रियायत) का। यह सूत्र कहता है कि वर्ष 1986-88 में जो भी कृषि रियायत का स्तर था, उसे आधार मान कर सब्सिडी में कमी की जायेगी और उसी से तय होगा कि कौन सा देश कितनी कृषि सब्सिडी दे सकेगा। इसमें कुटिलता यह थी कि इस आधार वर्ष में विकसित देश पहले से ही ज़्यादा सब्सिडी दे रहे थे, तो उन्हें सब्सिडी कम करने में उतनी समस्या नहीं रही, जबकि भारत जैसे विकासशील देश बहुत कम सब्सिडी दे रहे थे, तो इनके सामने संकट गहरा गया।

डब्ल्यूटीओ में जिस सब्सिडी को बाज़ार का माहौल ख़राब नहीं करने वाली सब्सिडी माना गया है, उसमें भी भारत अन्य देशों से बहुत पीछे है। ऐसे में क्या यह बताने की ज़रूरत है कि कौन सा देश बाज़ार को ख़राब करने वाली सब्सिडी दे रहा है? क्या यह साबित करने की ज़रूरत है कि डब्ल्यूटीओ में खाद्य सुरक्षा के लिए लोक भण्डारण की व्यवस्था भेदभाव और शोषणकारी है। डब्ल्यूटीओ की विसंगतिपूर्ण व्यवस्था के कारण वर्ष 2020 में एक किसान को अमेरिका में 7253 डॉलर की और यूरोपीय यूनियन में 1068 डॉलर, नार्वे में 22509, कनाडा में 7414, स्विट्ज़रलैंड में 9716 डॉलर, दक्षिण कोरिया में 547 डॉलर, बांग्लादेश में केवल 8 डॉलर, ब्राजील में 134 डॉलर, चीन में 109 डॉलर की प्रत्यक्ष सब्सिडी मिलेगी, जबकि भारत में एक किसान को केवल 49 डॉलर की सब्सिडी मिलेगी।

कुल मिलाकर हमें यह समझना होगा कि सरकार की दो तरफा भूमिका है–एक तरफ तो किसानों को संरक्षण देना (न्यूनतम समर्थन मूल्य, उचित तकनीक, मार्गदर्शन और अच्छा बाज़ार) और दूसरी तरफ खाद्य सुरक्षा के नजरिये से बाज़ार को शोषण से मुक्त करना होगा। फिर यह शोषण चाहे बिचौलिए करें या फिर बड़े कॉर्पोरेट्स; सरकार की जिम्मेदारी है कि वह निजी क्षेत्र के मुनाफे को बढ़ाने के लिए राजकीय संसाधनों का इस्तेमाल न करे, जैसी कि अभी कोशिश की जा रही है।

तीन : क्या कृषि सब्सिडी का गणित जानते हैं हम?

–वर्ष 2020 में अमेरिका अपने 20 लाख किसानों को 51.2 अरब डॉलर (3.58 लाख करोड़ रुपये) की सब्सिडी दे रहा है। एक अमेरिकी किसान को औसतन 17.88 लाख रुपये की सब्सिडी मिलेगी। यह अब तक की सबसे बड़ी कृषि सब्सिडी मानी जा रही है।

–भारत 14 करोड़ किसानों को अभी लगभग 2.35 लाख करोड़ रुपये (34 अरब डॉलर) की सब्सिडी दे रहा है। एक भारतीय किसान के लिए मात्र 16,821 रुपये की सब्सिडी का प्रावधान है।

–वर्ष 2020 में एक अमेरिका के किसान की वार्षिक आय 86,992 डॉलर (61 लाख रुपये) होगी, जबकि एक भारतीय किसान की औसत सालाना आय 1717 डॉलर (1.20 लाख रुपये)।

–विकसित देश और डब्ल्यूटीओ चाहते हैं कि भारत जैसे देश किसानों को प्रत्यक्ष सहायता (उर्वरक सब्सिडी, बीज सब्सिडी, बिजली सब्सिडी, न्यूनतम समर्थन मूल्य आदि) देने की बजाये नकद हस्तान्तरण कर दें। इस व्यवस्था का नियमन नहीं होना चाहिए। और फिर किसान खुले बाज़ार से बीज, बिजली, पानी ले और वहीं की क़ीमतों पर अपनी उपज बेचें।

–यह हम कैसे भूल जाते हैं कि किसानों को दी गयी सब्सिडी के कारण ही हमें गेहूँ-चावल खुले बाज़ार में स्थिर क़ीमतों पर मिलते हैं। यदि यह सब्सिडी न हो, तो क़ीमतें लगभग 20 प्रतिशत ज़्यादा होंगी।

वर्ष 1991 से भारत में एक मुहावरा चल रहा है, जिसका मतलब भारत के राजनीतिक दल और सरकारें समझ ही नहीं पायी हैं–सब्सिडी हटाने से देश का विकास होगा, इस मुहावरे का व्यावहारिक अर्थ है सब्सिडी हटाने से किसान आत्महत्या करेगा और देश भूखों मरेगा। किसानों और उपभोक्ताओं को मिलने वाली सब्सिडी को ख़त्म करने का पूरा काम बहुत सुनियोजित ढँग से हो रहा है। वर्ष 1995 में हुए डब्ल्यूटीओ के समझौते में खाद्य सुरक्षा और खेती के लिए दी जाने वाले सब्सिडी को अच्छी और ख़राब सब्सिडी में बाँटा गया था–हरे रंग के डिब्बे में रखी सब्सिडी (कृषि शोध, ढाँचागत विकास, बिजली व्यवस्था, जनकल्याणकारी और खाद्य सुरक्षा कार्यक्रमों के लिए ख़र्ची जाने वाली राजकीय सहायता); सरकार जितनी चाहे उतनी ग्रीन बॉक्स सब्सिडी दे सकती है, लेकिन शर्त यह है कि इससे "बाज़ार को नुक़सान" नहीं पहुँचना चाहिए। दूसरी सब्सिडी होती है नीले/अम्बर बॉक्स की सब्सिडी। इस बॉक्स में दी जाने वाली बाज़ार को नुक़सान पहुँचाने वाले सब्सिडी कहा गया है। इसका मतलब यह है कि सरकार निर्यात के लिए

सीधे इतनी सब्सिडी न दे कि इससे खुले बाज़ार की क़ीमतें प्रभावित हों। विकसित देश ऐसी बहुत सब्सिडी देते हैं।

भारत के सन्दर्भ में उल्लेखनीय है कि भारत में आन्तरिक खाद्य सुरक्षा और देश की सुरक्षा के नजरिये से अनाज भण्डार बनाये रखने के लिए किसानों के न्यूनतम समर्थन मूल्य पर की जाने वाली कृषि उपज ख़रीदी को "बाज़ार को नुक़सान" पहुँचाने वाली सब्सिडी माना जा रहा है। अमेरिका, यूरोपीय यूनियन आदि डब्ल्यूटीओ में भारत के ख़िलाफ़ केस दर्ज़ कर रहे हैं कि भारत निर्धारित मानकों से ज़्यादा खाद्य सुरक्षा सब्सिडी ख़र्च कर रहा है, अत: इसके ख़िलाफ़ कार्यवाही की जाये।

ये मानक हैं क्या? कृषि समझौते का मानक कहता है कि कोई भी विकासशील देश कृषि और खाद्य सुरक्षा के लिए दी जाने वाली सहायता (कृषि और खाद्य सुरक्षा सब्सिडी) को राष्ट्र के कुल कृषि उत्पादन के मूल्य के अधिकतम 10 प्रतिशत के बराबर रखेंगे और विकसित देशों के लिए यह सीमा 5 प्रतिशत है। इसमें बहुत चतुराई से यह बिन्दु जोड़ा गया है कि खाद्य सुरक्षा सब्सिडी की गणना के लिए आधार एक्सटर्नल रिफरेन्स प्राइस-ईआरपी माना जायेगा, यानी इन वर्षों में खाद्यान्नों की क़ीमत/सरकारों द्वारा तय मूल्य के बराबर की राशि को सरकार द्वारा तय वर्तमान क़ीमतों में से घटा कर रियायत की गणना की जायेगी और इसके लिए सन्दर्भ वर्ष 1986-88 माना गया। समझौते में प्रावधान है कि विकसित देश वर्ष 1986-88 की सब्सिडी में 20 प्रतिशत की और विकासशील देश 13 प्रतिशत की कमी लायेंगे। धोखा यह है कि विकसित देश 1986-88 में भी भारी सब्सिडी दे रहे थे और भारत जैसे देश बहुत कम सब्सिडी दे रहे थे। अत: अमीर देशों पर इसका असर कम पड़ा।

वर्ष 2013 में इण्डोनेशिया के बाली में इस विषय पर चर्चा हुई। इस बात पर सहमति नहीं बन पायी कि भारत जैसे देश खाद्य सुरक्षा सब्सिडी कम कर सकेंगे। डब्ल्यूटीओ में लोक भण्डारण और कृषि रियायतों पर भले ही समझौता न हुआ हो, किन्तु भारत ने तो पूँजीवाद के अनुशासित और उदार सेवक का रूप दिखाते हुए सब्सिडी कम करना शुरू कर ही दिया है। भारत ने उर्वरक सब्सिडी में 7 अरब डॉलर की सब्सिडी कम कर दी। खाद्य सब्सिडी में भी भारी कमी की गयी है। इसलिए राशन व्यवस्था में अनाज के बदले नकद हस्तान्तरण की व्यवस्था लायी जा रही है।

डब्ल्यूटीओ में सब्सिडी और उसे कम करने के लिए होने वाले समझौते दो काम करते हैं: एक–देशों की नीति–नियम बनाने की प्रक्रिया में दख़ल देकर सब्सिडी को कम करवाते हैं और दो–जो देश डब्ल्यूटीओ समझौते से ज़्यादा सब्सिडी दे रहे हैं, उनके ख़िलाफ़ प्रतिबन्धात्मक कार्रवाई करते हैं या कार्रवाई का दबाव बनाये रखते हैं। इसका परिणाम यह होगा कि कृषि और खाद्य सुरक्षा से सरकार का नियन्त्रण कम होगा और निजी क्षेत्र का आधिपत्य स्थापित होगा।

भारत के नीतिकार और सरकार के नुमाइन्दे लगातार यह बात कहते हैं कि यदि हमें अपनी खेती को लाभकारी बनाना है और यदि हम चाहते हैं कि देश की आर्थिक उन्नति में कृषि का योगदान बढे, तो हमें अन्तरराष्ट्रीय कृषि बाज़ार की प्रतिस्पर्धा के लिए तैयार होना होगा। लेकिन वे यह बताना भूल जाते हैं कि विभिन्न देशों की कृषि नीतियों, खासतौर पर बीजों, कृषि शिक्षा, ज़मीन की उर्वरता के प्रबन्धन, सिंचाई, जोखिम से सुरक्षा और किसानों की आय सुनिश्चित करने की ईमानदार पहल यह तय करना होता है कि उनके कृषि उत्पाद और उत्पादक अन्तरराष्ट्रीय बाज़ार में कितना टिक पायेंगे? अमेरिका अपने एक किसान को कुल मिलाकर 61286 डॉलर, कनाडा 13010 डॉलर, आस्ट्रेलिया 5357 डॉलर, यूरोपीय यूनियन 8588 डॉलर, नार्वे 55697 डॉलर, चीन 1065 डॉलर और और दक्षिण कोरिया 5369 डॉलर की कृषि सब्सिडी प्रदान करते हैं, जबकि भारत में प्रति किसान कुल कृषि सब्सिडी महज़ 282 डॉलर है। जिस देश में जितनी ज़्यादा कृषि सब्सिडी दी जाती है, वहाँ कृषि उपज की उत्पादन लागत उतनी ही कम होती है।

कृषि लागत तथा मूल्य आयोग की रिपोर्ट (2020–21) के मुताबिक भारत अभी अन्तरराष्ट्रीय बाज़ार में कहीं नहीं ठहरता है। भारत की विश्व बाज़ार में बेहद बुरी हालत है। पूरी दुनिया में होने वाले कृषि उत्पाद निर्यात में अमेरिका, ब्राजील और यूरोप की हिस्सेदारी 72 प्रतिशत है। और इनका निर्यात बढ़ भी रहा है, वहीं दूसरी ओर भारत की निर्यात में नकारात्मक विकास दर (–0.5 प्रतिशत) रही। विश्व के कुल निर्यात में भारत का हिस्सा केवल 2.2 प्रतिशत (39.3 अरब डॉलर) का ही है। भारत के कुल कृषि निर्यात में चावल (19 प्रतिशत), समुद्री उत्पाद (16.8%), मांस (9.2%), मसाले (8.2%), कच्चा कपास (5.2%), शकर (3.6 प्रतिशत) शामिल हैं। मक्का, गेहूँ, ज्वार, मोटे अनाज आदि का निर्यात इसलिए नहीं हो रहा है क्योंकि सब्सिडी कम होने के कारण इनकी उत्पादन लागत और मूल्य ज़्यादा है।

इस व्यवस्था को बनाने के लिए सरकार सब्सिडी देती है यानी किसानों को न्यूनतम समर्थन मूल्य देकर अनाज ख़रीदती है और फिर सस्ती दर पर सार्वजनिक वितरण प्रणाली के जरिये राशन प्रदान करके 81 करोड़ भारतीयों की थाली को लगभग आधा भरती है। इससे भारत के उन कार्पोरेट और दुनिया के बड़े उद्योगपतियों को बड़ा मुनाफ़ा कमाने का मौक़ा नहीं मिल पाता है, जो खाद्य सुरक्षा पर नियन्त्रण करके भारत के खेती को नुक़सान पहुँचाना चाहते हैं और देश में भुखमरी के हालात पैदा करके भीतर से खोखला करना चाहते हैं। वास्तव में किसानों का यह संघर्ष केवल आर्थिक लाभ के लिए संघर्ष नहीं है, यह भारत को फिर से उपनिवेश बनने से बचाने का संघर्ष है।

अब कोशिश की जा रही है कि खाद्य प्रसंस्करण को अनिवार्य बना दिया जाये यानी सामान्य नमक या तेल या गेहूँ या चावल नहीं मिलेगा, आपको कम्पनी का फोर्टीफाईड और रिफाइन्ड तेल, नमक, आटा और चावल ही लेना होगा। फूड प्रोसेसिंग का काम किसान नहीं कर सकते हैं और इसके लिए हम सबकी निर्भरता कम्पनी के खाद्य उत्पाद पर बन जायेगी। जहाँ सामान्य की तुलना में 20 से 100 प्रतिशत ज़्यादा क़ीमत चुकानी होगी।

दिक़्क़त यह है कि भारत की सरकारें अब जनकल्याण नहीं, मुनाफे का जोड़-घटाना देखने लगी हैं। वे यह भूल गयी हैं कि उन्हें खेती और भोजन को मुनाफ़ाखोरी, काला बाज़ारी से बचाने, किसानों की सुरक्षा करने और टिकाऊ खेती के विकास की जिम्मेदारी दी गयी है। न कि किसान को गुलाम बनवाने औए ज़मीन-पानी की नीलामी करने की। इन्सान के राजनैतिक इतिहास में दो तरह के अनुभव देखे गये हैं—पहला तो यह कि कोई भी समझदार राज्य अपनी खाद्य सुरक्षा व्यवस्था को अपने नियन्त्रण से पूरी तरह से मुक्त नहीं करता है और दूसरा जिन राज्यों ने कृषि और ग्रामीण उत्पादन की व्यवस्था का सौदा किया है, उन्होंने अपनी स्वतन्त्रता को खो दिया था। भारत की गुलामी की शुरुआत भी ठीक ऐसे ही हुई थी, जब भारत के राजाओं/सफलतानों ने उत्पादन और व्यापार मुनाफे के लिए पुर्तगाली, फ्रान्सीसी और अंग्रेज़ी कम्पनी के हवाले कर दिया था। ठीक वैसे ही, जैसे ये तीन क़ानून बना कर किया जा रहा है।

व्यापकता में हमें यह समझने की कोशिश करनी चाहिए कि कृषि और खाद्य सुरक्षा व्यवस्था को पूरी तरह से सरकार और सामाजिक हित के नियमों से मुक्त करने का निर्णय वास्तव में मानव सभ्यता के लिए सबसे बड़ा आर्थिक विनाश का कारण बनेगा जो समानान्तर रूप से सामाजिक और राजनैतिक संकट को बड़े स्तर तक बढ़ा देगा।

चार–कृषि ऋण के बँटवारे की अतार्किक व्यवस्था

जिस राज्य में बेहतर खेती होती है, जहाँ सिंचाई की ज़्यादा सुविधाएँ हैं, किसानों का बाज़ार से जुड़ाव और जहाँ कृषि का संरचनात्मक ढाँचा अच्छा है, उन्हें सरकार कम ब्याज पर ज़्यादा क़र्ज़ देती है। जिन राज्यों में सिंचाई व्यवस्था, बाज़ार से जुड़ाव और कृषि की स्थिति ख़राब है, वहाँ सरकार सस्ती ब्याज दर पर किसानों को कम से कम ऋण देती है। सोचिये कि जहाँ किसानों को ज़्यादा संरक्षण की ज़रूरत है, वहाँ सरकार संरक्षण कम कर देती है। यही भारतीय कृषि विकास नीति है।

वास्तविकता यह है कि भारत में महाराष्ट्र, तमिलनाडु और केरल को उनके कुल राज्य कृषि उत्पाद के मूल्य से कहीं ज़्यादा ऋण दिया जाता है, वहीं दूसरी ओर बिहार, मध्य प्रदेश, उत्तर प्रदेश, झारखण्ड को बहुत कम कृषि ऋण दिया जाता है। बिलकुल साफ़ बात है कि भारत में कृषि ऋण के वितरण में नीतिगत तरीक़े से भेदभाव होता है। जब भी हमारे वित्तमन्त्री बजट प्रस्तुत करते हैं या करती हैं तो वे एक बिन्दु को ज़ोर से पढ़ते हैं–आगामी वित्त वर्ष के लिए हमारी सरकार ने 8 लाख करोड़ रुपये के कृषि ऋण का प्रावधान किया, फिर किसी दूसरे वर्ष में कहा गया कि इस वर्ष 12 लाख करोड़ रुपये और फिर वर्ष 2021–22 के लिए 16.50 लाख करोड़ रुपये के कृषि ऋण के प्रावधान की घोषणा की गयी। सच तो यह है कि भारत में कृषि ऋणों का बँटवारा न्यायपरक नहीं है। इसमें बहुत गहरा भेदभाव है। जो राज्य ज़्यादा सक्षम और अमीर हैं, उन्हें ज़्यादा ऋण दिया जाता है और जो राज्य ग़रीब हैं, उन्हें कुछ चवन्नी–अठन्नी के बराबर का कृषि ऋण मिलता है।

भारत में कृषि क्षेत्र की बेहतरी और किसानों को आर्थिक संबल प्रदान करने के लिए भारत सरकार वाणिज्य बैंकों के माध्यम से कृषि ऋण प्रदान करती है। भारत में केन्द्र सरकार कृषि क्षेत्र को संरक्षण देने के लिए कम ब्याज दर पर किसानों को ऋण हासिल करने में मदद करती है। देश में निजी, सार्वजनिक क्षेत्र के बैंक और सहकारी एवं ग्रामीण बैंकों के माध्यम से किसानों को कृषि ऋण दिये जाने की व्यवस्था बनी हुई है। इसी सन्दर्भ में वर्ष 2003–04 में भारत सरकार ने ग्राउंड लेवल क्रेडिट की नीति अपनायी, जिसमें खेती और उससे जुड़े क्षेत्रों के लिए तय मात्रा में क़र्ज़ दिये जाने का लक्ष्य निर्धारित किया जाने लगा। इसमें छोटी अवधि और लम्बी अवधि/ सावधि क़र्ज़ दिये जाने की व्यवस्था की गयी। वर्ष 2004–05 में खेती के

लिए दिये जाने वाले क़र्ज़ को तीन साल में दो गुना किये जाने का नीतिगत निर्णय लिया गया। और इसके बाद वर्ष 2006–07 में भारत सरकार ने बड़ा नीतिगत निर्णय लेकर कृषि ऋण के ब्याज में रियायत देने की व्यवस्था बनायी। वित्तीय समावेशीकरण के लिए बिजनेस कारेस्पोंडेंस और बिजनेस फैसिलिटेटर बनाये जाने लगे।

ब्याज में रियायत की योजना के तहत किसान तीन लाख रुपये तक का कृषि ऋण 7 प्रतिशत ब्याज दर पर प्राप्त कर सकते हैं। यदि किसान एक साल से पहले क़र्ज़ का भुगतान कर देते हैं तो उन्हें 3 प्रतिशत की अतिरिक्त रियायत हासिल होती है। यानी एक वर्ष तक की अवधि के लिए उन्हें केवल 4 प्रतिशत की ब्याज दर पर क़र्ज़ हासिल हो जाता है। प्राकृतिक आपदा के बुरे प्रभाव की स्थिति में भी 2 प्रतिशत की रियायत का प्रावधान है।

वर्तमान व्यवस्था यह है कि जिन राज्यों का सकल कृषि उत्पाद मूल्य ज़्यादा है, उन्हें सरकार द्वारा ज़्यादा ऋण उपलब्ध कराया जाता है, जबकि जिन राज्यों में खेती और उससे जुड़े क्षेत्रों का अच्छे से विकास नहीं हो पाया है, उन्हें कम कृषि उत्पादन के कारण कम ऋण मिलता है। इसके कारण से राज्यों के बीच असमानता की खाई और ज़्यादा गहरी होती गयी है। होना तो यह चाहिए था कि बिहार, झारखण्ड, ओड़िशा, मध्य प्रदेश, उत्तर प्रदेश जैसे राज्यों को विशेष संरक्षण दिया जाता ताकि वे भी पंजाब, हरियाणा, तमिलनाडु सरीखी ऊँचाई हासिल कर पाते।

भारत में खेती के संरक्षण के लिए उठाया जाने वाला हर क़दम महत्त्वपूर्ण होता है, लेकिन यह देखना भी ज़रूरी होता है कि ये क़दम उठाकर सरकार किनके पास पहुँची है?

राज्यों के बीच कृषि ऋण की उपलब्धता

भारत सरकार द्वारा कृषि ऋण के वितरण को आँकड़ों के आईने में देखने की कोशिश करते हैं। भारत में खेती किसी एक राज्य या किसी एक अँचल की ही विशेषता नहीं है। भारत के सभी क्षेत्रों में खेती और उससे जुड़े व्यवहार सामाजिक-आर्थिक जीवन का अहम् हिस्सा हैं। वर्ष 2021–22 में खेती के लिए 16.50 लाख करोड़ रुपये के क़र्ज़ की व्यवस्था रखी गयी है। यह बहुत बड़ी राशि दिखायी देती है। है भी।

वर्ष 2004 में भारत सरकार द्वारा वाणिज्यिक बैंकों के माध्यम से सभी राज्यों में 96100 करोड़ रुपये का कृषि ऋण उपलब्ध कराया था।

इस राशि में वर्ष 2003 और उसके पहले किसानों को दिया गया क़र्ज़ भी शामिल है। इसमें से दक्षिण भारत के 7 राज्यों के किसानों को सबसे ज़्यादा 34 हज़ार करोड़ रुपये (35 प्रतिशत) का ऋण मिला जबकि उत्तर भारत के 7 राज्यों में किसानों 22 हज़ार करोड़ रुपये (23 प्रतिशत) का ऋण मिला। इसके दूसरी तरफ पूर्वी क्षेत्र के राज्यों (बिहार, झारखएड, ओडिशा, पश्चिम बंगाल आदि) के किसानों को केवल 7600 करोड़ रुपये (8 प्रतिशत) की ही सहायता मिली।

खेती के लिए सस्ती दर पर क़र्ज़ वितरण की यही स्थिति हर साल दिखायी देती है। केन्द्र सरकार की तरफ से हर वर्ष इस कृषि ऋण के लिए प्रावधान बढाया जाता रहा है, किन्तु राज्यों और अँचलों के बीच असमानता की गहरी खाई बरकरार नज़र आती है। हम हाल के वर्षों के तथ्यों का विश्लेषण करें तो स्पष्ट रूप से दिखायी देता है कि आर्थिक रूप से कमज़ोर राज्यों के साथ उपेक्षा हो रही है। वर्ष 2019 में कुल 12,79,034 करोड़ रुपये (पूर्व के वर्ष के बकाया क़र्ज़ को मिलाकर) का कृषि ऋण वितरित किया गया। इसमें से 4.66 लाख करोड़ रुपये (36 प्रतिशत) का क़र्ज़ दक्षिण के राज्यों में वितरित किया गया। जबकि पूर्वी क्षेत्र के राज्यों को 1.06 लाख करोड़ रुपये (8 प्रतिशत), उत्तरी क्षेत्र के राज्यों को 2.66 लाख करोड़ रुपये (21 प्रतिशत) और मध्य क्षेत्र के राज्यों को 2.33 लाख करोड़ रुपये (18 प्रतिशत) का कृषि ऋण मिला।

प्रति जोत कृषि ऋण

सम्भवत: केवल इस तथ्य से असमानता स्पष्ट नहीं होगी कि किस राज्य में कितने कृषि ऋण का वितरण हुआ। जब हम राज्यों में मौजूद कुल कृषि जोतों के आधार पर कृषि ऋण के वितरण की स्थिति का आकलन करते हैं, तब हमें असल स्थिति का पता चलता है।

वर्ष 2004 में चण्डीगढ़ में 748 जोतों पर 1200 करोड़ रुपये (1.60 करोड़ रुपये/जोत) का कृषि ऋण दिया गया था। इसके बाद दिल्ली में 20,842 जोतों पर 5 हज़ार करोड़ रुपये यानी एक जोत पर 24 लाख रुपये का कृषि ऋण था। इसके दूसरी तरफ मध्य प्रदेश में एक जोत पर 5400 रुपये, बिहार में 11 58 रुपये, झारखण्ड में 1784 रुपये, ओडिशा में 2877 रुपये गुजरात में 4500 रुपये और महाराष्ट्र में 10 हज़ार रुपये का ऋण हर जोत पर दिया गया।

भारत में वर्ष 2006 में खेती में दिये जाने वाले क़र्ज़ पर रियायत देने की योजना लागू हुई थी। यानी चार पहिया गाड़ी ख़रीदने या कोई कारखाना लगाने के लिए मिलने वाले ऋण पर जो ब्याज लगता, उससे कहीं कम दर पर कृषि ऋण मिलने लगा था। प्रभावशाली लोग इस योजना के लाभ को अपने हित में मोड़ने में सफल रहे। वर्ष 2009 में चण्डीगढ़ में एक जोत पर 7.48 करोड़ रुपये, पंजाब में 1.54 लाख रुपये और दिल्ली में 80.60 लाख रुपये का कृषि ऋण दिया गया था। इसी साल बिहार में एक जोत पर 5057 रुपये, झारखण्ड में 4995 रुपये, ओडिशा में 11,920 रुपये, मध्य प्रदेश में 17,395 रुपये, उत्तर प्रदेश में 34,500 रुपये, आन्ध्र प्रदेश में 37,800 रुपये, कर्नाटक में 26,700 रुपये और तमिलनाडु में 42,704 रुपये का कृषि ऋण दिया गया था।

वर्ष 2019 की स्थित में तथ्य बताते हैं कि चण्डीगढ़ में एक जोत पर 5.02 करोड़ रुपये, दिल्ली में 1.70 करोड़ रुपये का औसतन कृषि ऋण उपलब्ध था, जबकि पंजाब में 6.34 लाख रुपये, हरियाणा में 3.1 लाख रुपये, राजस्थान में 1.22 लाख रुपये का ऋण था। दक्षिण भारत के राज्यों–तमिलनाडु में एक जोत पर 2.06 लाख रुपये, आन्ध्र प्रदेश पर 1.45 लाख रुपये, पुदुचेरी में 7.72 लाख रुपये का कृषि ऋण उपलब्ध था।

यह अध्ययन का विषय है कि चण्डीगढ़ और दिल्ली में कृषि ऋण प्राप्त करने वाले किसान कौन से हैं और वहाँ एक जोत पर 1.70 करोड़ से 5 करोड़ रुपये का कृषि ऋण क्यों है? इस विसंगति का बहुत गहरा असर बिहार, झारखण्ड सरीखे राज्यों पर पड़ा है।

खेती के लिए दिये जाने वाले क़र्ज़ की नीति इतनी विसंगतिपूर्ण है कि इसके कारण कम अवधि का क़र्ज़ बढ़ाया गया और लम्बी अवधि का क़र्ज़ कम किया गया। इसका मतलब यह है कि किसानों को खाद-बीज के लिए क़र्ज़ दिया गया, लेकिन ज़मीन के सुधार, सिंचाई और स्वयं की भण्डारण व्यवस्था बनाने के लिए क़र्ज़ नहीं दिया गया। तथ्य बताते हैं कि खेती के लिए लघु अवधि के लिए दिये जाने ऋण पर ब्याज में रियायत दिये जाने से कुल ऋण में इनकी हिस्सेदारी (लघु अवधि ऋण की) वर्ष 2000 में 51 प्रतिशत से वर्ष 2018 में बढ़कर 75 प्रतिशत हो गयी। इसका मतलब है कि वर्तमान स्थिति में किसानों को तात्कालिक ज़रूरतों को पूरा करने के लिए ऋण मिल रहा है, लेकिन आधारभूत विकास (सिंचाई, मशीनों की व्यवस्था, भण्डारण की व्यवस्था आदि) के लिए ऋण में कमी हो गयी है। शायद यह भी कह सकते हैं कि लघु अवधि के ऋण महँगे पड़ रहे हैं।

रिजर्व बैंक ऑफ इंडिया के विशेषज्ञ समूह की रिपोर्ट के मुताबिक अभी कृषि के लिए दिये जाने वाले कुल क़र्ज़ में से केवल 10 प्रतिशत ही पशुपालन, वानिकी और मछली पालन के लिए जा रहा है, जबकि कृषि के कुल उत्पाद मूल्य में इनका योगदान 40 प्रतिशत है। हमारे यहाँ किसान केवल उसे ही माना जाता है, जिसके पास खेत/ज़मीन होती है। यही कारण है कि किसान क्रेडिट कार्ड बनाते समय ज़मीन के कागज प्रस्तुत करना अनिवार्य हो जाता है। बैंकों की प्राथमिकता में भी ऐसा कहीं उल्लेख नहीं है कि पशुपालन, मछली पालन या वानिकी के लिए कृषि ऋण दिया जाना चाहिए। वर्तमान व्यवस्था छोटे और मझौले किसानों को पूरी तरह से संरक्षण नहीं दे रही है। भारत में कुल किसानों में से 86 प्रतिशत छोटे और मझौले किसान हैं, किन्तु केवल 41 प्रतिशत किसान ही बैंकों द्वारा कवर किये गये हैं। विशेषज्ञ समूह ने पाया कि कृषि उत्पाद मूल्य/राज्य का कृषि सकल घरेलू उत्पाद के मान से राज्य के लिए कृषि ऋण की पात्रता का निर्धारण करना एक सही नीति नहीं है। इसी कारण से मध्य भारत, पूर्वी भारत और उत्तर-पूर्वी भारत के राज्य कम कृषि ऋण हासिल कर पाते हैं।

विश्वव्यापी है खेती का संकट

देविन्दर शर्मा

एक ओर भारत आज़ादी का अमृत महोत्सव मना रहा है तो दूसरी ओर नये सिरे से पुनर्गठित राष्ट्रीय साँख्यिकी संगठन(एनएसओ) की 2018-19 के स्थितिजन्य आकलन सर्वेक्षण की ताज़ा रिपोर्ट चिन्ताजनक है। यह रिपोर्ट बताती है कि राष्ट्र ने आज़ादी के साथ जो प्रतिज्ञा की थी वह अभी भी देश की 50 प्रतिशत वाले किसान समुदाय के लिए छलावा साबित हो रही है।

रिपोर्ट के अनुसार फ़सल उत्पादन से एक किसान की औसत आय 27 रुपये प्रतिदिन है जो कि हक़ीक़त में एक मज़दूर से भी ख़राब है। किसान की प्रतिदिन की आय मनरेगा के मज़दूर से तो कम है ही वह गाय के दूध से रोजाना होने वाली आमदनी से भी कम है। अगर किसानों के पास खेती से बाहर की आय न होती तो उनकी स्थिति आज बहुत ही बुरी होती। एक ओर राष्ट्र हर साल रिकॉर्ड अन्न उत्पादन पर अपनी पीठ थपथपा रहा है तो दूसरी ओर लगातार हो रही खेती की त्रासदी को छुपाया जा रहा है।

नेशनल क्राइम रिकॉर्ड ब्यूरो ने 1995 से जो आँकड़े रिकॉर्ड किये हैं उनके अनुसार अब तक 3.64 लाख किसान आत्महत्या कर चुके हैं। इसी के साथ खेती की घटती आय ने किसानों का गुस्सा बढ़ाया और वे दिल्ली की सीमा पर आ डटे हैं। तकरीबन एक साल से कड़ाके की ठण्ड में लाखों किसान सड़कों पर सो रहे हैं। किसान ज़बरदस्त उत्पादन के लिए साल दर साल कड़ी मेहनत करते हैं, लेकिन उन्हें इस बात का अहसास नहीं होता कि वे अन्न नहीं घाटे का उत्पादन कर रहे होते हैं। इसलिए परेशान किसान तीन केन्द्रीय क़ानूनों को वापस लिए जाने और न्यूनतम समर्थन मूल्य को किसानों का क़ानूनी अधिकार बनाये जाने की माँग कर रहे हैं। संक्षेप में कहें तो वे ऐसी प्रक्रिया की माँग कर रहे हैं जिसमें किसानों के लिए आय सुनिश्चित हो।

संसद ने जो तीन विवादित क़ानून पास किये उनका मकसद कृषि का कायाकल्प करना और इस दौरान किसानों की आय बढ़ाना बताया जा रहा था और उम्मीद जताई जा रही थी वे खेती में निजी निवेश को आकर्षित करेंगे, लेकिन किसानों का विरोध उस भय और सन्देह को परिलक्षित करता है कि खेती के उदारीकरण से वास्तव में निजी इजारेदारी पैदा होगी और छोटे किसान खेती से बाहर हो जायेंगे। जिस तरह बिना किसी नियमन के और किसानों के लिए अधिकार आधारित सुरक्षा के अभाव में पूँजी निवेश का प्रवाह हो रहा है उससे किसानों को यह डर लग रहा है कि वास्तव में नये क़ानून कम्पनियों को पूरी आज़ादी देने का लक्ष्य रखते हैं।

लेकिन खेती के संकट की गम्भीरता की चर्चा करने से पहले आइये भारतीय कृषि के उस योगदान की चर्चा करें जिसके तहत उसने देश को खाद्यान्न संकट से बाहर निकाला। एक दौर वह भी था जब भारत के लाखों भूखे लोगों का पेट भरने के लिए विदेशों से जहाज पर लद कर अन्न आता था। भारतीय किसानों ने देश में अनाज का अतिरिक्त भण्डार बनाने में जो कायाकल्प किया वह ऐतिहासिक है और उसे सदैव स्वर्णाक्षरों में लिखा जायेगा।

वह खेती में विकास की बेमिसाल कथा है जिसके बाद भयानक कृषि संकट उत्पन्न हो गया। दुनिया के किसी देश ने कृषि विकास का पेन्डुलम इतनी तेज़ी से एक छोर से दूसरे छोर तक जाते हुए नहीं देखा होगा। पचहत्तर साल पहले जब भारत को आज़ादी मिली थी तब उस पर बंगाल के अकाल की काली छाया थी। उसके बाद भारतीय कृषि ने न सिर्फ़ यह दिखाया कि कितनी मेहनत से शिखर को छुआ जाता है बल्कि यह भी दर्शाया कि कितनी आसानी से उसे गँवा दिया जाता है। कल्पना कीजिये कि 2018-19 में एक किसान की आय एक गाय से भी कम है।

जब तमाम प्रलयवादियों ने भारत के भविष्य को एक़दम खारिज कर दिया था तब भुखमरी के आसन्न संकट से निकलकर भारत ने खाद्यान्न के मामले में आत्मनिर्भरता प्राप्त करने का जो उल्लेखनीय कार्य किया वह किसी भी असरकारी और सफल विकास नीति की कसौटी हो सकती है। किस तरह नीति, प्रौद्योगिकी का सही अनुपात और सबसे ऊपर एक राजनीतिक इच्छा शक्ति के समर्थन से खाद्यान्न के क्षेत्र में आत्मनिर्भरता हासिल की गयी वह अब इतिहास का विषय बन चुका है। यह आत्मनिर्भरता पहले दूध के मामले में प्राप्त की गयी और बाद में खाद्यान्न के क्षेत्र में। इन दो बड़ी क्रान्तियों की वास्तविक रफ़्तार सिर्फ़ दो साल 1965-66 के भीतर हासिल की गयी।

ऐसा नहीं है कि देश के पहले प्रधानमन्त्री जवाहरलाल नेहरू ने कोई प्रयास नहीं किया। उनके कार्यकाल में कई विकास कार्यक्रम चलाये गये। 1955 में लाल किले के प्राचीर से उन्होंने कहा, "किसी भी देश के लिए यह बहुत अपमानजनक है कि वह खाद्य का आयात करे। इसलिए हर चीज़ इन्तज़ार कर सकती है, लेकिन कृषि इन्तज़ार नहीं कर सकती।" अन्तत: 17 नवम्बर 1960 को उत्तर प्रदेश के पन्तनगर में देश के पहले कृषि विश्वविद्यालय का उद्घाटन किया गया। लुधियाना में पंजाब कृषि विश्वविद्यालय 1962 में शुरू हुआ। देश को भाखड़ा बाँध 1963 में समर्पित किया गया। इस तरह तमाम रूपों में यह नेहरू ही थे जिन्होंने वह ढाँचा तैयार किया जिस पर बाद में हरित क्रान्ति की कथा लिखी गयी।

श्वेत क्रान्ति : सन् 1965 में प्रधानमन्त्री लाल बहादुर शास्त्री ने दुग्ध सहकारिता की आधारशिला रखी। इसके कारण जहाँ किसानों को दूध के अच्छे दाम मिलने लगे वहीं शहरी उपभोक्ताओं को वाज़िब दाम पर दूध की आसान उपलब्धता मिल गयी। इस कार्यक्रम को दुनिया का सबसे सफल ग्रामीण विकास कार्यक्रम बताया गया और इसी के साथ दुग्ध सहकारिता संघों ने भारत को विश्व का सबसे बड़ा दुग्ध उत्पादक बना दिया। इस तरह भारत में दूध का उत्पादन 20.4 करोड़ टन पहुँच गया। इससे 15 करोड़ से ज़्यादा डेयरी किसानों को फ़ायदा हुआ और इसकी ज़्यादातर लाभार्थी महिलाएँ रहीं। प्रति व्यक्ति दूध की उपलब्धता बढ़ना पोषण सुरक्षा का सबसे मज़बूत स्तम्भ साबित हुआ।

हरित क्रान्ति : एक साल बाद सन् 1966 में मैक्सिको से छोटे डण्ठल लेकिन चमत्कारिक उत्पादन वाले गेहूँ की क़िस्में आयात करने की इजाज़त देकर प्रधानमन्त्री इन्दिरा गाँधी ने हरित क्रान्ति के युग की शुरुआत की। इसी के साथ उसे उचित मूल्य और सरकारी ख़रीद की नीतियों से समर्थित किया गया और सार्वजनिक क्षेत्र के निवेश को प्रोत्साहित करने के साथ ही अभाव वाले क्षेत्रों में अनाज का वितरण किया गया। इस तरह राष्ट्रीय स्तर पर खाद्य सुरक्षा प्राप्त करके खाद्यान्न के मामले में देश आत्मनिर्भर हो गया। इसी के बाद भारत ने उत्तरी अमेरिकी से पीएल-480 कार्यक्रम के तहत होने वाला गेहूँ का आयात बन्द कर दिया।

गेहूँ के मामले में जो कामयाबी मिली उसे तेज़ी से धान, कपास, गन्ना, सब्ज़ी और फलों के मामले में दोहराया गया। खाद्य सुरक्षा राष्ट्रीय सम्प्रभुता की आधारशिला बनी। यह एक ऐसा तथ्य है जिसे आमतौर पर मान्यता नहीं दी जाती।

सन 1965 में अमेरिकी राष्ट्रपति लिन्डन जानसन भारतीय प्रधानमन्त्री के एक बयान से नाराज़ हो गये थे। एक अमेरिकी अख़बार को दिये इंटरव्यू में लाल बहादुर शास्त्री ने कहा था कि वियतनाम में अमेरिका का युद्ध 'एक प्रकार का आक्रमण' है, लेकिन यह बात अमेरिका को नागवार गुज़री। भला एक भूखा राष्ट्र कैसे अमेरिका को आक्रान्ता कह सकता है? अमेरिका ने अनाज की सप्लाई बन्द कर दी और इससे भारत में काफ़ी घबराहट पैदा हो गयी। तत्कालीन खाद्य मन्त्री ने इस लेखक से कहा था कि एक समय ऐसा था जब देश के पास सिर्फ़ सात दिन के लिए अनाज का भण्डार था। हर ओर हड़कम्प मचा हुआ था। शास्त्री जी ने राष्ट्र से सोमवार को उपवास करने की अपील की। इसके पीछे विचार यह था कि जो कुछ भोजन उपलब्ध है उसे ज़रूरतमन्दों से बाँटकर खाया जाये।

हरित क्रान्ति ने निश्चित तौर पर भोजन के पुराने अभाव को मिटा दिया और इस तरह भारत भूख और अभाव की चुनौती से निपटने में सक्षम हो गया। भारत ने वर्षों में ऐसी क्षमता विकसित की कि बाद के दिनों में पड़ने वाले भयंकर सूखों ने भी अकाल की रत्ती भर भी छाया नहीं पड़ने दी। न ही अब देश कटोरा लेकर दूसरे देशों के आगे अनाज माँगने के लिए लाचार रहा। खेती ने जो शक्ति अर्जित की उसे इस तरह से नापा जा सकता है कि उसने कैसे समय-समय पर आपदाओं का सामना किया। पिछले 75 सालों से ज़बरदस्त उत्पादन के लिए किसानों ने कड़ी मेहनत की है। हर साल पिछला रिकॉर्ड टूट जाता है।

इससे देश दुनिया का दूसरे नम्बर का फल और सब्ज़ी का उत्पादक बन गया, लेकिन विडम्बना देखिये कि जहाँ अनाज का उत्पादन नयी ऊँचाइयाँ छूता रहा और 2020-21 में वह 30.86 करोड़ टन पहुँच गया, वहीं जीडीपी में खेती का हिस्सा लगातार घटता रहा। भोजन का भण्डार आसानी से उपलब्ध होने के कारण मध्य वर्ग और नीति निर्माता लापरवाह होते गये। खेती में सार्वजनिक निवेश साल-दर-साल घटता गया। सन् 2007 से 2014 के बीच यह 0.3 प्रतिशत से 0.4 प्रतिशत हो रह गया। ज़ाहिर है खेती के भयानक संकट का कारण यही है। धीरे-धीरे खाद्य आत्मनिर्भरता से ध्यान हटने लगा। प्राथमिकताएँ बदलने लगीं।

खेती का संकट : सन् 1991 में जब से आर्थिक सुधार शुरू किये गये नियोजित विकास से बाज़ार केन्द्रित अर्थव्यवस्था की ओर संस्थागत बदलाव हुआ तो ग्रामीण अर्थव्यवस्था मन्दी की शिकार हुई और इससे खेती को बड़ा आघात लगा।

विश्व बैंक ने 1996 में भारत को निर्देश दिया कि वह अगले 20 वर्षों में 40 करोड़ लोगों को गाँव से शहरी इलाके में बसाये। उसके बाद जो भी सरकारें आयीं वे कई दशकों में मेहनत के साथ तैयार की गयी 'अकाल रोधी संरचना' को उखाड़ फेंकने में लग गयीं। नतीजतन हर गुजरने वाले साल के साथ खेतिहर परिवार का संकट बढ़ता गया। एक के बाद एक सरकार ऐसे हालात पैदा करने लगी जिससे खेती एक अव्यावहारिक कारोबार बनती गयी और बड़ी संख्या में किसान खेती छोड़ने और शहरों में बसने को मज़बूर होते गये। कृषि उत्पादों के दाम अगर स्थिर नहीं तो इतने निम्न स्तर पर रहे कि 60 करोड़ किसानों में से ज़्यादातर लोग क़र्ज़ के बोझ तले दबते गये।

सन् 2016 का आर्थिक सर्वेक्षण कहता है कि देश के 17 राज्यों यानी तक़रीबन आधे मुल्क में खेती करने वाले परिवारों की औसत आय महज़ 20,000 रुपये सालाना यानी 1700 रुपये प्रतिमाह है। यह आय एक गाय पालने भर को भी नहीं है। मुझे तो यह सोच कर कँपकँपी छूटती है कि यह परिवार कैसे ज़िन्दा रहते होंगे, लेकिन सिर्फ़ यही रपट किसानों की दुर्दशा का वर्णन नहीं करती। ओसीईडी और आईसीआरआईईआर *(OECD&ICRIER)* का एक और अध्ययन बताता है कि 2000 से 2016-17 के बीच भारतीय किसानों को 45 लाख करोड़ रुपये का घाटा हुआ है। यह आँकड़े स्पष्ट संकेत देते हैं कि खेती पर किस तरह का असाधारण संकट मँडरा रहा है। बाद में नीति आयोग के अध्ययन बताते हैं कि 2015-2016 और 2018-19 के बीच वास्तविक कृषि आय की विकास दर शून्य रही है।

भारतीय किसानों को यह सिला तो नहीं मिलना चाहिए था। किसानों ने साल-दर-साल कड़ी मेहनत करके भारी उत्पादन किया है। फिर भी साल दर साल से उनकी आय में वृद्धि या तो ठहरी हुई है या फिर घट रही है। इन किसानों को भी एक उज्ज्वल भविष्य चाहिए। इसलिए उन नीतियों और उपायों पर विचार करना चाहिए जिनसे उन्हें भयंकर कृषि संकट के इन हालात से बाहर निकाला जा सके यह मूलतः आय की असुरक्षा का संकट है। जैसा कि मैं हमेशा कहता रहता हूँ कि समस्या खेतों में नहीं बल्कि अर्थशास्त्र में है। समस्या उत्पादकता कम होने के कारण नहीं है बल्कि इसलिए है क्योंकि हमने दशकों से किसानों को उनकी वाजिब आमदनी से महरूम रखा है।

इस गतिरोध के दौरान एक सवाल बार-बार पूछा जा रहा है कि अगर तीन क़ानून किसानों को स्वीकार्य नहीं हैं तो किस तरह का कृषि सुधार किया जाये। आख़िरकार जब यह तीनों क़ानून पास किये गये उसके पहले से

ही (और आज भी) भारतीय कृषि भयानक संकट से गुज़र रही है। क़ानून वापस लेने का मतलब है कि हम फिर उसी यथास्थिति में पहुँच जायेंगे जो किसी भी लिहाज़ से अस्तित्व के संकट से जूझ रहे किसानों के लिए किसी भी प्रकार से मददगार नहीं होगी।

अभी जिस आर्थिक चिन्तन का दबदबा है उसका कहना है कि बाज़ार को खोल दिया जाये ताकि कृषि वैश्विक स्तर पर प्रतिस्पर्धी कारोबार हो जाए, लेकिन तथ्य यह है कि मुक्त बाज़ार दुनिया में कहीं भी खेती की आय बढ़ाने में नाकाम रहा है। अमेरिका में जहाँ दो प्रतिशत से भी कम आबादी खेती में लगी हुई है वहाँ तकरीबन दस सालों से खेती की औसत आय घट रही है। ज़बरदस्त सब्सिडी के बावजूद जुलाई 2020 में अमेरिकी किसान 425 अरब डॉलर के दिवालिया थे। अमेरिका खेती के ज़बरदस्त संकट से गुज़र रहा है और ग्रामीण इलाक़ों में आत्महत्या की दरें शहरी इलाक़ों के मुक़ाबले 45 प्रतिशत ज़्यादा है। यूरोपीय संघ में भी खेती के संकट के चलते कई शहरों में ऊँचे और सुनिश्चित दाम के लिए किसानों ने ट्रैक्टर मार्च निकाला है। हर साल 100 अरब डॉलर खेती को सब्सिडी समर्थन दिया जाता है और इसमें से 50 प्रतिशत प्रत्यक्ष आय समर्थन के रूप में जाता है।

मार्च के आरम्भ में फ्रान्स के किसानों ने निरन्तर गिरती बाज़ार की क़ीमतों से आयी तबाही की तरफ ध्यान खींचने के लिए संसद के बाहर पेड़ों पर सुसाइड डॉल्स (खुदकुशी दर्शाते पुतले) लटका दिये थे। आधुनिक तरीक़े से खेती करने वाले मुल्क के बारे में यह जानना बहुत चिन्ताजनक है कि वहाँ हर दो दिन पर औसतन तीन किसान आत्महत्या करते हैं। बढ़ते क़र्ज़ के बोझ के कारण हर साल 1500 फार्म बन्द हो रहे हैं। फ्रान्सीसी किसानों की 44 प्रतिशत आबादी में से हर कोई चार लाख यूरो का दिवालिया है। इसी के साथ करीब 10 प्रतिशत फ्रांसीसी किसानों पर एक अरब यूरो का क़र्ज़ है और वे तेज़ी से अपना फार्म बन्द करने की दिशा में बढ़ रहे हैं।

हालाँकि फ्रान्सीसी किसानों को हर साल भारी सब्सिडी मिलती है और इससे बाज़ार से होने वाली कम आय का हर्जाना एक हद तक पूरा होता है। इसके बावजूद फ्रान्स की खेतिहर आबादी का एक-चौथाई हिस्सा ग़रीबी रेखा के नीचे जूझ रहा है और पड़ोस के देश जर्मनी में सन् 2005 के बाद 1,30,000 फार्म बन्द हो चुके हैं। सुदूर ऑस्ट्रेलिया में जहाँ पर फार्म का औसत आकार 4,331 हेक्टेयर(10,827 एकड़) है, वहाँ उम्मीद की जाती है कि किसान अपने उत्पाद की क़ीमत तय करने में निर्णायक भूमिका में होंगे।

अगर हम आर्थिक ढाँचे के आकार के तर्क़ के लिहाज़ से देखें तो ऑस्ट्रेलिया के किसानों को बहुत धनाढ्य होना चाहिए, लेकिन स्थिति उलट है और आस्टेलिया की खेती भी एक निराशाजनक तस्वीर पेश करती है। मीडिया रिपोर्ट कहती हैं कि पुरुष किसानों में आत्महत्या की दरें राष्ट्रीय औसत से दोगुना हैं। इसी के साथ खेतिहर मज़दूरों में खुदकुशी की दर अभी भी ज़्यादा है।

कई अध्ययनों से पता चला है कि यूरोपीय किसान (ऑस्ट्रेलिया और उत्तरी अमेरिका में भी) अस्तित्व की लड़ाई लड़ रहे हैं। खेती की परेशानी को मुक्त बाज़ार की ओर से पैदा की गयी तबाही और वन्चना ने और बढ़ा दिया है। इसके बावजूद जो बात समझ में नहीं आती वो यह है कि आर्थिक नेतृत्व (जिसमें कि विश्वविद्यालय के प्रोफ़ेसर भी शामिल हैं) यह स्वीकार नहीं कर पा रहा है कि बाज़ार द्वारा मूल्य तय करने का विचार बुरी तरह नाकाम हुआ है। हालाँकि अर्थशास्त्र की पुस्तकें यही कहती हैं, लेकिन विकसित दुनिया के किसी भी हिस्से में बाज़ार किसानी को एक लाभकारी उद्यम बनाने में सफल सिद्ध नहीं हुआ है। अगर वैसा होता तो कोई कारण नहीं था कि अमेरिका में किसानों की आय का 40 प्रतिशत और यूरोपीय संघ में 57 प्रतिशत सब्सिडी से होती।

ऐसे में ऑर्गनाइजेशन फॉर इकोनॉमिक कोऑपरेशन एंड डेवलपमेंट *(OECD)* की ओर से 2000-02 से 2018-20 तक 20 साल के लिए तैयार किये गये प्रोड्यूसर सब्सिडी इस्टीमेट (उत्पादक सब्सिडी आकलन) पर एक नज़र डालने की ज़रूरत है। यह आकलन हमें बताता है कि वियतनाम, अर्जेन्टीना और भारत यह तीन देश ऐसे हैं जो अपने किसानों से नकारात्मक कर वसूलते हैं। सकल कृषि प्राप्तियों का प्रतिशत अगर निकाला जाये तो पता चलेगा कि भारत अपने किसानों से लगभग पाँच प्रतिशत की दर से ऋणात्मक (-) कर वसूलता है। दूसरे शब्दों में इसका अर्थ यह निकलता है कि भारत ने अपने किसानों को बाज़ार की लूट पर छोड़ दिया है।

इससे हम फिर उसी सवाल पर लौटते हैं कि भारत की कृषि को किस क़िस्म के सुधार की आवश्यकता है। खेती एक ओर गम्भीर संकट के कारण दम तोड़ रही है और ध्यान दिये जाने की माँग कर रही है। आज की तात्कालिक ज़रूरत यह है एक व्यावहारिक खाका पेश करके किसानों को ग़रीबी के जाल से बाहर निकाला जाये। यह तभी सम्भव है जब नीति निर्माता प्रधानमन्त्री के सबका साथ सबका विकास के विज़न को लागू करने के लिए कुछ साहसिक क़दम उठाने को तैयार हों। चूँकि यह सवाल बार-बार उठाया जाता है

इसलिए मैं दोहराना चाहता हूँ कि भारतीय कृषि को सुधार के तीन स्तम्भों की बड़ी सख़्त ज़रूरत है।

(1) न्यूनतम समर्थन मूल्य को किसानों का क़ानूनी अधिकार बना दिया जाये जिस तरह से फ़रवरी 2020 में स्पेन ने एक क़ानून पास करके कृषि, बाग़वानी और पशुधन विकास और उनके पालन से होने वाले उत्पादन की लागत के कम मूल्य पर बिक्री को अवैध घोषित कर दिया है, उसी तरह अब वक़्त आ गया है कि भारत एमएसपी से कम क़ीमत पर ख़रीद और बिक्री को अवैध बना दे। साथ ही जो लोग इसका उल्लंघन करें उनके लिए उचित दण्ड की भी व्यवस्था करें। आज की तारीख़ में हर साल 23 फ़सलों के लिए एमएसपी घोषित किया जाता है, लेकिन व्यवहार में वह लागू सिर्फ़ गेहूँ और धान जैसी दो फ़सलों के लिए ही होता है। इसलिए इस प्रावधान को उन सभी फ़सलों पर लागू किया जाना चाहिए जिनके लिए एमएसपी घोषित किया जाता है। इसका अर्थ यह क़तई नहीं है कि खेती के सारे उत्पादन को ही सरकार ख़रीद ले। इसका सिर्फ़ इतना अर्थ है कि एक ऐसा स्तर बना दिया जाये जिससे कम पर किसानों के उत्पादों की क़ीमत गिरने न दी जायें इसी के साथ जिन सीमान्त किसानों के पास एक हेक्टेयर से भी कम जोत हो उनके लिए प्रत्यक्ष आय समर्थन कार्यक्रम घोषित कर दिया जाए।

(2) एपीएमसी से संचालित मण्डियों का दायरा बढ़ाया जाये। अभी हमारे पास एपीएमसी से संचालित होने वाली 7000 मण्डियाँ हैं। हालाँकि उन मण्डियों में बहुत सारी कमियाँ पैदा हो गयी हैं फिर भी ज़रूरत उन्हें खत्म करने की नहीं उन्हें ठीक करने की है। वास्तव में मजबूरी में होने वाली बिक्री और व्यापारियों द्वारा किसानों का क्रूर शोषण रोकने के लिए बाज़ार को खेत के और करीब आना चाहिए। इसलिए अगर बाज़ार को पाँच किलोमीटर के दायरे में लाना है तो भारत को 42,000 मण्डियों की ज़रूरत है। निजी क्षेत्र को एपीएमसी के तहत ही मण्डी चलाने के लिए आमन्त्रित किया जाना चाहिए। इससे स्वस्थ प्रतिस्पर्धा पैदा होगी।

(3) फलों, सब्ज़ियों, दालों और तिलहन के लिए अमूल डेयरी का कोऑपरेटिव मॉडल अपनाना चाहिए। खेती को मज़बूत करने के लिए कॉर्पोरेट को आमन्त्रित करने की बजाय सहकारिता को मज़बूत किया जाना चाहिए। इसके लिए कृषि विपणन ढाँचे में सार्वजनिक क्षेत्र के वाजिब निवेश और ढाँचागत बदलाव की ज़रूरत है। इसके अलावा हमें यह नहीं भूलना चाहिए कि जब उपभोक्ता दूध कोऑपरेटिव डेयरी से ख़रीदता है तो उसमें उपभोक्ता

जिस दाम पर ख़रीदता है उसमें 70 से 80 प्रतिशत हिस्सा किसान का होता है। अमेरिका जहाँ पर मुक्त बाज़ार के अधीन चीज़ें हैं वहाँ उपभोक्ता के मूल्य में किसान का हिस्सा सिर्फ़ 8 प्रतिशत रहता है।

इन कार्यक्रमों में चहकती हुई खेती का भविष्य है साथ ही एक ऐसी आर्थिक योजना है जो खेती को आर्थिक विकास का पावर हाउस बना सकती है।

ख़ुदकुशी के आँकड़े छिपाती सरकार

सुखपाल सिंह

भारत में दुर्घटनावश मौतों और खुदकुशी पर राष्ट्रीय अपराध रिकॉर्ड ब्यूरो (एनसीआरबी) के ताज़ा आँकड़े इस बात की ओर इशारा करते नज़र आते हैं कि देश में किसानों की आत्महत्या के मामलों में गिरावट आ रही है। मुख्यधारा का मीडिया ज़ोरशोर से प्रचारित कर रहा है कि किसानों की खुदकुशी के मामले घटे हैं। इन रिपोर्टों के मुताबिक किसानों के मुक़ाबले अब खेतिहर मज़दूर और दूसरे तबके के लोग ज़्यादा खुदकुशी कर रहे हैं। देश में किसानों की खुदकुशी के मामले 2018 के 10,356 से घटकर 2019 में 10,281 पर आ गये जबकि खेतिहर मज़दूरों की खुदकुशी का आँकड़ा 30,132 से बढ़कर 32,559 पर पहुँच गया।

इस मामले को जड़ से समझने के लिहाज़ से पंजाब में किसानों की खुदकुशी पर एक निगाह दौड़ाना ज़रूरी है जहाँ इस गम्भीर मुद्दे को सम्बोधित करने के लिए घर-घर सर्वेक्षण किये गये हैं। पंजाब के तीन विश्वविद्यालयों–लुधियाना की पंजाब एग्रिकल्चरल यूनिवर्सिटी (पीएयू), पंजाबी यूनिवर्सिटी पटियाला और अमृतसर की गुरुनानक देव यूनिवर्सिटी–से मिली रिपोर्टें पर्याप्त स्पष्ट करती हैं कि किसानों की खुदकुशी की संख्या कितनी है और उसके पीछे के कारण क्या हैं। यह चौंकाने वाली बात है कि एनसीआरबी ने 2015 में किसानों की खुदकुशी पर विस्तृत रिपोर्ट छापी थी, लेकिन इस बार की रिपोर्ट में उसने खुदकुशी के कारणों के विस्तार में जाने की ज़हमत नहीं उठायी है।

पंजाब में किसानों और खेतिहर मज़दूरों की खुदकुशी पर पीएयू, लुधियाना में किया गया एक अध्ययन छह जिलों की जनगणना पर केन्द्रित था–लुधियाना, मोगा, भटिण्डा, संगरूर, बरनाला और मानसा। एनसीआरबी की

रिपोर्ट के अनुसार 2014 से 2018 के बीच समूचे पंजाब में 1082 किसानों और खेतिहर मज़दूरों ने ख़ुदकुशी की है जबकि पीएयू का अध्ययन बताता है कि यह संख्या इसकी साढ़े तीन गुना (3740) है। एनसीआरबी कहता है कि 2014 और 2015 में ऐसे 64 और 124 ख़ुदकुशी के केस हुए जबकि पीएयू की रिपोर्ट के मुताबिक ये संख्या पंजाब के केवल छह ज़िलों में 888 और 936 थी।

लॉकडाउन में सबसे अधिक दिहाड़ी मज़दूरों ने की आत्महत्या

इसी तरह 2016 में पीएयू के 518 मौतों के मुक़ाबले एनसीआरबी 280 केस गिनवाता है, 2017 में 611 के मुक़ाबले 291 और 2018 में 787 के मुक़ाबले 323 केस। यह जानना ज़रूरी है कि पंजाब के कुल 12,729 गाँवों में से पीएयू के सर्वे में सिर्फ़ 2518 गाँव शामिल किये गये थे। यदि बचे हुए 10211 गाँवों के मामले भी जोड़ लिए जायें तो हक़ीक़त पूरी तरह खुलकर सामने आ जायेगी।

वर्ष	एनसीआरबी-पंजाब की सभी 3 ज़िलों में आत्महत्या के आँकड़े			पंजाब कृषि विश्वविद्यालय-पंजाब के सिर्फ़ 6 ज़िलों में किसान आत्महत्या के आँकड़े		
	खेत मज़दूर	किसान	कुल	खेत मज़दूर	किसान	कुल
2014	40	24	64	414	474	888
2015	24	100	124	399	537	936
2016	48	232	280	230	288	518
2017	48	343	291	303	308	611
2018	94	229	323	392	395	787
कुल	**254**	**928**	**1082**	**1738**	**2002**	**3740**

सन् 2018 के बाद से किसी भी यूनिवर्सिटी या संस्थान ने ऐसा कोई सर्वे नहीं किया है हालाँकि एनसीआरबी के अनुसार 2019 में 302 और 2020 में 257 ख़ुदकुशी के मामले सामने आये। तीन विश्वविद्यालयों के सर्वे दिखाते हैं

कि सन 2000 से 2018 के बीच पंजाब में खेती के क्षेत्र में करीब 16600 लोगों ने ख़ुदकुशी की जिनमें 9300 किसान थे और 7300 खेतिहर मज़दूर थे। इस तरह देखें तो रोज़ाना पंजाब में करीब दो किसान और एक खेतिहर मज़दूर अपनी जान दे रहा है। इन आत्महत्याओं के पीछे बढ़ता क़र्ज़ का बोझ है। किसानों की ख़ुदकुशी के मामले में एक तीखा मोड़ आया है, लेकिन इस मुद्दे पर लोकप्रिय विमर्श हक़ीक़त को छुपाने की काफ़ी जद्दोजहद कर रहा है।

भारत में बड़े पैमाने पर आत्महत्याओं का रुझान नब्बे के दशक में नयी आर्थिक नीतियों के लागू होने के बाद देखने में आया। एनसीआरबी के मुताबिक 1997 से 2006 के बीच भारत में 10,95,219 लोगों ने ख़ुदकुशी की जिनमें 166304 किसान थे। नब्बे के दशक के मध्य के बाद से अब तक किसानों की ख़ुदकुशी की संख्या 4 लाख पार कर चुकी है। पिछले वर्षों की रिपोर्टों के मुताबिक आबादी के किसी भी तबके के मुक़ाबले किसानों में ख़ुदकुशी की दर सबसे ज़्यादा है। आम आबादी में एक लाख लोगों पर 10.6 लोग आत्महत्या करते हैं वहीं हर एक लाख किसानों पर 15.8 किसानों ने अपनी जान दी है।

हैरत की बात है कि शीर्ष पर बैठे कुछ लोगों ने किसानों में ख़ुदकुशी के आँकड़े कम दिखाने के लिए 'किसान' की परिभाषा को ही बदलने का प्रयास किया। एनसीआरबी की रिपोर्टें मुख्यतः पुलिस रिकॉर्ड पर आधारित होती हैं जो वास्तविक संख्या को नहीं दर्शाते हैं। ख़ुदकुशी के कई मामले पुलिस के रिकॉर्ड में दर्ज नहीं हो पाते क्योंकि लोग क़ानूनी जटिलताओं से बचने के लिए बिना पंचनामे के या पुलिस को सूचना दिये बग़ैर ही अन्तिम संस्कार कर देते हैं। नतीजतन, वास्तविक के मुक़ाबले दर्शाई गयी ख़ुदकुशी की संख्याक काफ़ी कम हो जाती है।

एनसीआरबी के मुताबिक हर दिन ऐसे 28 लोग देश में ख़ुदकुशी करते हैं जो खेती किसानी पर निर्भर हैं। वास्तव में यदि पंजाब की तर्ज़ पर दूसरे राज्यों में भी सर्वे किये जायें तो देश में किसानों की ख़ुदकुशी के आँकड़े आधिकारिक रिकॉर्ड से कहीं ज़्यादा निकलें।

किसानों और खेतिहर मज़दूरों की ख़ुदकुशी के पीछे मुख्य वजह यह है कि खेती अब घाटे का सौदा बनती जा रही है। उपज की बढ़ती लागत और फ़सल के कम मूल्य के चलते कमाई और ख़र्च के बीच बढ़ती दूरी खेतिहर परिवारों को आर्थिक संकट की ओर धकेल रही है। ऐसे हालात में किसान और खेतिहर मज़दूर गम्भीर संकट का सामना कर रहे हैं।

कई छोटे और सीमान्त किसानों को खेती छोड़नी पड़ी है। हर दिन 2500 किसान खेती छोड़ने को मजबूर हो रहे हैं।

कृषि क्षेत्र के भीतर मानव श्रम के रोज़गार में भी लगातार गिरावट आ रही है। भारत में कृषि क्षेत्र 1972–73 में 74 प्रतिशत कामगारों को रोज़गार देता था जो 1993–94 में 64 प्रतिशत हो गया और आज कुल कामगारों का केवल 54 प्रतिशत हिस्सा कृषि में रोज़गाररत है। इसी तरह सकल घरेलू उत्पाद (जीडीपी) में कृषि की हिस्सेदारी 1972–73 के 41 फ़ीसदी से गिरकर 1993–94 में 30 प्रतिशत पर आ गयी और आज यह आँकड़ा महज़ 14 प्रतिशत है। कृषि क्षेत्र के कामगारों की उत्पादकता भी दूसरे क्षेत्रों के मज़दूरों के मुक़ाबले काफ़ी कम है। शिक्षा और स्वास्थ्य सेवाओं के निजीकरण तथा महँगे होते जीवन–स्तर ने किसानों और मज़दूरों की ज़िन्दगी को और संकटग्रस्त कर दिया है। अपने बच्चों को महँगी शिक्षा मुहैया करवाने के लिए संघर्ष कर रहे किसानों को रोज़गार के घटते अवसरों ने बेचारगी की हालत में ला छोड़ा है। इन स्थितियों ने राज्य से मजबूरन पलायन की प्रक्रिया को तेज़ कर दिया है।

नव–उदारवाद के दौर में खेती से सब्सिडी और रियायतें छीन ली गयीं। ख़ासकर ऐसा विश्व व्यापार संगठन के बनने के बाद हुआ। खेती के पूँजी–सघन होते जाने और वैश्वीकरण की नीतियों सहित अन्तरराष्ट्रीय बाज़ार के असर ने किसानों को उनकी फ़सलों की उचित लागत से व्यवस्थित तौर पर महरूम करने का काम किया है। इससे उसका शुद्ध मुनाफ़ा घटा है और वे क़र्ज़ के जाल में फँस गये हैं। क़र्ज़ के बढ़ने की मुख्य वजह किसानों की वास्तविक आय में आयी गिरावट है। आज पंजाब का कृषि क्षेत्र एक लाख करोड़ के क़र्ज़ में डूबा हुआ है। इससे हर परिवार पर औसतन 10 लाख का क़र्ज़ बनता है। इस क़र्ज़ पर सालाना सवा लाख रुपये का ब्याज बनता है। इसके मुक़ाबले किसानों की आय 200 से 250 गुना कम है। इसे दिवालियापन का चरण हम कह सकते हैं। ज़्यादातर छोटे किसान अपने ऊपर चढ़े क़र्ज़ का ब्याज तक अदा नहीं कर पा रहे हैं। नतीजतन, क़र्ज़ और खुदकुशी दोनों में इजाफा होता जा रहा है, लेकिन सरकारी आँकड़े खुदकुशी की ज़मीनी हक़ीक़त को छुपा रहे हैं।

चुनावी दलों के नारे या सरकार द्वारा आँकड़ों में हेरफेर से कृषि क्षेत्र में हो रही आत्महत्याओं को नहीं रोका जा सकता। ऐसा करने के लिए कृषि संकट को पहले तो स्वीकार करना ज़रूरी है ताकि सामने से इसका मुक़ाबला किया जा सके चूँकि आत्महत्याओं के पीछे मुख्य वजह क़र्ज़ है,

लिहाज़ा क़र्ज़ निपटारा या क़र्ज़ माफ़ी की योजनाएँ किसानों और खेतिहर मज़दूरों के लिए शुरू की जानी चाहिए। पंजाब में चूँकि एक-तिहाई पीड़ित किसान परिवारों और आधे पीड़ित खेतिहर मज़दूर परिवारों में कमाने वाला शख़्स केवल एक था, इसलिए उन परिवारों को उचित मुआवजा दिया जाना चाहिए जहाँ मौतें क़र्ज़ और आर्थिक संकट के चलते हुई हैं।

साल भर तक नये कृषि क़ानूनों के ख़िलाफ़ लड़ने वाले किसानों के हालात को भी समझने की ज़रूरत है। समस्या तीनों कृषि क़ानून वापस होने से नहीं दूर होगी, बल्कि फ़सल ख़रीद की एक क़ानूनी गारंटी दी जानी चाहिए जहाँ न्यूनतम ख़रीद मूल्य (एमएसपी) के साथ-साथ उन सभी 23 फ़सलों पर लाभकारी मूल्य भी दिया जाये जिन पर एमएसपी लागू है। इसके अलावा सरकारी संस्थानों में गुणवत्तापूर्ण शिक्षा और स्वास्थ्य सुविधाएँ भी दी जानी चाहिए। प्रासंगिक कृषि-जलवायु क्षेत्रों में विशिष्ट फ़सलों की पहचान करके उनके विकास को प्रोत्साहन दिया जाना चाहिए जिससे कृषि आय में मूल्य संवर्द्धन हो सकें लोगों को गाँवों से शहरों की ओर धकेलने की बजाय ग्रामीण क्षेत्रों में कृषि आधारित उद्योग इकाइयाँ लगायी जानी चाहिए।

भारत की विशाल आबादी को केवल कृषि क्षेत्र ही रोज़गार दे सकता है क्योंकि अर्थव्यवस्था के दूसरे क्षेत्रों में समूची आबादी को खपा पाना सम्भव नहीं है। इसलिए कृषि क्षेत्र को तत्काल मुनाफ़ाकारी बनाया जाना चाहिए और श्रम शक्ति को उसके दरवाज़े पर पहुँचकर बेहतर रोज़गार के अवसर दिये जाने चाहिए। वक़्त आ गया है कि ख़ुदकुशी के कलँक को न सिर्फ़ कागजों से मिटाया जाये बल्कि हक़ीक़त में भी उसका अन्त किया जाये और साथ ही समूची किसान आबादी को गुणवत्तापूर्ण जीवन के साधन मुहैया कराये जायें।

हमारी छीजती अन्नपूर्णाएँ

मृणाल पाण्डे

कुछ समय पहले अख़बार में कृषि क्षेत्र की रीढ़ महिला खेतिहरों की मीडिया और नीति-निर्माताओं द्वारा उपेक्षा पर छपे मेरे लेख से नाराज़ पाठकों के कुछ पत्र मिले—उनके दो मुख्य तर्क थे एक, आज सरकारी योजनाओं की कृपा से गाँव जवार की युवतियाँ साक्षर बन चुकी हैं—उनके लिए खेती-बाड़ी के अनाकर्षक काम की बजाय मैं टीचरी या नर्सिंग सरीखे कहीं बेहतर कामों की पेशकश क्यों नहीं करती? दो, पुरुष खेतिहर क्या कम शोषित पीड़ित हैं? पहले सवाल का जवाब लेख के भीतर ही था : यह सच है कि पढ़ लिख कर गाँव की लड़कियाँ बहुएँ खेती नहीं करना चाहतीं—पर ताज़ा सरकारी आँकडों के अनुसार शहरों या गाँवों में संगठित क्षेत्र में इतनी बेरोज़गारी है कि इन नौकरियों के लिए हर जगह डिग्रीयाफ्ता पुरुषों और शहरी लडकियों की लम्बी कतारें हैं गाँवों से शहर आयी सिर्फ़ स्कूली शिक्षा प्राप्त युवतियों के लिए वहाँ जगह नहीं है—दो, सामाजिक दशा और स्वास्थ्य स्थिति इन दोनों के विश्वस्त यानी सरकारी और अन्तरराष्ट्रीय पैमानों पर पुरुष खेतिहरों की तुलना में महिला खेतिहरों की दशा बेहद खस्ता पायी गयी है—कितनी और कैसे, यह इस लेख में क्रमशः बताने की कोशिश की गयी है—

अन्तरराष्ट्रीय श्रम संगठन (आई एल ओ) ने कृषिकर्म को स्वास्थ्य के लिहाज़ से सबसे जोखिमभरा धन्धा माना है—वजह यह, कि इसमें कर्मियों को लगातार खुले में घण्टों ख़राब मौसम में तमाम तरह के संक्रामक तत्वों के बीच काम करना होता है। इस दौरान वे लगातार रासायनिक खाद तथा ज़हरीले कीटनाशकों का (अक्सर नंगे हाथ नंगे पैर) छिड़काव भी करते रहते हैं जो खाल से भिद कर तरह तरह की बीमारियाँ पैदा करता है—औरतों पर दोहरा दबाव रहता है—पहले घर का काम करो, सबका खाना,

पशुओं के चारे ईंधन की व्यवस्था करो फिर खेती में घण्टों तकलीफ़देह मुद्राओं में खेतों के बीच निराई, गुडाई, रोपाई और कटाई का काम करने जाओ, वापस आकर भी पुरुष खेतिहर की तरह औरत को आराम या पका पकाया खाना नहीं मिलता–खाना पकाओ, सबको खिलाओ फिर घर के टंटे निबटाओ और रसोई समेट कर अगले दिन की तैयारी करो–विश्व खाद्य और कृषि संगठन (एफ ए ओ) की एक रपट के अनुसार हिमालयी इलाके में लगभग एक एकड के खेत में हर साल एक बैल 1,064 घण्टे, पुरुष खेतिहर 1212 घण्टे और एक महिला खेतिहर 3,485 घण्टे काम करते हैं–इनमें से दस फ़ीसदी से भी कम औरतें खेत की मालकिन हैं–अधिकतर महिलाएँ मौसमी कामगर की ही हैसियत से दिहाड़ी पर (जो न्यूनतम से कम होती है) या मनरेगा जैसी सरकारी योजनाओं की तहत (जिनका बजट काफ़ी कम हो गया है) खेती बाड़ी के काम कर रही हैं–

यू एन की रपटों के अनुसार भारत जैसे विकासशील देशों में आज 60 से 80 फ़ीसदी खाद्योत्पादन ऐसी महिलायें करती हैं जिनमें से अधिकतर को कोई विधिवत् ट्रेनिंग या उन्नत कृषि उपकरण या स्वास्थ्य सुरक्षा के लिए ज़रूरी दस्ताने, एप्रेन, जूते या मास्क नहीं दिये जाते–और चूँकि आज देश की अधिकतर जोतें छोटी और यान्त्रिक उपकरणों से वंचित हैं, यह महिलायें आज भी काम करते समय बाबा आदम के जमाने की कुदाली, फावडे, खुरपियाँ और दराँतियाँ ही इस्तेमाल करती दिखती हैं–यह भी सर्वज्ञात सच्चाई है कि बुआई से कटाई, दराँई और बोरों में भराई तक खेती का सारा काम खुले आसमान के ही नीचे ही होना है–आर्थिक विवशता की वजह से हर साल कई महीने कई घण्टे लगातार प्रदूषित वातावरण में मिट्टी, गोबर, कीचड-पानी और कीड़े मकोड़ों से भरी जंगली घास के बीच काम करना (कई बार गर्भावस्था के महीनों में, या जचगी के तुन्रत बाद भी) हमारी खेतिहर महिलाओं के स्वास्थ्य की दशा को किस तरह लगातार बद से बदतर बना रहा है इसके चन्द उदाहरण पेश हैं–

तम्बाकू की खेती में लगी पूर्वी गोदावरी जिले की महिलाओं पर हुए भारतीय चिकित्सा शोध परिसंघ (आई.सी.एम.आर.) के अनुसार कुल 8000 करोड़ सालाना कमाई करने और निर्यात से 1360 करोड विदेशी मुद्रा कमाने वाला यह धन्धा स्वास्थ्य की दृष्टि से ख़तरनाक कामों की तालिका में सबसे ऊपर है और यहाँ निराई, गुड़ाई, कटाई बण्डल बँधाई का सारा काम लगभग पूरी तरह महिलायें करती हैं–इनके लिए ख़तरों से सुरक्षा या हाथ मुँह

धोने शौचादि के लिए कहीं कोई समुचित प्रबन्ध नहीं किया जाता—देश की दूसरी सबसे बड़ी नकदी फ़सल रुई की खेती में भी ज़्यादातर कामगार औरतें ही हैं—(राजस्थान के राजसमन्द इलाके में हुए) शोध में पाया कि ख़तरनाक कीटनाशकों के छिड़काव, और सही रक्षा उपकरणों के अभाव से लगातार घण्टों तक झुक कर काम करने को बाध्य यह महिलायें समय से पहले बूढ़ी और तरह तरह की एलर्जीजनित तथा श्वास नली और फेफड़ों से जुडे गम्भीर रोगों की शिकार बन रही हैं—

अब पशुपालन को देखें जिसे सरकार भी कृषिक्षेत्र का ही विस्तार मानती है—वहाँ भी सानी, पानी और गोशाला की सफ़ाई अधिकतर औरतों के ही ज़िम्मे है—यह बात बहुत कम प्रकाश में आती है कि बीमार पशुओं के संसर्ग और प्रदूषित वातावरण के कारण पहले से ही कमज़ोर महिलाओं को पशुओं से तपेदिक, स्वाइन फ्लू या बर्ड फ्लू सरीखे रोग कितनी आसानी से पकड़ लेते हैं—डेरी उद्योग के शोधकर्ताओं ने पाया है कि सभी आयुवर्गों की महिला खेतिहरों में रक्ताल्पता और प्रजनन तन्त्र के संक्रमण के अलावा गहरी थकान, डिहाइड्रेशन, त्वचा रोग, कमज़ोर हड्डियों से होनेवाली तकलीफ़पूर्ण विकृतियाँ और माँसपेशियों की जकडन आम रोग हैं—इन बीमारियों, बिगड़ी जचगी और साँप काटने से हुई महिला खेतिहरों की मौत या लम्बे हस्पतालीकरण पर ग़रीब खेतिहर परिवार कई बार पैसे की कमी से विवश हो उनको रामभरोसे मरने छोड़ देते हैं—राजस्थान की एक दाई ने मुझसे आँख पोंछते हुए कहा था, गाँव का खेतीवाला एक भी मरद मर जाये तो तहसीलदार से कलट्टर तक सब जीप में बैठ कर आ जाते हैं और पूछताछ करने लगते हैं कि अगला कैसे मरा? पर हर महीने दो-चार दो-चार जवान औरतें हमारे आगे दम तोड देती हैं, जिनकी मौत पर मक्खी भी पर नहीं मारती ये है हमारी ज़िन्दगानी!

अगर सरकार सचमुच कृषि क्षेत्र को बचाना चाहती है तो उसे खेतीबाड़ी को जिंदा रखनेवाली अन्नपूर्णाओं के स्वास्थ्य की बेहतरी और सुरक्षा को सबसे पहली तवज्जो देनी होगी—उसके लिए सुरक्षित कृषि उपकरण, प्रतिरोधात्मक पोशाकें, मास्क, दस्ताने वैसे ही अनिवार्य बनाने होंगे जैसे वे हस्पतालों, फार्मों या अन्य किसी भी संगठित क्षेत्र में हैं—साथ ही जल्द से जल्द महिला खेतिहरों के समुचित प्रशिक्षण की (कृषि विज्ञान केन्द्रों की मार्फ़त) व्यवस्था करनी होगी ताकि वे न सिर्फ़ दँराती, खुरपी बल्कि कीटनाशकों व रासायनिक खाद के सही सुरक्षित इस्तेमाल की बाबत व्यवस्थित व्यावहारिक जानकारी पा सकें—सबसे ऊपर, सभी गाँवों की महिला खेतिहरों के लिए

सरकार की तरफ से नियमित स्वास्थ्य जाँच और नि:शुल्क दवा दारू की व्यवस्था अविलम्ब होनी चाहिए।

परवरिश से दब्बू पर निर्भर महिलाओं की मण्डियों तक पहुँच सुनिश्वित करना और नयी संचार तकनीकी से भुगतान पाने और बैंक खाते चलाने की तालीम यह कुछ ऐसे क़दम हैं जो उनको आत्मनिर्भर और आत्मविश्वासी बनायेंगे–इससे वे क़िस्मत को दोष देने से ऊपर उठ कर अपनी बाबत सोचना भी सीखेंगी–जो महिलायें सदियों से हज़ारों क़िस्म के देसी बीज बाढ़-सुखाड़ के बीच बचाती आयी हैं, जिनके हाथ से सुखाई गयी सब्ज़ियाँ और डाले गये अचार सालों तक ख़राब नहीं होते, जो देसी जड़ी-बूटियों और पशु आहार और उनके इलाज़ की बाबत जानकारियों का विशालतम मौखिक भण्डार हैं, वे स्वास्थ्य या बीज संरक्षण और फ़सलों की बेहतरी से जुड़ी नयी जानकारी का लाभ नहीं उठा सकतीं यह मानने की कोई तर्क़संगत वजह नहीं।

धरती को बसाने वाला दर-ब-दर

चिन्मय मिश्र

न मालूम क्यों और कैसे दुनिया का यह दस्तूर-सा बन गया कि जो सबसे ज़्यादा मददगार होता है, जमाना उसी के ख़िलाफ़ सर्वाधिक निष्ठुरता से पेश आता है। किसान इस प्रवृत्ति के सबसे बड़े शिकार हैं। अब जबकि इस बात के प्रमाण मिल गये हैं कि न्यूगिनी में आज से करीब तीस से चालीस हज़ार वर्षों पहले (कुछ जानकर इस समयकाल को 45 से 55 हजार वर्ष भी बताते हैं) खेती की जाती रही है, इसके बावजूद भारत सहित दुनियाभर में किसानों के साथ लगातार दोयम दर्ज़े का व्यवहार हो रहा है। वैसे नृतत्वशास्त्रियों का एक वर्ग यह दावा करता है कि खेती-किसानी की शुरुआत भारत में ही हुई है। यह समयावधि दस से चौदह हज़ार वर्ष मानी जाती है। समय काल जो भी हो, परन्तु यह तो तय है कि कृषि का विकास ही मनुष्य और मनुष्यता का विकास है। कृषि के प्रचलन में आने से पहले के काल पर नज़र दौड़ायें तो पायेंगे कि वह काल ज़बरदस्त आपसी संघर्ष और लूटमार (ख़ासकर पशुओं की) का था। कृषि ने मनुष्य को स्थायित्व दिया। उसे एक स्थान पर बसाया। ठहराव दिया। उसकी कल्पना शक्ति को विकसित होने का मौक़ा दिया। परिवार बने। मोहल्ले बने। गाँव बने। नगर बने। शहर बने। राज्य बने। राष्ट्र बने। सब कुछ कृषि से ही तो शुरू हुआ। परन्तु बसाहट के बदलते स्वरूपों ने कृषि और उसकी अनिवार्य उपयोगिता को हाशिये पर ला दिया।

सहस्राब्दियों बाद सम्भवत: महात्मा गाँधी ने कृषि, कृषक और कृषि अर्थव्यवस्था को बेहद सम्मान के नजरिये से देखा और किसानों को भारत के सर्वाधिक महत्त्वपूर्ण व सर्वाधिक बुद्धिमान नागरिक के रूप में स्वीकारा। वे मानते थे कि भारतीय किसान के पास देश की प्रत्येक समस्या के निराकरण का माद्दा मौजूद है। इसलिए वे कहते हैं, "अगर मेरा बस चले तो हमारा

गवर्नर–जनरल किसान होगा, हमारा प्रधानमन्त्री किसान होगा, सब कोई किसान होंगे। क्योंकि यहाँ का राजा किसान है। मुझे बचपन में एक कविता पढ़ाई गयी थी : 'हे किसान तू बादशाह है।' किसान ज़मीन से अन्न पैदा न करे, तो हम क्या खायेंगे? हिन्दुस्तान का सच्चा राजा तो वही है, लेकिन आज हम उसे गुलाम बना कर बैठे हैं। आज किसान क्या करे? एम.ए. करे? बी.ए. पास करे? ऐसा उसने किया तो वह मिट जायेगा। बाद में वह कुदाली नहीं चलाएगा। जो आदमी अपनी ज़मीन से अन्न पैदा करता और खाता है, वह यदि जनरल बने, मन्त्री बने तो हिन्दुस्तान की शक्ल बदल जायेगी। आज जो सड़ाँध फैली हुई है वह मिट जायेगी।''

आज़ादी आये 75 वर्ष हो गये। किसान गुलामी से मुक्त होकर भिखारी बन गये। वे पिछले एक बरस दिल्ली के बाहर बैठे रहें। उन्हें रोकने के लिए जिस तरह की बैरीकेटिंग की गयी उसमें कंक्रीट की दीवार, लोहे के कंटेनर, ज़मीन में कीलें और भी न मालूम क्या-क्या शामिल हैं। लंबे समय तक न सरकार उनकी बात सुन रही थी और न ही न्यायालय। धरती के निर्माता खुले में गर्मी, ठण्ड बरसात और फिर गर्मी, ठण्ड बरसात झेल रहे हो। वे गुलाम से बदतर इसलिए बना दिये गये क्योंकि गुलाम को तो काम करवाने के लिए ज़िन्दा रखना आवश्यक है। परन्तु किसान अब इस देश के कर्णधारों के लिए अनुपयोगी (वस्तु) बन गया है। उसे मनुष्य के तौर पर पहचाना जाना बन्द कर दिया गया है।

किसानों का संगठित आन्दोलन भारत के लिए कोई नयी परिस्थिति नहीं है। मामला सन् 1830–31 ईस्वी का कनारा (कर्नाटक, करावली) का है। उस दौरान हुए किसान आन्दोलन को लेकर वहाँ के तत्कालीन ज़िला सहायक कलेक्टर ने लिखा था, ''स्थितियाँ बदतर होती जा रही हैं। कुछ दिन पहले तक स्थितियाँ काफ़ी शान्त थीं। परन्तु अब लोगों का जमावड़ा रोज बढ़ता ही जा रहा है। कल करीब 11,000 (ग्यारह हज़ार, तब भारत की जनसंख्या 20 करोड़ से भी कम थी) लोग येनूर में मिले। करीब एक घण्टे पहले 300 रैयत (किसान एवं बटाई पर खेती करने वाले) यहाँ आये और तहसीलदार की कचहरी में घुस गये और उन्होंने अपना यह निश्चय दोहराया कि वे एक पैसा भी नहीं देंगे और वे इस बात पर अड़े रहे कि उन्हें पूरी छूट मिले। तहसीलदार ने उनसे कहा कि जुम्माबन्दी (लगान) तो काफी कम है और उनकी फ़सल भी अच्छी हुई है। उन्होंने कहा कि उन्होंने इनकी शिकायत ही नहीं की है, लेकिन सरकार और ख़ासकर न्यायालय के माध्यम से स्टांप

नियमन, नमक व तम्बाकू पर एकाधिकार के माध्यम से उनका दमन होता है और इन्हें हर हाल में हटाया जाये।'' अपनी बात को आगे बढ़ाते हुए कलैक्टर ने लिखा कि ''रैयत का कहना है कि उन सभी को 'दण्ड' नहीं दिया जा सकता।'' इस लम्बी चिट्ठी को पढ़ना काफ़ी दिलचस्प है। उनका यह भी कहना था कि यह विरोध-प्रदर्शन कई बार हिंसक हो जाता है और लोग ''ट्रागा'' या ''क्रूर'' आदि करते हैं। यदि विस्तार में जायें तो पता चलता कि यह हिंसा लोग विरोधस्वरूप स्वयं पर करते थे और अपने प्राण तक दे देते थे। वर्तमान कृषि आन्दोलन में भी 700 से ज़्यादा किसान आत्म बलिदान दे चुके हैं। दो शताब्दियों बाद न तो सरकार का चरित्र बदला और न किसानों का व्यवहार। वर्तमान सरकार अनदेखी करती रही और किसान परोक्ष तौर पर आत्मबलिदान करते रहे।

महात्मा गाँधी के भारत लौटने और आज़ादी की लड़ाई में नेतृत्व के साथ ही कांग्रेस का चरित्र भी बदला। गाँधी ने इसे एक जन आन्दोलन में बदला, जिसमें किसानों को सर्वाधिक महत्त्व दिया गया था। गाँधी कहते हैं, ''भारतीय किसानों से ज्यों ही आप बात करेंगे और वे आपसे बोलने लगेंगे, त्यों ही आप देखेंगे कि उनके होंठों से ज्ञान का निर्झर बहता है। आप देखेंगे कि उनके अनगढ़ बाहरी रूप के पीछे आध्यात्मिक अनुभव और ज्ञान का गहरा सरोवर भरा पड़ा है। मैं इसी चीज़ को संस्कृति कहता हूँ। पश्चिम में आपको यह चीज़ नहीं मिलेगी।'' ऐसा नहीं है कि उस काल में किसान की स्थिति, ख़ासकर आर्थिक अच्छी थी। कई मायनों में तो आज से भी बदतर थी। परन्तु उसमें एक क़िस्म की मौलिकता और जुझारूपन मौजूद था। आज़ादी के बाद जिस तरह के विकास को अपनाया गया, उसमें किसान की स्थिति कमोवेश स्थानापन्न जैसी बना दी गयी। एक समय सकल घरेलू उत्पाद में कृषि का सर्वाधिक योगदान रहता था। आज भी करीब 20 प्रतिशत तो है ही। साथ ही यह भारत की आधी से ज़्यादा आबादी को रोज़गार उपलब्ध तो करा ही रही है। इसके बावजूद इसे गुलाम से अनाथ और अनाथ से भिखारी जैसी स्थिति में क्यों पहुँचा दिया गया?

उपरोक्त परिप्रेक्ष्य में हम वर्तमान किसान आन्दोलन को देखें तो समझ में आता है कि यह आन्दोलन वस्तुतः किसान के अस्तित्व को बचाए रखने की जद्दोजहद से पनपा और उभरा है। वहीं यह सवाल भी उठता है कि जिन तीन कृषि क़ानूनों को लेकर किसान पिछले एक साल से दिल्ली के मुहाने पर डटे रहे, क्या उनके रद्द हो जाने से और कृषि उत्पादों के लिए न्यूनतम

समर्थन मूल्यों को क़ानूनी जामा पहना देना ही किसान आन्दोलन की सफलता है या होगी? वास्तविकता यह है कि यह सफलता तो किसान और किसानी पर मँडरा रहे संकटों के केवल एक पक्ष को ही सम्बोधित है या उससे जुड़ी है। कृषि पर छाया संकट इससे बहुत ज़्यादा है। साहिर लुधियानवी कहते हैं, ''अफलास ज़दा दहकानों के/हल-बैल बिके, खलिहान बिके/जीने की तमन्ना के हाथों/जीने ही के सब सामान बिकें'' कृषि पर छाया वर्तमान संकट न तो सिर्फ़ इन तीनों का क़ानूनों की देन है और न ही इनका रद्द होना सम्पूर्ण समाधान है। हाँ इससे किसानों को थोड़े दिन की प्राणवायु ज़रूर मिल जायेगी। परन्तु उसके बाद? गौरतलब है, 31 अक्टूबर 2007 के हिन्दुस्तान टाइम्स में महाराष्ट्र के पूर्व मुख्यमन्त्री विलास राव देशमुख का एक वक्तव्य छपा था। इसमें वे कहते हैं, ''आत्महत्या भारतीय दण्ड संहिता (आईपीसी) के तहत एक अपराध है। परन्तु क्या हमने एक भी किसान को इस अपराध में पकड़ा? पर क्या आपने कभी इसकी खबर दी।'' देखी आपने सरकार की दरियादिली। किसानों के प्रति उनकी सहिष्णुता। किसानों के प्रति उनका लगाव व ममत्व। वे किसानों पर कितना अहसान कर रहे हैं। आत्महत्या के बाद उन पर मुक़दमा नहीं चला रहे हैं। है न गजब की संवेदनशीलता? ज़िन्दा तो छोड़िये ये मरे आदमी तक पर अहसान जताने से नहीं चूकते। कायदे से तब और अब होना तो यह चाहिए कि प्रत्येक किसान की आत्महत्या पर सम्बन्धित सरकारों पर आत्महत्या के लिए उकसाने का मुक़दमा चले। क्या यह कभी सम्भव हो पायेगा ?

वर्तमान किसान आन्दोलन को चलते हुए एक बरस बीत गया। इस सत्संग से क्या कुछ निकल कर आया? कुछ नज़र आता है? आन्दोलन या मूवमेंट यानी लगातार होता स्पन्दन, लगातार होती हलचल। किसान आन्दोलन के नेता सम्भवतः वर्तमान से इतना परेशान हो गये कि वे न तो अतीत का आकलन कर पाये न भविष्य का आकलन। बढ़ता कॉर्पोरेटरीकरण, खेती से कम होते किसान, शहरों की ओर पलायन, गाँव में कम होते ग्रोमोद्योग, पशुपालन में आ रहीं समस्याएँ, बिजली की उपलब्धता का संकट, बिजली के महंगी होने की समस्या, कृषि का अत्यधिक मशीनीकरण, जैसी और इस जैसी तमाम अन्य समस्याएँ क्या मौजूद नहीं हैं? क्या इन पर विचार नहीं होना चाहिए था। कृषि नीति के निर्माण में कृषकों का घटता योगदान क्या विमर्श का विषय नहीं था? सारे देश के लिए क्या एक-सी कृषि नीति अनुकूल होगी? कृषि को लेकर राज्यों के अधिकारों में कमी। ऐसे सैकड़ों विषय हैं

जिन पर किसानों को इस दौरान सीधी चर्चा कर एक परिणाममूलक स्थिति पर पहुँचना था। परन्तु मामला कमोवेश धरने पर सिमट गया और इस समय का रचनात्मक सदुपयोग नहीं हो पाया। इतना ही नहीं पिछले एक वर्ष में आन्दोलन के स्वरूप में कमोवेश किसी नवाचार का प्रवेश हुआ हो, ऐसा भी सामने नहीं आया। आन्दोलन के स्वरूप को बदलने पर भी कोई विशेष बात नहीं हुई, जैसे एक बार (सीजन) की फ़सल हड़ताल। यानी रबी या ख़रीफ़ की एक फ़सल सिर्फ़ उतने ही क्षेत्र में बुआई करना तय किया जाता जितनी की स्वयं या आस-पास के समुदाय को ज़रूरत है। इस लिहाज़ से तमाम समर्थन के बावजूद किसान आन्दोलन से शिकायत तो रहेगी कि यह वास्तविक अर्थों में एक विमर्श स्थल नहीं बन पाया। सिर्फ़ ठहर जाने से तो बात नहीं बनेगी। राहत इन्दौरी कहते हैं–

ज़िन्दगी की हर कहानी बेअसर हो जायेगी
हम न होंगे तो ये दुनिया दर-ब-दर हो जायेगी,
पाँव पत्थर करके छोड़ेगी अगर रुक जाइये
चलते रहिये तो जमीं हमसफ़र हो जायेगी।।

आज के समय में एक साल तक लगातार रोज–चौबीसों घण्टे एक–दूसरे के लिए उपलब्ध रहना वास्तव में एक अनूठी उपलब्धि है। परन्तु किसान आन्दोलन कमोवेश एकांगी-सा बन कर रह गया। हमारे सामने भारतीय स्वतन्त्रता संग्राम के संघर्ष का पूरा लेखा-जोखा मौजूद है। इस दौरान सिर्फ़ अंग्रेज़ों से लड़ाई ही नहीं हो रही थी बल्कि समाज निर्माण की परिकल्पना को मूर्त रूप देने का प्रयास भी अनवरत चल रहा था। जहाँ रोज़ के प्रदर्शन व संघर्ष थे, वहीं खादी को लेकर काम हो रहा था। आज़ादी के बाद के भारत को लेकर तमाम परिकल्पनाएँ बन रहीं थीं। संविधाान निर्माण की प्रक्रिया सन् 1930 से प्रारम्भ हो गयी थी। हिन्दू–मुस्लिम एकता पर विमर्श हो रहा था। आज़ादी के बाद की प्राथमिकताओं पर बात हो रही थी। यानी संघर्ष को एक बहुआयामी स्वरूप प्रदान किया गया था।

परन्तु किसान आन्दोलन के प्रणेताओं आदि ने इस लम्बी अवधि का सदुपयोग कृषि व कृषक के कल्याण सम्बन्धी विषयों पर नहीं लगाया। क्या न्यूनतम समर्थन मूल्य मिल जाने से किसान व किसानी की सभी समस्याओं से मुक्ति मिल जायेगी? क्या तीनों कृषि क़ानूनों के वापस हो जाने से कृषि व कृषक दोनों संकट मुक्त हो जायेंगे? पूरे वर्ष भर विकल्पों पर किसी

गम्भीर व विस्तृत चर्चा हुई हो ऐसा सामने नहीं आया। गौरतलब है कृषि के सामने आज घटती उत्पादकता, बढ़ती लागत, रसायनों की वजह से मिट्टी की घटती उर्वरता, बीजों का संकट, पानी का संकट, जलवायु का संकट, बड़ी परियोजनाओं आदि के लिए बढ़ता कृषि भूमि अधिग्रहण, ऋणग्रस्तता, बढ़ती किसान आत्महत्याएँ, खेती का घटता रकबा जैसे तमाम अन्य संकट भी मौजूद हैं।

शिकायतें भी तो अपनों से होती हैं और अपनों से ही की भी जाती है। किसान आन्दोलन की ढेर सारी उपलब्धियाँ भी हैं। जैसे कि आज़ादी के बाद किसानों ने पहली बार इतनी ताक़त दिखायी और इस स्तर का सरकारी दमन सहा और सरकार को झुकाया। गाँधी ने आज़ादी के पहले ही कह दिया था कि आज़ादी के बाद के संघर्ष अभी की तुलना में बेहद कठिन होंगे क्योंकि तब हमारे सामने हमारे ही द्वारा चुनी गयी सरकार होगी। किसान आन्दोलन ने इस बात को सही सिद्ध कर दिया है। पिछले नौ महीनों से केन्द्र सरकार का अबोलापन बता रहा है कि हमारी चुनी हुई सरकार की सच्चाई क्या है। मगर इतना ही नहीं इस आन्दोलन ने जो कुछ हमें दिया है उसके लिए हम हमेशा उसके ऋणी रहेंगे। इस आन्दोलन ने हमारी आँखें खोल दीं हैं, क्योंकि इसने सामने ला दिया कि, भारत की जनता कितनी स्वार्थी और असंवेदनशील है। वह उसे ज़िन्दा रखने वाली कौम की मौत पर भी अब विचलित नहीं होती। इस आन्दोलन ने भारतीय राजनीति में दक्षिण से लेकर वामपन्थ तक सभी विचारधाराओं के अनुयायियों को उधेड़ कर हमारे सामने रख कर समझा दिया है कि किसान उनकी प्राथमिकता में नहीं हैं। भारतीय राजनीति की अपरिपक्वता भी उजागर हो गयी है। इसने भारत की मीडिया विशेषकर इलेक्ट्रॉनिक मीड़िया को सबके सामने कमोवेश नि:वस्त्र कर दिया। किसान आन्दोलन भारतीय न्यायपालिका में बसे विरोधाभास को भी उजागर करने में सफल हुआ है। इसने पुनः किसानों को जाति, धर्म व समृद्धि के अन्तर से उबारकर एक जमात बनाने में मदद की है। आन्दोलन ने भारत की राजनीति में कृषि व कृषक के महत्त्व को पुर्नस्थापित किया। आन्दोलन ने भारतीय पुलिस व प्रशासन के औपनिवेशिक स्वरूप को पूरी दुनिया के सामने उजागर कर दिया है। आन्दोलन ने महिला किसानों को मान्यता दिलवायी है। इतना ही नहीं इसने देशभर में अलग-अलग स्थानों पर सक्रिय जनान्दोलनों को नयी प्राणवायु दी है। एक लम्बी फेहरिस्त है उसकी जो कुछ हमने इस आन्दोलन से पाया है। उम्मीद की जा सकती है कि आन्दोलन अपने अगले

चरण में अधिक रचनात्मकता से स्वयं को संचालित कर पायेगा। पाब्लो नेरूदा की लम्बी कविता के अंश हैं–

ख़ामोशी है ताक़त (मुझे बताते हैं पेड़)
और गहराई (मुझे बताती है जड़ें)
और शुद्धता (मुझे बताता है आटा)
किसी पेड़ ने नहीं कहा मुझसे
"मैं सबसे ऊँचा हूँ"
किसी जड़ ने नहीं कहा मुझसे
"मैं ही आती हूँ सबसे अधिक गहराई से"
और कभी नहीं कहा रोटी ने
"कुछ भी नहीं है रोटी जैसा"

शायद हम सबकी ओर से इससे आगे यह जोड़ना उचित होगा,

और कभी किसी किसान ने नहीं कहा
"कि उसने ही बसाया है इस धरती को"

सरकारी पक्ष : पहले और बाद में

अरुण कुमार त्रिपाठी

तीनों कृषि क़ानून पारित होने के बाद कृषि मन्त्रालय की ओर से कृषि सुधारों पर लिखे गये लेखों के साराँश की ई-पुस्तिका जारी की गयी। उसमें दिये गये लेखों से यह पता चलता है कि आख़िर सरकार किन दलीलों और दृष्टियों के साथ इन क़ानूनों को लेकर आयी थी और खेती के सुधार के बारे में उसकी दिशा क्या है? नीति आयोग के मुख्य कार्यकारी अधिकारी अमिताभ कान्त ने जनसत्ता में 23 सितम्बर यानी क़ानून पारित किये जाने के तीन दिन बाद लिखा कि भारत के इतिहास में 1991 को एक ऐतिहासिक वर्ष के रूप में याद किया जाता है। तब लाइसेन्स राज समाप्त कर दिया गया था। भारत ने अन्तरराष्ट्रीय व्यापार, निवेश और प्रतिस्पर्धा के लिए अपने बाज़ार खोल दिये थे। तब से तीस वर्षों में हमने अपनी प्रति व्यक्ति आय में चार गुना वृद्धि की है। यह उल्लेखनीय है कि स्वतन्त्रता और 1991 के सुधारों के बीच चालीस वर्षों में प्रति व्यक्ति आय में वृद्धि या तो ठहरी हुई है या गिर रही है। सुधारों के बाद आय वृद्धि में आया यह अन्तर स्पष्ट है। हालाँकि इस दौरान एक महत्त्वपूर्ण वर्ग को कृषि सुधारों से बाहर रखा गया था। भारत का कृषि क्षेत्र प्राचीन कृषि उपज विपणन समिति *(APMC)* के अधिनियमों से चलाया जा रहा था, लेकिन वर्ष 2020 को भारत के आर्थिक विकास में उसी तरह एक मील के पत्थर के रूप में याद किया जायेगा जैसे हम 1991 को याद कर रहे है। मौजूदा एपीएमसी क़ानून के तहत हर प्रकार की कृषि उपज को उन कृषि मण्डियों के माध्यम से ख़रीदा जाता था जहाँ किसान अपनी उपज पहुँचाते थे। प्रारम्भ में किसानों के संरक्षण के लिए बनी यह मण्डियाँ एकाधिकार में तब्दील हो गयी थीं।

किसानों के संरक्षण के लिए नामित किये गये तन्त्र ने उन्हें अत्यधिक नुक़सान पहुँचाया। कमीशन एजेंट, जिन्हें आढ़तिए के रूप में जाना जाता है के द्वारा बिक्री कर लेना आम चलन था। इन बिचौलियों ने उपज के ख़रीददारों और बेचने वालों के बीच औपचारिक ऋण का पर्याप्त प्रभाव बनाये रखा था। ऐसे में न्यूनतम समर्थन मूल्य *(MSP)* बढ़ाना ही एक मात्र समाधान नहीं था। सभी किसानों में से सिर्फ़ छह फ़ीसदी किसानों को ही एमएसपी पर सार्वजनिक ख़रीद से लाभ प्राप्त हुआ। स्थानीय मण्डी व्यवस्था को प्रतिस्पर्धा की आवश्यकता थी। किसानों को थोक विक्रेताओं और खुदरा विक्रेताओं को अपनी उपज बेचने के लिए कई तरह से विकल्पों की ज़रूरत थी। जिसे एमएसपी प्रणाली ने हतोत्साहित किया था। अनुबन्ध खेती को खाद्य प्रसंस्करण उद्योग के साथ सम्बन्धों को बढ़ावा देने के लिए एक सक्षम ढाँचे की ज़रूरत थी। अनुबन्धात्मक खेती से किसान भी एक सुनिश्चित आय के साथ निवेश निर्णयों की योजना बना पायेंगे।

जिस नियमितता के साथ आवश्यक वस्तु अधिनियम लागू किया गया था उसने कोल्ड चेन में निवेश को हतोत्साहित किया। राज्य सरकारों के सुधार के प्रयास काफ़ी बनावटी प्रकृति के थे। कृषक उत्पाद व्यापार एवं वाणिज्य(संवर्धन और सुविधा) बिल 2000, कृषक (सशक्तीकरण और संरक्षण) मूल्य आश्वासन सम्बन्धी करार और कृषि सेवा बिल 2020 और आवश्यक वस्तु अधिनियम संशोधन बिल 2020 इन तमाम मुद्दों का समाधान प्रस्तुत करता है। अब किसान प्रसंस्करण योग्य क़िस्मों को विकसित करने और उन्हें सुनिश्चित क़ीमतों पर बेचने के लिए खाद्य संसाधक के साथ समझौता कर सकेंगे। किसानों पर प्रतिबन्ध नहीं लगाया जायेगा कि वे किसे और कहाँ अपनी उपज बेच सकेंगे। इससे खेती को एक सेवा के रूप में बड़ा प्रोत्साहन मिलेगा।

इस दौरान कई कृषि तकनीक स्टार्टअप काम कर रहे हैं जो क्रॉप इंटेलीजेंस के साथ ग्रेड और उत्पादन की परख के लिए कृत्रिम बौद्धिकता जैसी प्रौद्योगिकी का उपयोग कर रहे हैं। कृषि में सुधारों को सही रूप से ऐतिहासिक बताया जा रहा है। इन सुधारों को लागू करने के लिए बिचौलिए को हटाने के मकसद से मज़बूत राजनीतिक इच्छा शक्ति द्वारा समर्थित निर्णायक कार्रवाई की आवश्यकता थी। इन सुधारों से किसानों की बेहतरी के लिए सरकार की प्रतिबद्धता दोहरायी गयी है। अगला क़दम इन सुधारों के लाभों को किसानों के दरवाजे तक पहुँचाना है।

इसी ई पुस्तिका में केन्द्रीय कृषि मन्त्री नरेन्द्र तोमर का वह इंटरव्यू भी संकलित था जो उन्होंने रितुराज तिवारी को दिया था और *इकनॉमिक टाइम्स* में 22 सितम्बर, 2020 को छपा था। कृषि मन्त्री ने कहा था कि नये कृषि क़ानूनों का एमएसपी से कोई लेना देना नहीं है। हम किसानों के साथ हैं। उन्हें कुछ भ्रम है। वे कभी भी मुझसे मिल सकते हैं। मैं उन्हें स्पष्ट करना चाहता हूँ कि इन क़ानूनों से उनका भविष्य बदल जायेगा। यह पूछे जाने पर कि क्या इन क़ानूनों से मण्डी और एमएसपी खत्म हो जायेंगे तो उनका कहना कि एमएसपी का इन क़ानूनों से कोई लेना देना नहीं है। एमएसपी रहेगा और राज्यों में मण्डियाँ भी रहेंगी। किसान जिन मण्डियों में वर्षों से अपने उत्पाद बेच रहे थे हम उनका विकल्प देने की कोशिश कर रहे हैं। इन क़ानूनों के बाद भी किसान मण्डियों में अपनी उपज बेच सकेंगे। यह पूछे जाने पर कि अगर यह बिल किसानों के लिए लाभकारी हैं तो फिर उनका विरोध क्यों हो रहा है, उनका कहना था कि राजनीतिक दल क्षुद्र राजनीति कर रहे हैं। अगर वे किसानों के बारे में चिन्तित होते तो पिछले 70 सालों में किसानों की स्थिति बहुत अच्छी होती। मैंने सोचा था कि राज्यसभा में चर्चा के दौरान कई ज़रूरी और अच्छी बातें आयेंगी पर हर कोई राजनीति कर रहा था। विपक्ष से कोई किसानों के पक्ष में नहीं बोला। यह पूछे जाने पर कि आपकी सरकार छह सालों से है किसानों को क्या लाभ हुआ, उनका कहना था कि किसानों की आय बढ़ी। हमने स्वामीनाथन कमेटी की रपट लागू की। जो कहती है कि खेती की लागत में 50 प्रतिशत जोड़कर एमएसपी तय करो। अगर 2009-14 और 2014-19 के बीच तुलना करें तो किसानों को कई गुना ज़्यादा भुगतान हुआ। पिछले पाँच सालों में धान के किसानों को 4.95 लाख करोड़ रुपये का भुगतान हुआ जबकि पिछले कार्यकाल में 2.06 लाख करोड़ का भुगतान हुआ था।

सरकार का दावा था कि जहाँ 2009 से 14 के बीच गेहूँ के किसानों को 1.68 लाख करोड़ रुपये का भुगतान हुआ वहीं 2014 से 19 के बीच 2.97 लाख करोड़ का भुगतान किया गया। इसी तरह दलहन के मामले में 75 गुना यानी 49000 करोड़ रुपये का भुगतान किया गया। इस दौरान एमएसपी में भी बढ़ोतरी हुई। गेहूँ का एमएसपी 1925 रुपये प्रति कुन्तल से बढ़ाकर 1975 रुपये कर दिया गया। जौ का एमएसपी 1525 रुपये से 1600 रुपये कर दिया गया। चने का एमएसपी 4875 रुपये से 5100 रुपये कर दिया गया। मसूर का 4800 से 5100 रुपये कर दिया गया। सरसों 4425 से 4650 रुपये किया गया। सूरजमुखी का 5215 से 5327 रुपये किया गया।।

इसी सिलसिले में केन्द्रीय रक्षामन्त्री और कभी देश के कृषि मन्त्री रहे राजनाथ सिंह ने 21 सितम्बर, 2020 को *हिन्दुस्तान टाइम्स* में *क्रिएटिंग ए न्यू फार्म इकोसिस्टम* शीर्षक से लेख लिखकर कहा कि कृषि सम्बन्धी सुधारों से खेती में नयी आत्मनिर्भर प्रणाली निर्मित होगी। इससे वैश्विक बाज़ार में भारत की स्थिति मज़बूत होगी। अब किसान उद्यमी हो गये हैं इससे उनकी आमदनी बढ़ जायेगी। उन्हें बेहतर क़िस्म का जीवन मिलेगा। दुनिया के बाज़ार में खेती की स्थिति मज़बूत होगी और खेती आत्मनिर्भर होगी। पिछले कुछ सालों में सरकार ने किसानों और कृषि क्षेत्र के लिए योजनाएँ शुरू कीं। इनमें 10,000 उत्पादक किसानों के लिए एफपीओ गठित करने के लिए 6,685 करोड़ रुपये की योजना शुरू बनी। एक लाख करोड़ रुपये का कृषि आधारभूत ढाँचा कोष बना। राष्ट्रीय कृषि निर्यात नीति बनी। प्रधानमन्त्री किसान सम्मान योजना के तहत किसानों को 90,000 करोड़ रुपये तक का सीधा लाभ दिया गया। उन्होंने लिखा कि नये कृषि क़ानूनों के माध्यम से हम विश्व स्तरीय कृषि पारिस्थितिकी का निर्माण करने जा रहे हैं। इससे किसानों को, उपभोक्ताओं को, थोक विक्रेताओं को, प्रॉसेस करने वालों को और स्टार्टअप चलाने वालों को फ़ायदा होगा। कुछ लोग कहते हैं कि इससे एमएसपी और एपीएमसी खत्म हो जायेंगे और किसानों की ज़मीन कॉर्पोरेट के हाथों में चली जायेगी। मैं कहता हूँ कि इसके बावजूद हमारी सारी मौजूदा प्रणालियाँ चलती रहेंगी।

इन क़ानूनों में किसानों को किसी भी धाँधली से बचाने के लिए पूरी सुरक्षा व्यवस्था है। रिफार्म से प्रतिस्पर्धा और दक्षता बढ़ेगी। इससे किसानों की स्वतन्त्रता बढ़ेगी और चयन की सुविधा मिलेगी। एग्रीबिजनेस में निरन्तर सप्लाई बनेगी। निवेश बढ़ेगा और निजी पूँजी का निर्माण होगा।

इकनॉमिक टाइम्स अख़बार ने 30 जनवरी, 2021 को लिखा कि बजट पूर्व आर्थिक सर्वेक्षण में कृषि सम्बन्धी सुधारों को सही बताया गया है। उनका कहना था कि कृषि एक चमकदार क्षेत्र है और वित्तीय वर्ष 2021 में उसकी वृद्धि दर तीन प्रतिशत से ऊपर रही है। जबकि अन्य क्षेत्रों की वृद्धि दर नकारात्मक चली गयी थी। इस बीच पीएम-किसान *(PM-KISAN)* योजना के तहत किसानों को 1.14 लाख करोड़ रुपये वितरित किये गये। प्रधानमन्त्री फ़सल बीमा योजना के तहत 90,000 करोड़ रुपये का दावा दिया गया। 15 लाख करोड़ रुपये कृषि ऋण का लक्ष्य है। एक लाख करोड़ रुपये कृषि इन्फ्रास्ट्रक्चर फण्ड है।

कृषि मन्त्री नरेन्द्र तोमर ने 25 फ़रवरी, 2021 को पूसा संस्थान में एक भाषण के दौरान कहा कि हम कृषि के मामले में भारत को दुनिया का सिरमौर बनायेंगे। इस क्षमता को सरकार ने पहचाना है। इसमें तीनों कृषि क़ानून महत्त्वपूर्ण भूमिका निभायेंगे। आज़ादी के बाद देश के सकल घरेलू उत्पाद में कृषि का योगदान निरन्तर घटता जा रहा है। नये कृषि क़ानूनों से जीडीपी में खेती की महत्ता फिर से कायम होगी। नये कृषि क़ानूनों के फ़ायदे बहुआयामी है। तोमर ने कहा कि आज किसान क़तई नहीं चाहता कि उसका बेटा किसान बने, लेकिन जब खेती फ़ायदे का सौदा साबित होगा तब किसान का बेटा खेती करने से नहीं हिचकेगा। इन क़ानूनों से गाँव रोज़गार के केन्द्र बनेंगे।

कृषि क़ानूनों के पक्ष में जयन्ती लाल भण्डारी ने 22 सितम्बर, 2020 को राष्ट्रीय सहारा में लिखा कि इससे छोटे किसानों को फ़ायदा होगा। इससे कृषि उपज खुली प्रतिस्पर्धा में बिकेगी। व्यापक प्लेटफ़ार्म होने से किसानों को फ़ायदा होगा। उन पर इस बात का दबाव नहीं होगा कि वे कम दाम पर अपना सामान बेचें। इससे मण्डियों में इन्फ्रास्ट्रक्चर बढ़ाने को प्रोत्साहन मिलेगा। जितने विकल्प खुलेंगे उतनी ही प्रतिस्पर्धा बढ़ेगी। किसान अब तक मण्डी की परिधि में बँधा था, लेकिन अब किसानों को उचित दाम मिलेगा। नये क़ानून किसानों को आज़ादी दिलाने वाले होंगे। किसान अपने छोटे-मोटे खेतों से निकली फ़सल को कहीं भी बेचने में सफल होंगे। इससे बम्पर फ़सल होने पर फ़सल की बर्बादी नहीं होगी। फ़सल की कम क़ीमत मिलने की आशंका नहीं रहेगी और फ़सल के निर्यात की सम्भावना बढ़ेगी। इस तरह किसान को अनुबन्ध पर खेती की अनुमति मिलने से किसान विक्रेताओं तथा निर्यातकों के साथ समन्वय करके अधिकतम और लाभप्रद फ़सल उत्पादित करते हुए दिखायी दे सकेंगे।

क़ानूनों की वापसी

प्रधानमन्त्री नरेन्द्र मोदी ने 19 नवम्बर को देव दिवाली और गुरु नानक की जयन्ती यानी प्रकाश पर्व के दिन तीनों कृषि क़ानूनों को वापस लेने का ऐलान कर दिया। उन्होंने कृषि क़ानूनों को वापस लेने के ऐलान से पहले किसानों के हितों में लिए गये अपनी सरकार के बड़े फ़ैसलों की फेहरिस्त भी गिनाई। उनका भाषण इस प्रकार है–

'न जाने कितनी पीढ़ियाँ जिन सपनों को सच होते देखना चाहती थीं, भारत उन सपनों को पूरा करने का भरपूर प्रयास कर रहा है। साथियों, अपने पाँच दशक के सार्वजनिक जीवन में मैंने किसानों की परेशानियों को,

उनकी चुनौतियों को बहुत करीब से देखा और महसूस किया है। इसलिए जब देश ने मुझे 2014 में प्रधानमन्त्री के रूप में सेवा का अवसर दिया तो हमने कृषि विकास, किसान कल्याण को सर्वोच्च प्राथमिकता दी।

साथियों, इस सच्चाई से बहुत से लोग अनजान हैं कि देश में 100 में से 80 किसान छोटे किसान हैं। उनके पास 2 हेक्टेयर से भी कम ज़मीन है। आप कल्पना कर सकते हैं कि इन छोटे किसानों की संख्या 10 करोड़ से भी ज़्यादा है। उनकी पूरी ज़िन्दगी का आधार यही छोटी-सी ज़मीन का टुकड़ा है। यही उनकी ज़िन्दगी होती है और इस छोटी-सी ज़मीन के सहारे ही वे अपना और अपने परिवार का गुजारा करते हैं। पीढ़ी दर पीढ़ी परिवारों में होने वाला बँटवारा इस ज़मीन को और छोटा कर रहा है, इसलिए देश के छोटे किसानों की चुनौतियों को दूर करने के लिए हमने बीज, बीमा, बाज़ार और बचत इन सभी पर चौतरफा काम किया है। सरकार ने अच्छी क़्वॉलिटी के बीज के साथ ही किसानों को नीम-कोटेड यूरिया, सॉइल हैल्थ कार्ड, माइक्रो इरिगेशन जैसी सुविधाओं से भी जोड़ा। हमने 22 करोड़ सॉइल हैल्थ कार्ड किसानों को दिये। इस वैज्ञानिक अभियान के कारण एग्रीकल्चर प्रोडक्शन भी बढ़ा।

हमने फ़सल बीमा योजना को अधिक प्रभावी बनाया। इसके दायरे में ज़्यादा किसानों को लाये। आपदा के समय ज़्यादा से ज़्यादा किसानों को आसानी से मुआवजा मिल सके, इसके लिए भी पुराने नियम बदले। इसके चलते बीते 4 सालों में एक लाख करोड़ रुपये से अधिक का मुआवज़ा हमारे किसान भाई-बहनों को मिला है। हम छोटे किसानों और खेत में काम करने वाले श्रमिकों तक बीमा और पेंशन की सुविधा भी ले आये। छोटे किसानों की ज़रूरतों को पूरा करने के लिए सीधे उनके बैंक खाते में एक लाख 62 हज़ार करोड़ रुपये ट्रांसफर किये।

किसानों को उनकी मेहनत के बदले उपज की सही क़ीमत मिले, इसके लिए भी अनेक क़दम उठाये गये। देश ने अपने रूरल मार्केट इन्फ्रास्ट्रक्चर को मज़बूत किया। हमने एमएसपी तो बढ़ाई ही, साथ में रेकॉर्ड संख्या में सरकारी ख़रीद केन्द्र भी बनाये। हमारी सरकार द्वारा की गयी उपज की ख़रीद ने पिछले कई दशकों के रेकॉर्ड तोड़ दिये हैं। देश की एक हज़ार से ज़्यादा मण्डियों को इनाम योजना से जोड़कर हमने किसानों को कहीं से भी अपनी उपज बेचने का एक प्लेटफॉर्म दिया। इसके साथ ही हमने देशभर की कृषि मण्डियों के आधुनिकीकरण के लिए भी करोड़ों रुपये ख़र्च किये।

आज केन्द्र सरकार का कृषि बजट 5 गुना बढ़ गया है। हर वर्ष सवा लाख करोड़ रुपये से अधिक कृषि पर ख़र्च किये जा रहे हैं।

1 लाख करोड़ रुपये के एग्रीकल्चर इन्फ्रास्ट्रक्चर फण्ड के माध्यम से गाँव और खेत के नजदीक भण्डारण इसकी व्यवस्था, कृषि उपकरण जैसी अनेक सुविधाओं का विस्तार ये सारी बातें तेज़ी से हो रही हैं। छोटे किसानों की ताक़त बढ़ाने के लिए किसान उत्पादन संगठन बनाने का अभियान भी जारी है। इस पर भी करीब 7 हज़ार करोड़ रुपये ख़र्च किये जा रहे हैं। माइक्रो इरिगेशन फण्ड के आवंटन को भी दोगुना करके दस हज़ार करोड़ रुपये कर दिया गया है। हमने क्रॉप लोन भी दोगुना कर दिया और इस वर्ष 16 लाख करोड़ रुपये हो जायेगा।

अब पशुपालन और मछली पालन से जुड़े हमारे किसानों को भी किसान क्रेडिट कार्ड का लाभ मिलना शुरू हो गया है। हमारी सरकार किसानों के हित में हर सम्भव क़दम उठा रही है। लगातार एक के बाद एक नये क़दम उठाती जा रही है। किसानों की आर्थिक स्थिति सुधरे, उनकी सामाजिक स्थिति मज़बूत हो, इसके लिए पूरी ईमानदारी से काम हो रहा है।

किसानों की स्थिति को सुधारने के इसी महाअभियान में देश में 3 कृषि क़ानून लाये गये थे। मकसद ये था कि देश के किसानों को ख़ासकर छोटे किसानों को और ताक़त मिले। उन्हें अपनी उपज की सही क़ीमत और उपज बेचने के लिए ज़्यादा से ज़्यादा विकल्प मिले। वर्षों से यह माँग देश के किसान, देश के कृषि विशेषज्ञ, अर्थशास्त्री, किसान संगठन लगातार कर रहे थे। पहले भी कई सरकारों ने इस पर मन्थन भी किया था। इस बार भी संसद में इस पर चर्चा हुई, मन्थन हुआ और ये क़ानून लाए गये। देश के कोने-कोने में कोटि-कोटि किसानों ने, अनेक किसान संगठनों ने इसका स्वागत और समर्थन किया। मैं आज उन सभी का बहुत-बहुत आभारी हूँ। धन्यवाद देना चाहता हूँ।

साथियों, हमारी सरकार किसानों के कल्याण के लिए ख़ासकर छोटे किसानों के कल्याण के लिए देश के कृषि जगत के हित में, देश के हित में, गाँव-ग़रीब के उज्ज्वल भविष्य के लिए पूरी सत्यनिष्ठा से, किसानों के प्रति पूर्ण समर्पण भाव से और नेक नीयत से यह क़ानून लेकर आयी थी, लेकिन इतनी पवित्र बात, पूर्ण रूप से शुद्ध किसानों के हित की बात हम अपने प्रयासों के बावजूद कुछ किसानों को समझा नहीं पाये। भले ही किसानों का एक वर्ग ही विरोध कर रहा था, लेकिन फिर भी ये हमारे लिए महत्त्वपूर्ण था। कृषि अर्थशास्त्रियों, वैज्ञानिकों और प्रगतिशील किसानों ने भी उन्हें समझाने का भरपूर प्रयास किया। हम पूरी विनम्रता से, खुले मन से उन्हें समझाते रहे।

अनेक माध्यमों से व्यक्तिगत और सामूहिक बातचीत भी होती रही। हमने किसानों की बातों और उनके तर्क़ को समझने में भी कोई कसर बाक़ी नहीं रखी। जिन प्रावधानों पर ऐतराज था, सरकार उन्हें बदलने के लिए भी तैयार हो गयी। दो साल तक हमने इन क़ानूनों को सस्पेंड करने का भी प्रस्ताव दिया। मामला सुप्रीम कोर्ट में भी चला गया। ये सारी बातें देश के सामने हैं।

मैं आज देशवासियों से क्षमा माँगते हुए सच्चे मन से और पवित्र हृदय से कहना चाहता हूँ कि शायद हमारी तपस्या में ही कोई कमी रही हुई होगी जिसके कारण दीये के प्रकाश जैसा सत्य कुछ किसान भाइयों को हम समझा नहीं पाये। आज गुरुनानक देव जी का पवित्र प्रकाश पर्व है। यह समय किसी को भी दोष देने का नहीं है। आज मैं आपको, पूरे देश को ये बताने आया हूँ कि हमने तीन कृषि क़ानूनों को वापस लेने का निर्णय लिया है। इस महीने के अन्त में शुरू होने जा रहे संसद सत्र में हम तीनों कृषि क़ानूनों को वापस लेने की संवैधानिक प्रक्रिया पूरी करेंगे। एमएसपी को और अधिक कारगर, प्रभावी बनाने के लिए एक कमिटी का गठन किया जायेगा। इसमें केन्द्र और राज्य सरकारों के प्रतिनिधि होंगे, किसान, कृषि वैज्ञानिक और एक्सपर्ट होंगे। मैं गुरु गोविन्द सिंह जी की भावना में अपनी बात समाप्त करूँगा–'देहि शिवा वर मोहि इहै, शुभ करमन ते कबहूँ न टरूँ।'

29 नवम्बर 2021 को सरकार की ओर से संसद में कृषि मन्त्री नरेन्द्र तोमर ने कृषि क़ानूनों को वापस लेने वाला बिल पेश किया। जिसे दोनों सदनों ने तेज़ी से पारित कर दिया। यहाँ तक कि उस मामले पर विपक्ष बहस की माँग करता रह गया और उसे उसका अवसर नहीं दिया गया। क़ानून वापस लेने का बिल पेश करते हुए कृषि मन्त्री ने कहा कि हालाँकि किसानों का एक समूह ही इन क़ानूनों का विरोध कर रहा था, लेकिन सरकार ने किसानों को इन क़ानूनों की अहमियत बताने के लिए काफ़ी मेहनत की। सरकार ने कई मंचों पर बैठकों के माध्यम से उनके गुण बताने की कोशिश की। हमने मौजूदा सुविधाओं को रद्द किये बिना किसानों को उनकी उपज के व्यापार के लिए नये अवसर उपलब्ध कराये थे। इस दौरान किसानों को मनमाफिक अवसर चुनने की स्वतन्त्रता भी थी। वे वहाँ बिना किसी दबाव के अपने उत्पादों का अधिक मूल्य प्राप्त कर सकते थे। हालाँकि माननीय सर्वोच्च न्यायालय ने इन क़ानूनों के लागू होने पर रोक लगा दी थी। कोविड-19 के दौरान किसानों ने उत्पादन बढ़ाने के लिए कड़ी मेहनत की। वे देश की ज़रूरत पूरा करना चाहते थे। जब हम आज़ादी का अमृत महोत्सव

मना रहे हैं तब कड़ी मेहनत वक़्त की माँग है और हमें हर किसी को समावेशी विकास के मार्ग पर ले जाना है।

इसी के साथ उन्होंने जो विधेयक पेश किया उसमें सिर्फ़ तीन धाराएँ थीं। पहली धारा थी जिसमें अधिनियम का शीर्षक दिया था और उसमें लिखा था कृषि क़ानूनों को रद्द करने का अधिनियम 2021(फार्म लाज रिपील एक्ट 2021)। दूसरी धारा थी तीनों क़ानूनों को रद्द करने के प्रावधान। तीसरी धारा थी जिसमें लिखा था आवश्यक वस्तु अधिनियम 1955 की धारा 3 में से उपधारा (1ए) हटाया जाना।

सोमवार को जब सदन की बैठक शुरू होने वाली थी तब प्रधानमन्त्री मोदी ने सुबह संवाददाताओं से कहा कि सरकार सभी मुद्दों पर चर्चा करने के लिए और सवालों का जवाब देने को तैयार है। हम सदन में सवाल भी चाहते हैं और शान्ति भी। सरकार और उसकी नीतियों का जो भी विरोध किया जाये उसमें सदन की गरिमा रखी जायें। मोदी लोकसभा में थोड़ी देर के लिए आये, लेकिन बिल पास होने से पहले ही चले गये। इस समय तृणमूल कांग्रेस, द्रमुक और दूसरे विपक्षी दलों के नेता सदन के मध्य में थे। वे चर्चा की माँग कर रहे थे और एमएसपी को गारंटी देने वाला क़ानून लाये जाने की माँग कर रहे थे। उनके साथ कांग्रेस के लोग भी थे, लेकिन वे सब तब लौट आये जब स्पीकर ओम बिड़ला ने कहा कि अगर वे वेल में रहे तो उनके नेता को बोलने नहीं दिया जायेगा। इस बीच कांग्रेस के नेता अधीर रंजन चौधरी चर्चा की माँग कर रहे थे, लेकिन स्पीकर ने हँगामे का बहाना बनाकर बिल पारित कर दिया। दोनों सदनों में बिल ध्वनिमत से पारित हो गये। सदन में कांग्रेस पार्टी के नेता अधीर रंजन चौधरी कहते रहे कि सर बिल में लिखा है कि विधेयक विचार करने और पारित करने के लिए है तो फिर चर्चा क्यों नहीं हो रही है। उनका कहना था कि सदन ने अतीत में पारित करने से पहले तमाम बिलों पर चर्चा की है। किसान संगठनों ने सरकार की आलोचना की कि विपक्ष को बोलने नहीं दिया गया। अगर विपक्ष बोलता तो क़ानून की कमियाँ सामने आतीं और किसानों की समस्याएँ आतीं।

संयुक्त किसान मोर्चा ने अपनी प्रतिक्रिया जताते हुए कहा कि आज भारत में इतिहास बन गया। किसानों ने संविधान और लोकतान्त्रिक सिद्धान्तों को अपने आन्दोलन का केन्द्र बिन्दु बनाया था। न ही सरकार ने किसानों की मौत पर किसी तरह का खेद जताया और न ही विपक्ष को जताने दिया। पूरी प्रक्रिया एकतरफ़ा रही।

सत्ता को बेनक़ाब करते किसान

आशुतोष

लोकतन्त्र है क्या? और क्यों लोकतन्त्र आधुनिक सभ्यता के लिए एक अनिवार्य शर्त है? अगर लोकतन्त्र नहीं रहेगा तो क्या आधुनिक सभ्यता ख़त्म हो जायेगी? क्यों यह माना जाये कि आधुनिकतावाद की पहली शर्त है लोकतन्त्र? क्या ये कहा जाये कि जब विश्व में लोकतन्त्र नहीं था तो क्या वो सभ्यताएँ उन्नत नहीं थी? क्या आज के युग में जहाँ लोकतन्त्र नहीं है वो सभ्य समाज कहलाने के हक़दार नहीं हैं? क्या चीन और साम्यवादी मुल्कों को जहाँ सर्वहारा के नाम पर अधिनायकवाद का बोलबाला है, वो सभ्य सभ्यताएँ हैं? ऐसे में बहुतायत मुस्लिम देशों को किस कैटेगरी में रखेंगे? और क्या भारत आज़ादी के पचहत्तर साल में सभ्य समाज होने का हक़ खोता जा रहा है?

यह सवाल आज के समय में बेहद गहरे अन्वेषण की माँग करते हैं। पश्चिम में इन सवालों पर बहस बहुत गहरे स्तर पर चल रही है। यह सवाल पूछा जा रहा है कि क्या लोकतन्त्र के लोप होने का वक़्त आ गया है। जैसे फ्रान्सीसी क्रान्ति के बाद राजशाही की क़ब्र खुदने लगी थी। या यूँ कहें कि 1215 में जब मैग्नाकार्टा के दस्तावेज़ पर हस्ताक्षर किये गये थे तब लोकतन्त्र की पहली नींव रखी गयी थी और राजा को ये सन्देश दे दिया गया था कि वो पृथ्वी पर ईश्वर का अवतार नहीं है। वो अनन्त नहीं है और न ही वो बन्धनों से मुक्त है। वो सर्वशक्तिमान होने का ढोंग भी नहीं पाल सकता। उसके ऊपर बन्दिशों की एक पूरी छत खड़ी कर दी गयी जो सोते जागते उस पर हावी रहेगी। ये बात सच है कि मध्यकाल जिसे इतिहास के 'डार्क एज' के तौर पर भी जानते हैं, उनमें से ही नयी सभ्यता के अँकुर फूटे थे।

पुनर्जागरण काल की शुरुआत राजा के रसूख़ और धर्म की सम्प्रभुता को चुनौती देने के साथ शुरू होती है। भारी रक्तपात होता है पर प्राणी मात्र की सृजनात्मकता को न धर्म रोक पाया और न ही राज सत्ता। लिहाज़ा, आज जिस मुक़ाम पर विश्व सभ्यता खड़ी है, यह इतिहास के उसी गत्यात्मकता का एक सहज प्रवाह है। ऐसे में जब आज ये सवाल पूछा जा रहा है कि क्या लोकतन्त्र की सत्ता बनी रहेगी या उसके विलुप्त होने का वक़्त आ गया है तो सवाल व्यवहारिक के साथ दार्शनिक हो जाता है। आज व्यवहार में यह दिखायी पड़ रहा है कि लोकतन्त्र पर तीखे हमले हो रहे हैं, दक्षिणपन्थी कट्टरता चारों तरफ सिर उठा रही है। सत्ता और आमजन में जो रागात्मकता होनी चाहिए वो धीरे-धीरे नेपथ्य में जा रही है। लोकतान्त्रिक ढँग से चुनी गयी सरकारें अपने को ईश्वर समान मानने लगी हैं। जनता के प्रश्नों के जवाब देने की जगह उन्हें ही गुनहगार ठहराया जा रहा है। जनता को ही लोकतन्त्र के लिए एक बड़ा ख़तरा मान लिया गया है। भारत में इसकी सबसे बड़ी मिसाल किसान आन्दोलन है और उसके प्रति सरकार का रवैया।

भारत के इतिहास का सबसे बड़ा किसान आन्दोलन। महीनों दिल्ली की सीमा पर घेर कर बैठे किसान। जाड़ा, गर्मी, बरसात और महामारी को झेलते किसान। और इस दौरान सैकड़ों किसानों की मौत, लेकिन सरकार के कानों पर जूँ नहीं रेंगी। उसे यह परवाह नहीं रही कि यह लोग इसी देश के रहने वाले हैं। यही पैदा हुए और यहीं मरेंगे। वो अपना हक़ माँग रहे हैं। वो अपनी सरकार से, जिसे उन्होंने चुना है, उससे पूछ रहे हैं कि जो क़ानून उन्हें पसन्द नहीं है, वो उनके ऊपर क्यों थोपा जा रहा है। क्यों उनकी मनमर्जी के ख़िलाफ़ फ़ैसला किया गया। इसका जवाब सरकार नहीं दे रही है। वो उसे गुनहगार ठहरा रही है। तो लोकतान्त्रिक तरीक़े से चुनी गयी सरकार के कर्तव्य क्या हैं, क्या सवाल पूछना गुनाह है। इसी सवाल पर सरकार के रवैये से तय होता है कि भारत में जिन लोकतन्त्र पर हमें गर्व होता था, और है, वो कैसे धीरे-धीरे अधिनायकवाद में तब्दील होता जा रहा है।

किसानों के लिए बने तीन क़ानून संसद से पास हुए हैं। लोकतान्त्रिक तरीक़े से इनको अन्जाम दिया गया है। यह क़ानून ज़रूरी भी है। पर अगर किसानों को यह मन्जूर नहीं है तो क्या सरकार इस पर (आरंभ में) लचीला रुख़ अख़्तियार करते हुए, सहानुभूति दर्शाते हुए अपने क़दम पीछे नहीं खींच सकती थी? क्या ऐसा करने में उसके अहं को चोट पहुँचती? इस सवाल पर चर्चा ज़रूरी है। क्योंकि कोई भी सरकार ये सोच कर नहीं बैठ सकती

कि वो जो फैसले कर रही है वो सही है, और वही अन्तिम सत्य भी है। सरकार अपनी जगह सही हो सकती है, लेकिन लोकतन्त्र में सरकार और 'लोक' के बीच अगर तय होना होगा तो 'लोक' को ही वरीयता मिलनी चाहिए लिहाज़ा कोई सरकार ये ज़िद नहीं पाल सकती कि वो अन्तिम सत्य की एकमात्र राजदार है। और उसे ही अन्तिम सत्य को जानने और स्थापित करने का अधिकार है।

सरकार के हक़ में यह बात मैं ज़रूर कहना चाहता हूँ कि तीन क़ानून के मसले पर सरकार ग़लत नही हैं। भारत आज़ादी के समय एक बेहद ग़रीब देश था। कृषि प्रधान देश होने के बाद भी पूरी आबादी को खिलाने लायक अनाज यहाँ नहीं पैदा होता था। अपने लोगों का पेट भरने को लिए उसे विदेशों से अनाज आयात करना पड़ता था। पाकिस्तान के साथ जंग के समय ये ज़रूरत महसूस की गयी कि भारत को खाद्यान्न उत्पादन में आत्मनिर्भर होना पड़ेगा अन्यथा भारत की सम्प्रभुता ख़तरे में पड़ जायेगी। तब के प्रधानमन्त्री लाल बहादुर शास्त्री ने प्रण किया। 'जय जवान, जय किसान' का नारा दिया। वो मशहूर क़िस्सा है कि शास्त्री जी ने अन्न बचाने के लिए देशवासियों से एक वक़्त का उपवास रखने की अपील करने से पहले अपने परिवार को उपवास करने का बात की। उनकी पत्नी ललिता जी ने बच्चों समेत जब क़ामयाबी से उपवास रखा तो शास्त्री जी ने ये अपील पूरे देश से की और फिर देश में हरित क्रान्ति के लिए वैज्ञानिकों, सरकार और किसान को प्रेरित किया।

उनकी असमय मृत्यु के बाद इन्दिरा गाँधी ने उनके प्रण को पूरा किया और साठ के दशक के ख़त्म होते होते भारत ने खाद्यान्न समस्या पर लगभग क़ाबू पा लिया। पंजाब, हरियाणा और पश्चिम उत्तर प्रदेश के किसानों की मेहनत रंग लायी और सत्तर के दशक में भारत न केवल अनाज उत्पादन में आत्मनिर्भर हो गया बल्कि वो किसी आकस्मिक संकट से निपटने के लिए अनाजों से गोदाम भी भरने लगा। यह वही पंजाब, हरियाणा और पश्चिम उत्तर प्रदेश के किसान हैं जो पाँच दशक बाद अपनी सरकार से अपना हक़ माँग रहे हैं। तो इन किसान्नों की बातों को सरकार क्यों नहीं सुन रही है?

यह सच है कि हरित क्रान्ति के बाद देश का पेट तो भर गया, लेकिन वो अभी भी ग़रीब का ग़रीब ही रहा। मिश्रित अर्थव्यवस्था का मॉडल जिसे पहले प्रधानमन्त्री जवाहरलाल नेहरू ने शुरू किया था, वो देश को आर्थिक प्रगति के हाई वे पर सरपट नहीं भगा सका। भारत की गिनती अस्सी के दशक में भी ग़रीब देश की ही रही। 1990 आते-आते हालात इतने ख़राब

हो गये कि उसे सोना गिरवी रखना पड़ा। चन्द्रशेखर की सरकार के वक़्त उठाये उस क़दम के बाद से साफ़ हो गया कि देश समाजवादी रास्ते पर चल कर प्रगति नहीं कर सकता। उसे पूँजीवादी मॉडल को अपनाना होगा। बाज़ार के हवाले अर्थव्यवस्था को करना होगा। सरकार के शिकंजे से व्यापार और उद्योग को मुक्त करना होगा। इंस्पेक्टर राज को हमेशा के लिए भुलाना पड़ेगा। 'एनीमल स्प्रिट' को बन्धनों से आज़ाद करना होगा। नरसिम्हा राव देश के प्रधानमन्त्री बने। भारत के इतिहास में जो कुछ बेहद अहम फैसले थे, उनमें से एक था मनमोहन सिंह को वित्तमन्त्री बनाना। राव ने तब मनमोहन सिंह से कहा था, "मुझे अर्थव्यवस्था नहीं आती, लेकिन मैं राजनीति जानता हूँ। आप अर्थव्यवस्था सँभालें, मैं राजनीति।" मनमोहन सिंह, पी चिदम्बरम, मोंटेक सिंह अहलुवालिया और ए.एन. वर्मा की टीम ने बेहद असाधारण समय में बहुत समझदारी से अर्थव्यवस्था को बाज़ार के हवाले किया और आर्थिक सुधारों को सही रास्ते पर दौड़ाया। ये उसका नतीजा है कि भारत की तुलना दुनिया की दूसरी तेज़ी से विकसित हो रही अर्थव्यवस्थाओं में होने लगी, और जब भारत की अर्थव्यवस्था में ख़ामी आयी तो पूरी दुनिया में इसको लेकर चिन्ता व्याप्त होने लगी।

भारत के लिए ये रास्ता आसान नहीं था। इसके दो सबसे बड़े कारण थे—एक, भारत का उपनिवेशवादी अतीत और दो, समाजवादी सोच। भारत के चिन्तन में एक बात हमेशा हावी रही कि ईस्ट इंडिया नाम की एक कम्पनी आयी और उसकी आड़ में ब्रिटेन ने भारत को गुलाम बना लिया। भारत को पूरी तरह से चूस कर बर्बाद कर दिया। आज के हिन्दुत्व की विचारधारा में मुगलों के शासन को हर समस्या के लिए दोष दिया जाता है, लेकिन वो ये भूल जाते हैं कि औरंगज़ेब के शासन काल में भारत की अर्थव्यवस्था दुनिया की एक-चौथाई अर्थव्यवस्था के बराबर थी। अंग्रेज़ों ने भारत को वहीं लाकर खड़ा कर दिया जहाँ उसे दुनिया के सबसे ग़रीब मुल्कों में गिना जाता था। इसलिए ये देश हमेशा बहुराष्ट्रीय कम्पनियों से आक्रान्त रहा कि कहीं ऐसा न हो कि ये बड़ी बड़ी कम्पनियाँ एक बार फिर देश को गुलाम न बना लें। ये अकारण नहीं है कि जनता पार्टी का शासन आने के बाद देश से कोका कोला को बाहर कर दिया गया था। इस देश में पूँजीवाद को उपनिवेशवाद के रूप में ही देखा जाता था। आज भी एक बड़ा बौद्धिक तबका इस मनोरोग से ग्रस्त है। उसे हर बड़ी बहुराष्ट्रीय कम्पनी में ईस्ट इंडिया कम्पनी ही दिखायी देती है।

फिर, हमारी आज़ादी की लड़ाई जवाहरलाल नेहरू, सुभाष बोस, जय प्रकाश नारायण जैसे नायकों की वजह से 1930 के बाद से वामपन्थ से प्रभावित रही। आज़ादी के बाद दुनिया जब शीत युद्ध की चपेट में आयी और पूँजीवाद और साम्यवाद के दो धड़ों में बँट गयी तो भारत ने साम्यवाद के क़रीब रहना बेहतर समझा। भारत कभी भी सोवियत संघ और चीन की तरह साम्यवादी देश नहीं बना, लेकिन अर्थव्यवस्था पर सरकार का पूरा नियन्त्रण रहा। चक्रवर्ती राजागोपालाचारी जैसे लोगों ने इस बात का ज़ोरदार तरीक़े से विरोध किया, लेकिन उन जैसे लोगों की ज़्यादा नहीं चली। भारत कहने को बाज़ार था लेकिन उसकी हर धार पर सरकार का नियन्त्रण था। नतीजा वैयक्तिक ऊर्जा के लिए स्पेस नहीं बचा। और जब 1991 में बाज़ार खुला तो इसी वैयक्तिक ऊर्जा ने कमाल कर दिया। भारत एक समय में दुनिया की तीसरी सबसे बड़ी अर्थव्यवस्था बन गया और कुछ समय के लिए वो चीन से आगे निकलते हुए सबसे तेज़ गति से चलने वाली अर्थव्यवस्था भी बना। ये तो मोदी सरकार की ग़लत नीतियों का नतीजा है कि भारत आज पिछड़ गया है, नहीं तो 2024–25 तक वो पाँच ट्रिलियन की अर्थव्यवस्था बन जाता। मोदी सरकार की नोटबन्दी और ग़लत तरह से जीएसटी को लागू करने के बाद अर्थव्यवस्था की कमर टूट गयी। कोरोना महामारी के पहले ही भारत की विकास दर लगातार आठ क्वार्टर घटते हुए चार प्रतिशत के नीचे चली गयी थी। बेरोज़गारी 45 साल के सबसे ऊँचे मुक़ाम पर थी और देश में चिन्ता अर्थव्यवस्था के मन्दी का शिकार होने पर थी। कोरोना के दौरान भारत की अर्थव्यवस्था को दुनिया के बड़े देशों में सबसे ज़्यादा नुक़सान पहुँचा। कोरोना के क्वार्टर में वो 23.9% सिकुड़ गयी। ऐसे समय में देश की अर्थव्यवस्था को बेहतर करने के लिए नये उपायों की ज़रूरत थी। तीन कृषि क़ानूनों को इसी दिशा में उठाया गया एक क़दम मान सकते हैं।

भारत की अर्थव्यवस्था में ढेरों साहसिक क़दम उठाये गये। भारतीय उद्योगपतियों ने ये साबित कर दिया कि वो दुनिया के किसी भी उद्योगपति से कम नहीं है। गूगल और माइक्रोसॉफ्ट जैसी बहुराष्ट्रीय कम्पनियों की बाग़डोर भारतीयों के हाथ में है। जिस भारत में कंप्यूटर को लगाने को लेकर कर्मचारी संघों ने बवाल काटा था कि कंप्यूटर आने के बाद रोज़गार ख़त्म हो जायेंगे, उसी कंप्यूटर के कारण भारत साफ्टवेयर मार्केट में सुपर पावर साबित हुआ। उसके इंजीनियर और कम्पनियों का लोहा पूरी दुनिया ने माना। भारत ने 2004 से लेकर 2011 तक तक़रीबन 8% की गति से प्रगति की।

इस दौरान 2008 में दुनिया ने मन्दी देखी। भारत पर भी असर पड़ा, लेकिन 2009 में उसने फिर गति पकड़ी।

इस विकास की कहानी में जो एक सबसे बड़ी कमी थी कि भारत की खेती किसानी जस की तस बनी रही। आर्थिक विकास ने उसको छुआ तक नहीं। वो पहले की तरह मॉनसून पर निर्भर रहा। किसानों को उसकी उपज का पूरा दाम नहीं मिला। वो बिचौलियों के नीचे पिसता रहा। 60 के दशक में जो हरित क्रान्ति देखी गयी थी, आगे वो ऊर्जा दिखायी नहीं पड़ी। और इसका कारण था कि उद्योग को कृषि से जोड़ने की कोशिश नहीं की गयी। यहाँ ये बताना ज़रूरी है कि सभ्यता के विकास में उन्नीसवीं शताब्दी तक सैकड़ों साल का विकास एक जैसा ही रहा। आबादी भी एक जैसी ही रही, लेकिन अठारहवीं शताब्दी के आख़िर और उन्नीसवीं शताब्दी के शुरू में जब औद्योगिकीकरण ने रफ़्तार पकड़ी तो दुनिया ने नये सिरे से अंगड़ाई ली। जहाँ लोगों के जीवन स्तर में जबर्दस्त सुधार हुआ वहीं आबादी में भारी इजाफा हुआ। फैक्ट्रियों में बेहतर नौकरी और बेहतर जीवन स्तर की तलाश में लोगों ने गाँव छोड़ा तो शहर के शहर बसते चले गये। औद्योगीकीकरण और शहरीकरण ने सभ्यता को पूरी तरह बदल दिया। नये मूल्यों का सृजन हुआ।

औद्योगिकीकरण के पहले समाज कृषि पर निर्भर था। और विकास की गति कभी भी 3% या 3.5% से आगे नहीं बढ़ी। लिहाज़ा समाज सैकड़ों सालों तक एक ही तरह से चलता रहा और विज्ञान ने अगर मानव के लिए नये दरवाजे नहीं खोले होते तो समाज वैसे ही सामन्ती माहौल में जीता रहता। कुछ लिहाज़ से कार्ल मार्क्स की पूँजीवाद से शिकायत समझी तो जा सकती है, लेकिन उस आधार पर मानव सभ्यता के विकास में उसके योगदान को नकारना बेवक़ूफी होगा। ऐसे में भारत में आर्थिक विकास के बाज़ारवादी मॉडल पर नाक भौं सिकोड़ने वाले तो ढेरों हैं, लेकिन इसका कोई कारगर विकल्प उनके पास नहीं है। ख़ासतौर पर चीन ने पूँजीवादी मॉडल को अपना कर जो चमत्कार किया है और पिछले चालीस सालों में जिस तरह वो अमेरिका को चुनौती देने वाली महाशक्ति बना है, वो अकल्पनीय है। ऐसे में भारत की कृषि को भी आगे प्रगति करनी है, किसानों के जीवन स्तर में गुणात्मक सुधार होना है तो उसे उद्योग से जुड़ना पड़ेगा। बाज़ार से क़दमताल करना होगा।

कृषि क़ानूनों को, कृषि को बाजार से जोड़ने की प्रक्रिया में उठाया गया क़दम ही मानना चाहिए। इस क़ानून के जरिये किसान अपना अनाज सीधे

बाज़ार में बेच पायेंगे और उन्हें बिचौलियों के चँगुल से बाहर निकलने में मदद मिलेगी। इस प्रक्रिया में बाज़ार की ज़रूरत के हिसाब से अपनी खेती में बदलाव भी करना पड़ेगा। वो खेती जो सैकड़ों सालों से एक तरह की फ़सल उगा रही है, उसमें नये प्रयोग करने से न केवल उनकी आमदनी बेहतर हो सकती है बल्कि किसानी का एक नया रास्ता भी खुलेगा जैसे कि 1991 के बाद भारतीय उद्योग के लिए नये और बेहतर अवसर खुले। इतिहास साक्षी है कि भारत के उद्योग के लिए यह फ़ायदे का सौदा ही साबित रहा। अन्यथा वो पहले की तरह ही घिसटता रहता। ग़रीब का ग़रीब बना रहता। लिहाज़ा इन क़ानूनों से डरने की ज़रूरत नहीं है।

सरकार की कमी यह है कि उसने इन क़ानूनों को लागू करने से पहले किसानों से सलाह मशविरा नहीं किया। उन्हें भरोसे में नहीं लिया। उनके अन्दर के डर को दूर करने का काम नहीं किया। उनके असुरक्षा भाव को ख़त्म करने की जगह उसे बढ़ा दिया। जिस तरह से कृषि क़ानून को संसद से पास किया गया उससे किसानों को एक बड़े षड्यन्त्र का आभास हुआ। उन्हें लग रहा है कि ये क़ानून बजाये उनकी बेहतरी के, बड़े पूँजीपतियों को लाभ पहुँचाने के लिए लाया गया है। इससे किसान पूरी तरह से कँगाल हो जायेगा। वो अपनी रोजी-रोटी से भी हाथ धो बैठेगा। इसे सरकार की सबसे बड़ी असफलता कहे या फिर अधिनायकवाद का परिणाम। क्योंकि लोकतन्त्र में फैसले ज़ोर-ज़बरदस्ती से नहीं बल्कि लोगों को भरोसे में लेकर किये जाते हैं।

किसानों ने जब पंजाब में अपनी आवाज़ बुलन्द की तो वहाँ रेलगाड़ियों के जाने पर रोक लगा दी गयी। कई हफ्ते खुला विरोध करने के बाद जब उनकी नहीं सुनी गयी तो किसान ने दिल्ली कूँच करने का फ़ैसला किया। वे दिल्ली के रामलीला मैदान में बैठ कर अपना आन्दोलन चलाने के लिए आ रहे थे, पर हरियाणा में उन्हें रोकने के लिए जिस तरह से सड़कों को काटा गया, रास्ते पर पेड़ और काँटे बिछाये गये, उसकी कल्पना किसानों ने नहीं की थी। उनके साथ ऐसा बर्ताव किया गया मानो वो किसी दुश्मन देश की सेना हो जो दिल्ली पर चढ़ाई के इरादे से आ रही है।

ये बर्ताव किसी लोकतान्त्रिक व्यवस्था को शोभा नहीं देता। पर हुआ ऐसा ही। और जब उन्हें दिल्ली की सीमा में घुसने नहीं दिया गया तो वो फिर वहीं सीमा के चारों ओर घेरा डाल के बैठ गये। किसानों ने तब ये ऐलान किया था कि वो छह महीने तक बैठ सकते हैं। लोंगों ने मजाक़ में लिया। सरकार ने सोचा किसान कुछ दिन बैठ कर उठ जायेंगे। इस दौरान किसान

और सरकार के बीच दस राउंड की बातचीत हुई पर दोनों अपने स्टैंड से पलटने को तैयार नहीं थे। किसानों ने साफ़ कहा कि उन्हें ये 'काले' क़ानून मन्जूर नहीं। इस पर कोई समझौता नहीं होगा। सरकार ने भी ठान लिया कि उसे किसानों की ज़िद के आगे नहीं झुकना। ऐसे में बातचीत टूट गयी। और जनवरी के बाद बातचीत के रास्ते बन्द हो गये। किसान भी बैठा रहा।

सुप्रीम कोर्ट ने बीच बचाव करने की कोशिश की। 'काले' क़ानूनों को डेढ़ साल तक के लिए सस्पेंड कर दिया और किसानों से बातचीत के लिए एक समिति बना दी। पर किसान टस से मस नहीं हुआ। वो बोले हमने क़ानूनों की संवैधानिकता पर सवाल नहीं उठाये हैं। हमें ये क़ानून ही मन्जूर नहीं है। सवाल उनकी संवैधानिकता का नहीं है कि सुप्रीम कोर्ट फ़ैसला सुनाये। उसने जता दिया कि अदालत की मध्यस्थता उन्हें मन्जूर नहीं। अदालत में कई याचिकाएँ दायर की गयी। कभी ये बहाना बनाया गया कि किसानों के आन्दोलन करने से आम आदमी को तकलीफ़ हो रही है। उन्हें रास्ता जाम करने का अधिकार नहीं है। सुप्रीम कोर्ट ने कई बार ये बात कही, लेकिन किसान सुनने को तैयार नहीं।

इस बीच ये संकट भी पैदा हो गया कि कहीं ऐसा न हो कि आन्दोलनकारी अदालत का फ़ैसला ठुकरा दे तो? किसान नेताओं से बातचीत से स्पष्ट संकेत मिल रहे थे कि इस आशंका से इनकार नहीं किया जा सकता। इस संकट के दौरान सबसे निराशाजनक था सरकार का रवैया। जहाँ प्रधानमन्त्री ने संसद में आन्दोलनकारियों का 'आन्दोलनजीवी' कह कर मजाक़ उड़ाया वहीं उनकी पार्टी के नेताओं और समर्थकों ने उन्हें खालिस्तानी, आतंकवादी, नक्सली और न जाने किन-किन शब्दों से नवाज़ा। एक तरह से पूरे आन्दोलन को ही देश विरोधी करार दे दिया गया। केन्द्रीय मन्त्री ने आन्दोलनकारियों को 'मवाली' तक कहा। उनके समर्थक दिशा रवि जैसी लड़कियों को जेल तक भेज दिया गया। ये साबित करने की कोशिश की गयी कि वो देश को बदनाम करने वाली विदेशी ताक़तों की कोई भारतीय एजेंट हैं। बाद में वो जमानत पर रिहा हुई।

मीडिया के माध्यम से भी आन्दोलन की छवि ख़राब करने की पूरी कोशिश की गयी। त्रासद ये है कि जिस मीडिया को सिविल सोसायटी के तौर पर नागरिकों के अधिकारों की रक्षा के लिए आगे आना था वो सरकार की पिठ्ठू बन गयी।

इस संकट का उत्कर्ष अभी आना बाक़ी था। यूपी के लखीमपुर में शान्तिपूर्वक आन्दोलन कर रहे किसानों पर केन्द्रीय गृह राज्य मन्त्री के बेटे ने गाड़ी चढ़ा दी। चार किसानों की वही मौक़े पर ही मौत हो गयी।

मन्त्री के बेटे के ख़िलाफ़ एफआईआर दर्ज़ की गयी पर गिरफ़्तारी तब हुई जब सुप्रीम कोर्ट ने मामले का संज्ञान लिया, योगी सरकार को फटकार लगायी। लेकिन केन्द्रीय मन्त्री की कोई जवाबदेही नहीं तय की गयी। वो अपने पद पर बने रहे। अगर केन्द्र में संवेदनशील सरकार होती तो तमाम हठ के बावजूद वो किसानों से बातचीत के रास्ते बन्द नहीं करती, उनके सामने झुकती, आन्दोलनकारियों को आतंकवादी बताने की कोशिश नहीं करती, उनके साथ मित्रवत् व्यवहार करती, सैकड़ों आन्दोलनकारी किसानों की मौत पर संवेदना जताती। पर ऐसा नहीं हुआ। (सरकार झुकी लेकिन बहुत देर से। उसे विधान सभा चुनावों में हार का डर था)

सरकार की मंशा का खुलासा राष्ट्रीय सुरक्षा सलाहकार के उस बयान से होता है जो उन्होंने नये आईपीएस अफसरों को सम्बोधित करते समय कही कि देश के अन्दर नये दुश्मन पैदा हो गये हैं जो सिविल सोसायटी की आड़ में देश विरोधी काम कर रहे हैं। अगर किसी सरकार की ये सोच है, अपने ही देश के आन्दोलनकारी किसानों के बारें में तो ये तो कहना पड़ेगा कि लोकतन्त्र ख़तरे में नहीं, बल्कि ख़त्म होने के कगार पर है। क्योंकि अधिनायकवाद कोई व्यवस्था नहीं एक सोच है। एक ऐसी सोच जिसमें नागरिक धर्म को पूरी तरह से ख़ारिज कर दिया जाता है। सत्ता के शीर्ष पर बैठे लोग ख़ुद को ख़ुदा मान बैठते हैं और आन्दोलन जैसे शब्द उस मानसिकता में देशद्रोह की श्रेणी में आते हैं।

सरकार अगर ये भूलने लगे कि गाँधी जी के नेतृत्व में अहिंसक आन्दोलन के जरिये ही ये देश आज़ाद हुआ है। ऐसे में लोकतान्त्रिक आन्दोलन इस देश के अन्दर जीवन्त लोकतन्त्र की पहली पहचान है। अगर उस पहचान का अपमान हो तो फिर ये पूछा जाना चाहिए कि लोकतन्त्र है कहाँ?

सत्ता की नैतिकता डर और खौफ से निर्धारित नहीं होती, वो प्रेम और सहकार से तय होती है। किसान आन्दोलन ने बहुत क़रीने से सत्ता के स्वभाव को रेखांकित किया है। ये रेखांकन डराता है। ऐसे में गाँधी के देश में ये सवाल उठना चाहिए और किसान आन्दोलन ये सवाल खड़ा करते हैं, कि भारत नाम का राष्ट्र-राज्य भविष्य की ओर जा रहा है या फिर 'डार्क एज' की काल कोठरी में? क्या भारत एक उन्नत समाज होने का दर्ज़ा खोने की दिशा में अग्रसर है? और अगर ऐसा है तो फिर भारतीय लोकतन्त्र को नये सिरे से परिभाषित करने की आवश्यकता है, इसकी ख़ामियों पर गहन चिन्तन की ज़रूरत है ताकि समय रहते क़दम उठाये जा सकें।

मौजूदा आन्दोलन की दिशा

प्रेम सिंह

किसान संसार का अन्नदाता है, लेकिन आज की व्यवस्था में वह स्वयं प्राय: दाने-दाने को तरस जाता है। उसकी कमाई से कस्बों से लेकर नगरों में लोग फलते-फूलते हैं पर उसके हिस्से में आपदाएँ ही आतीं हैं। सूखे की मार से फ़सल सूख जाती है। बाढ़ से खेत डूब जाते हैं, लेकिन दोनों से बड़ी आपदा तब आती है जब साल भर की मेहनत से घर आयी फ़सल की क़ीमत इतनी कम मिलती है कि लागत-ख़र्च भी नहीं निकलता। अगर आज किसान बदहाल है तो इसके लिए पूरी तरह सरकारों की किसान-विरोधी नीतियाँ ही जिम्मेदार हैं जो गाँवों को उजाड़ कर महानगरों के एक हिस्से को अलकापुरी बनाने में लगी हैं। देश के पायेदान पर गाँव हैं और नगरों के पायेदान पर गाँवों से उजाड़े गये लोगों का निवास होता है। ('खेती-किसानी की नयी नीति', सच्चिदानन्द सिन्हा, समाजवादी जन परिषद्, 2004)

पिछले तीन दशकों से देश में शिक्षा से लेकर रक्षा तक, सार्वजनिक क्षेत्र के उपक्रमों से लेकर छोटे-मँझोले-खुदरा व्यवसाय तक,सरकारी कार्यालयों से लेकर संसद भवन तक और संघ लोकसेवा आयोग (यूपीएससी) से लेकर साहित्य-कला-संस्कृति केन्द्रों तक को निगम पूँजीवादी व्यवस्था के अन्तर्गत समाहित करने की प्रक्रिया चल रही है। ऐसे में कृषि जैसा विशाल क्षेत्र इस प्रक्रिया के बाहर नहीं रह सकता। संवैधानिक समाजवाद की जगह निगम पूँजीवाद की कील गाड़ने वाले मनमोहन सिंह ने बतौर वित्तमन्त्री, और बाद में बतौर प्रधानमन्त्री, इस प्रक्रिया को शास्त्रीय ढँग से चलाया। विद्वान अर्थशास्त्री और कुछ हद तक आज़ादी के संघर्ष की मंच रही कांग्रेस पार्टी से सम्बद्ध होने के चलते उनकी आँखें हमेशा खुली रहती थीं। कवि-हृदय अटल बिहारी

वाजपेयी इस प्रक्रिया को आगे बढ़ाने में कभी आँखें मींच लेते थे, कभी खोल लेते थे! नरेन्द्र मोदी आँख बन्द करके निगम पूँजीवाद की प्रक्रिया को अन्धी गति प्रदान करने वाले प्रधानमन्त्री हैं। वे सत्ता की चौसर पर कॉर्पोरेट घरानों के पक्ष में ब्लाइंड बाजियाँ खेलते और ताली पीटते हैं। इस रूप में अपनी भूमिका की धमाकेदार घोषणा उन्होंने प्रधानमन्त्री बनते ही कर दी थी–कांग्रेस ने 1894 के भूमि अधिग्रहण क़ानून में किसानों के पक्ष में कुछ संशोधन किये थे। मोदी ने प्रधानमन्त्री बनते ही उन संशोधनों को अध्यादेश लाकर पूँजीपतियों के पक्ष में निरस्त करने की पुरज़ोर कोशिश की।

केन्द्र सरकार द्वारा कोरोना महामारी के समय लाए गये तीन कृषि–सम्बन्धी अध्यादेश–कृषि–उत्पादन व्यापार और वाणिज्य (संवर्धन और सुविधा) अध्यादेश 2020, मूल्य का आश्वासन और कृषि सेवा पर किसान (सशक्तिकरण और संरक्षण) समझौता अध्यादेश 2020, आवश्यक वस्तु संशोधन अध्यादेश 2020–उपर्युक्त प्रक्रिया और उसमें मोदी की विशिष्ट भूमिका की पूर्ण संगति में हैं। दरअसल, उपनिवेशवादी व्यवस्था के तहत ही कृषि को योजनाबद्ध ढँग से ईस्ट इंडिया कम्पनी/इंग्लैंड के व्यापारिक हितों के अधीन बनाने का काम किया गया था। नतीजतन, खेती 'उत्तम' के दर्ज़े से गिर कर 'अधम' की कोटि में आती चली गयी। आज़ादी के बाद भी विकास के लिए कृषि/गाँव को उद्योग/शहर का उपनिवेश बना कर रखा गया। हालाँकि संविधान में उल्लिखित राज्य के नीति–निर्देशक तत्वों की रोशनी में समतामूलक समाज कायम करने के संकल्प के चलते उपनिवेशवादी दौर जैसी खुली लूट की छूट नहीं थी। उद्योग (इंडस्ट्री) के मातहत होने के बावजूद कृषि–क्षेत्र ने आर्थिक संकट/मन्दी में बार–बार देश की अर्थव्यवस्था को सँभाला। अब मोदी और उनकी सरकार कृषि को पूरी तरह कॉर्पोरेट घरानों के हवाले करने पर आमादा है। कॉर्पोरेट घराने मुनाफे का कोई भी सौदा नहीं चूकते। नवउदारवादी नीतियों के रहते विशाल कृषि–क्षेत्र उनकी मुनाफे की भूख का शिकार होने के लिए अभिशप्त है।

छोटी पूँजी के छोटे व्यवसाइयों के बल पर पले–बढ़े आरएसएस/भाजपा बड़ी पूँजी की पवित्र गाय की तरह पूजा करने में लगे हैं। मोदी–भागवत नीत आरएसएस/भाजपा ने कॉर्पोरेट घरानों को और कॉर्पोरेट घरानों ने आरएसएस/भाजपा को मालामाल कर दिया है। जैसे सावन के अन्धे को हरा ही हरा नज़र आता है, वे भ्रम फैलाने में लगे रहते हैं कि वास्तव में कॉर्पोरेट–हित में बनाए गये श्रम और कृषि–क़ानून मज़दूरों/किसानों को भी मालामाल कर देंगे।

बड़ी पूँजी की पूजा का मामला आरएसएस/भाजपा तक सीमित नहीं है। कोई अर्थशास्त्री, राजनेता, यहाँ तक कि मज़दूर/किसान नेता भी अड़ कर यह सच्चाई नहीं कहता कि कॉर्पोरेट घरानों की बड़ी पूँजी राष्ट्रीय प्राकृतिक संसाधनों, कृषि और सस्ते श्रम की लूट का प्रतिफल है। यह लूट उन्होंने देश के शासक-वर्ग की सहमति और सहयोग से की है। फ़र्क़ यह है कि पहले कॉर्पोरेट घराने पार्टियों/नेताओं की गोद में बैठने का उद्यम करते थे, अब पार्टी और नेता कॉर्पोरेट घरानों की गोद में बैठ गये हैं। भारत में 'गोदी मीडिया' ही नहीं, 'गोदी राजनीति' भी अपने चरम पर है।

बड़ी पूँजी की पूजा के नशे की तासीर देखनी हो तो आरएसएस/भाजपा और उसके समर्थकों का व्यवहार देखिये। किसान कहते हैं कृषि-क़ानून उनके हित में नहीं हैं, लेकिन प्रधानमन्त्री कहते हैं इन क़ानूनों में किसानों के लिए अधिकार, अवसर और सम्भावनाओं की भरमार है। किसान ख़ुद के फैसले के तहत महीनों तक कृषि क़ानूनों के विरोध में धरना-प्रदर्शन करते हैं और 'दिल्ली चलो' की घोषणा करके संविधान दिवस (26 नवम्बर) के दिन राजधानी में दस्तक देने के लिए कूच करते हैं, लेकिन प्रधानमन्त्री लगातार प्रचार करते हैं कि किसानों को विपक्ष द्वारा भ्रमित किया गया है–ऐसा विपक्ष जिसने 70 सालों तक किसानों के साथ छल किया है। किसानों को प्रतिगामी और मरणोन्मुख तबका तो सैद्धान्तिक रूप से कम्युनिस्ट विचारधारा में भी माना जाता है; लेकिन मोदी और उनके अन्ध-समर्थक उन्हें बिना अपनी सोच-समझ रखने वाला प्राणी प्रचारित कर रहे हैं।

मोदी और उनकी सरकार की शिकायत है कि कृषि-क़ानूनों के ख़िलाफ़ केवल पंजाब के किसान हैं, गोया पंजाब भारत का प्रान्त नहीं है। कहना तो यह चाहिए कि पंजाब के किसानों ने अध्यादेश पारित होने के दिन से ही उनके विरोध में आन्दोलन करके पूरे देश को रास्ता दिखाया है। पंजाब के किसानों की शायद इस हिमाकत से कुपित होकर उन्हें 'खालिस्तानी' बता दिया गया है। देश के संसाधनों/उपक्रमों को कॉर्पोरेट घरानों/बहुराष्ट्रीय कम्पनियों को औने-पौने दामों पर बेचने में बिचौलिए की भूमिका निभाने वाला शासक-वर्ग किसान-मण्डी के बिचौलियों के बारे में ऐसे बात करता है, गोया वे जघन्य अपराध में लिप्त कोई गुट है। बड़ी पूँजी की पूजा का नशा जब सिर चढ़ कर बोलता है तो हर सिख खालिस्तानी, हर मुसलमान आतंकवादी, हर मानवाधिकार कार्यकर्ता अर्बन नक्सल और हर मोदी विरोधी पाकिस्तानी नज़र आता है। प्रधानमन्त्री का आरोप है कि लोगों के बीच भ्रम और भय फैलाने का नया ट्रेंड

देखने में आ रहा है, लेकिन उन्हें देखना चाहिए कि उन्होंने खुद पिछले सात सालों से एक अभूतपूर्व ट्रेंड चलाया हुआ है–कॉर्पोरेट-हित के एक के बाद एक तमाम फ़ैसलों का यह शोर मचा कर बचाव करना कि देश में पिछले 65–70 सालों में कुछ नहीं हुआ।

किसान पुलिस द्वारा लगाए गये विकट अवरोधों, पानी की बौछारों और आँसू गैस का सामना करते हुए संविधान दिवस पर दिल्ली के प्रमुख बॉर्डरों तक पहुँच गये, लेकिन पुलिस ने उन्हें दिल्ली में नहीं घुसने दिया। दबाव बनने पर केन्द्र और दिल्ली सरकारों के बीच बनी सहमति के तहत किसानों को पुलिस के घेरे में बुराड़ी मैदान में जमा होने की अनुमति दी गयी, लेकिन तय कार्यक्रम के अनुसार जन्तर-मन्तर पहुँच कर प्रदर्शन करने की माँग पर अडिग किसानों ने बुराड़ी मैदान में कैद होने से इनकार कर दिया। उन्होंने दिल्ली के सिंघु और टिकरी बॉर्डरों पर धरना दिया हुआ है। उधर पश्चिमी उत्तर प्रदेश के किसान कृषि क़ानूनों के विरोध में गाज़ीपुर बॉर्डर पर धरना देकर बैठे हैं। सरकार और पंजाब के किसान संगठनों के प्रतिनिधियों के बीच 1 दिसम्बर 2020 को हुई बातचीत उसके पहले हुई 13 नवम्बर 2020 की बातचीत की तरह बेनतीजा रही। फिर 3 दिसम्बर 2020 बातचीत हुई, जो आगे भी जारी रही, और कई दौर की बातचीत के बाद अन्ततः बिना किसी नतीजे के टूट गयी।

किसानों ने सालभर तक धरना चलाया। वे 6 महीने के राशन के इन्तज़ाम के साथ आये थे, और उन्होंने अपनी माँगों के पूरा होने से पहले वापस नहीं लौटने का संकल्प बार-बार दोहराया था। उनकी न्यूनतम समर्थन मूल्य (एमएसपी) को क़ानूनी दर्जा देने की माँग तो की है ही, साथ में तीनों कृषि क़ानूनों को वापस लेने की माँग भी है। आन्दोलन की यह खूबी उल्लेखनीय है कि वह पूरी तरह शान्तिपूर्ण और शालीन रहा है। साथ ही उसके नेता सरकार के साथ बातचीत में भरोसा करने वाले सिद्ध हुए हैं।

इस बीच लखीमपुर खीरी की हिंसक घटना हो चुकी है, जिसमें चार किसान और एक पत्रकार गाड़ियों के काफिले के नीचे कुचल कर मार दिये गये हैं। इस जघन्य वारदात की प्रतिक्रिया में एक ड्राइवर और दो भाजपा कार्यकर्ताओं की हत्या हुई है। राज्य सरकार की तरफ से घटना की जाँच चल रही है। सच्चाई पर पर्दा नहीं डाला जाये इसलिए सुप्रीम कोर्ट ने हस्तक्षेप करके राज्य सरकार को कुछ निर्देश दिये हैं। आशा की जानी चाहिए कि घटना की जो सच्चाई सबके सामने है, जाँच में भी सामने आये।

जिस तरह से दुनिया और देश में तेज़ी से बदलाव आ रहे हैं, खेती से सम्बद्ध क़ानूनों, संचालन-तन्त्र (लोजिस्टिक्स) और संस्थाओं आदि में बदलाव लाना ज़रूरी है। आज के भारत में खेती को उद्योग के ऊपर या समकक्ष स्थापित नहीं किया जा सकता। उसके लिए गाँधी के ग्राम-स्वराज और लोहिया के चौखम्भा राज्य की विकेन्द्रीकरण पर आधारित अवधारणा पर लौटना होगा। देश का प्रबुद्ध प्रगतिशील तबका ही यह 'पिछड़ा' काम हाथ में नहीं लेने देगा। खेती को सेवा-क्षेत्र के बराबर महत्त्व भी नहीं दिया जा सकता। अभी की स्थिति में इतना ही हो सकता है कि बदलाव संवैधानिक समाजवादी व्यवस्था के तहत हों, न कि निगम पूँजीवादी व्यवस्था के तहत। किसान खुद पहल करके पूरे देश में को-ऑपरेटिव इकाइयाँ कायम कर सकते हैं, जहाँ ताज़ा, गुणवत्ता-युक्त खाद्य सामान उचित दर पर उपलब्ध हो सकें इससे उसकी आमदनी और रोज़गार बढ़ेगा। देशभर के किसान संगठन इसमें भूमिका निभा सकते हैं।

किसान देश का सबसे बड़ा मतदाता समूह है। किसान का वजूद खेत मज़दूरों, जो अधिकांशतः दलित जातियों के होते हैं, और कारीगरों (लोहार, बढ़ई, नाई, धोबी, तेली, जुलाहा आदि) जो अति पिछड़ी जातियों के होते हैं, से मिल कर पूरा होता है। भारत के आदिवासी आदि-किसान भी हैं। खेती से जुड़ी इस विशाल आबादी में महिलाओं की मेहनत पुरुषों से ज़्यादा नहीं तो बराबर की होती है। जातिवाद, पुरुष सत्तावाद और छुआछूत की मानसिकता से मुक्त होकर ही किसान निगम पूँजीवादी व्यवस्था के ख़िलाफ़ एकजुट और लम्बी लड़ाई लड़ सकता है। आपसी भाई-चारा और सामुदायिकता का विचार/व्यवहार उसे विरासत में मिला हुआ है। निगम पूँजीवादी व्यवस्था को बनाये रखने के लिए समाज में साम्प्रदायिकता का जो ज़हर फैलाया जा रहा है, उसकी काट किसान ही कर सकता है। आज़ादी के संघर्ष में किसान शुरू से ही साम्राज्यवाद-विरोधी चेतना का दुविधा-रहित वाहक था, जबकि सामन्त और नवोदित मध्य-वर्ग के ज़्यादातर लोग अन्त तक दुविधा-ग्रस्त बने रहे। आन्दोलन में शरीक कई किसानों के वक्तव्यों से पता चलता है कि वे देश पर कसे जा रहे नव-साम्राज्यवादी शिकंजे के प्रति सचेत हैं। किसानों की यह राजनीतिक चेतना स्वतन्त्रता, सम्प्रभुता, स्वावलम्बन की पुनर्बहाली के लिए ज़रूरी नव-साम्राज्यवाद विरोधी चेतना का आधार हो सकती है।

सतत क्रान्ति का वाहक

महेन्द्र मिश्र

भारत का किसान आन्दोलन पहले ही अपनी ऐतिहासिकता सिद्ध कर चुका है। अब न तो उसे किसी प्रमाण की ज़रूरत है और न ही किसी तमगे की। वह इन सारे पैमानों से ऊपर जा चुका है। ऐसा कहा जाना किसी के लिए अतिश्योक्तिपूर्ण लग सकता है, लेकिन सच्चाई यही है कि एशिया के कुछ बड़े देशों में होने वाली क्रान्तियों का ही यह एक रूप है। रूस में बोल्शेविकों ने जार की सत्ता को किसानों की मदद से ही गिरायी थी और चीन में तो क्रान्ति की धुरी ही किसान थे। लिहाज़ा दूसरे रूप में हम इसे भारत में चलने वाली किसानों की सतत क्रान्ति की संज्ञा दे सकते हैं। दुनिया के शायद ही किसी हिस्से में इस तरह की कोई दूसरी मिसाल मिले। एक साल तक चलने वाला यह आन्दोलन न केवल शान्तिपूर्ण रहा बल्कि पूरी तरह से एकता और अनुशासन बद्ध भी। आमतौर पर देखा गया है कि आन्दोलनकारी हिंसक हो जाते हैं, लेकिन इस किसान आन्दोलन के मामले में बिलकुल उल्टा हो रहा है। सरकार खुद हिंसा को उकसा रही है और पूरे आन्दोलन को हिंसा के रास्ते पर धकेल कर उसे निपटा देना चाहती है, लेकिन इसको लेकर किसानों का नेतृत्व पूरी तरह से सतर्क है और वह किसी भी रूप में सरकार की साजिशों में फँसने के लिए तैयार नहीं है।

किसानों का यह आन्दोलन कॉर्पोरेट के ख़िलाफ़ एक जनयुद्ध है। दरअसल कॉर्पोरेट की पूरी निगाह सिर्फ़ किसानों की फ़सलों नहीं बल्कि उसके खेतों पर है जिससे 25 लाख करोड़ रुपये का कारोबार जुड़ा हुआ है। और कॉर्पोरेट किसी भी हालत में उसे उनसे छीन लेना चाहता है। इस मामले में अम्बानी और अडानी जिस तरह से खेती से जुड़े व्यापार की तरफ रुख किये हैं उससे यह साबित हो चुका है कि इन दो ख़ास पूँजीपतियों की निगाह इस हिस्से पर है।

और इस समय इनके पास मोदी जैसी एक चाबी है जिससे इस ताले को वो खोल सकते हैं। वैसे भी मोदी का एकमात्र काम देश में इनकी पूँजी के हिस्से को बढ़ाना रह गया है। अनायास नहीं अडानी देखते-देखते एशिया के दूसरे सबसे बड़े धनी शख़्स बन गये। उनकी सम्पत्ति में यह इज़ाफ़ा उस कोरोना काल में हुआ है जब लोग मर रहे थे और लॉकडाउन के चलते न केवल फैक्टरियाँ बन्द थीं बल्कि सारे कामकाज ठप पड़े थे। मध्यवर्ग तक को भले ही इसके बाद अपने खाने तक के ख़र्चे के हिसाब लगाने पड़ रहे हों, लेकिन इसी दौरान अडानी की सम्पत्ति में 50 बिलियन डॉलर का इजाफा हुआ जो 25 बिलियन डॉलर से बढ़कर 75 बिलियन डॉलर हो गयी। एकाएक वो इस देश में 200 सालों से कारोबार कर रहे टाटा-बिड़लाओं से कई सौ पायदान आगे खड़े हो गये।

किसी को लग सकता है कि आख़िर किसान इतनी जिद पर क्यों अड़े हैं। दरअसल यह कोई महज़ आन्दोलन ही नहीं बल्कि किसानों का अपना अस्तित्व बचाने की लड़ाई है। एकबारगी अगर यह क़ानून लागू हो गया तो फिर किसानों को अपनी ज़मीनों से बेदख़ल होना पड़ेगा। उसके बाद किसान या तो अपनी ज़मीन पर मज़दूर बन जायेंगे या फिर उनके पास शहरों की फैक्टरियों में दिहाड़ी पर काम करने के अलावा कोई रास्ता नहीं बचेगा। किसान इस बात को अच्छी तरीक़े से समझ गये हैं लिहाज़ा पुश्त-दर-पुश्त चले आ रहे अपने ज़मीन के मालिकाने को किसी एक सरकार के चरणों में वो समर्पित करने के लिए तैयार नहीं हैं। सरकार को शायद यह नहीं पता कि किसानों को अपनी ज़मीनों से कितना प्यार होता है। एक लट्ठा ज़मीन के लिए वह अपनी जान दे देता है, लेकिन उसको छोड़ने के लिए राजी नहीं होता है, लेकिन कॉर्पोरेट प्रेम में मदमस्त मोदी सरकार यह सब कुछ समझने के लिए तैयार ही नहीं है। मोदी के लिए यह मसला अहँकार से ज़्यादा सत्ता का है जो इसी पर टिकी है। दरअसल अडानी ने इस क्षेत्र में इतना निवेश कर दिया है कि अब इससे पीछे हटना उनके लिए बेहद नुक़सानदायक साबित होगा। उन्होंने न केवल जगह-जगह गोदामों की शक्ल में अपने साइलो बना दिये हैं बल्कि बाज़ार की भी बड़ी नेटवर्किंग कर डाली है। जिसमें अम्बानी भी उनके साथ शामिल हैं। रिलायंस के बड़े-बड़े स्टोर उसी के नतीज़े हैं। ऐसे में अडानी और अम्बानी इस घाटे को सहने के लिए तैयार नहीं हैं। और अगर क़ानून लागू नहीं होता है या फिर उसमें सरकार किसी तरह की लापरवाही करती है तो उसका आख़िरी ख़ामियाज़ा मोदी सरकार को भुगतना पड़ सकता है। इस बात को मोदी अच्छी तरह से जान रहे हैं।

देश में अब तक हुए कई पुराने आन्दोलनों से यह बिलकुल अलग है। शायद यही वजह है कि दुनिया के तमाम शोधार्थियों के लिए यह शोध का विषय बन गया है। इस पर रिसर्च हो रही है कि आख़िर इतना बड़ा आन्दोलन बगैर किसी एक नेता या फिर एक सर्वमान्य चेहरे के कैसे इतने अनुशासनबद्ध तरीक़े से आगे बढ़ रहा है? आख़िर वह कौन-सा फैविकोल है जो इसको जोड़े हुए है? अभी तक भारत में जो आन्दोलन हुए हैं उनमें जेपी के नेतृत्व में इन्दिरा निरंकुशता के ख़िलाफ़ लड़ी गयी लड़ाई है। जिसके केन्द्र में छात्र थे और वह मूलत: लोकतन्त्र के लिए लड़ गया था। जिसमें एक नेता था और विपक्ष की तमाम पार्टियाँ बारी-बारी से उसका हिस्सा बनीं। फिर दूसरा आन्दोलन इस देश में जो चर्चित रहा वह अन्ना का आन्दोलन था। यह आन्दोलन मूल रूप से मीडिया ने खड़ा किया था और उसके पीछे कॉर्पोरेट की पूरी ताक़त थी। इसके पास भी एक चेहरा था और भ्रष्टाचार उसका मूल मुद्दा था। नतीजतन देश के मध्यवर्ग से लेकर समाज का ऊपरी तबका इसका समर्थक बना। और अन्त में यह मौजूदा शासक पार्टी बीजेपी के लिए लाभदायक साबित हुआ। यह बात अब किसी से छुपी नहीं है कि इसके पीछे आरएसएस की पूरी रणनीति काम कर रही थी। कहा तो यहाँ तक जाता है कि आन्दोलन की पूरी योजना बीजेपी के तत्कालीन कद्दावर नेता और पार्टी के रणनीतिकार अरुण जेटली के घर पर बनी थी। जिसमें केजरीवाल भी शामिल थे, लेकिन किसानों का यह आन्दोलन इन दोनों आन्दोलनों से बिल्कुल जुदा है। इसमें न तो कोई एक नेता है और न ही एक संगठन जो अकेला इसकी अगुआयी का दावा कर सकें उससे भी ज़्यादा यह किसी आसमानी मुद्दे पर आधारित नहीं है। इसी मामले में अब तक के तमाम आन्दोलनों से यह अलग हो जाता है। इसके केन्द्र में किसानों का बुनियादी मुद्दा शामिल है। और वह है खेती-किसानी और ज़मीन बचाने की लड़ाई। इसलिए यह बात दावे के साथ कही जा सकती है कि यह पहला आन्दोलन है जो बुनियादी सवालों पर लड़ा गया न कि किसी भ्रष्टाचार और लोकतन्त्र के आसमानी मुद्दे पर नहीं। ऐसे में यह आन्दोलन सफल हो या कि असफल दोनों रूपों में यह भारतीय व्यवस्था के पूरे बुनियादी ढाँचे को प्रभावित करने जा रहा है। एकबारगी अगर यह नाकाम हो गया तो इस देश के किसान डायनासोरों की कतार में खड़े हो जायेंगे। सीधे-सीधे कहें तो विलुप्त हो जायेंगे। ऐसा होने पर खेती कॉर्पोरेट की होगी और किसान उनके दिहाड़ी मज़दूर। जैसा कि अमेरिका में है। वहाँ किसान नहीं, हज़ारों हज़ार एकड़ के मालिकाने वाले

कॉर्पोरेट हैं। बताया जाता है कि बिल गेट्स के पास अमेरिका में कई हज़ार एकड़ ज़मीन है। इसी तरह से ढेर सारे कॉर्पोरेट हैं जो ज़मीनों के मालिक हैं और पूरी खेती इन्हीं के क़ब्ज़े में है।

दरअसल मैं बात कर रहा था उस फैविकोल की जो बगैर किसी एक नेता और एक संगठन के 500 से ज़्यादा छोटे-बड़े संगठनों को आपस में जोड़े हुए है। वैसे तो परिस्थितियाँ और ज़रूरत ही किसी आन्दोलन के लिए प्राथमिक शर्त होती हैं, लेकिन उसको सफलता की मन्ज़िल पर ले जाने के लिए संगठन और कारगर सोच का होना उतना ही ज़रूरी हो जाता है। और यहाँ इस काम को वामपन्थी संगठन और उसके नेता कर रहे हैं। इस बात को पूरा देश मानता है कि आन्दोलन के केन्द्र में पंजाब के किसान और उनके संगठन हैं। ये संगठन और उनके नेता कोई और नहीं बल्कि तमाम वामपन्थी धाराओं से जुड़े लोग हैं। जिनमें न केवल ईमानदारी है बल्कि कुर्बानी का जज्बा भी है और अपने मकसद को हासिल करने के लिए वो किसी भी हद तक जाने की क्षमता रखते हैं। उगरहा हों या फिर दर्शन पाल या कि रूल्दू सिंह और हन्नान मोला से लेकर डॉ. आशीष मित्तल सभी अलग-अलग वामपन्थी धाराओं का प्रतिनिधित्व करते हैं। वामपन्थ की ये सारी धाराएँ कॉर्पोरेट के 'क़ब्ज़े ख़िलाफ़' एक जगह मिल गयी हैं। और वह है किसानों का यह फौलादी मोर्चा। हमें नहीं भूलना चाहिए कि इनकी पूरी लड़ाई और उसकी ज़मीन पूँजीवादी शोषणकारी व्यवस्था के खात्मे पर आधारित है। और इस मामले में पंजाब की जनता इस बात को समझ गयी है कि अपनी ज़मीन को इन संगठनों के सहारे ही बचाया जा सकता है। क्योंकि कॉर्पोरेट के ख़िलाफ़ ईमानदारी से अगर कोई लड़ सकता है तो वो वामपन्थी ताक़तें ही हैं। क्योंकि उनके नेताओं को ख़रीदने वाला सिक्का अभी तक टकसाल में नहीं ढाला जा सका है। इस लड़ाई के पीछे यही वह वैचारिक परिप्रेक्ष्य वाला फैविकोल है जिसकी धार लाल है। किसान आन्दोलन की धुरी बनकर इन संगठनों ने हरियाणा से लेकर पश्चिमी उत्तर प्रदेश और फिर देश के दूसरे हिस्सों के संगठनों को गोलबन्द किया हुआ है। आन्दोलन का यह राष्ट्रीय परिप्रेक्ष्य उसी का नतीजा है। और इस तरह से यह पूरा मोर्चा लेफ़्ट से लेकर तमाम समाजवादी-लोकतान्त्रिक धाराओं का संगम बन गया है। जो मौजूदा समय में एक स्थायी विपक्ष की भूमिका में खड़ा है। यह बात अब किसी से छुपी नहीं है कि जब इस देश के भीतर पूरा विपक्ष मौन धारण कर लिया था। चन्द नेताओं को छोड़कर मोदी सरकार के डर से विपक्षी नेता घरों से बाहर

निकलने के लिए तैयार नहीं थे। तब समय-समय पर मोर्चे ने हस्तक्षेप किया। वह चाहे महँगाई के ख़िलाफ़ लड़ाई की बात हो या फिर कहीं जनता का उत्पीड़न हो किसानों ने मोर्चा सँभाला। और इस तरह से यह पूरा आन्दोलन जनता की उम्मीदों का नया केन्द्र बन गया। और इस समय तमाम चुनावों में सत्ता के ख़िलाफ़ अभियान चलाकर एक निर्णायक स्थिति में पहुँच चुका है। सूबों के चुनावों में इसका हस्तक्षेप बेहद प्रभावकारी साबित हो रहा है। पश्चिम बंगाल में इसने करके दिखा दिया और बाक़ी जगहों के लिए तैयार है।

लेफ्ट के लिए यह आन्दोलन संजीवनी साबित हो सकता है। पश्चिम बंगाल में सिंगूर और नन्दीग्राम की घटना के बाद वामपन्थ के चेहरे पर जो एक दाग लग गया था इस आन्दोलन ने उसको धोने का काम किया है। किसानों पर गोली चलाने की घटना ने तत्कालीन सीपीएम सरकार को कठघरे में खड़ा कर दिया था। और यह पूरे वामपन्थी उसूलों और उसके विचारों के ख़िलाफ़ था। उसके बाद से ही सीपीएम और उसके साथ खड़ी पार्टियों के प्रति एक तरह का सन्देह पैदा हो गया था, लेकिन इस आन्दोलन में न केवल शामिल होकर बल्कि उसकी सफलतापूर्ण अगुआयी करके वामपन्थ ने एक बार फिर से अपनी पुरानी साख हासिल कर ली है।

यहाँ एक चीज़ स्पष्ट करना बेहद मौजूँ होगा कि पश्चिम बंगाल में बनी सीपीएम की सरकार के लिए भूमि वितरण सबसे बड़ा मुद्दा रहा है और सत्ता में आने के बाद उसने इस काम को बख़ूबी अन्ज़ाम भी दिया। पूरे सूबे में सफल बर्गा अभियान चलाया गया और इसके जरिये हर भूमिहीन को ज़मीन मुहैया कराई गयी। उसी का नतीजा था कि सीपीएम का बंगाल में स्थायी आध ार बन गया और ज्योति बसु के नेतृत्व में चुनाव दर चुनाव बाद सरकारें बनीं, लेकिन बुद्धदेव भट्टाचार्य के आते-आते सूबे में रोज़गार और विकास का सवाल सबसे अहम हो गया। ऐसे में औद्योगीकरण उसकी ज़रूरत बन गयी थी, लेकिन उनकी सरकार ने इस मसले पर कुछ ज़्यादा ही जल्दबाज़ी दिखायी। जिसमें सीधे टाटा और दूसरे पूँजीपतियों को खुला न्योता दिया गया और सिंगूर तथा नन्दीग्राम की उन ज़मीनों को उनके हवाले कर दिया गया जो बेहद उपजाऊ थीं। विपक्ष को इसी बात का मौक़ा मिल गया और उसने पूरी सरकार की घेरेबन्दी कर दी। जिसका नतीजा यह रहा कि टाटा को अपना प्लांट वहाँ से हटाना पड़ा और सीपीएम की सरकार भी जाती रही। यहाँ सीपीएम की साख को दो तरह से झटका लगा। पहला सतत कॉर्पोरेट और पूँजीवाद विरोध पर खड़ी पार्टी की सरकार पूँजीपतियों को लाभ पहुँचाती दिखी और ऊपर से उन्हें

यह लाभ लोगों की ज़मीनें छीन कर दिया जा रहा था। इससे लोगों का गुस्सा सातवें आसमान पर चढ़ गया। यह बात अलग है कि पूँजी निर्माण और निवेश के बगैर न तो कहीं विकास हो सकता है और न ही रोज़गार पैदा किया जा सकता है। ऐसे में किसी भी सरकार को ग़रीबी और बदहाली दूर करने के लिए इस रास्ते पर आगे बढ़ना ही पड़ेगा। अब वह बाहर से निवेश करवायेगी या फिर अन्दर ही किसी कोऑपरेटिव के निर्माण या फिर किसी दूसरे तरीक़े से इसको पूरा करेगी। यह बात उस पर निर्भर करती है, लेकिन शर्त यही है कि उसमें जनता को अपना फ़ायदा होता हुआ ज़रूर दिखना चाहिए।

किसान आन्दोलन जब एक साल पूरा करने जा रहा था तब उसको लेकर तरह-तरह की आशंकाएँ भी ज़ाहिर की गयी। विरोधी कई बार उसके समाप्त हो जाने की घोषणा कर रहे थे। और इसके पीछे वो दिल्ली के बॉर्डर पर लगे मोर्चों में किसानों की संख्या का कम होना बताते रहे हैं। सच यह है कि सिंघु और टिकरी पर किसानों की संख्या में कभी कमी नहीं आयी। अगर कुछ कमी दिखी भी तो वह खेती-किसानी वाले सीजन में, लेकिन उसके जाते ही वहाँ के कैम्प फिर लोगों से गुलज़ार हो जाते रहे। और यह सब कुछ बेहद संगठित तरीक़े से संचालित किया जाता रहा। रिपोर्ट्स तो यहाँ तक हैं कि गाँवों में पड़ोसी लोग कैम्पों में बैठे किसानों के खेती के काम कर दे रहे हैं। इस स्तर की साझेदारी और सामूहिकता शायद ही किसी दूसरे आन्दोलन में दिखी हो। गाज़ीपुर बॉर्डर पर लगे मोर्चे में भले ही संख्या कम दिखे, लेकिन यह ऐसा मोर्चा है जिसमें किसी भी समय बुलाए जाने पर हज़ारों की संख्या में किसान इकट्ठा हो जायेंगे, लेकिन इससे भी आगे बढ़कर यहाँ यह बात बतानी ज़रूरी है कि व्यापक हो चुका किसानों का यह आन्दोलन अब किसी कैम्प और मोर्चे का मोहताज नहीं रहा। यह गाँवों की गलियों से होकर शहर और कस्बों के रास्ते पूरे देश में फैल गया है। देश के अलग-अलग हिस्सों में न केवल पंचायतें हो रही हैं बल्कि तरह-तरह के आयोजन इसको आगे बढ़ाने का रास्ता साफ़ कर रहे हैं। पिछले दिनों किसानों के आह्वान पर हुए भारत बन्द ने राष्ट्रीय स्तर पर अपनी ताक़त दिखा दी है। ऐसे में अगर कोई सवाल है तो वह पीएम मोदी से पूछा जाना चाहिए। और फिर भी अगर उनके पास इसका कोई जवाब नहीं है तो जनता चुनाव दर चुनाव अपना जवाब देने के लिए तैयार है। बंगाल समेत पिछले चुनावों में उसने इस काम को बखूबी किया है। अब आने वाले दिनों में यूपी समेत पाँच राज्यों की बारी है। (इसी खौफ ने आखिरकार प्रधानमन्त्री मोदी को 19 नवम्बर 2021 को तीनों कृषि क़ानून वापस लेने को बाध्य किया।)

कॉरपोरेट बनाम किसान

ए.के. अरुण

साल 2021 की शुरुआत हमने इस उम्मीद के साथ की थी कि यह हमें वर्ष 2020 की ख़ौफ़नाक कोरोना महामारी से राहत देगा लेकिन हुआ कुछ और। कोरोना वायरस संक्रमण थमने की बजाय और बढ़ता गया। वर्ष 2021 के जाते-जाते उम्मीद की जा रही थी कि खस्ता हाल परेशान जनता के चेहरे पर रौनक लौटगी लेकिन ऐसा कुछ नहीं हुआ। दिवाली और ईद भी बीत गये मगर देश की बहुत बड़ी आबादी ख़ुशियों की राह देखती रही। 9 अगस्त 2020 से देश में किसानों ने मोदी सरकार द्वारा संसद से पारित कराये कृषि क़ानूनों के ख़िलाफ़ जो आन्दोलन छेड़ा वह 15 महीने बाद भी पूरे जोश में है। 700 से ज़्यादा किसानों की कुर्बानी के बावजूद किसानों के हौसले कम नहीं हुए। कोरोना वायरस संक्रमण की दूसरी जानलेवा लहर के आंतक ने देश को घरों में दुबक जाने को विवश कर दिया था लेकिन किसान मोर्चे पर डटे रहे और माँगें माने जाने तक मोर्चा को नहीं छोड़ने का फौलादी संकल्प दुहराते हुए वे अब भी डटे हुए हैं। कृषि क़ानूनों की वापसी के सरकार के निर्णय के बावजूद किसान मोर्चा छोड़ने को तैयार नहीं हैं। किसान कह रहे हैं कि एमएसपी (न्यूनतम समर्थन मूल्य) की गारंटी, मंडी की बहाली, कान्ट्रैक्ट फार्मिंग के ख़िलाफ़ किसानों की माँग से कोई समझौता नहीं हो सकता।

1

19 नवम्बर 2021 को जब प्रधानमन्त्री अपने चिर-परिचित अन्दाज़ में टेलिविजन पर अचानक अवतरित होकर "मैं तीनों कृषि क़ानूनों को वापस ले रहा हूँ" की घोषणा किये तो सहसा विश्वास ही नहीं हुआ कि ऐसा भी हो सकता है। मौजूदा किसान आन्दोलन के 15 महीनों में छः से ज़्यादा केन्द्रीय

मन्त्रियों ने किसान और किसान आन्दोलन के ख़िलाफ़ जिस तरह से बयान दिये थे वह शर्मनाक ही कहे जायेंगे। टीवी चैनलों के चापलूस एंकर एवं सत्ता के प्रवक्ताओं ने किसानों के लिए न जाने कितने अपमानजनक शब्द कहे, आन्दोलन को आतंकवादी घोषित करने की साजिश रची लेकिन किसान टस से मस नहीं हुए। इन पन्द्रह महीनों में किसानों ने दिल्ली के बॉर्डर पर खुले आसमान के नीचे न केवल सरकार, पुलिस और सरकारी दलालों से लड़ाइयों लड़ीं बल्कि उन्होंने प्रतिकूल मौसम और कथित सुविधाभोगी मधयवर्ग की उपभोक्तावादी सोच से भी लोहा लिया। नतीजा सामने है कि सरकार ने तीनों कृषि क़ानून रद्द करने की घोषणा की। प्रधानमन्त्री मोदी ने 30 जनवरी, 2021 को भी अपनी टीवी घोषणा के माध्यम से कहा था कि वे किसानों से महज़ एक फ़ोन काल की दूरी पर हैं लेकिन इस दूरी तक पहुँचने में प्रधानमन्त्री को लगभग 10 महीने लग गये।

मौजूदा किसान आन्दोलन के इस 15 महीने में किसानों ने जानलेवा कोरोना वायरस संक्रमण की भी परवाह नहीं की। लगभग 700 किसानों की आन्दोलन के दौरान हुई मौतों में कोई भी मौत कोरोना वायरस संक्रमण के नाम दर्ज नहीं है। अपनी माँगों पर अड़े किसानों की मौतों के कारणों में हृदय गति रुकने, सदमा, मौसम की मार, अन्य बीमारियाँ तो दर्ज हैं लेकिन कोरोना वायरस संक्रमण दर्ज नहीं है यह आश्चर्य भी है और सवाल भी। लगभग तीनों बॉर्डर पर डटे किसानों के धरने में दिन-रात किसानों का हूजूम रहा। लगा ही नहीं कि किसानों के जमावड़े को कोरोना वायरस संक्रमण की परवाह है। हालाँकि तीनों बॉर्डर पर दिल्ली सरकार और अनेक स्वयं सेवी संगठनों ने मेडिकल टीमें तैनात कर रखी हैं फिर भी इस ख़तरनाक वायरस का भय किसानों के चेहरे पर तो नहीं दिखा और न ही उनके उत्साह में इससे कोई कमी दिखी। हालाँकि इस दौरान मीडिया ने किसानों के जमावड़े को कोरोना प्रसार के केन्द्र के रूप में भी आरोपित किया लेकिन किसान नेताओं ने चुनौती देकर मीडिया वालों की ख़ूब ख़बर भी ली। भारतीय किसान यूनियन के नेता राकेश टिकैत ने तो एक टीवी चैनल पर उलटा आरोप जड़ दिया कि कोरोना वायरस संक्रमण को फैलाने के ज़िम्मेवार खुद सरकारी भोंपू बने टीवी चैनल ही हैं। किसान नेताओं ने तो यह भी कहा कि कोरोना फैलाने का आरोप लगाने वाले यह भी सुन लें कि किसानों ने मजबूर बीमार लोगों को ऑक्सीजन उपलब्ध कराने में भी अभूतपूर्व योगदान दिया है।

2

इस लेख के माध्यम से मैं किसान आन्दोलन की वर्तमान स्थिति के साथ-साथ किसानों की समस्या की पृष्ठभूमि, इससे पहले के आन्दोलन और खेती किसानी के मूल सवालों पर भी चर्चा करना चाहूँगा। शुरुआत करते हैं किसानों के आन्दोलन की पृष्ठभूमि से। दरअसल सत्रहवीं शताब्दी के अन्त और अठारहवीं शताब्दी के शुरुआत में अंग्रेज़ों की इन्क्लोजर प्रक्रिया (ज़मीन की घेराबन्दी) की वजह से बड़े पैमाने पर किसानों का विस्थापन हुआ था। इसी तर्ज़ पर आज भी कभी सेज (स्पेशल इकोनॉमिक जोन) तो कभी भूमि अधिग्रहण के बहाने किसानों की ज़मीनें लेने की प्रक्रिया जारी है। आदिवासी क्षेत्र में तो औद्योगिकीकरण एवं आधुनिकीकरण के बहाने नक्सलवाद को ख़त्म करने के नाम पर उनकी ज़मीनें हथियाने और उसे पूँजीपतियों को विकास के नाम पर देने की प्रक्रिया निर्मम तरीक़े से चलाई जा रही है। आदिवासी इलाके और कथित शहरीकरण के शिकार गाँव अपने अस्तित्व की लड़ाई लड़ रहे हैं। हालाँकि योरोप में औद्योगिक क्रान्ति से पहले चौदहवीं से अठारहवीं शताब्दी के दौरान सामन्तशाही के ख़िलाफ़ किसान विद्रोह बहुत लम्बा चला था। बावजूद इसके योरोप में औद्योगिकीरण के क्रम में किसानों को नष्ट किया गया।

इसी प्रभाव के कारण भारत में ज़मींदारी व्यवस्था के दिनों में किसानों ने ज़बर्दस्त आन्दोलन किया। ज़मींदारी व्यवस्था ख़त्म हुई लेकिन किसानों की समस्याओं का समाधान नहीं हुआ। सन् 1980-90 के दशक में देश में चले किसान आन्दोलनों से शोर तो मचा लेकिन बात दूर तक नहीं गयी। तमिलनाडु में नायडू के नेतृत्व में किसान आन्दोलन, कर्नाटक में नंजुदास्वामी के नेतृत्व में रैयत संघ, उत्तर प्रदेश में महेन्द्र सिंह टिकैत के नेतृत्व में भारतीय किसान यूनियन, महाराष्ट्र में शरद जोशी की अगुआई में शेतकारी संगठन उभरे लेकिन दूरदृष्टि के अभाव में ये आन्दोलन धीरे-धीरे कमज़ोर होते चले गये। या यों कहें कि किसानों का यह आन्दोलन कोई नयी राजनीति नहीं खड़ी कर पाया। किसान आन्दोलन के लिए राजनीति की अनिवार्यता तो तभी दिखाई देती है जब गाँव और किसानों को केन्द्र में रखकर समाज के नवनिर्माण की कोई कल्पना हो। महज़ पूँजी या पूँजीवाद के लिए चल रहे किसान आन्दोलन न तो किसानी का भला करेंगे न किसान का। इसलिए पूँजीवादी व्यवस्था को बदले बग़ैर किसानों की स्थिति सुधारी नहीं जा सकती।

वैश्वीकरण के बाद खेती के निजीकरण के लिए सन् 1992 के बाद की लगभग सभी सरकारों ने जो भी नीतियाँ बनायीं वह सब किसान और खेती विरोधी ही हैं। जो किसान कभी समाज में दाता की भूमिका में थे वे इस नयी व्यवस्था में भिखारी बना दिये गये। मुक्त बाज़ार व्यवस्था में धीरे-धीरे कॉरपोरेट किसानों की खेती पर कब्ज़ा करना शुरू कर देता है। सरकार इसमें कॉरपोरेट की मददगार होती है। आर्थिक दबाव के चलते किसान आत्महत्या करते हैं। इस प्रकार किसान खेती किसानी से टूटने लगते हैं और धीरे-धीरे किसान से मज़दूर बन जाते हैं। फिर ये गाँव छोड़ कर शहर की झुग्गियों में पहुँच जाते हैं। किसान का यह सफ़र वैश्वीकरण व कॉरपोरेट के इस युग में एक आम घटना है। किसान के मज़दूर बनने की इस दर्दनाक प्रक्रिया में उनके फ़सलों के दामों का भी ग़ज़ब योगदान होता है। एमएसपी (न्यूनतम समर्थन मूल्य) के अभाव में किसानों को औने-पौने दामों में अपनी फ़सल बेचनी पड़ती है। समाजवादी नेता राम मनोहर लोहिया ने इस प्रक्रिया को 'दामों की लूट' कहा था। आज किसान इसी एमएसपी की गारंटी माँग रहे हैं। पूर्व राज्यसभा सांसद एम.एस. स्वामीनाथन की अध्यक्षता वाली आयोग की रिपोर्ट जिसमें फ़सल की लागत से 50 फ़ीसदी ज़्यादा दाम की वकालत है को भी किसान लागू करने की बात कह रहे हैं।

अब थोड़ी चर्चा भारत में किसानों की स्थिति पर कर लेते हैं। भारत का मुख्य समाज और देश में 60 फ़ीसद लोग खेती पर निर्भर हैं। लेकिन कृषि प्रधान समाज और देश होते हुए भी यहाँ के किसान सबसे बदहाल ज़िन्दगी जी रहे हैं। देश में एक साजिश के तहत किसान और किसानी को ख़त्म किया गया है। देश में किसान और कृषि का संकट दीर्घकालीन किसान विरोधी नीतियों का परिणाम हैं। पूर्व आई.ए.एस. अधिकारी डॉ. ब्रह्मदेव शर्मा कहते थे कि किसानों की आजीविका को प्रभावित करने वाली सरकार की कृषि नीति संविधान विरोधी है। उदारीकरण और भूमण्डलीकरण के प्रारम्भिक दौर से जारी नीतियों की वजह से बहुसंख्यक किसान और मज़दूरों का जीवन दूभर हो गया और मुट्ठी भर कॉरपोरेट घराने, बहुराष्ट्रीय कम्पनियाँ, उद्योगपति फलने-फूलने लगे। इस दौर में खेती-किसानी और किसानों के संकट बढ़े और उन्हें अपनी मेहनत का मोल भी मिलना मुहाल हो गया। डब्लू.टी.ओ. के दबाव में सरकार दूसरी घटित क्रान्ति के नाम पर पूँजी आधारित खेती यानी कान्ट्रैक्ट फार्मिंग, कॉरपोरेट फार्मिंग, कृषि यन्त्रीकरण, जैव तकनीक, जीएम (जेनेटिकली मोडिफाइड) फ़सलों को बढ़ाने लगी मसलन पारम्परिक खेती ख़त्म होने लगी

और जैव विविधता नष्ट होने लगी। मुनाफ़े के लालच में व्यापक वैश्विक पर्यावरण संकट खड़ा कर दिया गया। कॉरपोरेट के इशारे पर सरकार की मंशा साफ़ हो गयी कि किसान खेती छोड़ दे और महज़ 15-20 फ़ीसदी कॉरपोरेट खेती करें ताकि दुनिया के बाज़ार के लिए माल तैयार हो सके।

3

भारत के किसान दुनिया के सबसे छोटे किसानों में एक हैं। यहाँ एक किसान के पास 1.08 हेक्टेयर औसत ज़मीन है जिससे आठ लोगों का गुज़र बसर होता है। छोटी जोत वाले किसान 42 फ़ीसदी ज़मीन पर खेती करते हैं। यहाँ के किसानों के कन्धों पर दो अहम ज़िम्मेवारियाँ हैं। भारतीय किसान अपने परिवार के साथ-साथ देश का पेट भी भरता है। कोई इस बात से इनकार नहीं कर सकता कि आज हमारा देश दुनिया का सबसे बड़ा अनाज उपभोक्ता है। और यह भी सच है कि यहाँ के छोटे किसानों के ही दम पर भारत खाद्य के मामले में आत्मनिर्भर है। तमाम प्रतिकूल परिस्थितियों के बावजूद भारतीय कृषि अन्य उद्योगों के मुक़ाबले वर्ष 2020-21 में महामारी के दौर में भी विकास दर्ज किया है। देश के करोड़ों किसानों ने ही मिलकर 20.13 लाख करोड़ की अर्थव्यवस्था खड़ी की है। विडम्बना देखिए कि इन सबके बावजूद देश के किसान सड़क पर हैं। उनसे रोज़ छल हो रहा है। उनकी माँगें क्या हैं? अपनी मेहनत का वाज़िब मूल्य, न्यूनतम समर्थन मूल्य, खेती पर उनका नैसर्गिक अधिकार, जैव विविधता, कम्पनियों से मुक्ति आदि। कॉरपोरेट के दबाव में सरकार ने किसानों के सामने ऐसे हालात बना दिये कि वर्ष 2019 में प्रत्येक घण्टे दो किसानों ने आत्महत्या की।

आज किसानों के आन्दोलन को खालिस्तानी, पाकिस्तानी, मवाली, हत्यारे, देशद्रोही कह कर भ्रमित तो किया जा सकता है लेकिन उनके सवालों को दबाया नहीं जा सकता। विगत 15 महीनों से जारी किसानों का यह सत्याग्रह बेमिसाल है। बहुत शातिराना तरीक़े से दोनों सदनों में पास कराये कृषि क़ानूनों को निरस्त करने की माँग करने वाले किसानों के हौसले को सलाम करते हुए देश की जनता को यह बताना ज़रूरी है कि उन्हें इस क़ानून से इतनी बौखलाहट क्यों है? दरअसल किसानों के नाम पर लाये गये इस क़ानून को किसान जनविरोधी बता रहे हैं। किसानों का यह ग़ुस्सा कई दशकों में उपजा है। पिछले 30-40 वर्षों से किसानों के साथ जो धोखा हुआ और उन्हें उनके मौलिक अधिकारों से वंचित रखा गया उससे पूरे देश के किसान परेशान और ग़ुस्से में हैं।

इसे समझने के लिए इन तीन अध्ययनों पर ग़ौर करें। एक अध्ययन है यूनाइटेड नेशंस कॉन्फ्रेंस ऑन ट्रेड एंड डेवलपमेंट (यूएनसीआईएडी) का। इस अध्ययन के अनुसार 1980 से सन् 2000 तक पूरी दुनिया में कृषि उपज के विक्रय मूल्य में कोई बढ़ोतरी नहीं हुई। यानी सन् 1980 में किसानों की जो आय थी वही सन् 2000 में भी रही। दूसरा अध्ययन है ऑर्गनाइजेशन फॉर इकोनोमिक को-ऑपरेशन एंड डेवलपमेंट (ओइसीडी) को सन् 2008 के इस अध्ययन के अनुसार सन् 2010 से 2017 के दौरान भारतीय किसानों को कृषि से होने वाली आय में 45 लाख करोड़ रुपये का नुक़सान हुआ। यह आकलन भी कुछ ख़ास फ़सलों के सन्दर्भ में है। और तीसरा अध्ययन है इकोनोमिक सर्वे की 2016 की रिपोर्ट। इस रिपोर्ट के अनुसार देश के 17 राज्यों में एक किसान परिवार की औसत आय 20 हज़ार रुपये सालाना यानी 1700 रुपये प्रतिमाह से भी कम रही है।

इतने संकटों से गुज़रते हुए किसानों ने जब देखा कि बद से बदतर होते हालातों के बावजूद सरकार इन कृषि क़ानूनों को ला रही है जो उनके हितों को कुचलकर कॉरपोरेट के हितों को पोषित करेगी तब उन्होंने स्वयं अपनी लड़ाई लड़ने का फैसला लिया और मैदान में आ डटे। शुरू में गोदी मीडिया ने यह प्रचारित किया कि यह केवल पंजाब के अमीर किसानों का आन्दोलन है। इसी मीडिया ने इन्हें खालिस्तानी, देशद्रोही, आतंकवादी, मवाली और न जाने क्या-क्या कहा। ग़ौर करने वाली बात यह है कि इन अमीर समझे जाने वाले किसानों ने भी वर्ष 2000 से 2015 तक कोई 16,600 किसानों ने क़र्ज़ और बदतर माली हालत की वजह से आत्महत्या की। यह अध्ययन संयुक्त रूप से पंजाब कृषि विश्वविद्यालय, लुधियाना, पंजाबी विश्वविद्यालय, पटियाला तथा गुरुनानक देव विश्वविद्यालय, अमृतसर का है। इस अध्ययन के अनुसार पंजाब के खेतिहर परिवारों पर कुल क़र्ज़ लगभग एक लाख करोड़ रुपये का है। यदि पंजाब के किसान वाकई गम्भीर होते तो सोचिए कि वे अभाव व क़र्ज़ की वजह से आत्महत्या करते?

4

भारत में किसानों की माँग, न्यूनतम समर्थन मूल्य (एमएसपी) को यहाँ का बिका हुआ गोदी मीडिया किसानों द्वारा 'लूट की छूट' बताता है। विडम्बना यह है कि मीडिया के नाम पर सरकार की दलाली करने वाले इन गिरोहियों के झूठ ने पढ़ाई और जानकारी से किनारा कर लिया। वह सरकार और कॉरपोरेट के द्वारा बताये आदेश को ही सर्वोपरि मान कर 24 घण्टे थर्राता रहता है।

कॉरपोरेट का स्वर्ग अमरीका में ही देख लें। वहाँ वाल मार्ट जैसे बड़े-बड़े रिटेलर हैं। ये वहाँ कान्ट्रैक्ट फार्मिंग में भी हैं ये भी खेती करते हैं और दिलचस्प बात यह है कि यहाँ इन्हें भी अमरीकी सरकार सालाना 63 हज़ार प्रति डॉलर की सब्सिडी देती है। सवाल है कि यदि खुले बाज़ार इतने सक्षम हैं तो इन्हें सब्सिडी की क्या ज़रूरत है। ओइसीडी (आर्थिक सहयोग और विकास संगठन) से जुड़े देश भी सब्सिडी के रूप में प्रतिवर्ष कृषि क्षेत्र को अरबों डॉलर देते हैं। योरोप आज प्रतिवर्ष लगभग 400 बिलियन डॉलर सब्सिडी देता है। अब तो कृषि क्षेत्र में सबसे ज़्यादा सब्सिडी देने वाले देशों में चीन अव्वल है। इसने तो अमरीका और योरोपियन यूनियन को भी पीछे छोड़ दिया है। सन् 2016 में चीन की सरकार ने अपने कृषि क्षेत्र को 212 बिलियन डॉलर के बराबर सब्सिडी दी।

इस किसान आन्दोलन को बदनाम और बरबाद करने की नीयत से सरकार, सरकारी मन्त्री और सरकार का भोंपू बना मीडिया यही प्रचारित करता रहा कि यह मुट्ठी भर किसानों का आन्दोलन है। प्रधानमन्त्री ने तो इन किसान नेताओं को आन्दोलनजीवी तक कहा लेकिन सच्चाई है कि यह आन्दोलन न केवल पंजाब के 32 किसान यूनियन बल्कि हरियाणा, राजस्थान, पश्चिमी उत्तर प्रदेश और देश के अन्य हिस्सों के किसानों का एक बड़ा आन्दोलन बना और अब उत्तराखण्ड, पश्चिम बंगाल, कर्नाटक, आन्ध्र प्रदेश, महाराष्ट्र, गोवा, केरल आदि प्रदेशों के किसान संगठनों ने इस आन्दोलन को मज़बूत किया। सवाल यह है कि यदि मान भी लें तो यह महज़ कुछ ही किसानों की आवाज़ है तो क्या व्यापक जनहित में इनकी बात नहीं सुनी जानी चाहिए? किसान आन्दोलन के मुद्दे दरअसल देश के आम अवाम और खाद्य सुरक्षा से जुड़े मुद्दे हैं। सरकार द्वारा प्रस्तुत कृषि क़ानून और उसे जनता पर थोपने के तरीक़े इतने ख़तरनाक और ग़ैर-लोकतान्त्रिक हैं कि वह देश की सुरक्षा और संविधान के ख़िलाफ़ एक षड्यन्त्र के रूप में दिखा। किसान आन्दोलन ने इस साजिश को बेनकाब किया। यह इस आन्दोलन की सफलता है।

5

वैश्वीकरण के दौर में आवारा पूँजी के सहारे तेज़ी से फलते-फूलते कॉरपोरेट जिस तरह से मुख्यधारा में आ चुके थे और सरकारों को निर्देशित कर रहे थे वह भारतीय लोकतन्त्र की अस्मिता पर कुठाराघात था। इस किसान आन्दोलन ने लोकतन्त्र का मखौल उड़ाने वाले इस कुटिल कॉरपोरेटी चाल और बहुमत

से चुनकर आयी सरकार के कॉरपोरेट परस्त हो जाने की ख़बर लेते हुए फिर से खेती और खेती से जुड़े मुद्दे को मुख्यधारा में लाकर खड़ा कर दिया है। कोरोना संक्रमण काल के दौरान संसद से कृषि क़ानूनों को पास कराकर उसका नोटिफिकेशन भी जारी किया जा चुका था। देश कोरोना काल के लॉकडाउन से अनलॉक हो रहा था मगर कृषि क़ानूनों की फाँस से किसान और किसानी लॉकडाउन के गर्त में जा रहे थे। लेकिन किसानों की एकजुटता ने सरकार और कॉरपोरेट के इस साजिश और गोदी मीडिया के लाख दिखावे के बावजूद कृषि क़ानून को वापस लेने के लिए सरकार को मजबूर कर दिया। वर्तमान किसान आन्दोलन इस मामले में बेमिसाल कहा जायेगा कि वह एक लम्बे अन्तराल के बाद गाँधी के अहिंसा और सत्याग्रह के बूते देश की सबसे मज़बूत सरकार को बिल वापसी के लिए बाध्य कर दिया।

भारतीय किसानों की एक और विडम्बना यह है कि आज़ादी के बाद से ही उनकी स्थिति बेहतर होने की बजाय बिगड़ती चली गयी। शुरू से ही सरकार ने कृषि जैसे महत्त्वपूर्ण क्षेत्र को नज़रअन्दाज़ किया। पहली पंचवर्षीय योजना (1951–56) में जो कुल योजना राशि का 14.9 फ़ीसदी हो गया था। और कृषि विकास की जो साम्राज्यवादी नीतियाँ अपनायी गयीं उसका अन्तिम परिणाम हरित क्रान्ति के रूप में देश भर की खेती की बरबादी के रूप में सामने आया। नतीजतन कृषि विकास दर प्रभावित हुआ और सफल घरेलू उत्पादन में कृषि का योगदान काफ़ी घट गया। सन् 1947 में जीडीपी (सकल घरेलू उत्पाद) में कृषि का योगदान जो 65 फ़ीसद था वह घट कर अब 20 फ़ीसद से भी कम रह गया है। हालाँकि कोरोना काल में कृषि की विकास दर में 3.4 फ़ीसद की वृद्धि का दावा सरकार कर रही है। केन्द्रीय कृषि मन्त्री ने लोकसभा में एक बयान में बतलाया था कि वर्ष 2019–20 के मुक़ाबले देश में 2020–21 में 11.14 फ़ीसद ज़्यादा अनाज का उत्पादन हुआ। यह 308.65 मिलियन टन बताया गया था।

आँकड़े बता रहे हैं कि देश में प्रतिदिन 2,000 किसान खेती छोड़ रहे हैं। किसान पुत्रों का खेती से मोह भंग हो रहा है। कई किसान तो यह कह रहे हैं कि ऐसा भी हो सकता है कि अगली पीढ़ी में कोई किसान ही नहीं बचे। दिल्ली की एक बिज़नेस इन्फॉरमेशन कम्पनी, “सेंटर फॉर मॉनिटरिंग इंडियन इकोनोमी” की रिपोर्ट के अनुसार वर्ष 2018–19, 2019–20 में सकल मूल्य बीते 15 वर्षों में सबसे कम है। कोरोना काल में तो स्थिति और गम्भीर हो गयी। मसलन गाँव में 91 लाख तथा शहर में 18 लाख नौकरियाँ घट गयीं।

रिपोर्ट के अनुसार ग्रामीण भारत देश की कुल आबादी का दो तिहाई है जिसमें 84 फ़ीसद की नौकरी छूट गयी। हालाँकि कोरोना काल में यह स्थिति केवल भारत ही नहीं बल्कि पूरी दुनिया में थी लेकिन साल दर साल खेती से बाहर होते भारतीय ग्रामिणों की स्थिति किसान से मज़दूर बनने की है। सन् 2019 के बाद से भारत में ग्रामीण युवाओं की बेरोज़गारी का एक नया ट्रेंड्स देखने को मिला है। अब सवाल है कि ये युवा कृषि परिवारों से हैं और खेती-किसानी के अलावा इनके पास कोई और दक्षता भी नहीं है। हालाँकि आँकड़ों के अनुसार इन बेरोज़गार युवाओं में 67 फ़ीसद युवा वहाँ रहते हैं जहाँ कृषि की सम्भावनाएँ हैं।

6

किसान और किसानी के साथ एक और पहलू जुड़ा है जिसकी ज़्यादा चर्चा नहीं हो रही, वह है जलवायु परिवर्तन। जलवायु परिवर्तन से जुड़ी आपदाएँ खेती को नुक़सान तो पहुँचा ही रही हैं, साथ ही किसानों को पलायन के लिए भी मजबूर कर रही हैं। संयुक्त राष्ट्र ने पिछले साल मार्च में जारी विश्व जल विकास रिपोर्ट में चेतावनी दी थी कि जलवायु परिवर्तन वैश्विक खाद्य उत्पादन के तरीक़े को पूरी तरह बदल देगा। इससे गम्भीर और व्यापक खाद्य असुरक्षा पैदा होगी क्योंकि खेती पूरी तरह से जलवायु और स्थानीय मौसम से जुड़ी है। मौसम और जल उपलब्धता में मामूली बदलाव से उपज में भारी अन्तर आता है। प्रोसीडिंग्स ऑफ़ द नेशनल अकेडमी ऑफ़ साइंसेज ऑफ़ द यूनाइटेड स्टेट्स ऑफ़ अमेरिका जर्नल द्वारा प्रकाशित एक अध्ययन के अनुसार वर्ष 2040 तक चार प्रमुख फ़सलों–जैसे गेहूँ, चावल, मक्का और सोयाबीन के पैदावार पर क्षेत्रीय वर्षा के पैटर्न का प्रभाव दिखेगा। रिपोर्ट में साफ़ कहा गया है कि इन फ़सलों को उगाने वाला देश भारत स्थायी सूखे का सामना करेगा।

वर्तमान में भारत में गेहूँ की खेती के लिए जो समर्पित भूमि है वह गैस उत्सर्जन के वर्तमान रुझानों के तहत वर्ष 2020 से 2060 तक अधिक वर्षा को झेलेगी। जबकि उष्णकटिबन्धीय और उत्तरी भौगोलिक हिस्सा आर्द्र होगा। भारत में चावल की खेती वाली 100 फ़ीसद ज़मीन, मक्का की तथा सोयाबीन की 80 फ़ीसद भूमि अगले 40 वर्षों के भीतर आर्द्र परिस्थितियों से गुज़रेगी। रिपोर्ट में कहा गया है कि अगले 50 से 500 वर्षों के दौरान तापमान और वर्षा की प्रवृत्ति में बदलाव के चलते न सिर्फ़ कृषि प्रभावित होगी बल्कि

इसका खाद्य सुरक्षा पर भी असर पड़ेगा। इधर चुनावी जुमलों में फँसे भारतीय किसान सरकार और विभिन्न राजनीतिक दलों द्वारा आय दोगुनी करने के वायदे को सहज पचा नहीं पा रहे। सरकार का ही आर्थिक सर्वेक्षण कहता है कि खरीफ़ और रवी के मौसम में तापमान के झटके से किसानों की आय औसतन क्रमशः 4.3 और 4.1 फ़ीसद घट जाती है जबकि अत्यधिक वर्षा से इन दोनों फ़सल चक्रों में आय क्रमशः 13.7 और 5.5 फ़ीसद घट जाती है। सर्वेक्षण यह भी कहता है कि वातावरण की गर्मी में 1 डिग्री सेल्सियस की वृद्धि खरीफ़ के मौसम में भी किसानों की आय 6.2 फ़ीसद तक कम करा देती है। ज़ाहिर है कि जलवायु परिवर्तन के दौर में किसानों का संकट और बढ़ने वाला है।

7

भारत के जनजीवन एवं आर्थिक प्रबन्धन में खेती और किसानों की भूमिका सदा अहम रही है। आधुनिकता के कॉरपोरेटी विशेषज्ञ भले ही आज कृषि के योगदान को कम करके आँकें मगर यह नहीं भूलना चाहिए कि आज़ादी के समय देश की जीडीपी में कृषि का हिस्सा 61 फ़ीसद था। यह अलग बात है कि अब देश की अर्थव्यवस्था में कृषि का योगदान 16-17 फ़ीसद रह गया है। लेकिन हमें नहीं भूलना चाहिए कि आज भी हमारे देश में लगभग 60 फ़ीसद जनसंख्या और 45 फ़ीसद रोज़गार खेती में ही है। कुल निर्यात में 12-14 फ़ीसद हिस्सा कृषि उत्पादों का है। ये आँकड़े यह बताने के लिए पर्याप्त हैं कि अभी भी कृषि, कृषक एवं ग्रामीण समाज का योगदान न केवल अन्य घटकों की अपेक्षा अधिक है बल्कि उन घटकों में अपने विकास हेतु भी अपेक्षित है। आज भी दुनिया में केवल 54 देश अपने किसानों को लगभग 2 बिलियन डॉलर की सब्सिडी दे रहे हैं। अमरीका में चीनी और मक्का जैसी कृषि उपज के उत्पादन के मूल्य की 55 फ़ीसद तक सब्सिडी दी जाती है। इसी प्रकार यूरोपीय संघ ने "ग्रामीण विकास सहायता योजना" के नाम से किसानों को सब्सिडी देने का कार्यक्रम बनाया है।

वास्तव में सरकारी सहायता के बिना खेती सम्भव नहीं है। खेती और किसानी को व्यापार समझने की बजाय शासक वर्ग इसे मानवता की ज़रूरत समझे तभी सबके लिए खाद्य सुरक्षा को सुनिश्चित किया जा सकता है। खेती को बाज़ार के हवाले कर देने का मतलब होगा बकरे को कसाई के हवाले करना। भारत ही नहीं 'दुनिया' के सामने मानव आबादी और

उसे समुचित पोषण और भोजन उपलब्ध कराने की ज़िम्मेवारी से कोई कॉरपोरेट परस्त सरकार भी बच नहीं सकती। दुनिया के संसाधनों पर कब्ज़ा करने की कॉरपोरेट की मंशा और उसके हथकंडे के बीच जैव-विविधता, मानव जीवन एवं पर्यावरण बचाने की मुहिम के लिए भी नागरिकों की खाद्य सुरक्षा को नज़रअन्दाज़ नहीं किया जा सकता। महज़ मुनाफ़े के लिए करोड़ों जीवन को तबाह नहीं किया जा सकता। खेती और किसानों को बचाने की लड़ाई मानवता और जीवन को बचाने की लड़ाई है। इसमें हर आदमी को किसानों के साथ खड़ा होना चाहिए। यह आज की एक महत्त्वपूर्ण ज़रूरत है।

लखीमपुर में क्रूरता

अटल तिवारी

तीनों कृषि क़ानून वापस लिए जाने के साथ किसान आन्दोलन स्थगित हो गया। दिल्ली के चारों ओर डेरा डाल कर बैठे किसान विजय जुलूस के साथ अपने घरों को लौट गये, लेकिन उत्तर प्रदेश के लखीमपुर खीरी में किसानों को कुचले जाने की घटना अभी भी सुप्रीम कोर्ट से संसद तक छायी हुई है। 15 दिसम्बर को विशेष जाँच दल (एसआईटी) ने अपनी रिपोर्ट में कहा कि 3 अक्टूबर को लखीमपुर में किसानों पर जीप चढ़ाये जाने की घटना पूर्व नियोजित थी। इस रपट के बाद केन्द्रीय गृह राज्य मन्त्री अजय सिंह टेनी के इस्तीफे की माँग तेज़ हो गयी है। विपक्षी सासंदों ने मंगलवार 21 दिसम्बर को संसद से विजय चौक तक मार्च किया। वे अजय मिश्र टैनी को बर्खास्त किये जाने की माँग कर रहे थे। इस मामले में सुप्रीम कोर्ट ने 15 नवम्बर को पंजाब और हरियाणा हाई कोर्ट के पूर्व जज राकेश कुमार जैन को एसआईटी की निगरानी के लिए नियुक्त किया था। साथ ही एसआईटी का स्तर बढ़ाने के लिए उन आईपीएस अफसरों को नियुक्त किया जो उत्तर प्रदेश काडर के होते हुए भी मूलतः उत्तर प्रदेश के नहीं थे। उन अफसरों में आईपीएस अफसर शिरोडकर, प्रीतेन्द्र सिंह, पद्मजा चौहान शामिल थे। 17 नवम्बर को भारत के मुख्य न्यायाधीश एनवी रमना की बैंच ने कहा कि कृषि क़ानूनों का विरोध कर रहे किसानों पर पीछे से गाड़ी चढ़ाई गयी और वह एसयूवी उन्हें कुचलते हुए निकल गयी। लोगों का जीवन जिस त्रासद तरीके़ से समाप्त किया गया उसकी निष्पक्ष और उचित जाँच की ज़रूरत है। अदालत ने कहा कि यूपी पुलिस ने जो धीमी गति से जाँच की है वह नहीं चलेगा। सुप्रीम कोर्ट ने उन लोगों पर भी कटाक्ष किया जो दिल्ली के पाँच तारा होटलों में बैठकर किसानों पर प्रदूषण का आरोप लगाते हैं। न्यायमूर्ति सूर्यकान्त ने कहा

कि ऐसे लोग किसानों की तकलीफ़ और उनकी ग़रीबी को नहीं समझते। मैं किसान हूँ और न्यायमूर्ति रमना किसान हैं। हम जानते हैं उनकी तकलीफ़ को।

25 सितम्बर को खीरी के सांसद व केन्द्रीय गृह राज्यमन्त्री अजय मिश्र 'टैनी' ने जिले के सम्पूर्णानगर कस्बे में आयोजित एक सभा में वहाँ की चीनी मिल के सम्बन्ध में किसानों को भुगतान मिलने का दावा किया था।

इस सभा में किसानों ने अपने संगठन की रणनीति (भाजपा नेताओं का विरोध करने वाली) के तहत गृह राज्यमन्त्री को काले झण्डे दिखाये थे, जिसे मन्त्री ने व्यक्तिगत विरोध की तरह ले लिया। उन्होंने किसानों को सुधर जाओ वरना सुधार देने की धमकी देते हुए कहा कि पलिया क्या लखीमपुर तक में नहीं रह पाओगे। शान्ति के साथ विरोध करने वाले किसानों ने इसे अपने संवैधानिक अधिकार के हनन के रूप में देखा। फिर रही सही कसर मन्त्री का किसानों को चिढ़ाने के अन्दाज़ में अँगूठा दिखाना और विरोध करने वाले किसानों के ख़िलाफ़ मुक़दमे कायम होना और छापे की कार्रवाई भी पूरी कर दी। छापे के दौरान महिलाओं और लड़कियों से की गयी अभद्रता ने उन्हें आक्रोश से भर दिया।

इन किसानों के पुरखों ने आज़ादी की लड़ाई को करीब से देखा था। विभाजन की त्रासदी और पलायन को देखा था। उसका सामना किया था। उसी का फल था कि जब ये किसान भारत आये और रोजी रोटी के लिए खेती करने की इच्छा प्रकट की तो देश के प्रथम प्रधानमन्त्री जवाहरलाल नेहरू के प्रयास से उन्हें तराई क्षेत्र के ऊधम सिंह नगर, पीलीभीत सहित लखीमपुर खीरी जिले के भीरा, बिजुआ, पलिया कलाँ, सम्पूर्णानगर, निघासन, तिकुनिया, बेलरायाँ, ढकेरवा आदि क्षेत्रों में बसाया गया। बाद में इन परिवारों ने अपने कुछ रिश्तेदारों को भी पंजाब से बुला लिया। उस समय प्रति परिवार 12 एकड़ ज़मीन मुहैया करायी गयी। 'उत्तर प्रदेश में सिखों की सबसे अधिक आबादी लखीमपुर खीरी जिले में है, जिसमें अधिकांश खेती से जुड़ी है। 2011 की जनगणना के अनुसार प्रदेश में 6,43,500 सिखों की आबादी है, जिसमें से 94,388 लखीमपुर खीरी जिले में रहते हैं। हालाँकि वे ज़िले में अल्पसंख्यक हैं। वे जिले की कुल आबादी का 2.63 प्रतिशत हैं।'

तराई क्षेत्र में स्थित लखीमपुर खीरी व उसके सीमाई जिले पीलीभीत और बहराइच की नेपाल से लम्बी खुली सीमा लगती है। यह पूरा जंगल का इलाक़ा है। प्रदेश का अकेला टाइगर रिजर्व दुधवा नेशनल पार्क यहीं स्थित है। नेहरू की दूरदर्शी नीति थी कि नेपाल से लगी खुली सीमा पर आने वाले

समय में कभी जनता के सहयोग की ज़रूरत पड़े तो देश के लिए उसकी सेवाएँ ली जा सकें। इसी को ध्यान में रखकर विभाजन में पाकिस्तान से आयी सिख कौम को यहाँ बसाया। बाद में बांग्लादेश से आये शरणार्थियों को भी इस इलाके में लाया गया। बाँकेगंज सहित जंगल के आस-पास कई जगह बाकायदा इनकी बंगाली कॉलोनियाँ बसी हैं।

साठ के दशक में खीरी पीलीभीत उपनिवेशन योजना के तहत पूर्वांचल से लोगों को लाया गया। इसमें बलिया, गाज़ीपुर, मऊ, आज़मगढ़ आदि ज़िलों से आये लोगों को पट्टे पर ज़मीनें दी गयीं। ऊपर जिन क्षेत्रों का ज़िक्र किया गया है वहाँ बड़े पैमाने पर ज़मीनें थीं। उनमें झाड़-झंखाड़ और जंगल थे, जिन्हें बाहर से आये लोगों ने काट छाँटकर आबाद किया। उस ज़मीन को खेती करने लायक बनाया। 'उत्तर प्रदेश में पीलीभीत और लखीमपुर खीरी, पड़ोसी उत्तराखण्ड में ऊधम सिंह नगर ऐसे इलाके हैं जहाँ समृद्ध सिखों की अच्छी-ख़ासी आबादी है। उनकी पहली पीढ़ी जब यहाँ आकर बसी थी तब यह क्षेत्र जहरीले साँपों से लेकर बाघों तक भयानक जंगली जानवरों और मलेरिया फैलाने वाले दलदल का डेरा था।' लेकिन खेती के लिहाज़ से तराई की यह ज़मीन काफ़ी उर्वर थी। उस समय को ध्यान में रखिये तो यही कहा जायेगा कि प्रतिकूल क्षेत्र में आकर बसे सिख किसानों ने इस क्षेत्र को प्रदेश के सबसे उपजाऊ कृषि क्षेत्र में तब्दील कर दिया। 'राज्य के कृषि उत्पादन में वर्ष 2019-20 में लखीमपुर खीरी का सर्वाधिक योगदान रहा। राज्य के कृषि, मत्स्य पालन और वानिकी क्षेत्र में कुल 12,414.40 करोड़ रुपये के योगदान के साथ लखीमपुर खीरी जिला अव्वल रहा। इसमें सिख किसानों की प्रमुख भूमिका रही।' शायद इसी कारण जिले के इस इलाके को मिनी पंजाब भी कहा जाता है।

बाहर से आये ये लोग अपने अधिकारों को लेकर जागरूक थे। दूसरे लोगों की अपेक्षा पढ़ने-लिखने के प्रति सजग थे। परिवार में बड़े पैमाने पर खेती होती है तो नौकरीपेशा सदस्य भी हैं। कई परिवारों के सदस्य विदेशों तक में काम धन्धा करते हैं। ये भले ही यहाँ के जीवन में पूरी तरह रच बस गये, पर अपने मूल गृह राज्य से गहरा रिश्ता बनाये रखा। इसी कारण कांग्रेस से लेकर शिरोमणि अकाली दल और आम आदमी पार्टी तक ने घटना का संज्ञान लेने में देरी नहीं की। नब्बे के दशक में इनके गृह राज्य पंजाब में पनपे आतंकवाद का काफ़ी असर यहाँ भी हुआ। आतंकवाद के नाम पर पुलिसिया अत्याचार में कइयों को अपनी जान तक गँवानी पड़ी।

इलाके में कम्युनिस्ट पार्टियों का जनाधार हुआ करता था। गाँव-गाँव उनके कार्यकर्ता हुआ करते थे। नागरिक अधिकारों के सवालों को लेकर वामपन्थी पार्टियों के बैनर तले दो चार सौ लोग ब्लॉक, तहसील से लेकर जिला मुख्यालय तक जुट जाते थे। जिला मुख्यालय पर स्थित युवराज दत्त स्नातकोत्तर महाविद्यालय में बौद्धिकों का एक तबका होता था। स्टेशन पर हसीन चचा की कैन्टीन में लगने वाली चठिया होती थी। अपरोक्ष रूप से दोनों का नेतृत्व कथाकार देवेन्द्र किया करते थे। इनके ही नेतृत्व में केमीभूड़ गाँव में क़र्ज़ के बोझ तले दबे दो किसान भाइयों की आत्महत्या पर प्रदेश व्यापी आन्दोलन लड़ा गया था। इसके साथ ही सामाजिक, सांस्कृतिक और नाट्य क्षेत्र में सक्रिय संस्था 'अभिव्यक्ति' के युवाओं की टोली हुआ करती थी। इन सबसे इन आन्दोलनों को वैचारिक खुराक मिलती थी।

इस तरह की गतिविधियों के कारण इलाके के किसान अपने हक़ हकूक के लिए लड़ना भिड़ना जानते थे। आज भी जानते हैं। अपने पुरखों के कामकाज से भी उन्हें यही सीख मिली है। ऐसे में जब गृह राज्यमन्त्री ने काले झण्डे दिखाने वाले किसानों को धमकाते हुए खदेड़ने की बात कही तो उन्होंने अपने अधिकार में खलल माना। इसी के तहत नेपाल सीमा से लगे मन्त्री के गाँव बनवीरपुर में आयोजित दंगल में अतिथि के रूप में भाग लेने के लिए जब उपमुख्यमन्त्री केशव प्रसाद मौर्य का तिकुनिया कस्बे में हेलिकॉप्टर उतरना तय हुआ तो किसान अपने संगठन की रणनीति के तहत उन्हें काले झण्डे दिखाने के लिए जमा हो गये। हालाँकि जब उन्हें पता चला कि उपमुख्यमन्त्री सड़क मार्ग से निकल गये हैं तो किसान लंगर छककर वापस जा़ने की तैयारी में थे। इसी बीच गृह राज्यमन्त्री की तीन गाड़ियाँ पीछे से आती हैं और किसानों को रौंद देती हैं। इसमें एक पत्रकार सहित चार किसान शहीद हो जाते हैं। बाद में गुस्से में किसान एसयूवी को पलट कर आग लगा देते हैं और तीन लोगों को पीट पीट कर मार देते हैं। कई दिन बाद इस घटना का वीडियो सोशल मीडिया पर वायरल हुआ। एकबारगी लगा कि यह किसी फिल्म का दृश्य है। डायरेक्टर एक्शन के बाद कट कहेगा और कलाकार ज़मीन से उठकर धूल गरदा झाड़ेंगे। ख़ून दिखाने के लिए इस्तेमाल किया गया रंग साफ़ करेंगे, लेकिन यह वीभत्स दृश्य असल ज़िन्दगी में घटा था। उसे देखकर हर संवेदनशील शख़्स की रूह काँप उठी।

घटनाक्रम को देखकर आक्रोशित किसान भी एक ड्राइवर सहित तीन लोगों को मार देते हैं। गाड़ियाँ जला देते हैं। घटना के बाद मन्त्री जी अपने

और बेटे आशीष मिश्र उर्फ़ मोनू को दूध का धुला बताते रहे, लेकिन इंटरनेट की बहाली के बाद आये छोटे-छोटे वीडियो ने उनके बयानों की पोल खोल दी। किसानों के दबाव में गृह राज्यमन्त्री के बेटे सहित 15 लोगों के ख़िलाफ़ मामला कायम अवश्य हो गया, लेकिन सरकार और प्रशासन की ओर से उसे बचाने और छूट देने की कोशिश चलती रही। ऐसी घटनाएँ न हों, इसकी जिम्मेदारी जिस पुलिस के ज़िम्मे है वह घटना स्थल पर हाथ बाँधे खड़ी रही। फिर विरोधी दलों के नेताओं को नज़रबन्द करने, हिरासत में लेने और धक्का मुक्की करने में लगा दी गयी। इसके उदाहरण लखीमपुर खीरी जाते समय सीतापुर में रोके गये कांग्रेस महासचिव प्रियंका गाँधी, सांसद दीपेन्द्र हुड्डा, कांग्रेस नेता राहुल गाँधी, छत्तीसगढ़ के मुख्यमन्त्री भूपेश बघेल, पंजाब के मुख्यमन्त्री चरणजीत सिंह चन्नी, रालोद नेता जयन्त चौधरी, आप सांसद संजय सिंह, सपा अध्यक्ष अखिलेश यादव, बसपा नेता सतीश चन्द्र मिश्र आदि हैं।

सरकार का यह पहरा विपक्ष पर ही नहीं बल्कि खबरों की दुनिया पर भी रहा। यह दुनिया सरकार और गृह राज्यमन्त्री की भाषा बोलते हुए किसानों को ही खलनायक बताती रही। हिन्दी समाचार पत्रों में सबसे अधिक बिकने का दावा करने वाले 'दैनिक जागरण' ने तो बेशर्मी की हद पार करते हुए किसानों का उपद्रव जैसा शीर्षक लगा दिया, जिसका देश के विभिन्न हिस्सों में बड़े पैमाने पर विरोध हुआ। उसकी प्रतियाँ तक जलाई गयीं। अधिकांश टी.वी. न्यूज चैनल भी जागरण वाली लाइन लेते नज़र आये। मीडिया के इस तबके और सरकार का प्रयास रहा कि मामले का सारा दोषारोपण किसानों के मत्थे मढ़ दिया जाये, लेकिन एक पर एक वीडियो आने के बाद यह आसान नहीं रहा। हालाँकि इसी दरम्यान 'अमर उजाला' सहित कई छोटे समाचार पत्रों, कुछ टी.वी. न्यूज चैनलों और वेबसाइटों, स्वतन्त्र रूप से नागरिक पत्रकारिता करने वालों ने बेबाक़ी के साथ घटना की रिपोर्टिंग की। बाद में मजबूरन सत्ता की गोद में झूलने वाले न्यूज घरानों को भी अपना सुर बदलना पड़ा।

सरकारी तन्त्र की ओर से लगातार यह प्रयास किया गया कि पूरे घटनाक्रम के लिए किसानों को जिम्मेदार ठहरा दिया जायें इसी कड़ी में मारे गये पत्रकार रतन कश्यप की मौत का इल्ज़ाम किसानों के मत्थे मढ़ने की कोशिश की गयी। उन पर दबाव डाला गया, लेकिन परिवारीजन दबाव में नहीं आये। यह सवाल भी उठाना लाज़िमी है कि मारे गये दो भाजपा कार्यकर्ता और गृह राज्यमन्त्री के ड्राइवर की मौत के लिए कौन जिम्मेदार है? उन्हें किसानों को रौंदने और हिंसा भड़काने के लिए कौन ले गया था?

इसके लिए कौन जवाबदेह है? क़ानून व्यवस्था बनाये रखने की जिम्मेदारी किसकी है? वे जिम्मेदार क्या कर रहे थे? बताया यह भी जाता है कि लखीमपुर खीरी की यह घटना पार्टी की अन्दरूनी जंग का भी परिणाम है। स्थानीय खुफिया एजेंसी ने जिला मुख्यालय गये उपमुख्यमन्त्री को किसानों की नाराज़गी के बारे में अवगत कराया था। इसके बावजूद वे वहाँ गये।

किसान नेता राकेश टिकैत और संगठनों की मध्यस्थता से मृतक किसानों के परिवारीजनों को मुआवजे का तो ऐलान हो गया, लेकिन उनके जख्मों पर संवेदना का मरहम लगाने सरकार की तरफ से कोई नहीं पहुँचा। ऐसा न करने के पीछे सरकार का चुनावी नफा नुक़सान के तौर पर घटना को देखना है। माना जाता है कि बिकरू काण्ड के मुख्य आरोपी विकास दुबे के एनकाउंटर से ब्राह्मण समाज में भाजपा के ख़िलाफ़ सन्देश गया। लोग कहने लगे कि सरकार ब्राह्मण समाज से जुड़े लोगों को ढूँढ़-ढूँढ़कर निशाना बना रही है, जबकि उसी तरह के मामलों में आरोपी दूसरे समाज के लोगों को प्रश्रय दे रही है। इसी बीच हुए मोदी सरकार के मन्त्रिमण्डल विस्तार में अजय मिश्र टेनी को गृह राज्यमन्त्री जैसी महत्त्वपूर्ण जिम्मेदारी से नवाजा गया तो पुराने कांग्रेसी जितिन प्रसाद को भाजपा में लाया गया। विकास दुबे एनकाउंटर के बाद जिस तरह की चर्चा का सामना भाजपा को करना पड़ा था, वही स्थिति एक बार फिर उसके सामने थी। उसे लगता है कि गृह राज्यमन्त्री पर सख़्ती करने से ब्राह्मण समुदाय की नाराज़गी का ख़तरा है। चूँकि गाड़ियों से किसान रौंदे गये। इसलिए जहाँ तक सम्भव हो सका सरकार के इशारे पर पुलिस आरोपियों को छूट देती रही।

मामले ने मोड़ तब ले लिया जब कांग्रेस इस मसले पर सक्रिय विपक्ष की भूमिका में उतर आयी और सर्वोच्च न्यायालय ने दायर पत्र याचिका पर प्रदेश सरकार को फटकार लगाते हुए पूछ लिया कि अभियुक्त कोई आम आदमी होता तब भी क्या पुलिस का यही रवैया होता? जाँच में की जा रही ढिलाई पर नाराज़गी जताते हुए कहा कि 44 गवाहों में से चार के ही बयान क्यों दर्ज करवाये? आरोपियों से सख़्त पूछताछ ही नहीं होगी तो जानकारी कैसे मिलेगी? सर्वोच्च न्यायालय के हरकत में आते ही सरकार और प्रशासनिक स्तर पर एक्शन शुरू हो गया। एक लोकतान्त्रिक मुल्क में संस्थाओं का यही महत्त्व होता है।

इसके बावजूद सरकार मामले को चुनावी नफा-नुक़सान के आईने से देख रही है। सत्ताधारी दल की ओर से हताहत किसानों के धर्म का परिचय दिया जा रहा है। योगी सरकार के बड़बोले मन्त्री सिद्धार्थ नाथ सिंह ने कहा

कि कांग्रेस नेता राहुल गाँधी और प्रियंका गाँधी भूल गये हैं कि सिख विरोधी दंगे कांग्रेस के शासनकाल में हुए थे। भाजपा उस समय पीड़ित समुदाय के साथ खड़ी थी। मन्त्री ने जो कहा उसका सार लखीमपुर खीरी जिले में जगह-जगह लगाये गये होर्डिंग्स पर चस्पाँ है। लखीमपुर-बहराइच रोड पर रामापुर तिराहे के पास लगी एक होर्डिंग का मजमून देखिए, ''नहीं चाहिए फर्जी सहानुभूति-1984 के दंगों के जिम्मेदारों से लखीमपुर के किसानों को सहानुभूति नहीं चाहिए-सरदार त्रिलोचन सिंह, अध्यक्ष, साहेब श्री गोविन्द सिंह सेवा समिति।' इन होर्डिंग्स पर जिन नामों का उल्लेख किया गया है, उम्मीद है कि वह पार्टी से जुड़े होंगे अन्यथा उन्हें दूसरी तरह से जोड़ा गया होगा। अलग अलग नामों से लगे इन होर्डिंग्स की सामग्री एक जैसी है। डिजाइन एक जैसा है। साइज एक जैसा है, जो अपने आप में चुगली कर रहा है। फिलहाल यह दिखाने का प्रयास किया गया है कि सिख समाज को इस घटना पर कांग्रेस की सहानुभूति नहीं चाहिए। पूरे मामले को सिख बनाम हिन्दू में बदलने की कोशिश की जा रही है। जबकि यह घटना क्रूर सत्ताधारी बनाम आन्दोलनरत किसानों के बीच की है। इसमें हक़ और न्याय के लिए पीड़ितों को लम्बी लड़ाई लड़नी पड़ रही है।

जिस सत्ता को पीड़ितों के पक्ष में खड़े होना चाहिए वह शोषक के साथ खड़ी नज़र आ रही है। इस घटना से उस बात को भी बल मिलता है, जिसमें कहा जाता रहा है कि क़ानून व्यवस्था सत्ता और शक्ति सम्पन्न लोगों के लिए है। जनता तो बस डर के साये में जीती है। यह बनवीरपुर और आस-पास के गाँवों में देखने को मिला, जहाँ कोई मुँह खोलने को तैयार नहीं है। सिखों के अलावा टैनी परिवार के ख़िलाफ़ कोई मुँह खोलने को तैयार नहीं। हाँ, सिखों के बारे में वह बताने लगते हैं कि वे इलाके में दबदबा बनाना चाहते हैं। वे खालिस्तानी हैं। आतंकवादी हैं। वन विभाग की ज़मीन क़ब्ज़ा ली है। अगर फ़ैसला इनके पक्ष में नहीं आया तो कुछ भी कर सकते हैं। ग्रामीणों की इन बातों के पीछे दरअसल टेनी परिवार का वह सामन्ती दबदबा है, जिसमें गाँव और आस-पास के लगभग सभी मामलों का निस्तारण उनकी ड्योढ़ी पर होता है। इस बात की तस्दीक खुद ग्राम प्रधान आकाश मित्तल न्यूजलान्ड्री से बातचीत में करते हैं। घटना स्थल के आस-पास ही नहीं जिले के सुदूरवर्ती गाँवों या कहिए प्रदेश के दूसरे हिस्सों तक में यह घटना अलग तरह से बातचीत के केन्द्र में है। भाजपा और किसानों के बीच नये कृषि क़ानूनों को लेकर शुरू हुआ टकराव लखीमपुर खीरी की घटना के जरिये हिन्दुओं और सिखों के बीच दुश्मनी में बदलता नज़र आ रहा है।

घटना का राजनैतिक लाभ किसी दूसरे दल को न मिल जाये, इसके लिए प्रदेश सरकार ने पूरी ताक़त लगा दी। इसके लिए उसने नियम कायदे को भी दरकिनार कर दिया। मामले में सक्रिय विपक्ष की भूमिका निभाने वाली कांग्रेस नेता प्रियंका गाँधी को ग़लत तरीक़े से हिरासत में रखा गया। किसी शख्स की गिरफ़्तारी पर उसे जेल अथवा थाने में रखा जाता है। अगर गेस्ट हाउस में रखते हैं तो उसे उप जेल घोषित किया जाता है, जो नहीं किया गया। मामला तूल पकड़ने और कांग्रेस के पक्ष में जाते देखकर आख़िरकार तीसरे दिन प्रियंका गाँधी को हिरासत में लेने की औपचारिकता कर लखीमपुर खीरी जाने की अनुमति दी गयी। उनके साथ राहुल गाँधी, छत्तीसगढ़ और पंजाब के कांग्रेसी मुख्यमन्त्रियों को भी जाने दिया गया। वहीं बहराइच से भाजपा सांसद रह चुकीं सावित्री बाई फुले को लखीमपुर खीरी जाते समय बाल पकड़ कर खींचा गया। गाली-गलौज और मारपीट तक की गयी। वह मृतकों में एक परिचित के अन्तिम संस्कार में शामिल होना चाहती थीं। रालोद नेता जयन्त चौधरी को टोल पर दौड़ाया गया। छत्तीसगढ़ के मुख्यमन्त्री भूपेश बघेल के विमान को लखनऊ में उतरने की इजाज़त नहीं दी गयी। अगले दिन जब वह लखनऊ पहुँचे तो उन्हें बाहर नहीं निकलने दिया गया। धारा 144 लखीमपुर खीरी में लगी थी, लेकिन मुख्यमन्त्रियों को लखनऊ में उतरने नहीं दिया। सवाल उठता है कि एक मुख्यमन्त्री को दूसरे राज्य में आने से रोकना कहाँ तक उचित है? बार-बार कहा जाता है कि घटना होने पर विपक्ष पर्यटन करने पहुँच जाता है।

लखीमपुर खीरी स्वतन्त्रता आन्दोलन में सक्रिय ज़िला रहा है। 'कांग्रेस का जनपद में प्रथम अधिवेशन 28, 29 और 30, सितम्बर 1928 ई. को पण्डित जवाहरलाल नेहरू के सभापतित्व में विलोबी मेमोरियल मैदान में सम्पन्न हुआ।' इस अधिवेशन में जनपद में किसानों की स्थिति में सुधार लाने तथा उन्हें जमींदारों के चंगुल से बचाने के लिए ठोस क़दम उठाने पर विचार किया गया जिसके परिणामस्वरूप सन् 1929 में किसान सभा की स्थापना की गयी।' इस तरह ज़िले में हो रहीं राजनीतिक कॉन्फ्रेन्स, जनपदीय सम्मेलन, कांग्रेस अधिवेशन और किसान सभाओं में किसानों की सक्रियता देखने को मिलती है। जवाहरलाल नेहरू, गणेश शंकर विद्यार्थी, बाबा रामचन्द्र सहित अनेक स्वतन्त्रता सेनानी उनमें शिरकत करते हैं। किसान सभा की स्थापना वाले वर्ष में ही महात्मा गाँधी पहुँचते हैं। हरिजन उत्थान के लिए धन संग्रह करने आये गाँधी जी के साथ कस्तूरबा गाँधी, मीरा बेन, आचार्य कृपलानी विद्यादेवी तथा प्यारेलाल भी थे। उन्होंने एक बड़ी सभा को भी सम्बोधित किया था।

पड़ोसी जिले हरदोई, सीतापुर और बहराइच एका आन्दोलन का केन्द्र बनते हैं, जिसका नेतृत्व मदारी पासी करते हैं। लखीमपुर खीरी के मन्योरा निवासी स्वतन्त्रता सेनानी और अवधी कवि पं. बंशीधर शुक्ल किसानों के ख़िलाफ़ हो रहे अत्याचारों के लिए ब्रिटिश सरकार का खुलकर विरोध करते हैं। पराधीन भारत से लेकर आज़ाद भारत तक में वह जेल जाते हैं। बताया जाता है कि उनकी 'किसान की अर्जी' कविता सुनकर नेहरू रो पड़े थे। उनका यह दर्द उनकी किसान केन्द्रित कविताओं में बख़ूबी दिखता है। इस तरह हिन्दुस्तान को बनाने वालों में किसान अग्रिम पंक्ति में शामिल रहे हैं। खेती-बाड़ी में काम करते हुए उन्हें खाई खन्दक खोदना आता है तो समतल करना भी आता है। उनकी परीक्षा मत लीजिए। उन्हें अहँकार मत दिखाइये। अगर वे सोच लेते हैं तो बड़े से बड़े अहँकार को धरातल पर ला देते हैं। पंजाब के मुख्यमन्त्री चरणजीत सिंह चन्नी ने ठीक ही कहा है कि 'किसानों को जान बूझकर कुचल कर मारा गया है। उस घटना ने जलियाँवाला बाग़ की याद दिला दी है। देश में ऐसा निजाम नहीं चलेगा। हम महात्मा गाँधी के चरणों में हैं ताकि हमें अहिंसा की शक्ति मिले। देश के नौजवानों को मजबूर मत करो कि वे दोबारा लोकतन्त्र बहाल करने के लिए भगत सिंह, सुखदेव और राजगुरु की तरफ देखें।' ऐसे में सीतापुर गेस्ट हाउस में बन्द प्रियंका गाँधी ने लोगों को सम्बोधित करते हुए यह कहा कि 'किसान हैं तो हिन्दुस्तान है। अपने ख़ून और पसीने से किसानों ने इस धरती को सींचा है। देश को किसानों ने आज़ादी दिलाई। इसके लिए वे शहीद हुए।' प्रियंका की यह बात लोगों के दिल को छू गयी। बड़ी संख्या में लोग सीतापुर पहुँचने लगे। आन्दोलन का नया केन्द्र सीतापुर न बन जाये, इसलिए सरकार ने आनन फानन में उन्हें लखीमपुर खीरी जाने की इजाज़त दे दी।

जिस आज़ादी के लिए गाँधी ने चम्पारण से आन्दोलन का शंखनाद किया था उस आज़ादी को मिले 75 वर्ष हो गये। उसके उपलक्ष्य में मोदी सरकार अमृत महोत्सव मना रही है। घटना के तीसरे दिन मोदी अमृत महोत्सव मनाने लखनऊ आये, लेकिन महज़ 135 किमी दूर लखीमपुर खीरी के किसानों के आँसू पोंछने नहीं आये। उस समय तक रौंदे गये किसानों के शव न्याय का इन्तज़ार कर रहे थे। उनका अन्तिम संस्कार नहीं किया गया था। कायदे में तो आठ लोगों की मौत के समय उत्सव का आयोजन ही नहीं होना चाहिए था, पर महोत्सव का नशा सरकार पर ऐसा तारी है कि उसके अगुवा मोदी को अपने पूरे भाषण में मारे गये लोगों के प्रति संवेदना के दो शब्द बोलना भी गँवारा नहीं।

एक तरह से जनता को रौंदकर मारने वाले अमृत महोत्सव मना रहे हैं। अमृत और उत्सव की बात कर रहे हैं। आज़ादी के मायने बता रहे हैं, लेकिन कारनामे उलट कर रहे हैं। इसकी बानगी भाषण और घटना के वीडियो पेश कर रहे हैं। इसी तरह की क्रूरता आठ अक्टूबर को अम्बाला में भाजपा सांसद ने करने की कोशिश की। गनीमत रही कि किसान लखीमपुर खीरी की घटना से सतर्क थे। वे बच गये। फिर भी कई किसानों को चोट आयी। यहाँ किसान तीन नये क़ानूनों के साथ-साथ लखीमपुर खीरी की घटना, हरियाणा के मुख्यमन्त्री के बयान और धान की ख़रीद न होने से नाराज़ हैं। वे लगातार आन्दोलन कर रहे हैं। उनमें इस बात को लेकर भी नाराज़गी है कि उनके भारी विरोध के बावजूद करनाल के उस अधिकारी आयुष सिन्हा को बर्ख़ास्त करने की बजाय छुट्टी पर भेज दिया गया, जिसने पुलिस को आन्दोलनरत किसानों का सर फोड़ने का आदेश दिया था।

देश की सुरक्षा का जिम्मा सँभाल रहे और लखीमपुर खीरी काण्ड के जनक गृह राज्यमन्त्री अजय मिश्र टैनी का 25 सितम्बर, 2021 को दिया बयान देखिये। सरकार का विरोध करने और काले झण्डे दिखाने वाले किसानों से वह कहते हैं-'सुधर जाओ, नहीं तो हम आपको सुधार देंगे दो मिनट के अन्दर। मैं केवल मन्त्री नहीं हूँ, सांसद विधायक नहीं हूँ। सांसद बनने से पहले जो मेरे विषय में जानते होंगे उनको यह भी मालूम होगा कि मैं किसी चुनौती से भागता नहीं हूँ और जिस दिन मैंने उस चुनौती को स्वीकार करके काम करना शुरू कर दिया उस दिन पलिया नहीं, लखीमपुर तक छोड़ना पड़ जायेगा, यह याद रखना।' सोशल मीडिया में वायरल एक अन्य वीडियो में वह किसानों को चिढ़ाने के अन्दाज़ में अँगूठा दिखाते हैं। निष्कर्ष यह कि सत्ता की सनक पाले बेटे के नेतृत्व में मन्त्री जी की तीन गाड़ियाँ किसानों को पीछे से रौंद देती हैं। बेटे को विश्वास था कि उसका कुछ नहीं बिगड़ेगा। हालाँकि गृह राज्यमन्त्री ने आठ लोगों की मौत और अनेक लोगों को जख़्मी करने वाली इस घटना के लिए किसानों को ही जिम्मेदार ठहराया। वैसे इस घटना को हिन्दू बनाम सिख के चश्मे से देखने वालों को सावधान हो जाना चाहिए। अभिभावकों को चिन्तित होना चाहिए। बच्चों को लेकर सचेत होना चाहिए। बच्चों से बात करते हुए इस तरह की घटनाओं की निन्दा करनी चाहिए। ध्यान रहे, नफ़रत की इस आँधी को उन्हें रोकना होगा। अगर नहीं रोकेंगे तो न आप बचेंगे, न समाज बचेगा और न देश बचेगा।

देश में बहुत से परिवार ऐसे हैं जिनके बेटे सेना में हैं। वे देश की रक्षा करते हैं। उनके पिता ख़ून पसीना एक कर देशवासियों का पेट भरते हैं। लखीमपुर खीरी में जिस जवान मनदीप सिंह के पिता नछत्तर सिंह को थार से रौंद दिया गया वह दोबारा किस विश्वास से देश की सुरक्षा के लिए सीमा पर जायेगा। क्या वह दिन-रात देश की सुरक्षा इसलिए करता है कि उसके किसान पिता को सत्ता के अहँकार तले रौंद दिया जाये। मुल्क के लिए किये जा रहे योगदान के बदले हमने उसे क्या दिया, यही न कि उसके पिता को छीन लिया।

बस इतना ही कहा जा सकता कि लखीमपुर खीरी की क्रूरता की घटना से किसान आन्दोलन और तीव्र हो गया और सरकार को रक्षात्मक रुख अपनाना पड़ा। बाद में क़ानूनों के वापस लिए जाने में इस घटना का भी योगदान है। लेकिन ऐसी क्रूरता करने वालों को प्रायश्चित का भाव नहीं है। अगर होता तो केन्द्रीय गृह राज्य मन्त्री को मन्त्रिमण्डल से हटा दिया गया होता न कि पत्रकार से बदसलूकी के बाद हिदायत देकर बख़्श दिया जाता।

इस नये भारत में जिसके पास भी जबान है। सरकार की नीतियों से असहमति है। उसे उपद्रवी और देशद्रोही करार दिया जा रहा है। यह बहुत आसान है। ऐसा करने वाले यह नहीं समझते कि देश को कोई नेता अथवा एक सरकार नहीं बनाती। उसे बनाने में मेहनतकश मज़दूर, किसान, जवान आदि सभी की भूमिका होती है। सभी अपने ख़ून पसीने से उसे सींचते हैं। इतिहास के पन्ने पलटिये तो पता चलता है कि किस तरह हम पेट भरने के लिए अमेरिका जैसे देशों की ओर टकटकी लगाये रहते थे। अन्न के मामले में देश को आत्मनिर्भर किसने बनाया, ज़ाहिर है किसानों ने ख़ून पसीने की मेहनत से बनाया है। खेती किसानी को लेकर सरकारों ने चाहे जितनी उदासीनता बरती, लेकिन कोरोना काल में जब सभी क्षेत्रों ने देश को निराशा की खंती में धकेल दिया तब थोड़ा बहुत जितना ही सही खेती किसानी ने ही ऊँचा उठाया है। ऐसे में उन्हें सत्ता के अहँकार से मत रौंदिए। इस तरह की घटनाओं से समाज को सचेत होने की ज़रूरत है, क्योंकि आप और आपकी अगली पीढ़ी ही दाँव पर लगी है।

ऐतिहासिक आन्दोलन : कुछ अनछुए पहलू

डॉ. अनिल चौधरी

किसान आन्दोलन करीब एक साल चला। इतनी बड़ी संख्या में और वह भी पाँच मोर्चों पर ठीयेबन्दी किये बैठे किसानों ने इस आन्दोलन को दुनिया के इतिहास का पहला और सबसे लम्बा चलने वाला आन्दोलन बना डाला। किसानों की चालीस जत्थेबन्दियों की जुगलबन्दी से ही यह सम्भव हो पाया। अहिंसक और चरणबद्ध तरीक़े से चल रहे इस आन्दोलन ने समूचे देश के किसानों और मज़दूरों को उनके मुद्दों और परेशानियों से रूबरू करा एक मंच पर लाने का काम किया, यही इस आन्दोलन को सफलता की ओर ले जाने में कारगर हथियार साबित हुआ है। केन्द्र सरकार की चौखट पर अडिग इरादों के साथ बैठे किसानों की प्रखुम माँग में तीन कृषि बिलों की वापसी और एमएसपी पर ख़रीद की गारंटी का क़ानून बनवाने की रही। हालाँकि इसके साथ नया बिजली अध्यादेश, पराली और अन्य मुद्दे भी जुड़े हैं, लेकिन आन्दोलन की नींव दो ही मुद्दों पर टिकी है। 12 दौर की वार्ता केन्द्र सरकार से हुई, लेकिन अन्तिम वार्ता 22 जनवरी के बाद कोई पहल नहीं की गयी। किसान और सरकार एक-दूसरे के पाले में वार्ता का न्योता देने-लेने की गेंद डाले हुए थे, लेकिन गुरुपर्व पर प्रधानमन्त्री ने मन की बात करते हुए तीन कृषि क़ानूनों की वापसी की एकाएक घोषणा कर सभी को चौंका दिया। हालाँकि किसान संगठनों ने तीन क़ानूनों की वापसी की संसद में संवैधानिक घोषणा होने तक व अन्य मुद्दों एमएसपी, किसान मुक़दमों की वापसी तक आन्दोलन को जारी रखने पर सहमति जतायी है। किसान संगठनों का मानना है कि किसानों की समस्याएँ और भी बहुत हैं और आगे उन पर भी केन्द्र व राज्य सरकारों से हल निकलवाने का दबाव हमेशा बनाये रखेंगे।

इन 358 दिन में केन्द्र सरकार के साथ भाजपा नीत राज्य सरकारों ने भी आन्दोलन की हवा निकालने, उसमें फूट डालने, कमज़ोर करने के कई हथकण्डे आज़माये लेकिन किसान संगठनों की एकजुटता के सामने वे सभी हथियार विफल ही साबित हुए हैं। इतना अवश्य हुआ कि यह आन्दोलन पंजाब, हरियाणा और पश्चिम यूपी से निकलकर देशभर में खड़ा हुआ। आन्दोलन की आँच से यह भी हुआ कि किसान आन्दोलन से राष्ट्रीय फ़लक पर धमक कायम करने वाले भारतीय किसान यूनियन के सुप्रीमो चौधरी महेन्द्र सिंह टिकैत की मौत के बाद पिछले एक दशक से आधार तलाश रही भारतीय किसान यूनियन को उनके ही सुपुत्र राकेश टिकैत ने परिपक्व कर नये कलेवर में लाने का काम किया। मौजूदा समय में इस आन्दोलन की धुरी राकेश टिकैत ही बने। इस आन्दोलन से किसान अस्मिता को खोयी पहचान मिली तो शहरी और सम्भ्रान्त समाज के निशाने पर आने वाली खाप पंचायतों को भी सामाजिक भागेदारी के माध्यम से खुद को साबित करने का मौक़ा मिला। यह कैसे हुआ इस गुत्थियों को एक एक कर लेख के माध्यम से समझाने का प्रयास करूँगा।

सबसे पहले मूल में यह जानते हैं कि आख़िर जिन तीन कृषि क़ानूनों के अस्तित्व में आने के बाद यह आन्दोलन शुरू हुआ उसके किन्तु-परन्तु क्या हैं। इसके लिए आन्दोलन की शुरुआती तारीख़ों पर एक नज़र डालना बेहद आवश्यक है, जहाँ से इस आन्दोलन की नींव पड़ी।

संसद की मुहर के बाद से विवाद गहराया

05 जून, 2020 : केन्द्र सरकार ने 'कृषि उपज व्यापार और वाणिज्य (संवर्धन और सुविधा) अध्यादेश-2020 को जारी किया।

17 सितम्बर, 2020 : तीन नये कृषि विधेयक को लोकसभा में मिली मन्जूरी, हरसिमरत कौर ने केन्द्रीय खाद्य प्रसंस्करण मन्त्री पद से इस्तीफ़ा दिया।

20 सितम्बर, 2020 : राज्यसभा में भारी हँगामे के बीच दो कृषि बिल पास, 22 सितम्बर को आवश्यक वस्तु (संशोधन) अधिनियम विधेयक-2020 पर भी मुहर।

27 सितम्बर, 2020 : राष्ट्रपति रामनाथ कोविन्द के दस्तख़त के बाद केन्द्र सरकार की ओर से पेश तीनों विधेयकों ने क़ानून का रूप अख्तियार किया।

14 अक्टूबर, 2020 : कृषि मन्त्री की जगह कृषि सचिव पहुँचे, किसानों ने पहले दौर की वार्ता का बहिष्कार किया।

13 नवम्बर, 2020 : किसानों ने न्यूनतम समर्थन मूल्य (एमएसपी) का मुद्दा उठाया, दूसरे दौर की वार्ता भी बेनतीजा रही

24 नवम्बर, 2020 : देशभर के 500 से अधिक किसान संगठनों ने मिलकर 'संयुक्त किसान मोर्चे' का गठन किया।

शीर्ष अदालत ने क़ानून पर रोक लगायी

11 जनवरी, 2021 : उच्चतम न्यायालय ने कहा, सरकार कृषि क़ानून पर रोक लगाये, वरना हम रोक लगायेंगे।

12 जनवरी 2021 : सर्वोच्च अदालत ने तीनों कृषि क़ानून पर रोक लगायी, चार सदस्यीय कमेटी भी गठित की।

15 जनवरी 2021 : नौवें दौर की वार्ता भी बेनतीजा, किसानों ने आन्दोलन का समर्थन कर रहे लोगों पर कार्रवाई का विरोध किया।

20 जनवरी 2021 : दसवें दौर की वार्ता में केन्द्र ने तीनों क़ानून का क्रियान्वयन डेढ़ साल के लिए टाला, किसान नहीं माने।

22 जनवरी 2021 : 11वें दौर की वार्ता में दोनों पक्ष अपनी-अपनी माँगों पर अड़े, पहली बार अगली बैठक के लिए कोई तारीख़ तय नहीं हुई।

इन महत्त्वपूर्ण तारीख़ों से निकलकर किसान आन्दोलन का एक साल हो चुका है, लेकिन 22 जनवरी के बाद से किसानों और सरकार के बीच टूटा वार्ता का दौर थम गया। केन्द्र सरकार के नुमाइन्दे भी कहते नहीं थके कि किसानों से वार्ता की जायेगी और किसान नेता भी लगातार कहते रहे हैं कि वे वार्ता को तैयार हैं। समाधान वार्ता से ही निकलेगा, लेकिन पहल को लेकर खामोशी रही। यह भी जानना ज़रूरी है कि आख़िर किसान तीन कृषि बिलों को क्यों काला कहते रहे हैं और उसकी वापसी तक घर न जाने पर क्यों अड़े।

1. कृषि उपज व्यापार और वाणिज्य (संवर्धन और सुविधा) विधेयक

सरकार का तर्क

- किसानों और व्यापारियों को मण्डी से बाहर फ़सल बेचने की आज़ादी होगी।
- राज्य के अन्दर और दो राज्यों के बीच व्यापार को बढ़ावा मिलेगा।
- किसानों को दाम बेहतर मिलेंगे। ऑनलाइन ख़रीद-बिक्री होगी।

विरोध क्यों

किसानों को सबसे बड़ा डर है कि एमएसपी ख़त्म हो जायेगी। मण्डी में ख़रीद-फरोख़्त पर शुल्क लगेगा जबकि बाहर बेचने-ख़रीदने पर इससे छूट मिलेगी। इससे बाहरी या प्राइवेट कारोबारियों को फ़ायदा पहुँचेगा। किसानों को सही लाभ नहीं मिलेगा।

क्या होना चाहिए

मण्डी से बाहर ख़रीद रही कम्पनी या व्यापारी को भी एमएसपी से नीचे ख़रीदने की छूट न हो, सरकार न्यूनतम बिक्री मूल्य तय करें और क़ानून बनाकर लागू कराये।

2. कृषक (सशक्तिकरण व संरक्षण) क़ीमत आश्वासन और कृषि सेवा पर करार विधेयक यानि कांट्रैक्ट की खेती

सरकार का तर्क़

- कृषि उत्पादों की बिक्री, थोक विक्रेताओं, बड़े खुदरा विक्रेताओं और निर्यातकों के साथ किसानों को जुड़ने के लिए सशक्त करेगा।
- अनुबन्धित किसानों को गुणवत्ता वाले बीज की आपूर्ति सुनिश्चित करना, ऋण की सुविधा और फ़सल बीमा की सुविधा मिलेगी।
- छोटे किसानों की आय बढ़ेगी। बिचौलियों की भूमिका खत्म होगी। आपूर्ति चेन तैयार होगी।

विरोध क्यों

अब निजी कम्पनियाँ खेती करेंगी और किसान मज़दूर बन जायेगा। किसान नेताओं का कहना है कि इसमें एग्रीमेंट की समय सीमा तो बतायी गयी है, लेकिन न्यूनतम समर्थन मूल्य का ज़िक्र नहीं किया गया है।

क्या होना चाहिए

- केवल कम्पनी या व्यापारी फ़सल का अनुबन्ध करें और वह भी किसान की शर्तों पर।

- स्वामीनाथन रिपोर्ट के अनुसार C_2 का डेढ़ गुणा फ़सल का लागत मूल्य किसान को सरकार भी दे और अनुबन्ध करने वाले पर भी यह लागू हो।
- एसडीएम कोर्ट के अलावा अदालत में जाने की किसान को सुविधा हो और वकील सरकार ही दिलवाये।

3. आवश्यक वस्तु (संशोधन) विधेयक प्रावधान यानि असेंशियल कॉमोडिटी ऐक्ट

सरकार का तर्क

- इस बिल में अनाज, दलहन, तिलहन, खाद्य तेल, प्याज़–आलू को आवश्यक वस्तुओं की सूची से हटाने का प्रावधान है।
- माना जा रहा है कि विधेयक के प्रावधानों से किसानों को सही मूल्य मिल सकेगा क्योंकि बाज़ार में स्पर्धा बढ़ेगी।
- कृषि क्षेत्र में एफडीआई को आकर्षित किया जा सकेगा। अनाज, दलहन, खाद्य तेल का भण्डारण होगा

विरोध क्यों

छोटे किसानों को आशंका है कि बड़े कारोबारी और बाहरी कम्पनियाँ आलू-प्याज़, लहसुन व अन्य ऐसी फ़सलों का ज़्यादा भण्डारण कर क़ीमतें तय करेंगी। इससे मनमानी–कालाबाज़ारी बढ़ेगी। किसान मज़दूर बनकर रह जायेगा। ज़मींदारी प्रथा लौटेगी।

क्या होना चाहिए

- भण्डारण की समय–सीमा तय हो और बाक़ी नगदी फ़सलों पर भी गन्ने की तरह एमएसपी सरकार तय करें ताकि बिचौलियों की मनमानी रुके,-बीज बैंक और मज़बूत हो।
- सरकार भी ब्लॉक स्तर पर स्टोरेज की चेन बनाये और सरकारी कमेटी की रिपोर्ट के अनुसार देश में 41 हज़ार मण्डियों को अस्तित्व में लाया जाये जिनकी संख्या आज मात्र 7000 है।

इस सभी तर्कों-वितर्कों के साथ किसान संगठनों ने यह भी बताने का प्रयास किया है कि आन्दोलन के समय से दो बार किसानों की फ़सल

बाज़ार में आयी और किसान को एमएसपी पर ख़रीद का आश्वासन देने वाली सरकारें कहीं नज़र नहीं आयीं। चाहे वह गेहूँ की ख़रीद हो, बाजरा या मक्का की ख़रीद हो, चना हो या फिर धान की ख़रीद। इस बारे में राकेश टिकैत कहते हैं कि एमएसपी थी, एमएसपी है और रहेगी की रट लगाये बैठी सरकार ये तो बताये कि हम इसके आगे क्या होना हैं। वो है एमएसपी पर ख़रीद की गारण्टी। वे कहते हैं कि खुद सरकारी आँकड़े बताते हैं कि एमएसपी पर आठ फ़ीसदी से ज़्यादा फ़सल की ख़रीद नहीं होती और बाक़ी किसान बिचौलियों के हाथ लुटता है। ख़रीद मण्डी में हो या उसके बाहर, हम उस ख़रीद पर एमएसपी की गारंटी ही तो माँग रहे हैं। ऐसा करने की सरकार की नीयत नज़र नहीं आती। वे कहते हैं कि मध्य प्रदेश में मण्डियाँ निजी कम्पनियों को बेची जा रही हैं। यूपी में भी मण्डियों की बेशक़ीमती ज़मीनों पर कॉर्पोरेट कम्पनियों की नज़र है। सरकार उनका काम खुद करने पर तुली है। ऐसे में न मण्डियाँ बचेंगी और न ही एमएसपी पर ख़रीद होगी। अनाज कॉर्पोरेट कम्पनियों के बड़े-बड़े साइलो में रखा जायेगा। इस कुचक्र को किसानों को समझना होगा और यही आन्दोलन के मूल में है। यहीं से इन कृषि क़ानूनों को जल्दबाज़ी में लाने के कुचक्र का पर्दाफाश होता है। हम इसलिए अड़े कि अगर कॉर्पोरेट कम्पनियों के फन्दे में किसान फँसा तो वह ऋण जाल में तो फँसेगा ही खेती-किसानी से भी हाथ धो बैठेगा। वहीं, तीन कृषि क़ानूनों की वापसी उन 720 किसानों की शहादत को समर्पित है जो 11 माह में लगातार आन्दोलन की नींव का पत्थर बने।

किसानों की ये थीं पाँच बड़ी चिन्ताएँ

- सरकार धीरे-धीरे एमएसपी खत्म कर देगी, जिससे किसान औने-पौने दाम पर फ़सल बेचने को मजबूर होंगे।
- मण्डी के बाहर ही फ़सल ख़रीदने के क्रम में मण्डियों का अस्तित्व ही समाप्त हो जायेगा।
- किसान कॉर्पोरेट व पूंजिपतियों के हाथ की कठपुतली बन जायेगा
- हर फ़सल पर क़र्ज़ लेकर गुजारा करने वाला किसान स्थायी रूप से इन कम्पनियों का क़र्ज़दाता बन जायेगा।
- कॉर्पोरेट के हाथ में खेती आती जायेगी और बीज पर भी किसान का अधिकार समाप्त हो जायेगा। ख़राब फ़सल या कांट्रैक्ट तोड़ने पर किसान एसडीएम कोर्ट के चक्कर लगायेगा।

खापों ने किसान आन्दोलन की नींव मज़बूत की

पिछले दो दशक से दिल्ली–एनसीआर और उसके पड़ोसी इलाक़ों में खापों की अहमियत लगातार कम होती गयी। बल्कि क़हें तो पंचायती राज व्यवस्था के लागू होने के बाद सरकारों और मीडिया के निशाने पर खाप पंचायतें आयीं और उसने ग्रामीण ताने–बाने को सुदृढ़ करने के बजाये राजनीतिक पार्टी बन्दियों की जड़कन में जकड़ कमज़ोर करने का ही काम किया। गाँव के विकासवादी रोल मॉडल को अपनाने की अपेक्षा उसे राजनीतिक लाभ के लिए इस्तेमाल करने की जुगत लगायी और परिणाम हमारे सामने हैं। खाप पंचायतों पर गहरी सूझ–बूझ रखने वाले भाकियू के राष्ट्रीय महासचिव युद्धवीर सिंह भी इससे इत्तेफाक रखते हैं। उनका स्पष्ट मानना है कि खापों का इतिहास समाज के अस्तित्व में आने जैसा ही पुराना है। समाज को एकजुट रखना, उसके विवादों को निपटाना, समाज की कुरीतियों पर अंकुश लगाना और इसके साथ ही राजसत्ताओं की ओर से समाज को विकृत या छिन्न–भिन्न करने वाली कुचालों का सामना करना खापों के मूल सिद्धान्तों में निहित था। इसके अलावा राजधर्म या राष्ट्रधर्म निभाने में भी खापों ने योगदान और बलिदान दिये। इतिहास इस बात का गवाह है। मुगलकाल से लेकर मौजूदा दौर तक खापों ने राजसत्ता इसका डटकर मुक़ाबला किया, लेकिन आधुनिकता और नव विकासवाद की आड़ में खापों को खलनायक और तालिबानी बनाकर उनके अस्तित्व को ही समाप्त करने का षड्यन्त्र किया जा रहा है। बाज़ारवाद के मॉडल ने मीडिया को साधकर खाप पंचायतों को खलनायक बनाने में कोई कोर कसर नहीं छोड़ी है, लेकिन हमें खापों के इतिहास से सबक लेने की ज़रूरत है।

किसान आन्दोलन में खापों ने जिस तरह एकजुट होकर भागेदारी निभायी है उससे साफ़ है कि आन्दोलन के मार्फ़त खापों को भी अपनी अहमियत फिर से नज़र आने लगी है। ग्रामीण अर्थव्यवस्था के साथ इसे सामाजिक ताने–बाने के बिखराव की चिन्ता खापों में देखी जा सकती है। यही वजह है कि हरियाणा और पश्चिम यूपी में खापों ने एकजुटता दिखा आन्दोलन में जान फूँकने का काम किया है। राजनीतिक महत्त्वाकांक्षाओं या राजनीतिक पार्टियों के चँगुल में फँसकर वजूद खो रहीं खाप पंचायतों को भी इस आन्दोलन ने एक मंच पर लाने का काम किया।

कुरीतियाँ दूर कर सामाजिक न्याय व्यवस्था बनाती हैं खाप

खाप व्यवस्था की शुरुआत वैसे तो राजा हर्षवर्धन के समय से मानी जाती है। सर्वखाप के वर्तमान में मन्त्री सुभाष बालियान सर्वखाप मन्त्री की 26वीं पीढ़ी के हैं। इनके पास सम्राट हर्षवर्धन से लेकर स्वतन्त्र भारत की अब तक का सर्वखाप पंचायत का समस्त अभिलेख उपलब्ध है। खाप की स्थापना सामाजिक बुराइयों व कुरीतियों को दूर करके न्यायिक व्यवस्था को सुदृढ़ करने की रही है। पूर्व में उत्तर भारत में 18 खाप ही सर्वमान्य रही हैं, जिसमें से 16 खाप जाट बिरादरी की और दो अन्य खाप गुर्जर व राजपूत बिरादरी की मानी जाती हैं। हालाँकि सर्वखाप के मन्त्री सुभाष बालियान का कहना है कि अब खापों की संख्या इससे कहीं अधिक है।

वर्तमान में सर्वखाप का मुख्यालय सोरम में है। वर्ष 1924 में अप्रैल में सोरम में सर्वखाप की पंचायत में गाँव के ही चौधरी कबूल सिंह को सर्वखाप मन्त्री नियुक्त किया गया था। वे सर्वखाप के 1991 तक मन्त्री रहे हैं। सर्वखाप के वर्तमान में मन्त्री सुभाष बालियान हैं, जो इस पद पर 2006 से हैं।

मुजफ्फरनगर और वेस्ट यूपी में इस समय बालियान खाप, देशवाल खाप, गठवाला खाप, लाटियान खाप, चौगामा खाप, अहलावत खाप, बत्तीसा खाप, कालखण्डे खाप, कलस्यान (गुर्जर) खाप, राठौड़ (राठी) खाप, पछादा खाप आदि सक्रिय हैं। खाप का एरिया कुछ गाँवों को मिलाकर थाँबों में बँटा हुआ हैं और खाप चौधरी से नीचे थाँबे का चौधरी थाँबेदार कहलाता है। खाप का प्रमुख उद्देश्य युवाओं को कुरीतियों से दूर रखना और सामाजिक व्यवस्था को मज़बूत बनाने का है।

देश व धर्म पर संकट पड़ा तो खाप ने हथियार उठाने का आह्वान किया

जब देश व धर्म पर संकट पड़ा तो खाप चौधरियों ने हथियार उठाने का आह्वान भी किया। बताया जाता है कि पानीपत के तीसरे युद्ध को अहमदशाह अब्दाली से लड़ने के लिए मराठा सेनापति सदाशिव राव भाऊ ने खाप चौधरियों को पत्र लिखकर सहायता माँगी थी। तब मराठा सेनापति को आर्थिक सहायता के साथ ही लड़ने के लिए जवान भी दिये गये थे। यह पत्र आज भी सोरम के सर्वखाप के मुख्यालय पर रिकॉर्ड में है।

इसके अलावा अंग्रेज़ों के ख़िलाफ़ वर्ष 1857 की प्रथम क्रान्ति में तोमर (देश) खाप के चौधरी शाहमल सिंह बिजरौल ने शामली के मोहर सिंह के

साथ अंग्रेज़ों के ख़िलाफ़ युद्ध किया था। 22 हज़ार मल्ल किसानों के साथ उन्होंने छह माह तक अंग्रेज़ों से लोहा लिया था। बताया जाता है कि इस युद्ध में 7 हज़ार मल्ल अकेले दिल्ली में शहीद हुए। दिल्ली 135 दिन तक आज़ाद रही। लेकिन अंग्रेज़ों ने इस इतिहास को दफ़न कर दिया और उन्होंने 90 साल तक खाप पंचायतों का लगातार दमन कर हाशिये पर रखा।

अब किसान आन्दोलन को लेकर एक बार फिर खाप चौधरियों ने दिल्ली की ओर कूच किया है। हालाँकि इस बार इसका उद्देश्य किसानों और सरकार के बीच गतिरोध समाप्त कर सर्वमान्य समझौता कराने का है। इसलिए केन्द्र व राज्य सरकारों को भी इन खाप पंचायतों की अहमियत याद रख मामले का हल निकालने में ही भलायी है।

आन्दोलन को ऐसे मिली संजीवनी

05 जून, 2020 को कृषि क़ानूनों के मसौदे के बाद पंजाब में 14 अक्टूबर को किसानों का विरोध सामने आया। उसके बाद से आन्दोलन ने राह पकड़ी और 24 नवम्बर को संयुक्त किसान मोर्चा अस्तित्व में आया। कहा गया कि देशभर के 500 किसान संगठनों की इसमें हिस्सेदारी है। इस समय इसके समन्वयक वी.एम. सिंह थे। उस वक़्त भारतीय किसान यूनियन (टिकैत गुट) की इस मोर्चे में कोई भागीदारी नहीं थी। पंजाब किसान यूनियन से अजमेर सिंह लाखोवाल थे, लेकिन वे राज्य की ओर से प्रतिनिधित्व कर रहे थे। भारतीय किसान यूनियन की ओर से राकेश टिकैत और युद्धवीर सिंह ने पंजाब में जाकर किसान आन्दोलन का समर्थन ही नहीं किया बल्कि साथ देने का भी वादा किया। इसी कड़ी में 26 नवम्बर को राकेश टिकैत भी मुजफ्फरनगर से सैकड़ों कार्यकर्ताओं के साथ दिल्ली की ओर कूच किये और गाज़ीपुर बॉर्डर पर आकर मोर्चा सँभाला। मोर्चाबन्दी के दौरान 26 नवम्बर को सरकार से वार्ता के लिए जब संयुक्त मोर्चा के नेता पहुँचे तो उसमें भाकियू का कोई प्रतिनिधि मौजूद नहीं था। केन्द्र सरकार ने शाम के वक़्त भाकियू को अलग से वार्ता के लिए आमन्त्रित किया। इसी का असर हुआ कि संयुक्त किसान मोर्चा ने भारतीय किसान यूनियन को तरजीह दी और चालीस जत्थेबन्दियों में से एक भाकियू को शामिल किया। एसकेएम की एक नौ सदस्यीय कॉर्डिनेशन कमेटी बनी जिसमें युद्धवीर सिंह को शामिल किया गया। अन्तरविरोधों के चलते वी.एम. सिंह न केवल समन्वयक के पद से हटाये गये बल्कि 26 जनवरी के बाद 27 जनवरी को अपने कार्यकर्ताओं के साथ गाज़ीपुर मोर्चे से भी पलायन कर गये।

यही हश्र किसान यूनियन (भानू गुट) का हुआ। बल्कि भानु प्रताप सिंह बाद में सरकार के साथ मिलकर बाक़ी संगठनों को कोसते भी नज़र आये।

इस आन्दोलन की मज़बूती की असली वजह यही रही कि सभी चालीस जत्थेबन्दियाँ एकजुट रहीं और खाप पंचायतों के आने से उन्हें संबल मिला। तमाम गतिरोधों के बाद एक के बाद एक कर दिल्ली के चारों ओर पाँच मोर्चों पर किसान आ डटे। हरियाणा में चार बड़े मोर्चों पर खाप पंचायतों ने महती भूमिका निभायी। इसी तरह पश्चिम यूपी में खुद भारतीय किसान यूनियन के अध्यक्ष और बालियान खाप के चौधरी नरेश टिकैत ने सभी खापों को एक मंच पर लाने में महती भूमिका अदा की। गाज़ीपुर बॉर्डर पर भी खुद खापों के चौधरियों ने मंच से किसानों की समस्याओं के लिए सरकार को चेताने का काम किया, जिससे आन्दोलन को और बल मिला।

इस दौरान आन्दोलन को कमज़ोर करने और तोड़ने के कुचक्र भी रचे गये। 26 जनवरी को ट्रैक्टर मार्च के बहाने सरकार ने किसान आन्दोलन की हवा निकालने में कोई कोर कसर नहीं छोड़ी। 28 जनवरी को किसान आन्दोलन की सबसे मज़बूत कड़ी भाकियू को गाज़ीपुर मोर्चा से हटाने की जुगत भिड़ाई गयी। ट्रैक्टर मार्च के बाद वापस जा चुके अधिकांश किसानों से कम पड़ी आन्दोलन की ताक़त का फ़ायदा यूपी सरकार ने उठाया चाहा, लेकिन भाजपा सरकार के लोनी से विधायक नन्द किशोर गुर्जर के अति आत्मविश्वासी क़दम ने बाज़ी ही पलट दी। राकेश टिकैत ने अपने कार्यकर्ताओं के बीच ही मर मिटने का प्रण लिया और उनके आँसुओं ने आन्दोलन को संजीवनी देने का काम किया। यही वह टर्निंग प्वाइंट था जब राकेश टिकैत संयुक्त किसान मोर्चा में प्रमुख भूमिका में नज़र आने लगे। आन्दोलन के भागीदार संगठनों ने ही नहीं बल्कि धार्मिक व सामाजिक संगठनों ने भी राकेश टिकैत को किसानों के उद्धारक के रूप में स्वीकार कर आशीर्वाद दिया।

आन्दोलन की सबसे कमज़ोर कड़ी कहे जाने वाले राकेश टिकैत ने मोर्चे की कमान सँभाल यह साबित भी कर दिया। हर मोर्चे की पंचायत में उमड़ी भीड़ और किसान-मज़दूर एकता के नारे ने पंजाब, हरियाणा और पश्चिम यूपी से निकल देश के अधिकांश राज्यों में पंचायतों के माध्यम से अपनी अमिट छाप छोड़ी। वार्ता का दौर भले ही रुका, लेकिन इस दौरान किसानों ने पंचायतों के माध्यम से देशभर के किसानों को लामबन्द करने का काम किया। समय-समय पर खापों के चौधरियों ने किसानों के साथ खड़ा होकर आन्दोलन को शक्ति दी। किसान संसद के माध्यम से विपक्षी सांसदों के समर्थन ने देश ही नहीं विदेशी मीडिया और राजनीतिज्ञों का ध्यान खींचा।

इस दौरान तीन बार भारत बन्द और तीन बार चक्का जाम का किसान यूनियनों के साथ देशभर के श्रमिक संगठनों और अन्य कर्मचारी संगठनों का साथ मिला। सामाजिक संस्थाओं ने भी भागीदारी की और आन्दोलन को विस्तार देने का काम किया। इस आन्दोलन ने हरियाणा, पंजाब और यूपी के किसान संगठनों को एक मंच पर लाकर साझा लड़ाई के लिए प्रेरित किया। यही नहीं साम्प्रदायिक सौहार्द कायम करने में भी इस आन्दोलन ने बड़ी भूमिका निभायी। मुजफ्फरनगर दंगों से हिन्दू-मुस्लिम बिरादरी में आयी खायी को पाटने का राकेश टिकैत ने भरसक प्रयास किया और मुजफ्फनगर की महापंचायत में मंच से 'अल्लाह-ओ-अकबर' और 'हर-हर महादेव' का नारा देकर उन्होंने इसे साबित भी किया। आन्दोलन की पृष्ठभूमि में सबसे मज़बूत कड़ी के रूप में राकेश टिकैत के भाषण और उनकी आम जनता के दिलो-दिगाम में पैठ बनाने की तरकीब भी काम आयी। उनके मीडिया सलाहकारों और सोशल मीडिया की टीम ने जिस ख़ूबसूरती से हर समस्या का सामना करने और जबाव देने की कला को जनता के सामने रखा, उससे आन्दोलन को बुद्धिजीवियों और समाजशास्त्रियों ने भी सराहा। भूख पर व्यापार नहीं होने देंगे, रोटी को तिज़ोरी में बन्द नहीं होने देंगे, किसानों-मज़दूरों के साथ समाज के शोषित-वंचित, आदिवासी, युवा, छात्र के हक़ों के लिए भी लड़ेंगे। ट्रैक्टर-टैंक और ट्वीटर को आन्दोलन का हथियार बनायेंगे, दो दीये किसानों के लिए, चुनावजीवियों से सावधान जैसे नारों ने इस आन्दोलन को समाज के हर तबके तक पहुँचाने में सफलता पायी। चुनाव न लड़ने की राकेश टिकैत की घोषणा हो या किसी अमुक पार्टी के पक्ष में प्रचार न करने का निश्चय, इसने भारतीय किसान यूनियन की छवि अराजनैतिक बनाये रखने में भी वे कामयाब नज़र आये। इस बीच पश्चिम बंगाल में विधानसभा चुनाव से राजनीतिक ताक़त दिखाने का भी संयुक्त किसान मोर्चा ने मौक़ा नहीं गँवाया। इसी का नतीजा रहा कि यूपी पंचायत के चुनाव में भाजपा एक-चौथाई सीटें भी नहीं जीत पायी। इसके इतर लखीमपुर खीरी काण्ड में जिस तरह किसान ताक़त ने सरकार को घुटनों के बल लाकर खड़ा किया और समझौते कराये, उससे इस आन्दोलन को नयी ऊर्जा देने का काम किया। भले की चुनाव में खामियाजा भुगतने के डर से सरकार का लिया गया फ़ैसला ही क्यों न हो।

हालाँकि राजनीतिक विश्लेषक अब यूपी, उत्तराखण्ड व अन्य राज्यों के चुनाव को लेकर कयासबाज़ी में लग गये हैं। विपक्षी दलों को खोई राजनीतिक ज़मीन मिलने के बाद उसे अकेले दम पर जीत में बदलने की

आकांक्षाओं को झटका ज़रूर लगेगा। अब ये उन विपक्षी दलों की रणनीति पर निर्भर करेगा कि आन्दोलन की नाव के सहारे वैतरणी पार करने की जुगत को वे नये सिरे से कैसे पार लगाते हैं। सामाजिक विश्लेषकों का मानना है कि यह किसानों की बड़ी और ऐतिहासिक जीत है। अब किसानों को भी लगने लगा है कि एकता के बल पर वह अपनी समस्याओं को किसी मंच पर रख सकते हैं और उन्हें मनवा भी सकते हैं। उनका मानना है कि देश में अब किसान आन्दोलन को नयी धार मिलेगी और जो भी केन्द्र में सरकार रहे, या राज्यों में सरकारें रहें, किसान समस्याओं की अनेदखी करने की कुव्वत अब उनमें नहीं रहेगी यानी सरकारी योजनाओं के मूल में अब किसान प्राथमिकता पायेगा।

सभी ने किसानों को छलने का काम किया

(वर्ष 2007 में किसान नेता महेन्द्र सिंह टिकैत से डॉ. अनिल चौधरी की विशेष बातचीत)

किसान तंगहाल हैं। वह ग़रीबी, आर्थिक तंगी और उपेक्षा के चलते आत्महत्या को मजबूर है। एसईजेड को लेकर किसान पहले से ही सशंकित है और इसके लिए आन्दोलन की राह पर हैं। बावजूद इसके अस्सी के दशक वाला कोई बड़ा किसान आन्दोलन सिरे से नदारद है। खुद किसान संगठन अलग-थलग हो गये हैं। राजनीतिक दलों के किसान संगठन पार्टियों से बँधे हाथ पर हाथ धरे बैठे हैं। ऐसे में किसान और खेती का भविष्य क्या होगा? एक समय में किसान आन्दोलन की रीढ़ रही भारतीय किसान यूनियन (अराजनैतिक) के राष्ट्रीय अध्यक्ष **चौधरी महेन्द्र सिंह टिकैत** भी इससे इत्तेफाक रखते हैं। किसानों की इस दशा पर उन्होंने कुछ इस तरह बेबाकी से दिये सवालों के जवाब–

- *पिछले एक दशक से किसान संकट में है, लेकिन कोई बड़ा किसान आन्दोलन कहीं दिखायी नहीं देता, क्यों?*

बात सही है। सरकार की नीतियों ने किसान की कमर तोड़ने का काम किया है। आन्दोलन होते भी हैं, लेकिन अब सरकारों की सेहत पर कोई ख़ास असर नहीं पड़ता। वह किसानों का कम पूँजीपतियों का साथ ज़्यादा दे रही है, इससे किसानों में निराशा है। किसी बड़े किसान आन्दोलन का न होना यही वजह है।

- *क्या है आर्थिक तंगी की मूल वजह?*

इधर खेती में उत्पादन लागत बढ़ी है और किसान को उसकी फ़सल का वाजिब दाम नहीं मिल रहा। वह क़र्ज़ लेने को मजबूर हो रहा है। हालात यह है कि कई राज्यों में फ़सल समर्थन मूल्य से भी कम दाम पर बिकती है। कहीं अच्छे दाम मिलते भी हैं तो सरकार उस पर प्रतिबन्ध लगा देती है। सरकारों का यह दोगला व्यवहार किसानों को आत्महत्या के लिए मजबूर कर रहा है।

• *उत्तर भारत में इधर कोई बड़ा आन्दोलन दिखायी नहीं देता। आपको नहीं लगता कि किसान संगठन बेअसर साबित हो रहे हैं।*

आन्दोलन तो हुए, लेकिन छिटपुट तरीक़े से। आपसी खींचतान की वजह से बड़ा आन्दोलन नहीं हो पाया। सरकार ने भी इन संगठनों को अलग-थलग करने में कोई कोर-कसर बाक़ी नहीं रखी। पहले शरद जोशी अलग हुए फिर कर्नाटक में प्रोफ़ेसर एम. नंजुदास्वामी का निधन हुआ और अब मेरी सेहत भी साथ नहीं दे रही।

खेती बीमार, चाहिए रेडिकल ट्रीटमेंट

डॉ. दर्शनपाल सिंह

पेशे से डॉक्टर, पटियाला के डॉ. दर्शनपाल सिंह (70) किसान आन्दोलन के महत्त्वपूर्ण नेता हैं। उन्होंने अपनी गहरी सूझ-बूझ से लगभग एक साल से देश के 400 से ज़्यादा किसान संगठनों को एक सूत्र में बाँधा। उन्होंने 26 जनवरी, 2021 को हुए लाल किला काण्ड और 18 अक्टूबर को निहंगों की ओर से की गयी हिंसा और उससे लगे झटके के बावजूद आन्दोलन को बिखरने और कलंकित होने से बचाया है। इसलिए वे देश के अब तक के सबसे महत्त्वपूर्ण किसान आन्दोलन को संचालित करने वाले संगठन संयुक्त किसान मोर्चा के कोऑर्डिनेटर हैं। डॉ. दर्शन पाल पंजाब मेडिकल सर्विसेज में रहे हैं। उन्होंने 2002 में मेडिकल सेवा से इस्तीफ़ा देकर खेती करने का फ़ैसला किया और किसानों की क़र्ज़ की समस्या को लेकर कई आन्दोलन किये। उनसे किसान आन्दोलन के महत्त्वपूर्ण मोर्चा दिल्ली के सिंघु बॉर्डर पर खेती के संकट और किसान आन्दोलन पर नवम्बर 2021 के दूसरे हफ़्ते में अरुण कुमार त्रिपाठी की लम्बी बातचीत हुई। पेश हैं उसके महत्त्वपूर्ण हिस्से–

अरुण त्रिपाठी: *आपके आन्दोलन को साल भर हो रहे हैं। कम आन्दोलन हैं जो इतने लम्बे समय तक चले हैं। राजधानी को चारों ओर से घेर रखा है। आन्दोलन ने क्या हासिल किया इतने समय में? इसमें चार सौ से ज़्यादा संगठन हैं जिन्हें आप ने एकजुट रखा है। उसमें मतभेद होंगे खींचतान होगी, लेकिन अभी तक ऐसी कोई बड़ी दरार नहीं आयी है जिससे आन्दोलन टूट जाये। लम्बे समय में आप लोग ज़्यादा एकजुट होकर उभरे हैं। इसका असर देश में तमाम हिस्सों में महसूस किया जा रहा है, लेकिन इस सरकार के कान पर कोई जूँ नहीं रेंग रही है। देश के तमाम हिस्सों से जो किसान नेता*

इस आन्दोलन से जुड़े हैं वे थकान महसूस कर रहे हैं या ऊर्जा महसूस कर रहे हैं?

दर्शन पालः पहले तो मैं अपने क्रान्तिकारी किसान यूनियन की ओर से धन्यवाद देना चाहता हूँ कि आपने हमारे कुछ मुद्दों को उठाया है, लेकिन आपने इतने सारे मुद्दे उठा दिये हैं कि हम उसका एक-एक कर जवाब देना चाहेंगे। इस आन्दोलन ने देश के तमाम हिस्से के किसानों को संगठित रूप से भावनात्मक रूप से और मुद्दों के आधार पर आपस में जोड़ा है। मालिक किसानों और मज़दूरों के अन्तर्विरोध को कम किया है। खेती के संकट और तीन क़ानूनों के विरोध के साथ खड़े हुए इस आन्दोलन ने स्पष्ट कर दिया है कि खेती का संकट बहुत बड़ा है और वह कॉर्पोरेट और बाज़ार से तो हल होगा ही नहीं, लेकिन वह महज़ किसान की मेहनत से भी हल नहीं होगा। इसके लिए नीतियों में बुनियादी बदलाव चाहिए। इसी के साथ इस आन्दोलन ने पहले खेती के मुद्दों को ही उठाया था, लेकिन अब उसमें लोकतन्त्र का मुद्दा भी जुड़ गया है।

अरुण त्रिपाठीः *खेती का संकट क्या है? उसका पंजाब से लेकर देश के दूसरे हिस्सों तक क्या स्वरूप है?*

दर्शनपालः कृषि की स्थिति हमारे देश में जो है और पूरी दुनिया में जैसी है वो परेशानी में है। कुछ ऐसे लक्षण हैं कि जो यह दिखाते हैं कि कृषि संकट में है, कृषि सेक्टर बीमार है। गम्भीर रूप से बीमार है। जैसे कोई मरीज है और गम्भीर है तो उसे आईसीयू में ही दाखिल किया जाता है, तो कृषि में लगे हुए लोगों को रेडिकल ट्रीटमेंट की ज़रूरत है। जिसको ऑक्सीजन की ज़रूरत हो सकती है, जिसको सपोर्टिव सिस्टम की ज़रूरत हो सकती है। उस नजरिये से मैं यह कहना चाहता हूँ कि लक्षण के चलते ही देश के विभिन्न हिस्सों में किसान संगठन अलग अलग मुद्दों को लेकर लड़ रहे थे या प्रचार कर रहे थे। मैं पंजाब से आता हूँ और कहना चाहता हूँ कि कृषि क्षेत्र में ग्लोबलाइजेशन के दौर में या उससे पहले ग्रीन रिव्यूलिशन के दौर में विकास करने के नाम पर, अपनी ज़रूरतों की वजह से हमारे शासक वर्ग ने कुछ तब्दीलियाँ करनी शुरू कीं। अनाज की कमी थी और उसके चलते भुखमरी होती थी। लोग कुपोषण के शिकार होते थे। बहुत बार मौतें भी हो जाती थीं। उन तमाम चीज़ों को जो बदलने की कोशिश की गयी और पश्चिमी मॉडल को कापी करके यहाँ लागू करने की कोशिश की गयी।

उन्होंने पंजाब और हरियाणा में मण्डियाँ बनायीं और उन्नतशील बीज लाये। इनपुट में फर्टीलाइजर, पेस्टीसाइड लाये। इन्सेक्टीसाइड लाये। इस तरह हमने खेती को बदलते हुए देखा। हमने देखा कि कैसे बैल से होने वाली खेती छोटी मशीनरी में, फिर ट्रैक्टर के इस्तेमाल में बदल गयी। पहले दो बैलों वाला हल होता था फिर ट्रैक्टर वाला हल आया। तो यह जो तब्दीलियाँ आयीं इसके बारे में हम बोल सकते हैं कि खेती में पूँजी का निवेश ज़रूरी हो गया। हर किसान को उस निवेश के लिए किसी पर निर्भर हो जाना पड़ा। किसान उसके लिए या सूद पर धन देने वाले व्यापारी पर निर्भर हो गया या बैंक के ऊपर निर्भर बना। वह फाइनेंस कम्पनी के ऊपर निर्भर हुआ।

इस बदलाव के दौरान हम देखते हैं कि जो खेती पहले भले विकसित नहीं थी, लेकिन वह आत्मनिर्भर अर्थव्यवस्था के रूप में ज़रूर थी। घर में अनाज भी था सब्ज़ी भी थी, दाल भी थी तेल भी था कपड़े भी थे। जूता भी था। हर चीज़ स्थानीय स्तर पर यानी घर में तैयार हो जाती थी। वातावरण भी साफ़ था। गाँव के सभी घर में ज़रूरत की चीज़ें होती थीं, लेकिन यह मॉडल आने के बाद हम यह देखते हैं कि जिस तरह से निवेश को बढ़ाया गया उससे किसान को खेती के बाहर जो एजेंट हैं उन पर निर्भर होना पड़ा। क्योंकि इस मॉडल में कैपिटल पहले चाहिए फिर प्रोडक्शन होता है। यह जैसे आगे बढ़ता गया वैसे वैसे टर्म्स ऑफ ट्रेड (व्यापार सन्तुलन) खेती वाले के ख़िलाफ़ होता चला गया। उत्पादन की लागत बढ़ती गयी। ऐसे में एक स्तर के बाद उत्पादन की लागत जैसे बढ़ती है वैसे वैसे किसानों को पहले जो फ़ायदा हो रहा था वह गड़बड़ाने लगता है। पहले जो लाभ हो रहा था वो इसलिए कि खेती का रकबा बढ़ रहा था। ऊसर ज़मीन को उर्वर भूमि में बदला जा रहा था। हर साल प्रति एकड़ उत्पादन बढ़ता था। उससे इनपुट कास्ट बढ़ती रही। दूसरी ओर ऊसर ज़मीन का रकबा बढ़ गया। लोगों ने उसे खेती लायक बना लिया। हम कह सकते हैं कि हर इंच ज़मीन खेती के नीचे आ गयी। उत्पादन की बढ़ोतरी हो रही थी, ज़मीन का रकबा बढ़ रहा था, उसके कारण किसान को कुछ मुनाफ़ा हो रहा था, लेकिन एक समय ऐसा आया कि यह टर्म्स ऑफ ट्रेड (व्यापार सन्तुलन) ठहर गया और किसान का फ़ायदा भी ठहर गया। एक समय के बाद वह ग्राफ वह गिरने लगा है। पहले के मॉडल की जो खेती थी उसके मुक़ाबले तो मुनाफ़ा बढ़ा, लेकिन फिर लाभ के बढ़ने की दर घटने लगी। फिर लाभ की दर समतल हो गयी और

धीरे-धीरे घटने लगी। अन्त में ऐसे लगा कि खेती घाटे का धन्धा हो गयी। खेती के संकट का पहला लक्षण यहीं दिखा। इस तरह खेती में मुनाफ़ा नहीं रहा। किसान को पूँजी की ज़रूरत होती है। जो पैसा देगा चाहे वह व्यापारी हो या बैंक वह ब्याज लेगा। किसान को ब्याज छह महीने तो देना ही पड़ेगा। क्योंकि छह महीने से पहले उसके पास कोई आमदनी नहीं है। टर्मस ऑफ ट्रेड जैसे ही डाउन हुआ और वित्तीय पूँजी ने उसका गला पकड़ लिया। इसी के साथ क़र्ज़दारी पैदा होने लगी।

अरुण त्रिपाठीः *यह संकट 1991 में उदारीकरण आने से बढ़ा है? या यह तीन क़ानूनों से बढ़ा है? या हरित क्रान्ति के साथ ही चल रहा है?*

दर्शन पालः इसका तीन क़ानून से तो कोई लिंक नहीं है। यह आने वाले समय में कैसे बनेगा वह तो अलग बात है, लेकिन अभी कोई सीधा रिश्ता नहीं है। क्योंकि यह तो अभी एक साल पहले आये।

अरुण त्रिपाठीः *तीन क़ानून तो अभी लागू भी नहीं हुए हैं ठीक से।*

दर्शन पालः हाँ। पहले टर्म्स ऑफ ट्रेड खेती के ख़िलाफ़ हुआ, फिर किसानों की क़र्ज़दारी बढ़ी और फिर आत्महत्या होने लगी। यह एक सिलसिला बना। जैसे मलेरिया होता है, बुखार होता है, सर्दी लगती है पसीना आता है बुखार उतरता है फिर आठ घण्टे के बाद बुखार फिर चढ़ता है। उसी तरह हम इसे पहचान सकते हैं कि कृषि में इस तरह का संकट आ गया है। एग्रोइकॉनमिस्ट का कहना है कि किसान अपनी मेहनत से इससे बाहर नहीं निकल सकते। वह मरेगा। वह मर रहा है और सुसाइड (खुदकुशी) के जरिये वह मर रहा है। यह जो स्थिति है वह सत्तर के दशक और अस्सी के दशक में आनी शुरू हो गयी थी। पहले उत्पादन की लागत बढ़ी फिर परेशानी पैदा हुई। इसके बारे में हम कहते थे कि जो पहले की हरित क्रान्ति थी वह अब पीली होनी शुरू हो गयी। ग्लोबलाइजेशन के दौर में यह ज़्यादा तेज़ हो गयी। कृषि संकट के जो विभिन्न लक्षण हैं उस पर अलग-अलग तरह से लोग प्रतिक्रिया कर रहे थे। जैसे लोग सुसाइड को लेकर लड़ रहे थे। मुआवज़ा माँग रहे थे। वे कह रहे थे कि सुसाइड को रोका जाये। वे बता रहे थे कि उसे कैसे रोका जाये। कुछ संगठन इसको लेकर लड़ रहे थे। कुछ संगठन इस पर अपना लेख लिख रहे थे। जबकि वामपन्थी संगठन किसानों को बाँट कर देख रहे थे। वे उन्हें मालिक किसान, मज़दूर किसान और कुलक वगैरह में बाँट कर देख रहे थे। उनमें अन्तर्विरोध देख रहे थे। कहते थे कि वे सब एक-दूसरे के दुश्मन हैं।

फिर वे कहते थे कि हमें एमएसपी के लिए नहीं लड़ना चाहिए क्योंकि यह मालिक किसानों की लड़ाई है। इससे बड़े किसानों का फ़ायदा होता है। हमें कास्ट ऑफ प्रोडक्शन (खेती की लागत) कम करने के लिए लड़ना चाहिए। इस तरह के बहुत सारे संगठन अलग अलग तरीक़े से लड़ रहे थे। किसान संगठन अलग अलग खेमों में बँटे हुए हैं। विचारों के आधार पर भी और उनकी जो राजनीतिक दृष्टि और क्षेत्र है उसके आधार पर भी। लड़ने का जो तौर तरीक़ा था उसको लेकर भी। यह संघर्ष अलग अलग जगह पर हो रहे थे। इसमें किसान यूनियनों का गठन एक मील का पत्थर साबित हुआ। जितनी किसान यूनियनें बनी हैं वह टिकैत की हो, नंजुदास्वामी की हो, वो (शरद) जोशी जी की हो या पंजाब के लक्खोवाल, मान और भूपिन्दर सिंह की हो, आप उसमें एक कामन फैक्टर यह देखेंगे कि यह उस समय लड़ाई में आते हैं जब पूँजी की दख़ल खेती में हो जाती है। जब मण्डियाँ आ जाती हैं। उत्पादन की लागत बढ़ने लगती है मुनाफ़ा गिरने लगता है। मण्डी में माल बिकता नहीं है। इन सब चीज़ों के लिए टिकैत साहब, मान साहेब, राजेवाल साहब यह सब मिलकर लड़ते हैं। अपनी अपनी जगह पर। कर्नाटक में नंजुदास्वामी, महाराष्ट्र में शरद जोशी, यूपी में टिकैत साहब, हरियाणा में घासीराम नैन साहेब यह सब खड़े होते हैं। यह जो अलग-अलग पर्सनैलिटी हैं या संगठन हैं वे कृषि के एक मॉडल के संकट से निकले हुए संगठन और व्यक्ति हैं। इन्होंने आपस में समन्वय करने की कोशिश भी की, लेकिन उसमें इनका व्यक्तिवाद और संगठनिक टकराव इतना था कि वे इकट्ठे हो भी जाते तो फिर लड़कर बिखर जाते। ऐसा बहुत बार हुआ है, लेकिन एक बात समान है कृषि सैक्टर में, जहाँ विकास हुआ वहाँ भी और जहाँ नहीं हुआ वहाँ भी। एग्रीकल्चर के ऊपर निर्भर आबादी ज़्यादा है। आज भी हम बोलते हैं कि 50 से 60 पर्सेंट लोग खेती पर निर्भर हैं। जिस इलाक़े में नया मॉडल बन कर नहीं आया वहाँ भी लोगों का शोषण है। बैकवर्ड सोसायटी के चलते हुए कास्ट (जातिगत) भेदभाव, ग्रामीण इलाक़े में देखने को मिला। शहर में वैसा कम है। पूरे भारत में भले विविधता और विभिन्नता हो, लेकिन कृषि क्षेत्र में जो लोग शामिल हैं उनकी अस्मिता एक है। चाहे वह ज़मीन वाला किसान हो या भूमिहीन हो वे एक क्लास के लोग हैं। एक समुदाय के लोग हैं।

अरुण त्रिपाठी: *आप के आन्दोलन ने उसे एक बनाया है।*

दर्शन पाल: हाँ। हमारे आन्दोलन ने एक हद तक उस अस्मिता को निर्मित किया है।

अरुण त्रिपाठीः *आप जो अन्तर्विरोध बता रहे हैं जैसे कि बड़े किसान छोटे किसान, बड़ी जाति के किसान छोटी जाति के किसान, मालिक मज़दूर। यह सारे जो अन्तर्विरोध थे उन्हें आपने एक हद तक हल किया है।*

दर्शन पालः हाँ हुआ है कुछ हुआ है।

अरुण त्रिपाठीः *यह जो मॉडल हमारे सामने से गुज़रे हैं उनका एक सिलसिला है। जैसे कि आप उदारीकरण को देख रहे हैं। अब तो थर्ड फेज ऑफ लिबरलाइजेशन की बात की जा रही है। तो यूपीए और एनडीए की नीतियों में कृषि के बारे में क्या अन्तर देखते हैं? क्या एनडीए के समय में कार्पोरेट ज़्यादा हावी हो गया है और पहले कम करता था? मनमोहन सिंह के समय में खेती की क्या स्थिति थी और मोदी के समय में क्या है? खेती के प्रति मोदी जी का रुख़ क्या है? इस अन्तर को भी आप स्पष्ट करें।*

दर्शन पालः जैसे एलपीजी का दौर शुरू होता है तो उसमें मनमोहन सिंह, नरसिम्हा राव, पी. चिदम्बरम जो नीतियाँ (नयी आर्थिक नीतियाँ) लेकर आये थे वे एक बड़े संकट से जुड़ी चीज़ें थीं। एक तरफ भारत में उदारीकरण हो रहा था तो दूसरी ओर गेट समझौता हो रहा था। डब्ल्यूटीओ बन रहा था। उसमें हर सैक्टर के ऊपर समझौते हो रहे थे। दुनिया में ढाँचागत परिवर्तन यानी रीस्ट्रक्चरिंग हो रही थी। उस बड़े पैमाने के संकट को अगर हम छोड़ दें तो भी भारत में जो हो रहा था उसे देखते हैं। मुझे लगता है कि अर्थव्यवस्था में पूरी तरह ढाँचागत बदलाव के लिए और उसमें भी कृषि को बदलने के लिए कोशिशें चल रही थीं। ताकि वह उस मॉडल में फिट हो सके जो बन रहा था। वह कोशिश डॉ. मनमोहन सिंह के दौर से शुरू हो गयी थी। उस समय भी संसद में उन्होंने जो क़ानून पास किये वो बड़ी कम्पनियों के पक्ष के थे। वो चाहे पेस्टीसाइड, फर्टीलाइजर के बारे में, हाई यील्ड सीड के बारे में हो या उनके कंट्रोल के बारे में हो। वह उसी समय से शुरू हो गये थे। थोड़े दिन पहले चिदम्बरम ने इंडियन एक्सप्रेस में एक आर्टिकल लिखा था कि जिस दिन वे पालिसी चेंज के लिए ड्राफ्ट लेकर जाने वाले थे तो उनके मन में कैसी ऊहापोह थी। मनमोहन सिंह के शासन में लोगों ने बदलाव तो शुरू किया, लेकिन उसे धीरे-धीरे करना शुरू किया। अचानक आप सब चीज़ों को कर दोगे तो दिक़्क़त होगी। जैसे आज इन्होंने मानिटाइजेशन पाइप लाइन को खोल दिया है, लेकिन उस समय यह करना मुश्किल था।

आज रेलवे को बेचने की बात हो रही है। उस समय कोई सोचता नहीं था कि रेलवे कभी बिक जायेगा। कॉन्सेप्ट के लेवल पर और परशेशन (नज़रिये) के लेवल पर चीज़ों को एडॉप्ट करवाने (अपनाने) में समय लगता है।

अरुण त्रिपाठीः *डायरेक्शन दोनों का एक ही है, लेकिन स्पीड का फ़र्क़ है।*

दर्शन पालः हंड्रेड पर्सेंट। डायरेक्शन एक है, लेकिन स्पीड का फ़र्क़ है। अगर उस समय ये होते तो ये भी वैसे करते और आज अगर वे होते तो वे भी इसी स्पीड से करते। दुनिया में इस गति को और इस दिशा को जनता का कोई बड़ा आन्दोलन ही रोक सकता है। कोई छोटा देश हो या बड़ा देश हो जिसे इस वैश्वीकृत दुनिया में डब्लूटीओ के अधीन काम करना है, या उसे इस पूरे पॉलिटिकल फ्रेमवर्क में काम करना है तो उसे ऐसे आर्थिक ढाँचे में काम करना है जहाँ कॉर्पोरेट जगत का वर्चस्व है। ऐसे ही क़ानून बनाने पड़ेंगे उन्हें। थोड़ा बहुत डिले (देरी) कर सकते हैं, लेकिन करेंगे वही। ये जैसे-जैसे आगे बढ़ता गया तेज़ होता गया, विशाल होता गया डीप (गहरा) होता गया। हम सब उस क्राइसिस को लेकर लड़ रहे थे कि खेती में यहाँ विकास हो, वहाँ पूँजी लगे, इस तरह से विकास हो, उस तरह से विकास हो यही सब माँगें कर रहे थे। या मार्केट बनाने की माँग कर रहे थे। अस्सी के दशक में जो किसान यूनियनें आयीं वे एक विशेष विकास के मॉडल से निकल कर आयीं। लेकिन यह लोग उस आन्दोलन को न तो यूनाइट (एकजुट) कर पाये न कोऑर्डिनेट कर पाये और न ही उसे आगे बढ़ा पाये। क्योंकि इन किसान आन्दोलन के नेताओं के पास वह विजन नहीं था जो इन ग्लोबलाइजेशन और इनवेजन ऑफ कैपिटल को समझकर उसके ख़िलाफ़ लड़ने का एक संकल्प देता और लोगों को लड़ने के लिए तैयार करता। यह स्थिति एक़दम वैसी ही है कि जैसे जब वैश्वीकृत दुनिया शुरू होने जा रही थी तो आप देखेंगे कि उस समय इराक युद्ध के ख़िलाफ़ डब्ल्यूटीओ के ख़िलाफ़ दुनिया में बड़े बड़े आन्दोलन हुए।

अरुण त्रिपाठीः *सिएटल में भी आन्दोलन हुआ और बड़ा उग्र प्रदर्शन हुआ।*

दर्शन पालः जी सिएटल में भी हुआ। यूरोप में लाखों की संख्या में लोग आये। इराक युद्ध के ख़िलाफ़ तो पाँच लाख लोग तक जुटे प्रदर्शन करने के लिए। पूरी दुनिया में लोगों ने विरोध जताया। बाद में ट्यूनिशिया में, इजिप्ट में

सीरिया में लोगों ने अरब स्प्रिंग शुरू किया। हम देखते हैं कि उनके पास भी कोई विजन या ओरियंटेशन नहीं था। बड़े आन्दोलन होने के बावजूद इराक युद्ध और डब्ल्यूटीओ के ख़िलाफ़ जो प्रदर्शन हुए उनमें कोई भविष्य की दिशा नहीं थी। इसी तरह से (हमसे पहले) यह जो किसान आन्दोलनों के लोग थे इनके पास विजन नहीं था। किसान संगठन बैठ गये। एक समय के बाद वह जो पुराना सोचने का तरीक़ा था उसे लोगों को बदलना पड़ा। नया जो मॉडल आया उसको समझना पड़ा।

इसमें एक मील का पत्थर है मन्दसौर में छह किसानों की शहादत। छह किसान शहीद हुए। वह लड़ाई थी कृषि के संकट के ख़िलाफ़। क्योंकि उनको गेहूँ का रेट पूरा नहीं मिल रहा था। उस समय पिपलिया मण्डी में जब छह किसान शहीद हुए तो उन किसानों के पास मिलने के लिए तमाम नेता पहुँचने लगे। उसने किसान आन्दोलन के लोगों को झिंझोड़ा और किसान नेता इकट्ठे हुए। पहली बार राइट टू लेफ्ट, रेडिकल लेफ्ट टू रेडिकल राइट सेंटर सब विचारों के लोग दिल्ली के जीपीएफ(गाँधी शान्ति प्रतिष्ठान) में इकट्ठे हुए। उन्होंने प्लान किया कि हमें किसानों के दो मुख्य मुद्दों को लेकर आगे बढ़ना होगा। एक है पूरा दाम यानी एमएसपी और दूसरा है क़र्ज़ मुक्ति। दो मुद्दे लेकर हमें तुरन्त लड़ाई शुरू करनी चाहिए। क़र्ज़ के अन्दर सुसाइड भी आता है, सरकार की निवेश की नीति भी आती है। दोनों को लेकर एक मोर्चा बनने की सम्भावना शुरू हुई। जो मोर्चा आगे बढ़कर अखिल भारतीय किसान संघर्ष समन्वय समिति के नाम से जाना जाता है। इसे लेकर दिल्ली में पहली बार दो बड़े-बड़े सम्मेलन हुए और देश में यात्राएँ हुईं। लगातार समन्वय की कोशिश हुई। इससे किसान संगठनों की एकता बनती गयी। जब यह तीन क़ानून आये तो उस समन्वय समिति ने उसके ख़िलाफ़ पूरा प्रचार करना शुरू किया। इन तीन क़ानूनों के विरोध में कोरोना लॉकडाउन में आल इंडिया किसान संघर्ष समन्वय समिति ने पूरे देश में एक आन्दोलन शुरू करने का फ़ैसला लिया गया और तीसरे चरण में यह आन्दोलन एक नये रूप में आता है।

अरुण त्रिपाठी: *मैं यह जानना चाहता हूँ कि जो भी शासक वर्ग है जो इकनॉमी और पॉलिटिक्स को कंट्रोल करता है। उसका एक काम्पोनेंट बहुसंख्यकवाद का है और एक काम्पोनेंट कॉर्पोरेट का है। हिन्दुत्व और कॉर्पोरेट का एक गठजोड़ बना हुआ है। उनका आत्मविश्वास बना हुआ है कि*

हम जो नीतियाँ बनायेंगे उसका लोग विरोध नहीं कर पायेंगे, लेकिन उसका उल्टा असर भी हो रहा है। लोग बहुसंख्यकवाद के चलते यह महसूस करने लगे कि लोकतन्त्र कुचला जा रहा है। इसलिए लोग उठ खड़े हुए। तो किसान आन्दोलन ने आर्थिक पहलू को तो उठाया ही, लेकिन लोकतन्त्र के मसले को भी उठाया है और जो लोग पहले डरे हुए थे कि कुचल दिये जायेंगे वे किसान आन्दोलन के बहाने खड़े हो गये। इस पर क्या कहते हैं आप?

दर्शन पालः राज्य जब एक वर्ग को संरक्षण दे देता है तो उनके लिए बहुत आसान हो जाता है अपनी योजना को लागू करवा पाना जो आज का पूँजीपति वर्ग करवा रहा है। जिसका रास्ता खोला है कांग्रेस सरकार ने 1991 से। यूपीए ने। देश में बहुसंख्यकवाद की जो बात है उस पर मेरे लिए थोड़ा बात करना मुश्किल है। यह ऐसा सवाल है जो यह हमारे आन्दोलन के साथ भी जुड़ा है और भविष्य के साथ भी इसका गहरा सम्बन्ध है। जब मन्दसौर की घटना घटी और पहली बैठक हुई तब से लेकर आज तक मैं इस आन्दोलन के साथ जुड़ा हुआ हूँ। पहले आन्दोलन के लिए हमने बड़ी-बड़ी पब्लिक मीटिंग की और फिर कोरोना के समय में मजबूर होकर टेलीफोन पर बैठक करनी पड़ी। फिर वीडियो मीटिंग करनी पड़ी फिर हमने जूम मीटिंग की। यह अलग दौर रहा है। तीसरा दौर यह है कि तीन क़ानून को लेकर जब हमने लड़ाई शुरू करने के बारे में सोचा तो उस समय लगता नहीं था कि हम लड़ाई शुरू कर पायेंगे। कुछ फैक्टर जिन्हें हमें खुलकर कहना चाहिए। तीन क़ानून का मुद्दा, एमएसपी का मुद्दा और क़र्ज़ का मुद्दा यह तीन मुद्दे ऐसे हैं जो पूरे देश की किसान जनता के लिए तो हैं ही लेकिन इनके लिए जो सबसे ज़्यादा संगठित और मुखर पीड़ित वर्ग है वह पंजाब का किसान है। उस लिहाज़ से मैं लकी हूँ कि मैं पंजाब के एक संगठन को वहाँ लीड कर रहा था। जब क़ानून आये उसके तीन चार महीने पहले मैं एक संगठन में स्वतन्त्र रूप से फैसले लेने लायक हो गया था। तीसरा बिन्दु यह है कि अगर कोरोना लॉकडाउन में पंजाब के संगठन जो एआईकेसीसी के साथ जुड़े थे पहल क़दमी नहीं करते तो आन्दोलन नहीं हो सकता था। पंजाब के संगठनों ने बहुत सारे संगठनों को भी आमन्त्रित किया कि आओ हम आन्दोलन करते हैं।

इस तरह एक बड़ा मोर्चा हो गया एक बड़ा आन्दोलन हो गया। तब हमारी सोच में ऐसी बात नहीं थी कि हम कोई डैमोक्रेसी की लड़ाई लड़ रहे हैं। हम कोई बहुसंख्यकवाद के ख़िलाफ़ लड़ रहे हैं। हम कोई फासीवाद के

ख़िलाफ़ लड़ रहे हैं। उस समय एक़दम ऐसी बात नहीं थी। उस समय यही था कि इस लॉकडाउन के ख़िलाफ़ हम कैसे एमएसपी का मुद्दा जोड़ कर लड़ें। आज मुझे लगता है कि उसी समय हमें क़र्ज़ का मुद्दा भी जोड़ देना चाहिए था जो हमसे ग़लती हो गयी। पंजाब के साथ बहुत सारे संयोग हैं। वह एक बॉर्डर स्टेट है। वह राज्य ऐसा है जहाँ कि सिख बहुसंख्या में है। सिख वह समुदाय है जिसका एक इतिहास है देश के साथ जुड़कर। पंजाब वह राज्य है जो ग्रीन रेवूल्यूशन का लैब बन कर आया है। पंजाब वह राज्य है जहाँ के किसान समुदाय की मण्डी के विकास में हिस्सेदारी रही है। इन तमाम कारणों के चलते पंजाब ऐसा राज्य हो गया जिसके संगठनों पर यह जिम्मेदारी आ गयी कि वे खेती के संकट के विरुद्ध खड़े आन्दोलन का नेतृत्व करें। हालाँकि बड़ी जिम्मेदारी बाद में डाली गयी है। पहले उन्होंने एआईकेसीसीसी के घटक के तौर पर काम किया फिर उन्होंने एआईकेसीसीसी के अन्य संगठनों के साथ समन्वय किया।

अरुण त्रिपाठी: *क्योंकि मन्दसौर से एक ट्रिगर प्वाइंट मिला था इसलिए यह आन्दोलन खड़ा हुआ। यानी वह मुद्दा पंजाब की बजाय मध्य प्रदेश से मिला। लेकिन ताक़त पंजाब से आयी।*

दर्शन पाल: पहले मन्दसौर में इकट्ठा हुए। तीन क़ानूनों के ख़िलाफ़ लड़ाई का बिगुल बजाया। यह जो 26–27 नवम्बर 2020 को दिल्ली आने का कार्यक्रम बना वह एआईकेसीसीसी का मूल फ़ैसला था। हमने बाद में उसे एडाप्ट किया। यह जो घटनाओं का क्रम है उसमें शुद्ध रूप से तीन क़ानून और एमएसपी जैसे कुछ मुद्दों को जोड़ कर रखा था। जितने भी देश में बुद्धिजीवी, पत्रकार, कलाकार हैं उन पर जो केस हैं वे वापस लिए जायें। इनके मुद्दों को बाद में जोड़ा गया। जैसे ही किसानों ने दिल्ली की ओर रुख किया फिर वह डिमांड नीचे चली गयी। अगर पंजाब के किसान दिल्ली न आते तो आन्दोलन दिल्ली नहीं आ सकता था। क्योंकि पंजाब का माहौल ऐसा बन गया था कि वहाँ कांग्रेस, अकाली दल, आम आदमी पार्टी सभी इस आन्दोलन के साथ हो चले थे। असैम्बली में मत (प्रस्ताव) पास हो गया था। सिखों की जो शख़्सियतें थीं, संस्थाएँ थीं उन्होंने मत पास कर दिये थे। पूरा पंजाब एकजुट होकर 26 नवम्बर को दिल्ली की ओर चला। हरियाणा उसमें आगे था। कुछ रूप में हरियाणा पहले भी आगे रहा है, लेकिन मूल रूप में पंजाब के लोग आये थे और सिख समुदाय का आन्दोलन में योगदान काफ़ी बड़ा है।

लेकिन जैसे ही यह आन्दोलन देशव्यापी आन्दोलन बन गया तो इसमें एसकेएम के रूप में देशव्यापी समन्वय की कोशिश हुई। अब जैसे ही उधर (सरकार की ओर) से रेजिस्टेंस आया, मोदी और अमित शाह का दबाव बना तो दो शक्तियों के बीच अन्तर्विरोध तेज़ हुआ। इस तरह इसमें डैमोक्रेसी वाला तत्व भी सामने आया।

अरुण त्रिपाठी: *इसी से जुड़ा एक सवाल है कि आन्दोलन में अलगाववादी लोगों की कितनी भागीदारी है? इसमें बाहर के लोगों का कितना योगदान है? यह आरोप सीमित नहीं है यह बहुत व्यापक तौर पर लगाया गया है। 26 जनवरी की घटना भी प्रमाण के तौर पर पेश आती है। हाल में एक निहंग ने जो किया उससे भी आरोप को मज़बूती मिलती है। पंजाब में अभी भी जो अलगाववादी हैं उनके बहाने आरोप लगाया जाता है कि इस आन्दोलन में वे शामिल हैं। इस आन्दोलन को उन लोगों की मदद है। इसके अलावा आढ़तियों की मदद का भी आरोप है और कहा जाता है कि यह आढ़तियों का आन्दोलन है। कहा जाता है कि देश में दक्षिणपन्थी राजनीति के वर्चस्व के बाद वामपन्थी हाशिये पर चले गये थे। इस आन्दोलन के माध्यम से वे अपनी खोई हुई ज़मीन हासिल करना चाहते हैं। आप इन तीनों आरोपों के बारे में बतायें।*

दर्शन पाल: जब हम शुरू कर रहे थे उस समय यह तात्कालिकता से निकला हुआ आन्दोलन था यह। मन्दसौर की घटना हुई और फिर तीन क़ानून सरकार लायी उस पर हमने प्रतिक्रिया दी। हमने कुछ प्लान नहीं किया। चीज़ें दूसरी ओर से रची गयी हमने उस पर जवाबी प्रतिक्रिया की। जब यह आन्दोलन बन गया तो उसमें तमाम ताक़तों की भागीदारी हुई। क्योंकि तमाम वैचारिक ताक़तें हैं उनका एक फ्रेमवर्क है और उनका एक निशाना है। चूँकि इसमें पंजाब के लोग ज़्यादा थे और पंजाब में सिखों की जो संस्थाएँ हैं उन्होंने काफ़ी योगदान दिया था। यह कहने में मुझे कोई गुरेज नहीं है कि सिखों में जो अलगाववादी हैं या खालिस्तान समर्थक लोग हैं उनका एक इनवाल्वमेंट (भागीदरी) था इसमें और वे चाहते थे कि जैसे हम इसको दिशा देना चाहें वैसी दिशा मिलनी चाहिए। दूसरी बात क्योंकि ऑल इंडिया किसान संघर्ष समन्वय समिति में और आन्दोलन शुरू करने वाले पंजाब के संगठनों में बहुत सारे किसान संगठन थे जो वामपन्थियों के थे। इसलिए उनकी हाजिरी होने और किसी के एक्टिव होने से किसी को लग सकता है कि इसमें वामपन्थी

हावी होना चाह रहे हैं। चूँकि आन्दोलन मन्दसौर से शुरू होकर पंजाब तक आया और वे उस ढाँचे का हिस्सा थे इसलिए वे इसमें दिखे, लेकिन मेरी दूसरे क़िस्म की आपत्ति है। मेरा कहना है कि जिस एनर्जी से और जिस एबिलिटी से वामपन्थियों को शामिल होकर मदद करनी चाहिए थी वो नहीं कर रहे हैं। देश की स्थिति जिस तरह की माँग करती है काम करने की उसमें तो उन्हें अपनी हर तरह की एनर्जी इस काम में लगानी चाहिए थी। नहीं लगायी उन्होंने। यह बात सही है कि 26 जनवरी को जो एक चीज़ हुई वह एक तरह की अपवाद वाली घटना थी। वो मोर्चे की लीडरशिप नहीं चाहती थी। उसकी इस तरह की कोई सोच नहीं थी। बल्कि उस घटना के चलते नेतृत्व को झेलना पड़ा। मेजॉरिटी लीडरशिप को झेलना पड़ा और आन्दोलन गिरते गिरते बचा।

अरुण त्रिपाठी: *आन्दोलन को नुक़सान हुआ उससे। उसकी छवि को धक्का लगा।*

दर्शन पाल: जी हाँ। मोर्चे की लीडरशिप में दो तरह की राय हो सकती है। हमारे पंजाब में और देश में कई तरह के धार्मिक समुदाय हैं। मैं यह सोचता हूँ कि देश के पैमाने पर हिन्दुओं, मुसलमानों, सिखों, ईसाइयों के जो धर्म गुरु हैं वे सब मिलकर एक सर्वधर्म सभा करें और किसानों की मदद की अपील करें। इसमें बुराई क्या है करनी चाहिए। अगर सभी पार्टियाँ कर सकती हैं तो सब धर्मों के लोग क्यों नहीं करेंगे। क्योंकि हर मन्दिर में, हर गुरुद्वारे में, हर मस्जिद में जो पकवान पकते हैं उसका कच्चा माल तो किसान ही देता है। किसान हर इन्सान को ज़िन्दगी जीने के लिए जन्म से मृत्यु तक एनर्जी प्रोवाइड करता है। अन्नदाता के लिए क्यों नहीं आगे आना चाहिए। उसके लिए तो भगवान को भी आना चाहिए। तीसरा यह है कि यह जो निहंगों वाली घटना घटी है वह एक संयोग है। यहाँ मैं फिर कहना चाहता हूँ कि पंजाब का बच्चा बच्चा हर संस्थान आन्दोलन के साथ जुड़ा हुआ था। जुड़ा हुआ है। उसमें इस तरह के माहौल में जो लंगर आए जो संस्थाएँ आयीं। उनमें बहुत सारे लोग प्योर सिखी के रूप में भी सोचने वाले थे और आज भी हैं, लेकिन अगर वे किसान आन्दोलन को किसानी के मुद्दों के तौर पर नहीं सोचेंगे तो वे आन्दोलन का नुक़सान करेंगे। निहंगों वाली घटना नहीं घटनी चाहिए थी। अगर उस तरह की कोई बेअदबी हुई भी थी तो उसे पकड़ कर रखना चाहिए था। उनको हैंडओवर करना(सौंप देना) चाहिए था। जो हुआ वह ठीक नहीं हुआ।

सज़ा उसको मिलनी चाहिए थी अगर बेअदबी हुई है तो, लेकिन उसके बारे में सच निकालना चाहिए था। अन्तिम में जो चीज़ें बाद में सामने आ रही हैं उससे थोड़ा डाउट (सन्देह) भी खड़ा होता है।

अरुण त्रिपाठी: *किसी मन्त्री के फोटो वगैरह भी सामने आये हैं।*

दर्शन पाल: जी। सन्देह हो रहा है कि इस मामले में किसी एजेंसी का हाथ तो नहीं है। उसमें मुझे तो निजी तौर पर लगता है कि 26 जनवरी को जिस तरीक़े से रास्ता देने के लिए, रास्ते पर लोगों को जाने देने के लिए छूट मिली या जिस तरह के लोगों को जाने दिया गया, वह भी एक ट्रैप था। हम लोग ट्रैप में फँसे। हम ढँग से उस चीज़ को हैंडल नहीं कर पाये। हमारा नुक़सान हुआ हमारी नाकामी हुई। बेशक हमारा किसान किसानी मुद्दों पर लड़ रहा था, लेकिन जैसे ही इस आन्दोलन ने रीढ़ की हड्डी की तरह बाक़ी लोगों को शक्ति दी बाक़ी शक्तियों को पास आने का मौक़ा मिला और जैसे ही पूरे देश का किसान इकट्ठा हुआ तो एक बड़ी ताक़त खड़ी हो गयी। अगर सेंट्रल ट्रेड यूनियन किसान संगठनों से मिलकर ग्लोबलाइजेशन के ख़िलाफ़ लड़ें तो इसमें एक तीर से दो निशाने हो सकते हैं। नम्बर एक तो कॉर्पोरेट के ख़िलाफ़ लड़ाई का एक आख्यान बनाया जा सकता है और नम्बर दो कॉर्पोरेट को लाने वाली जो ताक़तें हैं उनकी राजसत्ता को चैलेंज किया जा सकता है। इस आन्दोलन ने बहुत सारे ऐसे लेसन (सबक) दिये हैं जो महत्त्वपूर्ण हैं। लोगों को जोड़ा है। पहली बार कॉर्पोरेट के ख़िलाफ़ लड़ाई का नारा दिया है। बल्कि यह कहेंगे कि लड़ाई के मैदान में उतरे हैं। पहली बार टोल प्लाजा के करों का बायकाट किया है। पहली बार भाजपा का एक़दम बॉयकाट करके कुछ इलाक़ों में भाजपा और आरएसएस के लोगों की नींद हराम की है। पहली बार मुस्लिम जाटों की एकता के लिए नारा दिया है। गुर्जर और मीणा लोगों की एकता के लिए किया है। पहली बार निगमीकरण के ख़िलाफ़ लड़ाई का एक मोर्चा खोला है। पहली बार एक बड़ा आन्दोलन साल भर तक चला है और इसने एक इतिहास रचा है।

अरुण त्रिपाठी: *मैं आढ़तियों के बारे में आपकी टिप्पणी चाहता हूँ और दो अन्य अहम सवाल हैं जिनको आप अपने जवाब में शामिल करेंगे तो ठीक होगा। एक तो किशन पटनायक कहते थे कि किसान आन्दोलन को लम्बे समय तक अराजनीतिक नहीं रहना चाहिए। अगर वह वैसा करेगा तो सत्ता में परिवर्तन नहीं कर पायेगा और अपनी माँगों के पक्ष में नीतियाँ नहीं बनवा पायेगा।*

दूसरा बड़ा सवाल यह है कि मानव सभ्यता की जो विकास यात्रा है उसमें किसान कब तक रहेगा और कितना रहेगा। किसानों के बारे में डब्लूटीओ ही कहता है कि भारत के 40 करोड़ लोगों को बीस साल में गाँव से शहर में ले आना है। दुनिया भर में चार अरब किसान हैं उनकी आबादी को एक अरब करना है। थियोडर शैनन जैसे नृतत्वशास्त्री और समाजशास्त्री का मानना है कि आख़िरकार किसान को खत्म होना है क्योंकि वह एक आदिम सामाजिक अवस्था है। न ही पूँजीवादी मॉडल में किसानों का कोई भविष्य दिखायी देता है और न ही कम्युनिस्ट मॉडल में किसानों का कोई भविष्य दिखायी देता है। लगता है कि दोनों मॉडल में किसानों को ख़त्म होना है। तो आप किस मॉडल को लाना चाहते हैं? या कोई तीसरा मॉडल सोच रहे हैं आप? दुनिया भर में कृषि संकट में आस्ट्रेलिया में है अमेरिका में है, यूरोप में है। वह कहीं भी खुशहाल या मज़बूत स्थित में नहीं है।

दर्शन पालः मैं बहुत ज़्यादा मॉडल के बारे में जानता नहीं हूँ, लेकिन अपनी सोच के लिहाज़ से बताऊँगा। पहली बात तो आढ़तिया समुदाय 30 हज़ार से कम है। इनका काम है कमीशन एजेंट का। जो आढ़तिया सूदखोरी करते हैं जो काम अब बहुत कम हो गया है। अभी संस्थागत क़र्ज़ देने का काम बढ़ गया है। बैंकों ने वह काम सँभाला है। 70 प्रतिशत बैंकिंग का काम हो गया और 30 प्रतिशत सूदखोरी का काम रह गया, लेकिन इनकी जो छवि है वह इस कारण से ख़राब है कि यह सूदखोरी करते रहे हैं। इनका टर्म ऑफ ट्रेड किसान विरोधी था। कंपाउंड इंटरेस्ट लेते थे। ब्याज दरें बहुत ज़्यादा थीं। वे ज़मीन को गिरवी रखवा लेते थे। यह आढ़तिया कमीशन एजेंट या सूदखोर की भूमिका में लोगों की नज़रों में नफ़रत का पात्र था। एक कारण यह भी था कि हरित क्रान्ति के मॉडल से पहले जो आढ़तिए का काम करते थे वो ज़्यादा हिन्दू थे, लेकिन हरित क्रान्ति के बाद सिख किसान भी बड़ी संख्या में पेस्टीसाइड, इंसेक्टीसाइड सप्लाई करने और कमीशन एजेंट के रूप में सामने आये। उस नजरिये से कमीशन एजेंट के रूप में मण्डी टूटने का ख़तरा उन पर बना हुआ है। इसलिए वे आन्दोलन के साथ हैं। हमारा यह कहना है कि हम तो बहुत समय से यह माँग उठाते आ रहे हैं कि कमीशन एजेंट और सूदखोरों के व्यवसाय को अलग करो। उसका अलग लाइसेंस हो उसका कम्प्यूटराइज्ड सिस्टम हो। उसकी आडिट हो हर साल, वह पारदर्शी हो। अगर यह हो जाता है तो कोई दिक़्क़त ही नहीं है। तो कमीशन एजेंट का धन्धा उस तरह का

नहीं होगा जैसा कि भाजपा के लोग बोल रहे हैं। कमीशन एजेंट तो इतना ही है कि वह मण्डी और किसान के बीच में काम करता है। वह लेबर देता है, सर्विसेज देता है। किसान के लिए कुछ मदद का काम करता है। उतरवायी का काम है फिर सफ़ाई का काम है। फिर वह बोरियों में भरा जाता है उसकी सिलाई होती है उसकी तुलाई होती है, उसकी लदाई होती है। उसके लिए लेबर का इन्तज़ाम करने की पूरी व्यवस्था है और उसे आढ़तिया करता है। उसको पैसा एजेंसी देती है। वह किसान को बहुत कम देना पड़ता है। इसलिए कमीशन एजेंट का इस आन्दोलन के साथ आना बहुत स्वाभाविक है। क्योंकि वह स्वाभाविक मित्र है मण्डी को बचाने के लिए। दूसरा है कि अराजनीतिक होने का। मैं किसी भी व्यक्ति के सोच या कर्म को अराजनीतिक मानता नहीं हूँ। हर काम हर सोच राजनीतिक होती है। किसान संगठन और किसान संगठनों का व्यवहार या सरगर्मी या आन्दोलन है वह किसी राजनीतिक दल के साथ जुड़ा हुआ है या नहीं यह तो अलग बात है, लेकिन वो आन्दोलन अगर कॉर्पोरेट के ख़िलाफ़ लड़ता है, बीजेपी के ख़िलाफ़ लड़ता है तो यह एक पॉलिटिक्स है। वो किसान आन्दोलन पॉलिटिकल डिवीजन को राजनीतिक दलों को सोच को कैसे हैंडल करता है, चुनाव प्रक्रिया में अपने आन्दोलन की एकता और साख को कैसे सँभालता है यह उसके संगठन का मामला है, लेकिन वह यह कहे कि हम राजनीतिक नहीं है यह नहीं हो सकता। मान लीजिये उगराहां जी का गुट यह कहता है कि हम किसानों को बोलेंगे कि भाई सब लोग चोर हैं किसी को वोट मत दो। यह भी राजनीति है। या कोई संगठन यह कहता है कि सबका बायकाट करो यह भी राजनीति है। कोई संगठन यह कहता है कि फलाँ लाल झण्डे वाले को वोट दो यह भी राजनीति है। कुछ लोग यह बोलते हैं कि हम कॉर्पोरेट के विरोध में हैं या हम कॉर्पोरेट के हक़ में हैं तो यह भी राजनीति है।

अरुण त्रिपाठी *यह फ़ैसला हर मामले में अलग–अलग होना चाहिए कोई एक सपाट सिद्धान्त नहीं बनाया जा सकता कि हम अराजनीतिक हैं।*

दर्शन पाल: आपका जो सवाल है वो यह है कि देश के सामाजिक आर्थिक ढाँचे के बारे में उसके विकास और उसकी तब्दीली के बारे में क्या अप्रोच है। किस अप्रोच के जरिये वो काम करता है। किस तरह से निशाने पर पहुँचा जायेगा। किस ओरियंटेशन से उस पर पहुँचा जायेगा। शायद किशन पटनायक जी का यह कहना होगा कि किसान आन्दोलन और किसान संगठन के लोगों

को वो चीज़ पाने के लिए जो राजनीतिक टूल बनता है उसमें शामिल होना चाहिए।

अरुण त्रिपाठी: *एक़दम यही कहते थे किशन पटनायक जी।*

दर्शन पाल: मेरी भी यही सोच है। मेरी यह सोच है कि मेरे किसान संगठन को अगर मैं राजनीतिक दलों के गुटों से नहीं बचाऊँगा तो मेरा किसान संगठन दस शाखाओं में बँट जायेगा। जब इलैक्शन आयेगा तो टूट हो जायेगी। इसलिए उनको राजनीतिक रूप से एकजुट कैसे रखना है, उनको पॉलिटिकली उस ओरियंटेशन में कैसे लेकर जाना है। जो मेरा संगठन सोचता है उसके लिए क्या टूल बनाना है, उसके लिए किसान आन्दोलन और किसान मुद्दों के क्या नारे हैं, उसको दूसरे नारों की ओर कैसे लेकर जाना है यह निर्भर करेगा किसी संगठन और आन्दोलन की लीडरशिप पर, लेकिन मैं यह नहीं कहता कि मैं अराजनीतिक हूँ। वह किसी दल के सन्दर्भ में हो सकता है, लेकिन विचार और कर्म के सन्दर्भ में नहीं। कोई कहे कि वह राजनीति नहीं कर रहा है तो वह ठीक नहीं है। वैसा होता नहीं।

अरुण त्रिपाठी: *तीसरा अहम सवाल यह है कि किसान का क्या भविष्य है। विकास के साथ वह रहेगा या मिट जायेगा? समाजशास्त्रीय नजरिये से कहा जाता है कि किसान एक आदिम समुदाय है। सोसायटी की प्रगति होगी तो आदिमपन खत्म होगा तो किसान भी शहरीकृत हो जायेगा।*

दर्शन पाल: वर्तमान में और इससे पहले भी मैं इस निष्कर्ष पर पहुँचा हूँ कि हमारे देश में विविधता है खेती में, भाषा में, कल्चर में। किसानों के भीतर अलग अलग पर्तों के बावजूद देश में यह एक ऐसा सेक्शन है जो अगर प्रयास होता है कि तो वह एक हो सकता है। एक सिंगल फोर्स, सिंगल क्लास, सिंगल स्टाइकिंग पावर उसका ऑब्जेक्टिव है। वह अहम है। हमारे वामपन्थी साथियों ने उसे अलग ढँग से रखा है। दूसरे लोग भी भाषाई अन्तर करते हैं, या जाति का अन्तर करते हैं, लेकिन मेरा यह मानना है कि इसमें स्कोप आफ यूनिटी (एकता की सम्भावना) है। वह इस तरह के लोगों का अहम आयाम है। तमिलनाडु और पंजाब के बीच बाँटने वाली ताक़तों से ज़्यादा एकजुट करने वाली ताक़त ज़्यादा सशक्त हैं।

अरुण त्रिपाठी: *आप किसान आन्दोलन से देश को जोड़ भी रहे हैं। यह इस आन्दोलन की एक उपलब्धि है।*

दर्शन पाल: जी मैं वही कह रहा हूँ। पहले मैं सोचता हूँ कि कुछ साथी कमेंट करेंगे कि क्या है इस आन्दोलन में। यह तो मालिक किसानों का आन्दोलन है। मेरा यह कहना है कि एक तो नब्बे-इक्यानवे के बाद (1991) दुनिया की जो तस्वीर बनी है उसमें एक तरफ दुश्मन बड़े साफ़ तरीक़े से दिख रहा है तो दूसरी ओर किसान खेती से जुड़ा हुआ है। आज की परिस्थिति में किसानी वाला यह सैक्शन है जितना बड़ा यह है इसकी सम्भावना एकजुट होकर देश की किसी प्रक्रिया में, संवाद में, परिवर्तन में महत्त्वपूर्ण भूमिका निभाने की है। बल्कि यह स्थापित हो गया है कि वे यह कर सकते हैं। जबसे यह वैश्वीकृत विश्व बना है और बहुत सारी सुसाइड शुरू हुई हैं खेती का संकट बना है। सुसाइड केवल पंजाब में ही नहीं, तमिलनाडु में भी हो रहे हैं। किस ढर्रे पर चीज़ें जा रही हैं और सामने दुश्मन एक़दम साफ़ दिखायी दे रहे हैं। ऐसे में देशव्यापी आन्दोलन में किसान आन्दोलन एक अहम भूमिका निभा सकता है। जो लोग मालिक किसानों के आन्दोलन को कम करके आँकते हैं वे ग़लती करते हैं। मुझे तो इसकी अहमियत पिछले तीस सालों में बहुत बढ़ गयी लगती है। इस आन्दोलन ने इस बात को स्थापित किया है।

अरुण त्रिपाठी: *कब तक चलायेंगे इस आन्दोलन को? अगर क़ानून हट गये तो क्या आन्दोलन वापस ले लेंगे?*

दर्शन पाल: एक पार्ट यह है और दूसरा पार्ट यह है कि जो एकता का यह आन्दोलन बढ़ता है तो जो लोग राजसत्ता को केन्द्रीकृत कर रहे हैं उनके लिए इस आन्दोलन ने उसके विरुद्ध एक बड़ी ताक़त खड़ी की है पता नहीं यूपी इलेक्शन में क्या होगा वह मुझे नहीं मालूम, लेकिन अगर पंजाब का किसान अन्नदाता है तो तमिलनाडु का किसान भी अन्नदाता है। उसकी भी सामाजिक पहचान है। वह एक बड़ी क्लास है। बौद्धिकों ने जिस मात्रा में इसको मान्यता दी है वह बड़ी बात है। यह किसान रीढ़ की हड्डी की तरह खड़े हुए हैं। अगर इसमें कोई एक सेंटर बन जाये जो दिमाग़ का भी काम करे तो देश में बड़े परिवर्तन की सम्भावना बनती है। हालात ऐसे बन रहे हैं कि अगर यह तीन क़ानून चले भी जायें तो भी संयुक्त किसान मोर्चा और उससे निकला किसानों का आन्दोलन और देश के लोगों का आन्दोलन किसी न किसी रूप में जारी रहेंगे।

जम्हूरियत की लड़ाई है, लम्बी चलेगी

जोगिन्दर सिंह उगराहां

राजधानी की टिकरी सीमा पर 20-25 किलोमीटर की लम्बाई में बनी हुई किसानों की झुग्गियों में पहले जैसी रौनक नहीं थी। ज़्यादातर में ताले लगे थे और जिनमें किसान और युवा थे वहाँ गतिविधियाँ मन्द थीं। इसके बावजूद पकौड़ा चौक पर बने मुख्य पण्डाल में एक ओर पगड़ी वाले सिख किसान और दूसरी ओर पीले परिधान में उनकी औरतें बैठी थीं। नेताओं और कार्यकर्ताओं का भाषण चल रहा था। पण्डाल के पीछे बने एक टैन्ट में भारतीय किसान यूनियन (एकता) उगराहां के अध्यक्ष जोगिन्दर सिंह उगराहां पीला गमछा डाले अपने साथियों के बीच तसल्ली से बैठे थे। उनके चेहरे पर न तो लम्बे आन्दोलन का कोई तनाव है और न ही भविष्य को लेकर किसी तरह का डर। उन्हें लगता है कि उन्होंने इस देश के मरे हुए विपक्ष में जान फूँक दी है और मजहब के नशे में सुलाये जा रहे नागरिकों को जगा दिया है। जम्हूरियत में जान फूँक दी है। अरुण कुमार त्रिपाठी ने उनसे क़ानून वापसी के ऐलान से हफ़्तेभर पहले लम्बी बातचीत की। पेश हैं उसके ख़ास हिस्से–

'**अरुण त्रिपाठी:** *टिकरी बॉर्डर पर आप को बैठे हुए साल भर होने जा रहा है। केन्द्र की मज़बूत सरकार के सामने साल भर तक आन्दोलन चलाना कोई छोटी बात नहीं है। फिर भी सवाल यह बनता है कि इस दौरान आपने क्या हासिल किया? क्या चुनौतियाँ बची हुई हैं जिनको लेकर आन्दोलन आप जारी रखेंगे?*

उगराहां: इस आन्दोलन में अलग-अलग इलाके के लोग अलग-अलग भाषा के लोग एक जुट होकर डटे हुए हैं। यह लोग तीन कृषि क़ानूनों के ख़िलाफ़ खड़े हुए हैं। यह जो साँझ (साझापन) है वह पहली बार है कि देश में इतने

सारे लोग एक मुद्दे पर एकजुट हैं। यह कठिन काम था, लेकिन लोगों ने अपने संकल्प से यह काम किया। सबसे महत्त्वपूर्ण बात तो यह है। दूसरी बात इसमें यह है कि जिस हुकूमत के साथ हमारी टक्कर है जो तीन कृषि क़ानून लेकर आयी है या काले क़ानून लेकर आयी है, वह फासीवादी है। वह जो अब तक करती रही है उसका किसी ने खुलकर विरोध नहीं किया है। हम लोगों ने आवाज़ उठायी और ऐसे तरीक़े से आन्दोलन को आगे लेकर आये कि उसकी बोलती बन्द हो गयी। देश में उसका ग्राफ डाउन हुआ, विदेशों में उसकी थू-थू हुई और सारी दुनिया में लोग बोलने लगे कि काले क़ानून वापस लो। एक साल के बीच में प्रधानमन्त्री मोदी विदेश में तीन जगह गये और तीनों जगहों पर उनका विरोध हुआ।

इस आन्दोलन की और भी उपलब्धियाँ हैं, लेकिन एक ख़ास बात यह है कि इसे चलाते हुए एक साल हो गये, लेकिन एक साल के बाद हमारे पण्डाल में उतने ही लोग हैं जितने पहले हुआ करते थे। वैसे ही पण्डाल की मीटिंग चलती है। वैसे ही भाषण चलते हैं। लोगों में वैसा ही जोश है कोई निराशा नहीं है। सरकार चाहे जो रुख अपनाये लेकिन यह आन्दोलन ऐसे ही चलता रहेगा। क्योंकि हम लोग यह बताकर लाये हैं लोगों को कि यह लड़ाई बड़ी लड़ाई है। यह लड़ाई मोदी के साथ लड़ाई नहीं है। यह कॉर्पोरेट के साथ लड़ाई है। यह नीतियों की लड़ाई है। यह एक दो दिन या चार दिन की लड़ाई नहीं है। यह लड़ाई सालों तक लड़नी पड़ेगी। यह कॉर्पोरेशन को फ़ायदा पहुँचाने वाली नीति के ख़िलाफ़ लड़ाई है। यह अकेले किसान नहीं लड़ सकता। इसमें मज़दूर भी आयेंगे, विद्यार्थी भी आयेंगे, छोटे दुकानदार भी आयेंगे, छोटे कारखानेदार भी आयेंगे। सारे वर्ग के लोग इस लड़ाई में शामिल होंगे। इसमें वे सारे लोग शामिल हो रहे हैं जो खेती से जुड़े हैं। उसमें भर्ती लगाते हैं, काम करते हैं और उसका किसी न किसी रूप में फ़ायदा लेते हैं। यह अब किसान आन्दोलन नहीं रहा। यह जनान्दोलन बन गया है इंडिया के लोगों का। यह लाई इंडिया के लोग बनाम केन्द्र की बीजेपी सरकार का आन्दोलन बन गया है। यह हमारी बड़ी कामयाबी है।

अरुण त्रिपाठी: *उगराहां जी आप इसे किसान आन्दोलन से जनान्दोलन बनता हुआ बता रहे हैं। जनान्दोलन बनता है तो बड़ा प्रभाव होता है। बड़ा राजनीतिक असर पड़ता है। अभी आधा दर्जन राज्यों के चुनाव होने जा रहे हैं। आप को क्या लगता है कि आप के इस जनान्दोलन का प्रभाव उन चुनावों पर पड़ेगा?*

भारतीय जनता पार्टी या उसको समर्थन देने वाली जो पार्टियाँ सत्ता में हैं क्या उन्हें पराजय का सामना करना पड़ेगा? या आपको उसके लिए और लम्बा इन्तज़ार करना पड़ेगा?

उगराहां: देखिए साथी हमें यह पता है कि लोग आन्दोलन के प्रभाव का जो जायजा बनाते हैं उस लिहाज़ से जनान्दोलन बन गया है। जब हम ऑल इंडिया लेवल की कोई कॉल (आह्वान) देते हैं तो देखा जाना चाहिए कि उसे किन किन लोगों ने समर्थन दिया है। उससे पता चलता है कि यह जनान्दोलन बन गया है। कितने बड़े स्तर पर उसके प्रति लोगों ने जुड़ाव दिखाया है। उससे पता चलता है कि यह जनान्दोलन बन गया या कि नहीं। दूसरी बात रही इलैक्शन की। तो इलैक्शन के अन्दर तो लोग बहुत सारे पत्ते चला लेते हैं। ईवीएम वाला पत्ता भी चल जाता है। पैसे वाला पत्ता भी चल जाता है, गुण्डागर्दी वाला पत्ता भी चल जाता है। पर्सेंटेज कम होने के बावजूद भी वोट इन्हीं को जाता है। वोट बँट जाते हैं तीस प्रतिशत के ऊपर सरकार बन जाती है। हक़ीक़त यह है कि सत्तर प्रतिशत लोग तो फिर भी उसके विरोध में होते हैं। ऐसे इलैक्शन के अन्दर क्या होगा क्या नहीं होगा इस बारे में हम बहुत ज़्यादा कुछ नहीं कह सकते, लेकिन इतना कह सकते हैं कि यह लोग जहाँ भी जायेंगे वहाँ इनका विरोध होगा। अभी पंजाब की हालत देख लेना। पंजाब में यह लोग बाहर नहीं निकल सकते। हरियाणा में बीजेपी की सरकार है यहाँ भी इनका बाहर निकलना मुश्किल है।

यूपी में आन्दोलन शुरू हुआ है। अजय मिश्रा वाली कार्रवाई देख लीजिये। वह तो हाल की घटना है। वह आपके सामने है। यह लोग जिस अहंकार के साथ ऐसी घटनाओं को अन्जाम देते हैं उसके नाते इनको अंदाज़ नहीं होता कि लोग इनके विरोध में इतने हो जायेंगे। वे पहले भी ऐसे बहुत सारे काम करते रहे हैं, लेकिन किसी ने पूछा नहीं। इस बार इनके बेटे को जेल जाना पड़ा तब इन्हें अहसास हो रहा है। इनकी नैतिकता यह है कि एक केन्द्रीय मन्त्री का बेटा अपराध करके जेल में है और वे अपने पद पर बने हैं। उन्होंने पहले कहा था कि अगर मेरे बेटे पर आरोप लगता है तो मैं इस्तीफ़ा दे दूँगा। अब उनका बेटा जेल भेज दिया गया है तब भी वे पद पर कायम हैं। विचित्र बात है कि पिता गृह मन्त्री है। अच्छा यह होता कि वे ख़ुद ही नैतिकता के आधार पर इस्तीफ़ा दे देते। वोट पाने के लिए यह लोग गुण्डागर्दी करते रहे हैं। पोलिंग पर भी क़ब्ज़ा कर लेते हैं।

ऐसा करने से अगर वे वोट में हेराफेरी कर ले जायें तो उसके बारे में कुछ कहा नहीं जा सकता, लेकिन हिन्दुस्तान के किरती (किसान) लोगों में इसका बड़ा विरोध है। वह इनको देखने को मिलेगा। अगर पीछे देखना हो तो हम देख सकते हैं कि पिछले दिनों उपचुनाव हुए 29 सीटों पर तो उसमें तो बुरी तरह हार हुई है भाजपा की। जहाँ पर इनकी सरकार है हिमाचल में वहाँ तो इनका पत्ता साफ़ हो गया। पश्चिमी बंगाल में भी ये बुरी तरह से हारे।

हमारे आन्दोलन की सबसे बड़ी प्राप्ति यह है कि जो सरकार यह बोलती थी कि हमारा कोई सानी नहीं है। हमें कोई चैलेंज करने वाला नहीं है, विपक्षी पार्टियाँ इतनी कमज़ोर थीं कि इनका विरोध नहीं हो रहा था। इस किसान आन्दोलन ने विपक्ष में खड़े होकर विपक्षी पार्टियों के अन्दर जान डाल दी। इसलिए हम समझते हैं कि यह हमारी बहुत बड़ी कामयाबी है और आने वाले समय में हम कामयाब होंगे।

अरुण त्रिपाठी: *लोकतन्त्र यानी जम्हूरियत का आन्दोलन इसे बता रहे हैं आप। जम्हूरियत संस्थाओं पर चलती है, लेकिन जम्हूरित की संस्थाओं पर नियन्त्रण करने की कोशिश की गयी है। इनके तमाम संगठन हैं जो उन संस्थाओं पर हावी हैं। वे लोग प्यार मोहब्बत की बजाय कुछ और फैलाते हैं। दिक़्क़त कुछ और खड़ी हुई है। क्या आप इसे जम्हूरियत को बचाने की दिशा में ले जायेंगे? क्या कोई बड़ा क़दम उठायेंगे जिस मुकाम पर आज आप खड़े हैं वहाँ से?*

उगराहां: हमारा आन्दोलन का तरीक़ा जम्हूरियत वाला तरीक़ा ही है। लोकतन्त्र वाला तरीक़ा है संविधान के दायरे में रह कर काम करने वाला तरीक़ा है। इन लोगों ने अब तक जितनी कार्रवाई की है वह गैर-लोकतान्त्रिक गैर-संवैधानिक हैं। किसी ने इनके ख़िलाफ़ बोल दिया तो उसके ख़िलाफ़ यूएपीए *(UAPA)* लगाकर उसे अन्दर भेज देते रहे हैं। किसी ने लिख दिया तो उसे भी अन्दर कर दिया। कितने बुद्धिजीवी लोगों को अन्दर कर दिया। जो हमारा यह आन्दोलन है वह जम्हूरियत की बहाली के लिए तो काम कर ही रहा है, यह दिखा रहा है लोगों को कि जम्हूरियत का क़त्ल यह लोग कैसे कर रहे हैं। जैसे करनाल की घटना देख लो आप। हाँसी की घटना हुई है। लखीमपुर खीरी की घटना हुई है। गोहाना की घटना हुई है। सिंघु बॉर्डर की घटना हुई है जिसमें निहंगों ने मज़दूर का क़त्ल किया है उसमें भी यह लोग शामिल हैं। यह घटनाएँ बता रही हैं कि जम्हूरियत का क़त्ल करने की नीति

पर यह लोग चल रहे हैं और क़त्ल कर रहे हैं। अभी इनको मुश्किल यह हो रही है कि इस आन्दोलन को हटाने के लिए इतना बड़ा क़दम यह उठा नहीं सकते। इनको डर है कि बड़ी जमात के साथ सख़्ती करेंगे तो गड़बड़ हो जायेगी। वरना यह कभी हमें मार कर भगा देते। इसलिए हम बहुत सोच समझ कर आन्दोलन कर रहे हैं। हमारे हरियाणा वाले साथी बोलते हैं कि कोई तगड़ा प्रोग्राम दो। हम नाके तोड़ेंगे, दिल्ली में जायेंगे। हाउस घेरो, पार्लियामेंट घेरो, लेकिन हम जानते हैं कि इनका ख़ासा क्या है। ये हमें खालिस्तानी बोलते हैं, यह हमें उग्रवादी बोलते हैं, ये हमें बिलौचिये बोलते हैं, ये कहते हैं कि हम कांग्रेस के भेजे हुए हैं। यह हमें बहुत कुछ बोलते हैं, लेकिन हमने इनके सारे के सारे पत्ते पीट दिये। जितनी भी चालें चली इन्होंने हमने सारी की सारी खत्म कर दी। हमने दिखा दिया कि हम ठीक हैं और आप ग़लत हैं। यह बात दुनिया के अन्दर जगज़ाहिर है कि एक फासीवादी सरकार ने आन्दोलन को फेल करने के लिए जितनी भी नीति चलायी, 26 जनवरी से लेकर आज तक उसे हमने नाकाम कर दिया। हम इसी में कामयाब हैं इसलिए जम्हूरियत की जीत होगी।

अरुण त्रिपाठी: *26 नवम्बर को संविधान दिवस आ रहा है। आप लोग 26 नवम्बर को ही दिल्ली घेरने आये थे। साल भर पूरा हो रहा है। क्या 26 नवम्बर को कोई बड़ा कार्यक्रम आप लेने जा रहे हैं? (उससे पहले ही क़ानून वापस हो गये)*

उगराहां: 26 नवम्बर को ऑलरेडी साथी हमने कार्यक्रम तय कर लिया है। हम आल इंडिया का प्रोग्राम कर रहे हैं। जम्हूरियत दिवस के ऊपर कि हमने जम्हूरियत की कैसे रक्षा की और यह जम्हूरियत के कातिल कैसे हैं। सारे हिन्दुस्तान के भीतर चाहे राज्यों के मुख्यालय पर हो या जिलों के मुख्यालय पर हम कार्यक्रम ले रहे हैं, लेकिन आस-पास के जो इलाके हैं चाहे हरियाणा हो, पश्चिमी उत्तर प्रदेश हो या राजस्थान हो, उसके साथी इस मोर्चे की ओर आयेंगे और इसको मदद करेंगे। उसी दिन सैंट्रल ट्रेड यूनियनों की हड़ताल है। उसी दिन राज्यों में विद्यार्थियों और मज़दूर साथियों की जो जत्थेबन्दियाँ हैं उनको भी कॉल करेंगे कि वे भी आयें और हमारे आन्दोलन को मज़बूत करें।

अरुण त्रिपाठी: *जो बात आप कह रहे हैं उससे लग रहा है कि यह लड़ाई सिर्फ़ तीन क़ानूनों को वापस लेने की नहीं है। यह लड़ाई उन मूल्यों को बचाने की लड़ाई है जो हमारे पुरखों ने आज़ादी की लड़ाई के माध्यम से*

और संविधान बनाकर हमको दिया था। जो मूल्य हमें भगत सिंह ने दिये थे, महात्मा गाँधी ने दिये थे, बाबा साहेब अम्बेडकर ने दिये थे। उसके लिए अगर मान लीजिये कि तीन क़ानून वापस हो गये तो क्या आप ख़ामोश बैठ जायेंगे या जो यह तीन सौ चार सौ संगठन हैं उनको मिलाकर कोई बड़ा संगठन बनायेंगे? और क्या उसके माध्यम से देश में बड़ा अभियान चलाते रहेंगे ताकि जो देश में लोगों की ज़ेहनियत गड़बड़ाई है उसे आप ठीक करते रहें। ताकि किसानों की बेहतरी का काम हो सके, मज़दूरों की बेहतरी का काम हो सके, दलितों की बेहतरी का काम हो सके। क्या कोई संगठन बनाने की तैयारी क्या किसी रचनात्मक कार्यक्रम की तैयारी आपके दिमाग़ में है?

उगराहांः साथी यह मामला तो शुरू तीन क़ानूनों से ही हुआ था। अगर तीन क़ानून वापस हो गये होते तो हम वापस चले गये होते। शायद तब इतनी बड़ी कहानी न होती, लेकिन सरकार ने क़ानून वापस नहीं लिए और लड़ाई आगे चली गयी। अब यह मामला बढ़ गया। अब इसमें अखिल भारतीय स्तर के इन्क़लाबी और ग़ैर-इन्क़लाबी संगठन जुड़ने लगे। इसी तरह से ट्रेड यूनियन संगठन भी जुड़ने लगे। उनके नेता हमारे साथ जुड़ गये जितने मज़दूर संगठन हैं उनके नेता जुड़ गये। इसलिए फ़ायदा हुआ है। अगर तीन क़ानून वापस भी हो जायें तो कोई बात नहीं। बात तो उससे आगे चली गयी है। बेरोज़गारी नहीं गयी। कर्ज़ा नहीं गया। खुदकुशी नहीं गयी। पब्लिक सैक्टर बेचे जा रहे हैं। जीडीपी डाउन हो रही है। देश की अर्थव्यवस्था डगमगायी हुई है। बड़ी बातें खड़ी हुई हैं इसलिए क़ानूनों से ही हमारा कोई बड़ा आर्थिक फ़ायदा होने वाला नहीं है। बड़े आर्थिक फ़ायदे की बातें पड़ी हुई हैं। जनान्दोलन हम इसलिए बोल रहे हैं कि जनान्दोलन का मतलब जनता का इकट्ठा होना ही नहीं है, उसका मतलब यह है कि उसमें जनता की बातें शामिल हो गयी। इसलिए ऑल इंडिया लेवल का किसानों का मज़दूरों का छात्रों का बड़ा संगठन बनने का मौक़ा बन गया है। किसानों के अस्सी नब्बे संगठन हैं जो एक-दूसरे के साथ जुड़े हुए हैं। इसकी सम्भावना यानी गुंजाइश बढ़ गयी है। यह सिलसिला रुकेगा नहीं। यह जो नीति है वह सिर्फ़ हिन्दुस्तान की ही नहीं है यह पूरी दुनिया में चल रही है। इसलिए इस आन्दोलन और इसे चलाने वाले संगठनों से पूरी दुनिया के लोग जुड़ रहे हैं।

अरुण त्रिपाठीः *वैश्वीकरण, उदारीकरण और निजीकरण की नीति को चलते हुए तीस साल हो गये। यह नीति बड़ी ताक़त के साथ आयी थी।*

इसके पीछे विश्व बैंक, डब्लूटीओ, आईएमएफ और बहुराष्ट्रीय कम्पनियों की ताक़त थी। दुनिया भर में इन नीतियों की नाकामी उजागर हुई और वे सब जगह ठीक से चल नहीं पाये। हिन्दुस्तान में या दुनिया के जिस हिस्से में यह तेज़ी से चल रही है वहाँ उन्होंने राष्ट्रवाद और धार्मिक राष्ट्रवाद के कन्धे पर सवारी कर ली है ताकि वे चल सकें। भारत में एक तरह से गठजोड़ बन गया है जो कॉर्पोरेट है और धर्म से जो राष्ट्रवाद निकला है उसके बीच। भारत में धर्म का राष्ट्रवाद नहीं रहा है। वहाँ प्रादेशिक राष्ट्रवाद रहा है यानी इस इलाके में जितने लोग रहते हैं वे सब हिन्दुस्तानी हैं इस तरह का राष्ट्रवाद रहा है। दुनिया भर में यह नीतियाँ धीमी हो रही हैं, लेकिन भारत में रफ़्तार पकड़ रही हैं। तो क्या आपको लगता है कि आप इन नीतियों का कोई विकल्प दे पायेंगे और लोगों को समझा पायेंगे कि कोई समाजवादी आर्थिक नीति या लोकतान्त्रिक आर्थिक नीति बना पायेंगे ताकि साम्प्रदायिकता को रोका जा सकें।

उगराहां: देखिये साथी आपका यह सवाल राजनीतिक सवाल है ट्रेड यूनियन के लेवल से ऊँचा सवाल है? यह पॉलिसी का सवाल है। क्योंकि एक देश की नीति जो बनती है उसे लागू जब करेंगे तो स्वाभाविक है कि जिन लोगों के लिए वह नीति लागू होगी उनकी जेब से कुछ न कुछ जायेगा। जब उनकी जेब से जायेगा उनका रोज़गार भी जायेगा और कॉर्पोरेट का मुनाफ़ा भी बढ़ेगा। जब ऐसा होगा तो फिर विरोध उठना स्वाभाविक है। उस विरोध को कैसे दबाया जाये, उस विरोध से राज्य कैसे निपटे उसके लिए राष्ट्रवाद का नारा गढ़ा गया है। धर्म का नारा उसके लिए लगाया गया है। इनकी नीतियों का मतलब यह नहीं है कि वे लोग हिन्दुओं को बहुत खुशहाल कर देंगे और मुसलमान लोग ग़रीब रह जायेंगे। ऐसा नहीं है। वो नारा सिर्फ़ लोगों को बाँट कर, पीट कर, कूट कर घर में घुसकर बिठाने के लिए है। वह लोगों की शक्ति को बाँट कर उन्हें खदेड़ देने की नीति है। अब आप गुजरात को देखो लोग वहाँ तो सब हिन्दू हैं। मोदी पहले वहाँ मुख्यमन्त्री थे। योगी यूपी में मुख्यमन्त्री हैं। वहाँ तो सब हिन्दू हैं। कब का इन्क़लाब आ गया होता। सभी लोग खुशहाल हो गये होते। या हम भी यूपी बन जाते। हम भी हिन्दू बन जाते। हम भी हिन्दू राष्ट्र को मान लेते, लेकिन हिन्दू राष्ट्र का नारा हिन्दुओं को डेवलप करने के लिए नहीं है। वह हिन्दुओं की भावनाओं पर खड़े होकर उनके आर्थिक हितों का नुक़सान करने के लिए है। वो नीति सब पर लागू होती है। वह चाहे हिन्दू हों, मुस्लिम हो, सिख हो, ईसाई हो। मतलब कॉर्पोरेट को लूट की छूट देने के लिए और किरती की जेब से निकालकर कॉर्पोरेट

की जेब में डालने के लिए जितने भी पत्ते चलाये जाते हैं, वह कैसा भी पत्ता हो उसे चलाने से ये गुरेज नहीं करेंगे। उसके लिए क़ानून कैसे-कैसे बनाने हैं, उसके लिए धर्म का पत्ता कैसे-कैसे चलना है, उसके लिए जाति का पत्ता कैसे चलना है, उसके लिए स्टेट का पत्ता कैसे चलना है कोई भी पत्ता चलाने से यह लोग गुरेज नहीं करेंगे। इन लोगों ने अंग्रेज़ों से सीखा है कि फाड़ के राज करो। यहाँ हमारे विद्यार्थी भी हैं। हम उन्हें हरियाणा के अन्दर भी लेकर जाते हैं। अब इनकी पॉलिसी समझ में आ गयी है। अब इनका पत्ता नहीं चलेगा।

अरुण त्रिपाठी: *भारतीय समाज में बहुत तरह से झगड़े हैं। सारे झगड़े फर्जी ही नहीं हैं। कुछ असली भी हैं। जैसे मज़दूर और किसान का झगड़ा है। किसान चाहेगा कि वह कम मज़दूरी दे और मज़दूर चाहेगा कि वह ज़्यादा ले। इसी तरह से ऊँची जाति के लोग हैं वे छोटी जाति के लोगों से चाहेंगे कि तुम्हारा हक़ कम रहे। आपके पंजाब में ही है वहाँ बिहार से यूपी से मज़दूर जाते हैं। वे जो मज़दूरी माँगेंगे शायद वह आप न देना चाहें। कोरोना काल में उनसे कहा भी कहा गया कि आप कम मज़दूरी लो। वे उनका शोषण करते हैं। आप चूँकि एक बड़ा आन्दोलन चला रहे हैं तो यह काम कैसे करेंगे कि इसमें अम्बेडकर को मानने वाले भी हों, भगत सिंह को मानने वाले भी हों, महात्मा गाँधी क़ो मानने वाले भी हों। इसमें बड़ी जाति के किसान भी हों और छोटी जाति के किसान भी हों। इन झगड़ों को आप कैसे निपटायेंगे? ट्रेनिंग से व्यवहार से? कैसे लोगों को लोकतान्त्रिक समाज बनाने की ओर ले जायेंगे?*

उगराहां: साथी जब हम लोगों को लेकर चले थे तो उनसे बोला था कि यह लड़ाई बड़ी है। यह बड़ी लड़ाई किसी एक जमात की लड़ाई नहीं है। एक जाति की लड़ाई नहीं है एक धर्म की लड़ाई नहीं है। यह लड़ाई तब तक नहीं जीती जा सकती जब तक सारे लोग हमारे साथ एकजुट होकर नहीं लड़ते। यह ठीक है कि किसानों और मज़दूरों के बीच मतभेद हैं, लेकिन वे मिटाये जा सकते हैं। वे छोटे हैं। एक बड़ी शक्ति है जो हम दोनों को लड़ा रही है। बड़े दुश्मन के साथ लड़ने के लिए सारे छोटे दुश्मनों के साथ समझौता करना हमारा फर्ज है। आढ़तिया हमारी लूट करता है, हम मज़दूरों की लूट करते हैं। यह बात छोड़कर हमें सोचना होगा कि अगर बड़े दुश्मन को हराना है तो छोटे दुश्मन के साथ समझौता करना होगा। हमारे दुश्मन नहीं मज़दूर। हम भी उनके दुश्मन नहीं हैं। हमारे मतभेद हैं, लेकिन वे बहुत थोड़े हैं।

उन्हें मिटाया जा सकता है। उनको साथ लेकर हम नहीं चलते तो यह लड़ाई जीती नहीं जा सकती। पंजाब में हमने यह बात लोगों से कही है और अब दूसरे राज्यों में यह बात लेकर जानी है। जब तक किसान, मज़दूर, छोटा दुकानदार, छोटा मुलाजिम, विद्यार्थी, औरतें यह सब इकट्ठे होकर नहीं लड़ते यह लड़ाई जीती नहीं जा सकती। यह लड़ाई बड़ी है। थक जाना निराश हो जाना यह सब वहाँ होता है जहाँ लोगों को पता नहीं होता कि कब तक लड़ना है। जहाँ बताया नहीं जाता। जब यह कह जाता है कि भाई यह दो मिनट की लड़ाई है बस जीत लेंगे और चल देंगे। जब वह दो महीने में भी नहीं जीती जाती तो निराशा होती है, लेकिन हम तो इनको बोलकर लेकर आये हैं कि यह सालों की लड़ाई है। यह जो दिल्ली का मोर्चा है वह एक पड़ाव है। यह दूसरा पड़ाव है। पहले पंजाब में पड़ाव था और अब दिल्ली में यह पड़ाव है। इस पड़ाव में हम क्या क्या हासिल कर लेंगे उसके बाद हम तीसरे पड़ाव में जायेंगे। इसलिए हम निराश ही नहीं होने देंगे। जब वैसी हालत होगी तो हम मोर्चे की दिशा बदल देंगे।

अरुण त्रिपाठीः *यानी आप कोई दूसरा कार्यक्रम बना लेंगे?*

उगराहांः जी वैसा ही करेंगे। इसलिए यह जो आप देख रहे हैं कि हमारी झुग्गियाँ खाली पड़ी हैं तो उसकी हक़ीक़त यह है कि वे लोग बुवाई करने गये हैं। मोर्चा लम्बा है इसलिए जो भी छुट्टी माँगता है उसे हमने कह दिया है कि आप चले जाओ। काम करके आओ। आप पण्डाल में देख लो पहले जैसी ही ताक़त कायम है। आप इनमें से लोगों से इंटरव्यू लेकर देख लो कोई भी निराश नहीं मिलेगा। लोग कहेंगे हम जीत कर जायेंगे। इसलिए हम सब कुछ देखकर और सोचकर आये हैं। यह मोर्चा जितने दिन चलता रहेगा उतने दिन बीजेपी का ग्राफ नीचे आयेगा। एक-एक दिन आप देखते जाइये। मेरी बात आप सुन लें और रिकॉर्ड कर लें कि आप ध्यान से सुन लो कि बीजेपी अन्दर से टूटेगी और इस मोर्चे की वजह से टूटेगी। अभी मेघालय के गवर्नर (सत्य पाल मलिक) का स्टेटमेंट पढ़ा। मेघालय का गवर्नर बोला कि तीन क़ानून रद्द करने चाहिए। हम किसानों के साथ हैं। अगर हमें बीजेपी तलब करेगी तो हम पद छोड़ने को तैयार हैं। गडकरी इनके ख़िलाफ़ बोला है, मेनका गाँधी इनके ख़िलाफ़ हैं। वरुण गाँधी भी इनके ख़िलाफ़ बोला है। यह अन्दर से टूटेगी आप याद रखना।

इससे नये आन्दोलन निकलेंगे

राकेश टिकैत

भारतीय किसान यूनियन के नेता और सात महीने से चल रहे किसान आन्दोलन के मज़बूत स्तम्भ बनकर उभरे चौधरी राकेश सिंह टिकैत से 29 जून, 2021 को जब दिल्ली और उत्तर प्रदेश के गाज़ीपुर बॉर्डर पर बातचीत हुई उससे ठीक पहले भारतीय जनता पार्टी के कार्यकर्ताओं और किसान आन्दोलन के कार्यकर्ताओं के बीच राष्ट्रीय राजमार्ग 24 के बीच झड़पें हुई थीं। भाजपा सरकार के मन्त्री अमित वाल्मीकि के स्वागत के लिए खड़े लोगों का आरोप है कि किसानों ने उन पर हथियारों से हमला किया, काले झण्डे दिखाये और उनकी गाड़ियाँ तोड़ दीं। उन्होंने इस मामले को लेकर एसएसपी कार्यालय पर प्रदर्शन भी किया। जबकि राकेश टिकैत का कहना था कि यह सब एक योजना के तहत की जाने वाली झड़पें हैं जो यहाँ पिछले तीन दिनों से चल रही थीं और पानीपत, हिसार और दूसरी जगहों पर भी यही रवायत है। भाजपा के लोग किसान मंच के करीब अपने नेताओं के स्वागत का कार्यक्रम बनाते हैं ताकि विवाद हो सकें वे वहाँ से गालियाँ देते हैं और पत्थर फेंकते हैं। इस तरह उकसावे की एक योजना है ताकि किसानों के दमन का बहाना बनाया जा सके। इस वातावरण के बीच गाज़ीपुर बॉर्डर पर तकरीबन 2,500 किसान अभी भी जमा हैं। उनका संकल्प है कि यह मोर्चा नहीं हटेगा और धान की रोपाई के बाद धीरे-धीरे आन्दोलन और ज़ोर पकड़ेगा। पेश है राकेश टिकैत से हुई अरुण कुमार त्रिपाठी की लम्बी बातचीत के अंश–

अरुण त्रिपाठी: *किसान आन्दोलन को चलते सात महीने बीत गये हैं। इतने लम्बे संघर्ष से आपने क्या सबक लिया?*

राकेश टिकैत : सबक यही है कि देश में किसी पार्टी की सरकार नहीं है।

यहाँ तो मोदी की सरकार है। इस सरकार को कम्पनियाँ चला रही हैं। देश में अगर किसी पार्टी की सरकार होती तो ज़रूर बात होती। इससे पहले भी आन्दोलन हुए हैं और सरकारों से बातचीत हुई है, लेकिन इस समय देश पर कुछ लोगों ने क़ब्ज़ा कर लिया है। इनको देश की जनता, व्यापारी, किसान और मज़दूरों से कोई लेना देना नहीं है। हैरानी की बात है कि किसान देश की राजधानी को घेर कर बैठे हैं और सरकार बात ही नहीं कर रही है। किसान पीछे नहीं हटेगा। उन्होंने क्या-क्या नहीं किया किसानों को बदनाम करने के लिए। पहले खालिस्तानी बताया। कुल 12 तरह से आरोप लगा लिए लेकिन कोई आरोप चस्पा ही नहीं हो पाया। अब वे क्या कर रहे हैं कि भाजपा कार्यकर्ताओं को भेज रहे हैं झगड़ा कराने के लिए। पानीपत, गाज़ीपुर, हिसार सभी स्थलों पर एक ही रवायत है। वे लोगों को लड़ाकर जीतना चाहते हैं। हिन्दुओं को मुसलमानों से लड़ाया जा रहा है। सरदारों को अन्य लोगों से भिड़ाया जा रहा है। मज़दूरों को किसानों से और इन दोनों को व्यापारियों से लड़ाया जा रहा है। किसानों का विरोध गुण्डा तत्वों से कराया जा रहा है।

अरुण त्रिपाठी: *विभिन्न राज्यों में क्या स्थिति देख रहे हैं आप?*

राकेश टिकैत : भाजपा की सरकारें जिन-जिन राज्यों में शासन कर रही हैं वहाँ लोगों को आपस में लड़ाने का तो सिलसिला चल ही रहा है साथ में धाँधली ज़ोरों पर है। जैसे उत्तर प्रदेश में एक ओर धर्मांतरण का हौवा खड़ा किया जा रहा है तो दूसरी ओर फूलान्तरण चल रहा है। फूलान्तरण का नाटक (उत्तर प्रदेश के) पंचायत चुनावों में ख़ूब देखने को मिला है। पंचायत चुनाव के प्रत्याशी मालाएँ बदल रहे हैं। अपहरण, धमकी और लालच के माध्यम से पंचायत के अध्यक्ष चुने जा रहे हैं। कोई कहीं से भी जीता हो वह परचा नहीं भर पा रहा है। उसके बिजनेस को तबाह करने की धमकी देकर उन्हें ख़ामोश कर दिया जा रहा है। बाग़पत में यही हुआ। दूसरी महिला खड़ा करके परचा रद्द करा दिया गया। पुलिस प्रशासन मौन है। थानेदार उनका कार्यकर्ता हो गया है। बन्दूक की ताक़त पर लोगों को चलाना चाहते हैं। दूसरी ओर हरियाणा में जाट बनाम अन्य, गुजरात में पटेल बनाम अन्य तो महाराष्ट्र में मराठा बनाम अन्य का विवाद खड़ा किया जा रहा है। हिन्दू बनाम मुस्लिम तो चलता ही रहता है।

अरुण त्रिपाठी: *लेकिन किसान आन्दोलन ने मुजफ्फरनगर जैसे दंगों से बनी साम्प्रदायिक खाई को भरने का काम भी तो किया है।*

राकेश टिकैत : मुजफ्फरनगर में अब हिन्दू बनाम मुस्लिम झगड़े की ओर कोई जाना नहीं चाहता। उसका परिणाम हर कोई भुगत चुका है। फिर भी वे विभाजन करने पर आमादा हैं। उत्तर प्रदेश में ओवैसी चुनाव लड़ना चाहते हैं। वे कौन हैं? वे भाजपा की बी टीम हैं। वे जितने ऊल-जलूल बयान देंगे उससे माहौल बिगड़ेगा ही।

अरुण त्रिपाठी: *ऐसे में विपक्ष की क्या भूमिका होनी चाहिए। क्या आप किसान आन्दोलन को दिये जा रहे विपक्ष के समर्थन से सन्तुष्ट हैं?*

राकेश टिकैत : आन्दोलन में विपक्ष की प्रत्यक्ष भूमिका नहीं है। वह परोक्ष भूमिका निभा रहा है। हम भी नहीं चाहते कि वे हमारे मंच पर आयें। विपक्ष का काम है जनजागरण अभियान चलाये। संसद और विधानसभा में किसानों की आवाज़ उठाये।

अरुण त्रिपाठी: *कोरोना जैसी महामारी के दौरान आन्दोलन करने में क्या दिक़्क़तें पेश आयीं और उनका हल आपने कैसे निकाला?*

राकेश टिकैत : महामारी के दौरान दिक़्क़त तो बहुत आयी, लेकिन हमने हिम्मत और एहतियात से काम लिया। साफ़-सफ़ाई का ध्यान रखा और जो लोग गाँव से यहाँ आ गये वे 10 से 15 दिन बिताकर ही गये। यह एक तरह से क्वारंटीन जैसा हो गया। यहाँ लोगों ने सर्दी और गर्मी झेली अब बरसात झेलने की तैयारी है। लोगों ने टीके भी लगवाये।

अरुण त्रिपाठी: *फ़सलों के सीजन के कारण किसानों की संख्या तो कम होती रहती है।*

राकेश टिकैत : अच्छी बात है। लोग आते-जाते रहते हैं। गन्ने की कटाई में लोग चले गये। गेहूँ की कटाई के सीजन में चले गये। अब धान की रोपाई के मौसम में चले जायेंगे, लेकिन जब खेती का सीजन हल्का हो जाता है तो वे यहाँ आ जाते हैं। इससे एक तो ज़्यादा भीड़ भी नहीं लगती और आन्दोलन भी चलता रहता है। क्योंकि यह आन्दोलन कितना लम्बा चलेगा कह नहीं सकते।

अरुण त्रिपाठी: *आप आन्दोलन की कमज़ोर कड़ी कहे जाते थे। आप उस कमज़ोर कड़ी से मज़बूत कड़ी कैसे बन गये? इस दौरान आपके कन्धों पर चौधरी महेन्द्र सिंह टिकैत की विरासत का बोझ भी आ गया। उसे कैसे सँभाल रहे हैं?*

राकेश टिकैत : टिकैत साहेब जो कर रहे थे उसे बचपन से देखा था। हम तो वहीं पले बड़े हैं। हम महेन्द्र सिंह टिकैत की विचारधारा पर चले। जब भी कोई चुनौतीपूर्ण स्थिति आती है तब उसी नज़ीर का इस्तेमाल करते हैं, लेकिन हमारे लिए इस आन्दोलन से वापस जाने का मतलब ही नहीं है। हमें 11 करोड़ की नोटिस दी गयी। दमन हुआ हमारे रिश्तेदारों का। कई लोगों का तबादला कर दिया गया। अब जिन्हें नौकरी करनी है उन्हें यह सब तो झेलना होगा और हमें आन्दोलन करना है तो यह सब सहना होगा, लेकिन इन चीज़ों से हम पीछे नहीं हटने वाले हैं। पीछे हटना हमारी डिक्शनरी में नहीं है। जिस तरह फ़ौजें मोर्चे पर होती हैं तो गोली खाती हैं उसी तरह हम भी मोर्चे पर हैं और लड़ रहे हैं। दिल्ली के अफसर आये। हमने कहा कोई गिरफ़्तारी नहीं देंगे। बलपूर्वक ले चलना हो ले चलो। संघर्ष करेंगे। मोर्चा नहीं छोड़ेंगे।

अरुण त्रिपाठी: *आन्दोलन को इतना लम्बा चलाने में आप किस संगठन की बड़ी भूमिका मानते हैं। किसान यूनियन या खाप की? भारतीय किसान यूनियन के तो तमाम संगठन हैं फिर इतने सारे लोग एक साथ मिलकर कैसे काम कर रहे हैं? मतभेद स्वाभाविक तौर पर होंगे फिर सरकार ने उन्हें बढ़ाने की कोशिश की होगी। उसके बावजूद एक कैसे रहे सात महीने तक?*

राकेश टिकैत : खाप का बड़ा रोल है। क्योंकि खाप में एक जाति नहीं है। सभी जातियाँ हैं। उसी के बूते पर किसान यूनियन खड़ी है। सब लोग एकजुट रहे क्योंकि जितने लोग आन्दोलन कर रहे हैं सबका उद्देश्य एक है। यह आन्दोलन किसी एक का नहीं है। सभी के मुद्दे एक हैं। तीन कृषि क़ानूनों की वापसी और एमएसपी की गारंटी। यह हमारे प्रमुख मुद्दे हैं। यहाँ किसी का संगठन न छोटा है और न ही किसी का बड़ा। इसका कोई एक नेता भी नहीं है। किसान ही इसके नेता हैं। इस आन्दोलन को आम जनता की भावनाएँ आगे बढ़ा रही हैं। यह एक वैचारिक क्रान्ति है। जहाँ वैचारिक क्रान्ति आयी है उसने परिवर्तन किये हैं। विचार से बड़ा कोई हथियार नहीं है। आज़ादी की लड़ाई में शामिल बहुत लोगों के पास कुछ नहीं था। उसमें कवि थे जो कविता के माध्यम से अपनी बात पहुँचाते थे। कोई नारा लगाता था तो कोई चरखा कातता था। जिन्होंने गाँव और मिट्टी में जन्म लिया है वे इस आन्दोलन को याद रखेंगे।

अरुण त्रिपाठी: *दुनिया में जब भी महामारियाँ आयी हैं और उनके समान्तर कोई आन्दोलन चलता रहा है तो बड़े परिवर्तन हुए हैं। उस लिहाज़ से आप*

महामारी से आन्दोलन का कितना नुक़सान और फ़ायदा होते हुए देखते हैं?

राकेश टिकैत : महामारी से आम जनता का सरकार पर से यकीन हटा है। जनता ने देखा कि जब महामारी आयी तो सरकार ने उन्हें सड़क पर छोड़ दिया। 120 रुपये का ऑक्सीजन सिलेंडर 20,000 रुपये तक बिका। लेकिन हम जनता के साथ खड़े रहे। हमने उनकी मदद की। इस दौरान इन्सानी रिश्तों का बड़ा नुक़सान हुआ। आदमी ने आदमी से रिश्ता तोड़ दिया। भाई ने भाई से रिश्ता तोड़ दिया। इस दौरान पैसे की अहमियत का भी पता चला। लोगों ने ख़र्च कम किये। महेन्द्र सिंह टिकैत कहते थे कि खाप पंचायत के ख़र्चे कम करो। ज़्यादा लोग न जमा हों। हमने वैसा किया। इमरजेंसी में कैसे जिया जाता है। यह सीख मिली। एकान्त में कैसे रहना है इसकी सीख मिली। सभी तरह की घटनाएँ घटीं। हमने सीखा कि आन्दोलन भी करना है और ज़्यादा भीड़ भी नहीं जुटानी है।

अरुण त्रिपाठी: *किसान आन्दोलन के दौरान कोविड से कितने लोगों की मौत हुई? कोविड से बचने के क्या उपाय किये आपने?*

राकेश टिकैत : आन्दोलन में एक भी मौत कोविड से नहीं हुई। जो पाँच सौ लोग मरे हैं वे सर्दी से मरे हैं। कोविड से बचने की वजह यह है कि लोग साफ़-सफ़ाई से रहते हैं। खुले में रहते हैं। शारीरिक दूरी बनाकर रखते हैं। फिर जब लोग बन्द कमरों की बजाय खुले में रहते हैं तो महामारी का संक्रमण भी कम होता है। हम अपने धरना स्थलों को फैलाकर देखें तो वे बहुत दूरी तक जायेंगे। टिकरी बॉर्डर का धरना 70 किलोमीटर तक लम्बाई में जायेगा। अभी भी वह 22 किलोमीटर में है। वह दिल्ली से रोहतक तक चला जायेगा। सिंघु बॉर्डर का धरना 50 किलोमीटर तक जायेगा। इस तरह के साथ आठ धरने हैं जो 200 किलोमीटर के दायरे में फैले हैं।

अरुण त्रिपाठी: *किसानों ने पश्चिम बंगाल के चुनावों में सभाएँ कीं और भाजपा को वोट न देने की अपील की। उसका असर रहा और भाजपा सत्ता में नहीं आयी। अब उत्तर प्रदेश, पंजाब, उत्तराखण्ड, गुजरात और हिमाचल प्रदेश में अगले साल विधानसभा चुनाव होने वाले हैं। किसान उन चुनावों को प्रभावित करने का प्रयास कैसे करेंगे?*

राकेश टिकैत : किसान अपनी बात कहेगा। राजनीतिक दल या तो उससे प्रभावित होते हैं और बात सुनते हैं जो उन्हें वोट दिला सकता है या फिर

उसकी बात सुनते हैं जो उनका वोट काट सकता है। किसान वोट दिलवा भी सकता है और वोट कटवा भी सकता है। राजनीतिक आदमी को लग जाये कि कोई तबका वोट कटवा सकता है तो वह काम करेगा।

अरुण त्रिपाठी: *महामारी और इस आन्दोलन से पहले लोगों की सोच मन्दिर, गाय और राष्ट्रवाद पर ठिठक गयी थी, लेकिन अब एक ओर महामारी ने बताया है कि धार्मिक अन्धविश्वासों की बजाय विज्ञान की मदद लेनी होगी और आर्थिक दिक़्क़तों ने बताया है कि भावनात्मक की बजाय ठोस मुद्दे चलेंगे। इस पर आपका क्या कहना है?*

राकेश टिकैत : यह सही है कि जनता मन्दिर, गाय और दूसरे भावनात्मक मुद्दों से हटना चाहती है बल्कि हट चुकी है। अगर गन्ने का भुगतान नहीं होगा तो जनता का रोष सरकार को झेलना होगा।

अरुण त्रिपाठी: *आपने कहीं कहा था कि कश्मीर से अनुच्छेद 370 हटाये जाने के बाद वहाँ किसानों की हालत ख़राब हुई है। यह बात किस सन्दर्भ में कही थी।*

राकेश टिकैत : कश्मीर का मतलब सिर्फ़ मुस्लिम स्टेट नहीं है। वहाँ छह लाख जाट हैं। मुजफ्फरनगर में तो सिर्फ़ दो लाख जाट हैं। वहाँ गुर्जर वगैरह भी हैं। उन लोगों ने हमें बताया कि उनकी आर्थिक स्थिति ख़राब है। क्योंकि 370 के रहने से उन्हें जो सुविधाएँ मिलती थीं वे ख़त्म हो गयीं। उनके पैकेज ख़त्म हो गये। वहाँ कोई भी ज़मीन ख़रीद सकता है, लेकिन उससे कोई फ़ायदा नहीं हुआ बल्कि कम्पनियों को फ़ायदा हुआ। इसी तरह गुजरात में कोई 370 अनुच्छेद नहीं है, लेकिन वहाँ ज़मीन ख़रीदना काफ़ी कठिन है।

अरुण त्रिपाठी: *भारतीय किसान यूनियन के अध्यक्ष चौधरी नरेश टिकैत से आपके मतभेद की खबरें आयी थीं। उसकी अब क्या स्थिति है?*

राकेश टिकैत : कोई मतभेद नहीं है। यह खबरें अख़बार वालों ने चलवायी थीं। हम इतना लम्बा आन्दोलन शान्ति से चला रहे हैं फिर वे तो हमारे भाई हैं उनसे क्या मतभेद रखेंगे। हमारी रणनीति भी देखिए कि हरियाणा का मुख्यमन्त्री रोज वहाँ मामला उलझा रहा है, लेकिन यूपी का सीएम कुछ नहीं कहता हमारे बारे में। हमारे धरने कम से कम 10 से 12 टालों पर चल रहे हैं। लेकिन कोई दिक़्क़त नहीं है।

अरुण त्रिपाठीः *आगे के क्या कार्यक्रम हैं आन्दोलन को जीवित रखने और इसे विस्तार देने के लिए?*

राकेश टिकैतः हमारी यात्राएँ चलेंगी। जनजागरण के लिए। हमने एक लाख ट्रैक्टर की रैली की इजाज़त माँगी है। हम दिल्ली से पुराने(विन्टेज) ट्रैक्टरों का मार्च निकालना चाहते हैं। हम उन सभी स्थलों पर जायेंगे जहाँ-जहाँ चौधरी महेन्द्र सिंह टिकैत ने आन्दोलन किये थे। बोट क्लब, लाल किला, राजघाट, किसान घाट और मेरठ कमिश्नरी वगैरह। बोट क्लब पर लम्बा किसान आन्दोलन चला था। अब वहाँ सरकार ने सेंट्रल विस्टा परियोजना के चलते सब कुछ बदलने की ठान ली है। अब वहाँ आन्दोलन करने की इजाज़त भी नहीं है। चौधरी साहेब कह कर गये थे कि हमारे आन्दोलन स्थलों को तीर्थ की तरह देखने जाना।

अरुण त्रिपाठीः *आज देश में लोकतन्त्र संकट में बताया जा रहा है। आपके इस आन्दोलन से लोकतन्त्र को कैसे ताक़त मिलेगी?*

राकेश टिकैतः इस आन्दोलन से लोकतन्त्र का आन्दोलन निकलेगा। नये आन्दोलन निकलेंगे। संविधान बचाने वाले आन्दोलन निकलेंगे। इस आन्दोलन से प्रशिक्षित युवा निकलेंगे। वे जो अगले पचास साल तक आन्दोलन कर सकें। यहाँ युवाओं को पूरी ट्रेनिंग दी जायेगी। उन्हें यही सिखाया जायेगा कि किस तरह आन्दोलन हिंसक न हो। पंजाब में लोगों ने हथियार उठा लिया था। लगभग 80,000 लोग मारे गये। अब वह चीज़ें शान्त हुई। आन्दोलन एक वैचारिक क्रान्ति है। उसमें विचार ही हथियार है। हथियार उठाने की ज़रूरत नहीं है। हम लोगों को शान्त रहना सिखाते हैं। पुलिस यहाँ बैठी है। उनसे भी भिडन्त होती है। पर हम उनसे वैर भाव नहीं रखते। आख़िर वे भी हमारे बीच के ही हैं। पुलिस वालों का वेतन बढ़ना चाहिए। उन्हें बड़े आवास मिलने चाहिए। सिपाही का वेतन भी बहुत कम होता है उन्हें कम से कम एक लाख वेतन मिलना चाहिए।

अरुण त्रिपाठीः *आन्दोलन और मीडिया वालों का रिश्ता बहुत खट्टा-मीठा रहा है। मीडिया के साथियों के लिए आपकी क्या राय है? गोदी मीडिया वालों के बारे में क्या सोचते हैं?*

राकेश टिकैत: प्रेस वालों की कोई सुरक्षा नहीं है। उनको सुविधा और सुरक्षा मिलनी चाहिए। वे बहुत जोखिम लेकर काम करते हैं। वे ख़तरनाक जगह जाते हैं। एक फोटो लेने के लिए जान दे देते हैं। दूसरी ओर कलम और कैमरे पर बन्दूक का पहरा है। मीडिया हाउस चलाना है तो सरकार की माला जपनी होगी। सभी लोग बहुत दबाव में काम करते हैं। शायद वे वैसा करना न चाहते हों।

आन्दोलन में दलित और स्त्रियाँ

जेनिफर

यह ऐतिहासिक किसान आन्दोलन अपने अहिंसक संघर्ष से तीन कृषि क़ानूनों को वापस कराने के लिए याद किया जायेगा। उसी के साथ तमाम बूढ़ी, जवान, विधवा और विवाहित, खेत मज़दूर जिनमें ज़्यादातर दलित हैं, अनाज मण्डी मज़दूर, प्रवासी मज़दूर और दिहाड़ी मज़दूरों का योगदान भी इतिहास के पन्नों में दर्ज होगा। मालिक किसानों के साथ अन्तर्विरोधों, भोजन की लम्बे समय से कमी और पंजाब, हरियाणा और पश्चिमी उत्तर प्रदेश में मज़दूरी और काम की असुरक्षा के बावजूद वे अपने बड़े दुश्मन से लड़ने के लिए इकट्ठा हो गये। वे समय-समय पर अपनी ताक़त दिखाते रहते हैं और आन्दोलन में उनके योगदान की अनदेखी नहीं की जा सकती। जब भी हम किसान कहते हैं तो हमारे सामने एक हट्टे-कट्टे पुरुष और ज़मीन के मालिकों की छवि उभरती है और हम उन तमाम श्रेणियों को भूल जाते हैं जो इस व्यवसाय से जुड़े हैं। महिलाएँ और खेत मज़दूर जो खेती के मेहनतकश हैं और बहुत महत्त्वपूर्ण सहायक भूमिका निभाते हैं, उनके बिना दिल्ली की सीमा पर किसानों के एक साल तक बैठे रहने की कल्पना नहीं की जा सकती।

पंजाब में हाल में चरणजीत सिंह चन्नी नाम के एक दलित को मुख्यमन्त्री बनाया गया है। इसी के साथ यह स्पष्ट हो गया है कि राज्य के सामाजिक ढाँचे में कशमकश चल रही है और उसका राजनीतिक रूप से लाभ लिया जाना है। जिस राज्य में जाटों का दबदबा हो वैसे समाज में एक दलित को मुख्यमन्त्री बनाना न सिर्फ़ एक समुदाय का तुष्टीकरण है बल्कि विरोध प्रदर्शन कर रहे उन किसानों को भी खुश करने की कोशिश है जो क़ैप्टन अमरिन्दर सिंह के शासन को खारिज कर रहे थे और किसान मज़दूर एकता का दावा कर रहे थे। यहाँ मज़दूर कहने का तात्पर्य उन खेत मज़दूरों या फार्म पर काम

करने वाले श्रमिकों से है जो मालिक किसान के खेतों पर काम करते हुए दोनों मौसम की फ़सलें पैदा करने में हर तरह की ज़रूरत पूरा करते हैं। वे अपनी आजीविका चलाने के लिए अनाज मण्डी में भी काम करते हैं।

ज़मीन प्राप्ति संघर्ष समिति के महासचिव गुरुमुख मान ने एक बार ठीक ही कहा था कि अगर कृषि उत्पाद और पशु विपणन समितियों से संचालित होने वाली अनाज मण्डियों पर कॉर्पोरेट का क़ब्ज़ा हो जायेगा तो खेत मज़दूरों की नौकरियाँ छिन जायेंगी। पिछले तीस साल से सोनीपत की अनाज मण्डी में पल्लेदारी करने वाला बिहार का मज़दूर नोनू कहता है ''मुझे एक बोरा उठाने के लिए पाँच रुपये मिलता है। इस तरह से मैं रोजाना 200 से 300 रुपये कमा लेता हूँ। अगर मण्डी में रोज़ाना 1000 बोरा अनाज आने की बजाय सिर्फ़ 500 बोरा अनाज आयेगा तो मेरे पास भूखे मरने के अलावा कोई रास्ता नहीं बचेगा।'' बिहार ने 14 साल पहले एपीएमसी से चलने वाली मण्डियाँ ख़त्म कर दी थीं। अब वहाँ के ज़्यादातर लोग पलायन करके पंजाब और हरियाणा आते हैं मण्डियों में काम करने। अगर इन राज्यों में भी निजी मंडियाँ आ गयी। तो इन राज्यों में भी वैसी ही नौकरियाँ छिनेंगी जैसे की बिहार में छिनी थीं।

सोशल मीडिया पर बढ़ चढ़ कर दावा किया जा रहा है कि निजी कम्पनियाँ या फर्म नौकरी की गारंटी देंगी, लेकिन वे दावे उस समय धराशायी हो जाते हैं जब यह देखा जाता है कि निजी कारोबारी ज़्यादा मुनाफ़ा तो कमाते हैं, लेकिन वहाँ काम करने वाले मज़दूरों की आमदनी घटती जाती है और घटते घटते इस स्तर पर आ जाती है कि उनके लिए काम करना कठिन हो जाता है और वे पलायन करने को मजबूर हो जाते हैं।

अनुभव और आशंका के इसी वातावरण में दलित और महिलाएँ किसान आन्दोलन में जुटी हैं। कई किलोमीटर तक फैले प्रदर्शन स्थल पर महीनों का राशन और बिस्तर लादे खड़ी ट्रालियाँ कारवाँ बन चुकी हैं। यहाँ चिकित्सा और स्वास्थ्य शिविर लगे हैं, पढ़ने के लिए किताबें देने वाले पुस्तकालय खुले हैं, खाने के लिए लंगर लगे हैं, रोजमर्रा का सामान देने वाले स्टोर खुल गये हैं, मर्दों-औरतों के लिए शौचालय बने हैं और सभा करने के लिए बड़ा-सा मंच सज़ा है। टिकरी, सिंघु और गाज़ीपुर सभी सीमाओं पर मंचों का इस्तेमाल अलग-अलग कार्यक्रमों और महत्त्वपूर्ण घोषणाओं के लिए किया जाता है। इतने लम्बे प्रदर्शन स्थल से गुजरते हुए आपको चाय पिलाने और गप-शप करने के लिए अक्सर लोग बुला लेंगे। उनके बीच ऐसा लगता है जैसे रविदास का बेगमपुरा (यानी जहाँ गम नहीं है) शहर बस गया है।

लैंडलेस नाम का वृत्तचित्र यानी डॉक्यूमेंटरी बनाने वाले रंदीप मड्डोके कहते हैं, "आप यहाँ देख सकते हैं कि आपके बगल में कौन बैठा है यह बेमतलब है। आपके साथ कौन चाय पी रहा है, कौन खाना बना रहा है, कौन आपके बगल में सो रहा है इस बात का कोई अर्थ नहीं रह गया है।" आन्दोलन की एकता और बराबरी की भावना दिखाते हुए कई मर्द आपको रोटी बेलते हुए मिल जायेंगे, कोई सरसों का साग चला रहा होगा तो गाजर मटर की सब्ज़ी बना रहा होगा तो कोई सबके लिए चाय उबाल रहा होगा।

शुरू में यह सन्देह था कि बॉर्डर पर होने वाले इस विरोध प्रदर्शन में कितने दलित हिस्सेदारी करेंगे। इसका जवाब देते हुए ज़मीन प्राप्ति संघर्ष समिति के गुरमुख मान कहते हैं, "आपको यहाँ ज़्यादा दलित मज़दूर नहीं मिलेंगे। जुलाई में धान बुवाई (रोपाई) के मौसम में मज़दूरी के सवाल पर उनका सामाजिक बॉयकाट हुआ था, तबसे उनके मन में इस बात का रंज है।" पंजाब में दलितों की आबादी काफ़ी ज़्यादा है। पंजाब के गाँवों और शहरों की सीमाओं पर मजहबी सिख, रविदासी, वाल्मीकि, चमार जाति के लोग बसते हैं। व्यापक तौर पर वे भूमिहीन खेत मज़दूर हैं। इस आन्दोलन में उनका प्रतिनिधित्व करने वाले प्रमुख संगठन है:–लक्ष्मण सिंह सेवेवाला के नेतृत्व वाला पंजाब खेत मज़दूर यूनियन, तरसेम पीटर का पेंडू मज़दूर यूनियन, क्रान्तिकारी पेंडू मज़दूर यूनियन, गुरुमुख और मुकेश मौलाध की ज़मीन प्राप्ति संघर्ष समिति, कँवलजीत खन्ना की इन्क़लाबी केन्द्र पंजाब और दर्शन नाहर की पंजाब देहात सभा।

एक खेत मज़दूर के लिए प्रदर्शन करने दिल्ली आना बहुत मुश्किल होता है। वह अपनी दिहाड़ी नहीं छोड़ सकता, लेकिन जब भी टोल प्लाजा, रिलायंस माल/पेट्रोल पम्प, बेस्ट पाइस माल को बन्द करने की अपील की जाती है तो वह आस-पास के गाँव में रहने वाले खेत मज़दूर ही करते हैं।

सबसे पहली किसान मज़दूर रैली भारतीय किसान यूनियन (एकता-उगराहां) ने बरनाला में आयोजित की थी जहाँ पुरुष, स्त्री, बूढ़े और बच्चों समेत 2.5 लाख लोगों ने हिस्सेदारी की थी। समझा जाता था कि जब कृषि क़ानून लागू कर दिये जायेंगे तो सबसे ज़्यादा प्रभावित खेत मज़दूर होंगे। वे पीडीएस (सार्वजनिक वितरण प्रणाली) से मिलने वाले राशन से वंचित हो जायेंगे, उनका काम भी छिन जायेगा इसलिए जहाँ रह रहे हैं वहाँ से भागने को मजबूर होंगे। धीरे-धीरे मज़दूर शब्द की परिभाषा में वे मज़दूर भी आ गये जो फैक्टरियों में काम करते हैं। यह महसूस किया गया कि उनके परिवार के लोग खेतों में काम करते हैं और वे भी फासीवादी शासन के शिकार होंगे। आन्दोलन में ख़ास मोड़

उस समय आया जब सिंघु बॉर्डर पर एक फैक्ट्री के सामने प्रदर्शन कर रहे मज़दूर अधिकार संगठन के दो दलित मज़दूर अधिकार कार्यकर्ताओं–नवदीप कौर गन्धेर और शिव कुमार को गिरफ़्तार कर लिया गया। नवदीप को पीटा गया और उसे जेल में यातना भी दी गयी, जबकि शिव कुमार जिसे एक आँख से दिखता नहीं उसे हरियाणा पुलिस ने बेरहमी से पीटा। मज़दूर अधिकार संगठन ने सिंघु बॉर्डर पर जो शिविर लगा रखा था उस पर भी हमला किया गया। फर्जी एफआईआर दर्ज होने के कारण इसके कई कार्यकर्ता भूमिगत हो गये।

पंजाब खेत मज़दूर यूनियन से जुड़ी नौदीप कौर की माँ भी पहले दिन से ही आन्दोलन स्थल पर बने शिविर में रह रही थीं। उन्होंने भगत सिंह छात्र एकता मंच की सदस्य और नौदीप कौर की बहन रणवीर कौर के साथ मिलकर नौदीप की रिहाई की लड़ाई लड़ी। पंजाब के मुक्तसर ज़िले की रहने वाली नौदीप कौर मज़दूर अधिकार संगठन से जुड़े होते हुए फैक्टरी में काम करती थी। उसे लॉकडाउन के दौर का वेतन नहीं मिला था इसलिए वह उसकी माँग करते हुए फैक्टरी के सामने प्रदर्शन कर रही थी। उसे पहले प्रदर्शन करने, परचा बाँटने और किसी प्रकार का भाषण देने से रोकने के लिए तैनात त्वरित कार्रवाई टीम के मुस्टण्डों (बाउंसरों) ने पीटा उसके बाद हरियाणा पुलिस ने यातना दी।

नौदीप कौर इस बात का सटीक उदाहरण है कि किस प्रकार दलित स्त्रियों का पुलिस दमन होता है, उनकी उपेक्षा होती है और उनके साथ क्रूरतापूर्ण व्यवहार होता है। अपनी ख़राब आर्थिक स्थितियों के कारण नौदीप महज़ 12 दर्जे तक नियमित रूप से पढ़ सकी थी। उसके बाद वह काम और पढ़ाई साथ साथ करने की कोशिश कर रही थी, लेकिन वह कॉलेज पास नहीं कर सकी क्योंकि काम के चलते उसे पढ़ने का समय ही नहीं मिल पाता था। जबकि शिव कुमार सोनीपत के देवारू गाँव के दलित परिवार का रहने वाला है। उसकी मेडिकल रिपोर्ट बताती है कि पुलिस ने उसकी जी भर कर पिटाई की। उसे अपराधी कहा और कई बार जमानत दिये जाने का विरोध किया। उसे तब तक लॉकअप में रखा गया जब तक उसकी रिहाई के लिए हर तरफ से दबाव नहीं बना।

कुण्डली इंडस्ट्रियल एरिया के अध्यक्ष एस गुप्ता का कहना है आन्दोलन शुरू होने से पहले यह मज़दूर अधिकार संगठन कहीं नहीं था लेकिन श्री गुप्ता एमएएस की मौजूदगी और बढ़ते असर से चिन्तित हैं। उन्होंने कहा कि कोविड लॉकडाउन के बाद लोगों का जो भी भुगतान बकाया है उस बारे में श्रम विभाग को जाँच का मौक़ा दिया जाना चाहिए।

किसान आन्दोलन की प्रमुख माँग थी कि तीनों कृषि क़ानून वापस लिए जायें, लेकिन उसी में खेत मज़दूरों की माँग भी जोड़ी जानी चाहिए। पूरे आन्दोलन से जोड़कर देखी जाने वाली उनकी प्रमुख माँगें हैं–आवासीय भूखण्ड, गाँव की एक तिहाई पंचायती ज़मीन, न्यूनतम वेतन का बराबरी का हक़, खेत मज़दूरी का उचित मूल्य, सभी जातिगत अत्याचार की समाप्ति, खेत मज़दूरों की खुदकुशी पर मिलने वाला मुआवजा बढ़ाया जाना। मुख्यमन्त्री चन्नी के विरुद्ध हाल में मोरिन्डा गाँव में हुए विरोध प्रदर्शन के दौरान दलित खेत मज़दूरों पर पथराव और लाठी चार्ज भी हुआ।

ज़मीन प्राप्ति संघर्ष समिति (जेडपीएससी) भूमि अधिकारों के सिलसिले में कुछ ख़ास माँगें कर रही है। उन्होंने बहुत सारे लोगों को इस बात के लिए जागरूक किया है कि पंचायती ज़मीन में उनका एक तिहाई हक़ है, नीलामी ग़लत तरीक़े से होती है क्योंकि वहाँ जमींदारों के लिए फर्जी लोग खड़े कर दिये जाते हैं। जलूर की घटना से वह दौर शुरू होता है जब ज़मीन के हक़ का आन्दोलन तेज़ हुआ। संगरूर जिले के जलूर गाँव में दलित समुदाय के लोग पंचायती ज़मीन का एक तिहाई यानी तीजा हिस्सा माँग रहे थे। उसी की प्रतिक्रियास्वरूप जाट बिरादरी के लोगों ने माता गुरुदेव कौर की हत्या कर दी थी और दलित समुदाय का हिंसक दमन किया था। जेडपीएससी यानी ज़मीन प्राप्ति संघर्ष समिति ने पंचायती ज़मीन पर अधिकार की लड़ाई लड़ते हुए सरकार को दायित्व निर्वाह के लिए मजबूर किया और ऐसी ज़मीनों के अवैध हस्तान्तरण की जाँच की।

ज़मीन अधिकार के लिए हुए इस संघर्ष में तमाम भूमिहीन बहादुर दलित महिलाओं ने आन्दोलन की अगुआयी की और दूसरे मर्दों को पुलिस की लाठियों से बचाया। चूँकि ज़मीन में महिलाओं की सीधे दावेदारी है इसलिए वे प्रदर्शन में बराबर की हिस्सेदारी कर रही हैं और वे न तो पुलिस से डरती हैं, न जाटों से और न ही उन दलितों से जो जमींदारों का साथ देते हैं। इसी साहस के चलते वे क़ब्ज़ा की गयी ज़मीन की बीस दिन से ज़्यादा दिनों तक घेराबन्दी करती हैं। कई बार ज़मीन पर क़ब्ज़ा पाने की यह लड़ाई छह-छह महीने तक चलती है जहाँ पर गर्भवती, बूढ़ी, विवाहित, अविवाहित, विधवा स्त्रियाँ अपना ज़मीनी हक़ पाने के लिए वहाँ पहरा देती हैं।

जब वे जमींदार की ज़मीन से चारा इकट्ठा करने के लिए समूह में जाती हैं तो उन्हें अक्सर जातिगत टिप्पणियों यौन उत्पीड़न और छेड़खानी और बलात्कार तक का शिकार होना पड़ता है। इसके चलते सिर्फ़ विवाहित महिलाएँ ही घर से दूर वाले खेतों से चारा लाने जाती हैं। जब से पंचायती ज़मीन पर

उनकी हक़ दारी बनने लगी है तब से उन्होंने जमींदार के खेत से चारा लाना बन्द कर दिया है। वे अब उनके खेत में ठेका मज़दूरी भी नहीं करती हैं। अब वे पंचायती ज़मीन पर सामूहिक खेती करती हैं जहाँ से उन्हें ज़रूरत के लिए अनाज और चारा मिल जाता है। मनरेगा उनकी आमदनी बढ़ाता है और वे इज़्ज़त की ज़िन्दगी जीने लायक स्थिति में हो जाती हैं।

इन आन्दोलनों में आगे बढ़कर लड़ाई लड़ने वाली टोलेवाल गाँव की किरन(55) कहती हैं, 'मैं मनरेगा में काम करती हूँ और 300 रुपये रोजाना कमाती हूँ। मैं जमींदार के खेत पर नहीं जाती हूँ। जब मैं आन्दोलन में शामिल थी तो मेरे एक दलित पड़ोसी ने मोटी लाठी से मेरे सिर पर हमला किया। वह वही लाठी थी जिसका इस्तेमाल लोग ढोरों के लिए करते हैं। वे अभी भी जमींदारों की मुट्ठी में हैं और यह नहीं समझते कि उनका किस प्रकार इस्तेमाल किया जा रहा है।''

टोलेवाल गाँव की ही हरप्रीत कौर (37) बताती हैं, ''अब हमें अपनी ज़मीन से चारा मिल जाता है। हमें दो कुन्टल अनाज मिल जाता है। जो भी इफराद होता है वह बेच दिया जाता है। मैं ठेके की मज़दूरी करने दूसरे गाँव जाती थी। वे हमारे जैसे मज़दूरों को ट्राली पर लादकर ले जाते थे, लेकिन अब मैंने उसे बन्द कर दिया। मैं मनरेगा में काम करती हूँ और डँगर पालती हूँ। इससे हम आर्थिक रूप से सुरक्षित हैं।'' जब संयुक्त किसान मोर्चा ने सम्पूर्ण भारत बन्द की अपील की थी तो दूसरे लोगों के साथ इन दोनों महिलाओं ने टोलेवाल गाँव में प्रदर्शन किया था और मलेर कोटला को जाने वाली सड़क को बन्द कर दिया था। उन्होंने बीच सड़क पर अपना मिट्टी का चूल्हा जलाकर रसोई भी चलाई थी। उनका चूल्हा लकड़ी और गोबर के उपलों से जलाया गया था। उन्होंने चाय बनायी और हर आदमी को पिलाकर बन्द को कामयाब किया।

इन महिलाओं ने टोल प्लाजा को भी मुक्त कराने में योगदान दिया और वहाँ महीनों तक घेरा डाले बैठी रहीं। उन्होंने वहाँ महीनों तक पहरा दिया और टोल प्लाजा से तब हटीं जब जाट किसानों ने पूरी तरह से मोर्चा सँभाल लिया और इरादतन उन्हें वहाँ से जाने को कहा। जिन गाँवों में महिलाओं ने अपने अधिकारों की लड़ाई लड़ी है और अपनी फ़सल और चारा उगा सकी हैं वहाँ वे उन गाँवों से बेहतर जीवन जीती हैं जहाँ पर पुरुष सदस्यों की खुदकुशी के कारण दलित महिलाएँ पीड़ित हैं और उन पर परिवार के कामकाज और दूसरी सामाजिक ज़रूरतों के कारण भारी कर्ज़ है। दलित भूमिहीन, छोटे और मझोले किसानों की विधवाएँ 15 दिसम्बर 2020 को ही टिकरी बॉर्डर पहुँच गयी थीं।

ख़ुदकुशी करने वाले किसानों की माताएँ, बहनें और विधवाएँ मालवा क्षेत्र से चलकर टिकरी बॉर्डर तक पहुँचीं और उन्होंने एक स्वर से कहा, 'हम भगत सिंह की अनुयायी हैं। हम उठेंगे और विरोध करेंगे। हम दिल्ली तक जायेंगे और अपना हक़ माँगेंगे। हम जो कि बाग़ी ही पैदा हुए हैं वे अपनी बात कहेंगे और हमें अब रोका नहीं जा सकता। जिन्होंने हम पर ज़्यादती की है हम उनका प्रतिरोध करेंगे। हम बहनों की एकता ज़िन्दाबाद।'

इतनी बड़ी सभा का आयोजन भारतीय किसान यूनियन (उगराहां) की महिला शाखा की नेता हरिन्दर बिन्दु ने किया था। बिन्दू ने अपना पूरा जीवन पंजाब के मध्य क्षेत्र में रहने वाली खेत मज़दूरिनों और दलित महिलाओं को संगठित करने में लगा दिया। वे बताती हैं, "मैं पेप्सू मजारा आन्दोलन का हिस्सा थी। मैं छोटी थी और मैं पंजाब के खालिस्तान आन्दोलन के दौरान अपने पिता का भाषण सुनती थी जो नौजवान भारत सभा के सदस्य थे। उन्होंने जबर एकता विरोधी फ्रंट बनवाने में मदद की। उस संगठन ने लोगों में इस बात की चेतना पैदा की कि उन्हें अपने अधिकारों के लिए, युवाओं पर सरकार के दमन के विरुद्ध और हिन्दू व सिख एकता के लिए लड़ना है। वे 9 अप्रैल 1991 को शहीद हो गये। हालाँकि मेरा जन्म पण्डित परिवार में हुआ था, लेकिन मेरी सक्रियता खेत मज़दूरों की बेहतरी के लिए थी क्योंकि मैं उन्हें अपनी तरह ही मनुष्य मानती थी। इसलिए उनके जीवन में बदलाव लाने के लिए, उन्हें बराबरी का हक़ दिलाने के लिए, उन्हें गरिमापूर्ण जीवन देने के लिए, उनकी महिलाओं को चैन भरा, निर्भय जीवन दिलाने और उनके बच्चों को शिक्षा दिलाने के लिए मैंने अपने जीवन के 20 साल लगा दिये। मैंने देखा है कि वे किस तरह से कठिनाइयों और ग़रीबी में घिरे रहते हैं। इसलिए मैं उनके बीच बीकेयू (उगराहां) के माध्यम से काम करती रही। इस काम में मेरे साथ पंजाब खेत मज़दूर यूनियन की लक्ष्मण सिंह स्वेवाला और ज़ोरा सिंह नसराली भी रहे।"

महिला दिवस पर कॉर्पोरेट लूट के विरुद्ध बड़ी संख्या में महिलाएँ जमा हुई और उन्होंने प्रदर्शन कर रहे किसानों को संसद के पटल पर आन्दोलनजीवी कहने वाली मोदी सरकार की संवेदनहीनता के विरुद्ध भी अपने विचारों को व्यक्त किया। संघर्ष करने वाली इन महिलाओं में पंजाब किसान यूनियन की माँ-बेटी जसबीर कौर नट्ट और नवकिरन कौर नट्ट भी रहीं जिन्होंने बहादुरगढ़ मेट्रो स्टेशन के नीचे अपना प्लास्टिक टैन्ट लगा रखा था। इन दो प्रमुख महिला नेताओं ने किसान प्रदर्शन में महत्त्वपूर्ण योगदान दिया।

मुजफ्फरनगर की ऐतिहासिक महापंचायत में मेधा पाटकर ने अपने व्याख्यान में कहा कि यहाँ जो महिलाएँ उपस्थित हैं वे बहुत बिखरी हैं। इसके बावजूद उन्होंने नारा दिया, 'महिला शक्ति आयी है नयी रोशनी लायी है।' उन्होंने कहा, ''हिन्दू और मुसलमान एक-दूसरे के भाई और बहन हैं, यह घोषणा करते हुए मुजफ्फरनगर अद्‌भुत शक्ति और एकता का प्रदर्शन कर रहा है। यह जनान्दोलन बिना थके हुए तब तक चलता रहेगा जब तक गन्ने से कपास तक और गेहूँ से मकई तक सभी फ़सलों की एक निश्चित दर नहीं तय कर दी जाती। इस महापंचायत से यह साफ़ सन्देश जाना चाहिए कि जब तक आदिवासी किसानों के उत्पादों, ग्वालों के दुग्ध उत्पादों और अन्य दूसरे प्राकृतिक उत्पादों का उचित दाम नहीं मिलता तब तक वे इसे कॉर्पोरेट की जागीर नहीं बनने देंगे।''

इस आन्दोलन की प्रेरणा से सामाजिक कार्यकर्ता संगीत तूर, नवजीत कौर और सरगम तूर ने 'क्रान्ति धरती' नामक महिलाओं की पाक्षिक पत्रिका भी निकाली। यह पत्रिका चार भाषाओं में निकाली गयी जिनमें गुरुमुखी, शाहमुखी, अंग्रेज़ी और हिन्दी शामिल हैं। यह ऐसा विशिष्ट मंच है जिसके माध्यम से आन्दोलन में शामिल महिलाओं के आख्यान को स्वर दिया जाता है। इस पत्रिका ने जनान्दोलन में शामिल विभिन्न महिलाओं की आवाज़ उठाने के अलावा पंजाब के इतिहास में पोस्टरों और पत्रिकाओं के माध्यम मौजूद प्रतिरोध की संस्कृति को प्रस्तुत किया।

यहाँ उन चार महिलाओं का स्मरण ज़रूरी है जिन्होंने इस जन आन्दोलन के दौरान अपना बलिदान दिया। वन्दना (बदला हुआ नाम) किसानों के समर्थन में पश्चिम बंगाल से आयी थीं लेकिन अपने को आन्दोलनकारी बताने वाले बदमाशों का शिकार हो गयी।। उनके अलावा पंजाब के मनसा जिले के खिवा धालूवाला गाँव की सुखविन्दर कौर (60), अमरजीत कौर (58), गुरमैल कौर (60) ने भी आन्दोलन में अपना बलिदान दिया। लखीमपुर खीरी घटना के कुछ दिन बाद ही उन्हें तेज़ी से आते एक ट्रक ने कुचल दिया। इस मामले में कोई साजिश दिखायी पड़ती है और किसान नेताओं ने पुलिस जाँच की माँग की है। आख़िरकार इस आन्दोलन की असली सफलता इस बात में है कि इसे एक वास्तविक जनान्दोलन में परिवर्तित करने के लिए किस तरह से दलित और महिला किसानों के मुद्दों को इसमें शामिल किया जाता है और उठाया जाता है।

मन्दसौर की प्रेरणा काम आयी

सुनीलम

मौजूदा किसान आन्दोलन की जड़ में छह जून 2017 को मन्दसौर में किसानों पर हुए गोलीकाण्ड से पैदा हुए आक्रोश की प्रेरणा भी शामिल है। वही गोलीकाण्ड जिसमें पुलिस और सीआरपीएफ के गोली चलाने के कारण छह किसान मारे गये थे। यह गोली चालन पिपलिया मण्डी थाने के इलाके में हुआ था। किसान नीमच और महू राजमार्ग को जाम कर रहे थे। इस घटना ने पूरे देश में आक्रोश पैदा कर दिया था। इसके परिणामस्वरूप में मध्य प्रदेश में किसानों का आन्दोलन तेज़ हुआ। शिवराज सिंह सरकार ने एक जाँच आयोग भी बिठाया और उसने पुलिस प्रशासन को क्लीन चिट दे दी और किसानों को ही दोषी ठहराया। इस गुस्से के चलते अगले साल हुए विधानसभा चुनाव में शिवराज सिंह चौहान की भाजपा सरकार को हार का मुँह भी देखना पड़ा। मन्दसौर गोलीकाण्ड में किसानों से एकता जताने देश के कई बड़े नेता मध्य प्रदेश गये, लेकिन उन्हें सरकार ने घटनास्थल तक जाने नहीं दिया। वहाँ पहुँचने की कोशिश राहुल गाँधी, शरद पवार, मेधा पाटकर, योगेन्द्र यादव, स्वामी अग्निवेश सभी ने किया, लेकिन उन्हें वापस कर दिया गया। उसी के परिणामस्वरूप देश भर के किसान नेता 16 जून, 2017 को दिल्ली के गाँधी शान्ति प्रतिष्ठान में जुटे। इसमें महाराष्ट्र के शेतकरी स्वाभिमान पक्ष के सांसद राजू शेट्टी, उत्तर प्रदेश के पूर्व विधायक वीएम सिंह, तमिलनाडु के किसानों के जन्तर-मन्तर वाले नेता आयाकंनु, मैं (डॉ. सुनीलम), स्वराज अभियान के अध्यक्ष योगेन्द्र यादव, राजस्थान के वरिष्ठ किसान नेता रामपाल जाट, ग्रीन ब्रिगेड राजस्थान के चन्द्रशेखर कोडहाली, ऑल इंडिया किसान सभा के अध्यक्ष और किसान सभा के अध्यक्ष और पूर्व सांसद हन्ना मौला जैसे कई लोग शामिल हुए। इस सम्मेलन में फ़ैसला किया गया कि किसानों के

देशव्यापी संगठनों को एकजुट करने और आन्दोलन को तेज़ करने के लिए एक संगठन की ज़रूरत है। इसलिए अखिल भारतीय किसान संघर्ष समन्वय समिति *(AIKSCC)* की स्थापना की गयी। फ़ैसला किया गया कि यह समिति किसानों के दो मुद्दों को लेकर आन्दोलन चलायेगी। पहला लाभकारी मूल्य और दूसरा सम्पूर्ण क़र्ज़ मुक्ति। यह भी तय किया गया कि *(AIKSCC)* इन मामलों को लेकर सामूहिक नेतृत्व, लोकतान्त्रिक पद्धति और अहिंसा के आधार पर आन्दोलन चलाएगा।

चूँकि मन्दसौर आन्दोलन के समय कोई संगठन नहीं था। कोई अनुशासन नहीं था कोई स्पष्ट नेतृत्व नहीं था इसलिए उसमें हिंसा भी हुई थी। वह आन्दोलन तो पूरी तरह व्हाट्सऐप से चला था। किसान महाराष्ट्र से आये थे। 3000 से 4000 लोग आ गये थे। उन्होंने मोटर साइकिल से रैली निकाली। कलैक्टर को ज्ञापन देना चाहा, लेकिन कलेक्टर ने ज्ञापन नहीं लिया। बन्द की घोषणा हुई। घाट पिपलिया में किसानों की रैली हुई। एक टीआई (पुलिस अधिकारी) ने भाजपा वाले की दुकान खुलवायी। जब किसानों ने विरोध किया तो इस दौरान व्यापारियों ने किसानों को पीट दिया। उसके बाद जाम लग गया। किसान भी आक्रोशित थे। टीआई ने फायरिंग कर दी और उसमें पाँच किसान मारे गये। प्रतिक्रिया हुई। जब किसान विरोध जताने थाने पहुँचे तो पुलिस ने एक को पीट-पीटकर उसकी हत्या कर दी। किसानों ने नीमच की दूध और सब्ज़ी की सप्लाई बन्द कर दी। इस तरह मध्य प्रदेश के किसान आन्दोलन के कारण अखिल भारतीय किसान संघर्ष समन्वय समिति का गठन मौजूदा किसान आन्दोलन के लिए शक्ति का स्रोत बना।

लेकिन यह आन्दोलन पंजाब और हरियाणा के लोगों पर निर्भर हो गया। क्योंकि पंजाब में किसानों का आन्दोलन पहले से चल रहा था। फिर 26 नवम्बर, 2020 को दिल्ली के रकाबगंज गुरुद्वारे में अखिल भारतीय किसान संघर्ष समन्वय समिति की बैठक हुई। वहाँ पर आन्दोलन तेज़ करने की योजना बनी। इस दौरान हरियाणा के मुख्यमन्त्री मनोहर लाल खट्टर ने एक ऐलान कर दिया कि कोई भी किसान हरियाणा पार नहीं कर पायेगा। एक आईजी ने कहा कि कोई भी परिन्दा हरियाणा पार नहीं कर पायेगा। लोगों में इन बयानों के कारण बहुत गुस्सा आ गया और उन्होंने इसे चुनौती के रूप में लिया। वे गड्ढे और कँटीले तार पार करते हुए आगे बढ़े। उनके आगे बढ़ने का तरीक़ा ऐसा था जैसे फ़ौज आगे बढ़ती है।

इस बीच दर्शनपाल का फोन आया मेरे पास। बोले कि पुलिस फायरिंग का डर है। अगर कुछ हो गया तो बहुत गड़बड़ होगा। इसलिए वे आ रहे हैं अमन की घोषणा करने।

दो दिन का आन्दोलन है शान्तिपूर्वक प्रदर्शन करने दिया जाये उसके बाद किसान लौट जायेंगे। इस बीच एआईकेएससीसी के नेता वी.एम. सिंह की ओर से पीएमओ को एक मेल किया गया। प्रदर्शन स्थल को लेकर नये-नये दाँव चले। कभी रामलीला मैदान तो कभी बुराड़ी में जगह देने की बात होने लगी। वी.एम. सिंह चाहते थे कि किसान बुराड़ी में अपना प्रदर्शन करें और सरकार को अपनी माँगें सौंप कर वापस चले जायें। लेकिन पंजाब के लोग बुराड़ी मैदान में आने को तैयार नहीं थे। एक तो वह निरंकारियों का मैदान है और पंजाब से ज़्यादातर अकाली इस प्रदर्शन में आये थे। इसलिए उनके पुराने विवाद के चलते वे वहाँ जाने से पीछे हट रहे थे। फिर एक दलील यह भी आयी कि बुराड़ी में किसानों को कैद कर दिया जायेगा। फिर सरकार उनके साथ मनमाना व्यवहार करेगी। इसलिए किसान दिल्ली के बाहर पाँच सीमाओं पर जमा हो गये और वे दिल्ली आते आते दिल्ली में घुसने से पहले ही ठहर गये। वे स्थल थे सिंघु, टिकरी, शाहजहाँपुर (नीमराणा), पलवल, और गाज़ीपुर। बुराड़ी और रामलीला मैदान को लेकर पीएमओ और एआईकेएससीसी के बीच खींचतान चल ही रही थी और उसमें वी.एम. सिंह कुछ नाराज़ होते नज़र आ रहे थे। तभी इस आन्दोलन में राकेश टिकैत का प्रवेश होता है। शुरू में वहाँ पाँच दस ट्रैक्टर आए थे लेकिन देखते-देखते 250-300 ट्रैक्टर आ गये।

लेकिन आन्दोलन पर ज़्यादा प्रभाव पंजाब की जत्थेबन्दियों का ही रहा। कुल 32 जत्थेबन्दियाँ हैं और वे ही तय करती रहीं कि क्या करना है। हर सात दिन बाद जनरल बॉडी की मीटिंग होती थी। इसमें पंजाब और हरियाणा के संगठनों का बोलबाला रहा, लेकिन जिस बात पर आपत्ति होती थी उसे कार्यक्रम में शामिल नहीं किया जाता था। कार्यक्रम आम सहमति से ही बनाया जाता था। इस दौरान वी.एम. सिंह और राजू शेट्टी को कोराना हो गया और आन्दोलन की कमान दर्शनपाल और हनान मौला के हाथों में आ गयी। इस बीच गाज़ीपुर बॉर्डर पर राकेश टिकैत का मोर्चा निरन्तर गम्भीर और बड़ा होता चला गया। उधर सिंघु बॉर्डर तो सबसे ज़बरदस्त था ही, लेकिन टिकरी बॉर्डर पर भारतीय किसान यूनियन (एकता) उगराहां के अध्यक्ष जोगिन्दर सिंह उगराहां के नेतृत्व में सबसे बड़ा और मज़बूत मोर्चा लगा।

लेकिन अगर पूरे आन्दोलन को देखा जाये तो यह किसी एक नेता द्वारा संचालित आन्दोलन नहीं था। यह एक तरह से किसानों और उनके संगठनों का आन्दोलन था। एक नौ सदस्यीय समिति रही जो सब कुछ तय करती थी। वही संयोजन करती थी और वही प्रेस में बयान देती थी। वैसे तो कुल 500 किसान संगठनों का समर्थन था इस आन्दोलन को, लेकिन मूल रूप से पंजाब के 32 संगठन रहे जो आन्दोलन को संचालित करने में प्रमुख भूमिका निभाते थे। सरकार ने अपनी वार्ता में अखिल भारतीय किसान संघर्ष समन्वय समिति की पैठ नहीं होने दी। सरकार ने बातचीत में योगेन्द्र यादव को भी आने से रोक दिया।

सरकार अपनी चालाकी से आन्दोलन को संचालित करना, उसे भटकाना और उसके भीतर विवाद की कोशिश करती रही, लेकिन आन्दोलन में चूँकि किसी एक का नेतृत्व नहीं था बल्कि वह साझा था इसलिए वह सफल नहीं हुई। इसी तरह 26 जनवरी की घटना जिसमें लाल किले पर निशान साहिब फहराया गया वह एक प्रकार की साजिश थी जिसमें आन्दोलन के लोग फँसते दिखे। कई नेताओं को एनआईए की नोटिस जारी की गयी, लेकिन सरकार की कार्रवाइयों से किसानों की एकता मज़बूत होती गयी। चाहे सिंघु बॉर्डर पर सड़क पर कीलें लगाने का काम हो या राकेश टिकैत को जाकर धमकाने का काम किया गया हो। कीलें लगाने से लोगों ने समझा कि सरकार दुश्मनी निभा रही है और रात में जब राकेश टिकैत के आँसू निकले तो पूरा पश्चिमी उत्तर प्रदेश का किसान उमड़ने लगा।

हालाँकि आन्दोलन के भीतर भी खींचतान रही। एक बार गुरनाम सिंह चढ़ूनी ने कहा कि हमें पार्टी बनाकर चुनाव लड़ना चाहिए। उन्होंने कुछ पार्टी वालों को मंच पर बुला लिया। उस पर शिव कुमार कक्का ने उन पर आरोप लगाया। शिव कुमार कक्का पर भी अनुशासन की कार्रवाई हुई। लखीमपुर की घटना के बाद जब योगेन्द्र यादव उन परिवारों से मिलने गये जो जीप चढ़ाये जाने के बाद किसानों के गुस्से का शिकार हुए थे तो उन पर भी कार्रवाई हुई।

लेकिन इस आन्दोलन ने सीधे पूँजीवाद से मोर्चा ले लिया था और पंजाब में अम्बानी और अडानी की कम्पनियों का बॉयकाट होने लगा था। इस आन्दोलन की सबसे ख़ास बात यह रही कि यह अहिंसक आन्दोलन रहा। इस में हर बॉर्डर पर गाँधी खड़े दिखे भगत सिंह के लिए। उन्होंने सत्याग्रह को असली हथियार बनाया है। छिटपुट घटनाओं को छोड़ दिया जाये तो एक भी स्वर हिंसात्मक नहीं रहा। शुरू में पंजाब के युवाओं का क़ब्ज़ा था तब

हिंसक बातें होती थीं, लेकिन जबसे संयुक्त किसान मोर्चा ने नेतृत्व सँभाला तबसे सूझ बूझ का परिचय दिया। लोगों में धीरज आया है और उन्होंने महसूस किया है कि अहिंसा सबसे बड़ी ताक़त है।

इस आन्दोलन ने बहुत सारी उपलब्धियाँ हासिल की हैं। तीन क़ानूनों की वापसी तो सबसे बड़ी है ही, लेकिन इसने लोकतन्त्र में लोगों के छीजते विश्वास को बहाल किया है। आन्दोलनों से उठती आस्था को लौटाया है। किसानों की परिभाषा को बढ़ाया है। इनकम गारंटी, रोज़गार गारंटी और एमएसपी जैसी माँगों को सतह पर उपस्थित किया है। एक तरह से संयुक्त किसान मोर्चा ने किसानों को संरक्षित करने का काम किया है। आगे इस आन्दोलन की ऊर्जा और विचार को विस्तार देने की ज़रूरत है।

किसान आन्दोलन का पंजाब कनेक्शन

रवि अरोड़ा

दिल्ली की सीमाओं पर चले ऐतिहासिक किसान आन्दोलन में समाई पंजाब व पंजाबियत की रूह को पहचानने के लिए आपको आजकल के पंजाबी गायकों को सुनना ही पड़ेगा। शायद ही कोई ऐसा विख्यात पंजाबी गायक होगा जिसने इस आन्दोलन पर गीत न गाये हों। सैकड़ों गीत तो अकेले यू ट्यूब पर ही आपको मिल जायेंगे। इन गीतों में जब कोई गायक कहता मिलेगा कि "तैनू दिल्लीए, ए कट्ठ परेशान करूँगा, पर फ़सलाँ दे फैंसले किसान करूँगा' यानी दिल्ली (सत्ता) तुझे ये हुजूम (एकता) परेशान करेगा, फ़सलों के फैसले किसान करेगा तो आप भली भाँति उस आत्मबल की गहराई को समझ जायेंगे जिसकी बदौलत सर्दी गर्मी और बरसात झेल कर हज़ारों किसान दिल्ली सीमा पर डटे रहे। बेशक आज राकेश टिकैत इस आन्दोलन का सबसे बड़ा चेहरा हों मगर इस आन्दोलन का पंजाब कनैक्शन जाने बिना हम इस आन्दोलन को नहीं समझ सकते ।

शुरुआती दिनों में जब पंजाब का किसान अपने राज्य में किसान बिलों के ख़िलाफ़ धरने प्रदर्शन कर रहा था तब लगता नहीं था कि यह आन्दोलन इतना लम्बा चलेगा। मगर जैसे ही पंजाबी सिंघु बॉर्डर पर आ पहुँचे तो सबकी समझ में आ गया कि बात निकली है तो दूर तलक जायेगी। पंजाब की देखा-देखी हरियाणा और बाद में पश्चिमी उत्तर प्रदेश के किसानों ने भी जब टिकरी और गाज़ीपुर सीमा पर डेरा जमाया तो इस आन्दोलन ने राष्ट्रीय स्वरूप ही ले लिया। अपने राज्य में ट्रेनें और सड़कें रोकने की शुरुआत करने वाले पंजाबियों के हिस्से सर्वाधिक दमन और कुर्बानियाँ भी आयीं। हालाँकि सही गिनती होना अभी बाक़ी है मगर कहा जा रहा है कि सात सौ से अधिक आन्दोलनकारियों को अपनी जान गँवानी पड़ी। इनमें सर्वाधिक पंजाब के ही किसान थे।

बार-बार पूछा जाता है कि पंजाब के किसान ही क्यों इस बिलों के सर्वाधिक ख़िलाफ़ थे। इन सवाल कर्ताओं को कोई नहीं बताता कि देश भर की छह हज़ार एग्रीकल्चर प्रोड्यूसर मार्केट कमेटियों में से जब एक तिहाई अकेले पंजाब में ही हैं तो और कौन सा राज्य है जो इस मामले में आगे आता। व्यापारियों को राज्य से बाहर फ़सल ले जाने की अनुमति देकर सरकार की नीयत इस कमेटियों की ही कमर तोड़ने की थी जो राज्य के जागरूक किसान को मन्जूर नहीं था।

किसान आन्दोलन को अन्तरराष्ट्रीय पहचान दिलाने में भी पंजाब का हाथ रहा। दरअसल ब्रिटेन, कनाडा, अमेरिका और ऑस्ट्रेलिया में बसने का जितना क्रेज पंजाब के लोगों में है, उतना किसी अन्य राज्य में नहीं। यही वजह है कि पंजाब के हर तीसरे घर का कोई न कोई सदस्य विदेश में बसा हुआ है। विकसित देशों में बसे इस पंजाबियों ने अपने बुजुर्गों को सर्दी गर्मी और बरसात में सड़क पर उतरते देखा तो वे भी उनके समर्थन में आ गये। ब्रिटेन और कनाडा तो जैसे पंजाबियों का दूसरा ही घर है सो वहाँ इनकी आवाज़ अधिक मुखर दिखी। दर्जन भर देशों में बसे इन पंजाबियों ने किसानों के समर्थन में वहाँ प्रदर्शन किये और अन्तरराष्ट्रीय मीडिया का ध्यान इस ज्वलन्त मुद्दे की ओर खींचा। बेशक अपने अपने देश में किसानों के समर्थन कर रहे पंजाबियों में मुट्ठी भर लोग वे भी थे जिन्हें खालिस्तान समर्थक कहा जाता है अतः सरकार के पिट्ठूओं को आन्दोलन को बदनाम करने का मौक़ा मिल गया। पूरी दुनिया जानती है कि खालिस्तान की माँग को लेकर पंजाब में जो ख़ूनी खेल आठवें दशक में खेला गया था उसकी पटकथा कनाडा और ब्रिटेन में ही लिखी गयी थी। इस बार भी किसान आन्दोलन के बहाने इन लोगों ने अपनी दुकान चलानी चाही मगर दिल्ली सीमा पर डटे सयाने सिख पंजाबी नेताओं ने उन्हें किनारे लगा दिया। आन्दोलन को खालिस्तान समर्थक साबित करने के लिए विगत 26 जनवरी को दिल्ली में भी एक खेल खेला गया और लाल किले पर खालिस्तान का झण्डा ही फहरा दिया गया। हालाँकि बाद में इस खेल के पीछे भी सत्ता में बैठे कुछ लोगों का हाथ नज़र आया। इस मामले में जिस दीप सिद्धू का नाम सामने आया उसका भाजपा के नेताओं से ही सम्बन्ध निकला। यहाँ तक कि नरेन्द्र मोदी, अमित शाह और भाजपा को तीन तीन सांसद देने वाले सुपर स्टार धर्मेंद्र, हेमा मालिनी तथा सनी देओल के परिवार के साथ भी सिद्धू की तस्वीरें सामने आयीं। यही वजह रही कि सिद्धू को पकड़ने में दिल्ली पुलिस कोताही बरतती रही और उसने जब चाहा अपनी गिरफ़्तारी दी।

दीप सिद्धू पहले वकील था, फिर मॉडलिंग करने लगा। चार साल पहले धर्मेन्द्र की निगाह में चढ़ा तो उन्होंने इस जट सिख को लेकर एक फिल्म बना डाली–रमता जोगी। हम बिरादर होने के कारण देओल परिवार में सिद्धू की सीधी एंट्री हो गयी। इसी बीच लोकसभा चुनाव आ गये और भाजपा ने सनी देओल को गुरदासपुर से टिकिट दे दिया। जाट मतदाताओं को साधने के लिए सनी देओल ने सिद्धू को अपना चुनाव प्रभारी बना लिया। चुनाव जीते तो मोदी और अमित शाह से भी मिलवा लाये। सामने आयीं तस्वीरें भी शायद तभी की थीं मगर बात तो बिगड़ ही गयी। विपक्ष को खुल कर कहने का मौक़ा मिला कि सिद्धू सत्ता का क़रीबी है और मोदी सरकार ने किसान आन्दोलन को ख़त्म कराने के लिए ही सिद्धू के कन्धे पर रख कर बन्दूक चलायी। यही वजह रही कि कुछ बड़े लोगों ने सही मौक़ा देख कर पहले उसका सरेंडर करवाया और फिर जमानत करवाई गयी।

इस किसान आन्दोलन में बेशक सर्वाधिक अमृत पान पंजाब के हिस्से आ रहा हो मगर विष भी उसके ही कण्ठ के नीचे उतरा है। पहले खालिस्तान समर्थन का आरोप और फिर बाद में निहंगों द्वारा एक श्रमिक की बर्बर हत्या से भी उनकी ख़ूब छीछालेदर हुई। अपनी धार्मिक मान्यताओं के चलते पंजाब के लोग सैकड़ों सालों से इन निहंगों को ढो रहे हैं मगर खुल कर इनका विरोध नही करते। इस बार भी यही कुछ हुआ। इस बर्बर हत्या के बाद भी पंजाबियों ने निहंगों के विरोध का साहस नहीं दिखाया और अपमान झेला। दरअसल सिर से पाँव तक नीले कपड़े, लम्बी खुली दाढ़ी, हाथों में बरछा, कमर में लम्बी तलवार और खण्डा लिए ये निहंग गुरु गोविन्द सिंह की उस परम्परा के हिस्सा हैं जिनके ज़िम्मे समाज की रक्षा है। हालाँकि सवाल मौजू है कि आज जब सरकार, पुलिस, सेना और पूरा तन्त्र है, फिर ये लोग अब किसकी रक्षा कर रहे हैं और किससे कर रहे हैं? हालाँकि अन्य धर्मों में भी इतिहास के किसी खण्ड में ठहरे हुए ऐसे लोग हैं मगर अपनी हरकतों से निहंग सर्वाधिक चर्चा में रहते हैं। डेढ़ साल पहले कोरोना काल में पटियाला की एक सड़क पर जब कर्फ्यू पास दिखाने को कहने पर एक निहंग ने पुलिस कर्मी का हाथ काट दिया तो इन्हें सिख तालिबानी भी कहा जाने लगा था। दलित लखबीर सिंह की निहंगों द्वारा नृशंस हत्या के बाद जिस तरह से लखबीर के अन्तिम संस्कार को रोका गया और उसके परिजनों को कोई धार्मिक आयोजन भी नहीं करने दिया गया उससे भी आन्दोलन की काफ़ी फजीयत हुई। दुखद पहलू यह रहा कि कोई राजनैतिक कार्यकर्ता तो दूर कोई गाँव वाला भी मृतक

के परिजनों को सांत्वना देने नहीं गया। पंजाब और पंजाबियों के बीच पैठ बना चुके कट्टरता का एक रूप इस हत्या और इसके बाद उपजी परिस्थियों से भी उजागर हुआ। इस हत्या से किसान आन्दोलन तो बदनाम हुआ ही साथ ही हवाओं में यह सवाल भी गूँजा कि क्या ये निहंग भी उसी सिख कौम का हिस्सा हैं जिसने कोरोना काल में बढ़ चढ़ कर लोगों की मदद की थी?

किसान आन्दोलन को नजदीक से समझने के लिए मैं कई बार धरना स्थल पर गया। आन्दोलन के पंजाब कनैक्शन को समझने में लिए पंजाबियों के डेरे यानी सिंघु बॉर्डर से ही शुरुआत की। पहली बार वहाँ किसानों के बीच बिताया गया दिन तो जीवन भर याद रहेगा। वहाँ पहुँचते ही किसी अनजान आदमी ने हमारे हाथ में खीर भरा एक डोना थमा दिया। थोड़ा आगे बढ़े तो एक जगह गर्मागर्म पकौड़े बँट रहे थे। हाथ जोड़कर किये गये अनुरोध पर वे भी जीम लिए। आगे भी पॉपकॉर्न, गोलगप्पे, बर्गर, चाय-बिस्कुट, दूध, जलेबी, हलवा, छोले-चावल, आलू-पूड़ी जैसे अनेक स्टाल मिले। दाल-रोटी व सब्ज़ी वाले तो अनगिनत नज़र आये। किसी के भी पास से गुज़र जाओ तो वह आपसे वैसे ही खाने का कुछ ऐसे अनुरोध करेगा जैसे गुरु पर्व पर छबीलों पर मीठा जल पिलाया जाता है। चलते-चलते थक गये मगर खाने-पीने की चीज़ें दिखनी बन्द नहीं हुई। एक तिपहिया में बैठे तो कोई ज़बरन हाथ में लड्डू ही थमा गया। इसके बाद तो क्षमा की मुद्रा में हाथ ही बाँधने पड़े और जैसे ही कोई कुछ खाने-पीने का अनुरोध करे, मुआफ़ी को वही जुड़े हाथ उसके आगे कर दिये।

जो लोग सिख धर्म को समझते हैं उन्हें भली-भाँति पता है कि इसके गुरुओं ने 'वंड छको' यानि मिल बाँट कर खाने, संगत और पंगत, लँगर और दसवन्ध यानि आमदनी का दसवाँ हिस्सा समाज पर लगाने की जो सीख दी थी, उसका दामन इस क़ौम ने आज तक नहीं छोड़ा है। दिल्ली की सीमाओं पर चल रहे एतिहासिक किसान आन्दोलन में सेवा का जो यह भाव दिखा वही सिख धर्म है। सैकड़ों सालों से दुनिया भर के लाखों गुरुद्वारों में जो काम यह कौम कर रही है वही काम उसने किसान आन्दोलन में भी किया यानि निष्काम सेवा। तभी तो कोई कपड़े धो रहा है तो कोई जूते पॉलिश कर रहा है। कोई मुफ़्त खिला पिला रहा है तो कोई कई किलोमीटर लम्बे धरनास्थल पर मुफ़्त सवारियाँ ढो रहा है। जिसे रोटी बनानी आती है वह रोटी बना रहा है और जिसे केवल गुरुबाणी का पाठ करना आता है तो वह वहाँ वही कर रहा है।

किसान आन्दोलन में पंजाब के किसान यानी बड़े भाई को सिंघु बॉर्डर पर यह सब करते देख हरियाणा के किसान यानी छोटे भाई भी उसी रंग में रंग गये और उन्होंने न केवल टिकरी बॉर्डर पर यही सब कर दिखाया बल्कि सिंघु बॉर्डर पर भी सब्जियों और दूध-दही की कोई कमी नहीं होने दी। हालाँकि पश्चिमी उत्तर प्रदेश के किसान की यह संस्कृति नहीं मगर किसी से पीछे रहने को वो भी तैयार नहीं थे। अतः गाज़ीपुर बॉर्डर पर भी खाने पीने के तमाम सुख हैं। पंजाबियों की तर्ज़ पर वे भी राह चलते को रोक रोक कर खिला-पिला रहे हैं। सिंघु बॉर्डर पर देश-दुनिया के गुरुद्वारों व सिख संघटनों द्वारा जो सेवा की जा रही है टिकरी पर वह काम हरियाणा के जाटों की खापें तथा गाज़ीपुर बॉर्डर पर पश्चिमी उत्तर प्रदेश का समृद्ध किसान कर रहा है। प्रधानमन्त्री द्वारा कृषि क़ानूनों की वापसी की घोषणा के बाद तो अब वे लोग भी वहाँ लौट आये हैं जो साल भर की मशक्कत से थक गये थे अतः धरनास्थलों पर अब दोगुना उत्साह है। घोषणा के बाद तो आजकल यहाँ जलेबी और हलवे की बरसात ही हो रही है। कहना न होगा कि पंजाबी यहाँ भी सबसे आगे हैं। सब जानते हैं कि पंजाब, हरियाणा और पश्चिमी उत्तर प्रदेश की संस्कृतियाँ अलग-अलग हैं और उनकी मान्यताएँ व परम्पराएँ भी मेल नहीं खातीं मगर किसान हित के नाम पर गंगा-यमुना-सरस्वती का यह अनूठा संगम नमूदार हुआ है। वक़्त ही बतायेगा कि इस अनूठे संगम पर आने वाले वक़्त में कितनी पीएचडी होंगी।

पता नहीं क्यों सरकार इसे सामान्य किसान आन्दोलन ही मान कर चल रही है। जबकि साफ़ नज़र आ रहा है कि यह अब धार्मिक, सामाजिक और सांस्कृतिक आन्दोलन भी हो चला है। ऊपरी तौर पर खेती-किसानी से जुड़े मुद्दे ही इस आन्दोलन में छाये हुए हैं मगर बात केवल इतने भर पर रुकने वाली नहीं है। इसका दूरगामी प्रभाव हमारे लोकतन्त्र पर निश्चित ही पड़ेगा और जब-जब कोई सरकार तानाशाही रवैया अपना कर लोकहित की अनदेखा करेगी यह किसान आन्दोलन किसी लाईट हाऊस की तरह उसका मार्गदर्शन करेगा।

कच्छ के सिख किसानों की व्यथा कथा

अभिषेक श्रीवास्तव

1

यह 15 दिसम्बर, 2020 की बात है। दिल्ली की सरहदों पर बीस दिन पहले शुरू हुआ किसान आन्दोलन उस वक़्त अपने उरुज पर था और प्रधानमन्त्री नरेन्द्र मोदी कुछ विकास परियोजनाओं का लोकार्पण करने कच्छ गये थे। इस मौके पर समाचार एजेंसी एएनआई ने कुछ तस्वीरें जारी की थीं जिसमें उन्हें कुछ सिखों के साथ बैठा हुआ दिखाया गया था। इस तस्वीर को गुजरात बीजेपी से लेकर राज्य के तत्कालीन मुख्यमन्त्री विजय रुपानी ने भी ट्वीट किया।

मूल ट्वीट में विवरण लिखा था–''प्रधानमन्त्री मोदी ने आज कच्छ में विभिन्न समूहों के लोगों से मुलाक़ात की।'' भाजपा और उसके कुछ नेताओं ने 'विभिन्न समूहों' में 'किसानों' को भी जोड़ दिया था। एक व्यक्ति ने तस्वीरों के साथ लिखा था कि अपने नेतृत्व में वे "कच्छ के सिख किसानों का प्रतिनिधिमण्डल लेकर प्रधानमन्त्री से मिलने गये हैं।" इनका नाम था जुगराज सिंह उर्फ़ राजू भाई सरदार।

सोशल मीडिया पर दोपहर तक ये माहौल बना कि प्रधानमन्त्री ने कच्छ में सिख किसानों से मुलाक़ात की है और उनका दुख-दर्द सुना है। जिन्होंने निन्दा करनी थी, उन्होंने भी झट से यही मान लिया और फिर सवाल उठा दिया कि प्रधानमन्त्री ने दिल्ली में डेरा डाले किसानों से नहीं, बल्कि कच्छ जाकर सिख किसानों से मुलाक़ात क्यों की। शाम होते-होते तस्वीर पर विवाद खड़ा हो गया क्योंभकि मैंने 'जनपथ' पर इसके बारे में सबसे पहली स्टोरी की और उसके आधार पर नेशनल हेरल्ड में अंग्रेज़ी में एक स्टोरी छप गयी।

फिर कुछ और स्थानीय चौनलों पर खबर चल गयी कि प्रधानमन्त्री से मिलने आये लोग बेशक किसान रहे हों, लेकिन सभी भारतीय जनता पार्टी के कार्यकर्ता थे। इसके बाद जुगराज सिंह उर्फ़ राजू भाई सरदार की प्रोफाइल कई जगहों पर आ गयी जिसमें उन्हें भारतीय जनता पार्टी का मण्डल महासचिव बताया गया। उसी के बाद कारवाँ पत्रिका में पंजाब से शिव इन्दर सिंह ने कच्छ के सिख किसानों पर एक विस्तृत स्टोरी लिखी।

दिल्लीं में और सोशल मीडिया पर तो जो हुआ सो हुआ, ज़्यादा दिलचस्प यह रहा कि जीएसटीवी नाम के चैनल ने इसी मुलाक़ात के बीच लखपत के एक गाँव कोठारा में प्रधानमन्त्री और कृषि क़ानूनों का विरोध करते हुए किसानों की फुटेज चला दी। भाजपा नेता के नेतृत्व में किसानों का प्रधानमन्त्री से मिलने जाना अपने आप में कोई समस्या नहीं थी, सवाल बस इतना था कि ये किसान किस समस्या का ज़िक्र करने प्रधानमन्त्री के पास गये थे। क्याों उन्होंने कृषि क़ानून पर कोई चर्चा की? इसका जवाब हमें आज तक की रिपोर्टर के एक सवाल में मिलता है जब नरेन्द्र मोदी के साथ बैठक कर के लौट रहे एक सिख से उसने पूछा कि किसान क़ानून पर उनकी प्रधानमन्त्री से क्या बात हुई? उन्होंने साफ़ कह दिया कि क़ानून पर कोई बात नहीं हुई, केवल गुरुद्वारा बनाने पर बात हुई है।

मीडिया में ऐसे विवादों की उम्र चौबीस घण्टे से ज़्यादा नहीं होती, लेकिन स्थानीय स्तर पर विभिन्न पक्षों के बीच इसका कुछ भी परिणाम हो सकता है। दिल्ली का मीडिया फैक्ट चैक करते वक़्त उससे गाफिल रहता है और बाद में अपने किये का फॉलो-अप भी नहीं करता। हुआ यह कि इस प्रकरण पर लखपत के कुछ सिख बहुल गाँवों में 15 दिसम्बर के बहुत बाद तक तनाव बना रहा। इस तनाव को समझने के लिए यह बताया जाना ज़रूरी है कि इस पूरे प्रकरण में केन्द्र में राजू भाई सरदार नाम के जो शख़्स हैं, उनका एक और अहम परिचय यह है कि वे लखपत में उदासी पन्थ के ऐतिहासिक गुरुद्वारे के अध्यक्ष भी हैं। इसके अलावा वे प्रधानमन्त्री के अल्पसंख्यक 15-सूत्री कार्यक्रम के सदस्य हैं और सिख बहुल नरा गाँव के सरपंच रह चुके हैं। उनके बाक़ी परिचय उन्हीं के नाम की निजी वेबसाइट पर देखे जा सकते हैं। इनमें सबसे ग़ैर-ज़रूरी परिचय यह है कि वे लखपत के दया पर स्थित सरदार होटल और दीप्सत रेस्त्राँ के मालिक हैं।

2

इस घटना के कोई नौ महीने बाद सितम्बर 2021 में मैं कच्छ गया। भुज से लखपत के रास्ते में दो तीन काम निपटाते हुए मैं खड़ी दोपहर डेढ़ बजे के आस-पास दयापर पहुँचा।

दयापर बाज़ार से कुछ फर्लांग आगे बायीं पटरी पर स्थित सरदार होटल कच्छ के रेगिस्तान में किसी तालाब की तरह दूर से चमकता है। बेहतरीन आधुनिक डिजाइन वाली उम्दा लकड़ी और काँच से बनी इमारत और परिसर में लगे हुए हरे-हरे पेड़ पौधे उड़ती धूल और बरसती आग के बीच आँखों को राहत देते हैं। बारिश हुए तीन दिन हो चुके थे और मौसम गरम था। भूख परवान चढ़ चुकी थी और लियाकत हमें लेने अब तक नहीं पहुँचा था। मौक़ा था और दस्तूर भी, सो दोपहर का भोजन राजू भाई के सरदार होटल में हुआ। बाहर तीन सौ साठ डिग्री नज़र दौड़ाकर जितने प्राणी गिने जा सकते थे, आश्चरर्यजनक रूप से होटल के भीतर उससे ज़्यादा इन्सान मौजूद थे। आस-पास चल रही परियोजनाओं के ठेकेदार, इंजीनियर से लेकर सीमा सुरक्षा बल के गश्ती दल के सिपाही और कुछ सम्भ्रान्त राहगीर व पर्यटक, सब भोजन पर जुटे थे।

दिल्ली के किसी भी तीन सितारा रेस्त्राँ को मात देने वाली व्यवस्था है राजू भाई के होटल में, ऐसा कहने में कंजूसी नहीं करनी चाहिए। ईमानदारी का तकाजा है कि यह भी कह दिया जाये कि भोजन बेहद उम्दा और लजीज था—शुद्ध पंजाबी दाल और मुलायम नान। बीते दस साल की अपनी निरन्तर कच्छ यात्रा के दौरान लखपत के उजाड़ के बीच ऐसा वैभव इससे पहले मैंने नहीं देखा था जोकि दयापर होते हुए ही हर बार लखपत जाना हुआ। इसकी वजह ये है कि यह होटल दो साल पहले से ही ऐसा बना है। उसके पहले यह एक सामान्य-सा ढाबा था। लोग बताते हैं कि भुज में भी राजू भाई का एक होटल है।

राजू भाई से मिलने की हमने कोशिश नहीं की। उनका नम्बर था। बात भी की जा सकती थी, लेकिन उससे कुछ सधता नहीं। हमने लोगों से बात की। लखपत के गुरुद्वारे में बात की। पूरी कहानी समझी, कि आख़िर कच्छ के सिख किसानों का मसला क्या है। लोगों के अनुभव तो अपनी जगह हैं, लेकिन लखपत और अब्डासा की राजनीतिक तस्वीर को जाने बगैर उन अनुभवों को समझना मुश्किल होगा।

दरअसल, कच्छ के लखपत तालुका का नरा और अब्डाबसा तालुका का कोठारा दो ऐसे गाँव हैं जो सिख बहुल हैं। नरा को यहाँ का मिनी पंजाब कहा जाता है। लखपत के लोगों से बात करने पर पता चला कि जितने भी सिख किसान प्रधानमन्त्री से मिलने गये थे, ज़्यादातर नरा के थे। राजू भाई नरा के सरपंच रह चुके हैं। गुरुद्वारे के ग्रन्थी जी भी नरा में ही रहते हैं, हालाँकि मूलनिवासी वे उत्तराखण्ड के रूद्रपुर के हैं। पिछले स्थानीय निकाय चुनाव में अकेले लखपत तालुका ही था जिसे भाजपा ने कांग्रेस से छीन लिया था। इससे पहले वह कांग्रेस का गढ़ हुआ करता था। स्थानीय अख़बारों की मानें तो 2018 के इस चुनाव में कांग्रेस को पटकनी देने के लिए भाजपा ने कर्नाटक मॉडल पर काम किया था। 20 जून 2018 के कच्छ खबर ने इस शीर्षक से एक समाचार छापा था, "घर का भेदी लखपत ढाए"। इसके बाद बीते दो साल में लखपत तालुका की स्थानीय राजनीति में भाजपा की पैठ गहरी हो गयी। इस पैठ की बड़ी वजह बना लखपत का गुरुद्वारा, जिसके अध्यक्ष राजू भाई सरदार हैं और आजकल वे वहाँ 18 कमरों का रिजॉर्ट बनवा रहे हैं।

बताते हैं कि चुनावी जीत और सियासी वर्चस्व के बावजूद भारतीय जनता पार्टी को अब भी यहाँ के बहुसंख्यक सिख किसानों का सामाजिक समर्थन प्राप्त नहीं है। इसकी वजह यह है कि भाजपा के ही राज में आज से दस साल पहले यहाँ के सिख किसान अपनी ज़मीनों से महरूम हो गये थे। नरेन्द्र मोदी के आख़िरी मुख्यमन्त्रित्व काल में गुजरात सरकार ने करीब 800 सिख किसानों की ज़मीनों के खाते फ्रीज कर दिये थे। वे न अपनी ज़मीन बेच सकते थे, न उन पर लोन उठा सकते थे।

2010 में पहली बार कच्छ के जिलाधिकारी के माध्यम से आये नोटिस से इन किसानों को पता चला कि ये ज़मीनें उनकी नहीं हैं क्योंकि वे गुजरात के मूलनिवासी नहीं हैं। यह साबित करने के लिए 1973 का कोई सरकारी सर्कुलर इस्तेमाल किया गया जो कांग्रेस की तत्कालीन सरकार ने जारी किया था। इसके बाद ये किसान इस मसले को लेकर गुजरात हाइकोर्ट गये जहाँ 2012 में इन्हें जीत मिली, लेकिन गुजरात की तत्कालीन मोदी सरकार ने हाईकोर्ट के फैसले को सुप्रीम कोर्ट में चुनौती दे दी।

किसान आन्दोलन के बीचोंबीच नरेन्द्र मोदी के कच्छ दौरे के बहाने फिर से उभर आया यह पूरा मामला संक्षेप में पंजाब के वरिष्ठ पत्रकार जतिन्दर तूर ने उसी दौरान एक पंजाबी चैनल पर समझाया था, जिसके बाद बात निकल कर दिल्ली के मीडिया तक पहुँची। बताते हैं कि हाईकोर्ट के फैसले के बाद

कोई 52 किसानों की ज़मीनों का मामला निपट गया। उसके बाद से ये 52 किसान लगातार एक स्वर में यह बात कहते रहे हैं कि केवल वही किसान बचे हुए हैं जिनके पास 1973 के सर्कुलर के हिसाब से कागजात नहीं हैं। उनके मुताबिक़ इनकी भी संख्या 700 से ऊपर है।

सुप्रीम कोर्ट में कच्छ के इन सिख किसानों का मुक़दमा लड़ रहे चण्डीगढ़ के अधिवक्ता हिम्मत सिंह शेरगिल के मुताबिक अपनी ज़मीन से महरूम ऐसे कच्छी सिख किसानों की संख्या कम से कम 5000 है। कुछ साल पहले जब यह मामला पंजाब चुनाव में उछला था तब कांग्रेस नेता प्रताप सिंह बाजवा ने इनकी संख्या 50,000 के करीब बतायी थी।

हिम्मत सिंह शेरगिल फ़िलहाल चण्डीगढ़ में रहते हैं। दिसम्बर में जब प्रधानमन्त्री के दौरे पर विवाद उठा था उसी दौरान फोन पर विस्तार से हुई बातचीत में उन्हों ने पूरे मामले की पृष्ठसभूमि को समझाते हुए मुझे बताया था, "कुल फ्रीज की गयी ज़मीन कोई एक लाख एकड़ से ज़्यादा है जिसे गुजरात सरकार उद्योगपतियों को देना चाहती थी। इस केस में सुप्रीम कोर्ट में आख़िरी तारीख़ 2015 में पड़ी थी। उसके बाद से सुप्रीम कोर्ट में कोई तारीख़ ही नहीं लगी।" स्थानीय लोगों के बयान इस दावे से बेमेल हैं। यह पूछे जाने पर कि 52 किसानों को तो ज़मीन वापस मिल गयी थी न? उनका जवाब था: "ये जानकारी मुझे नहीं है कि ऐसा कुछ हुआ था। मेरे ख़याल से तो सबका मुक़दमा गुजरात सरकार ने सुप्रीम कोर्ट में अटका रखा है। राहत मिलेगी तो सबको एक साथ मिलेगी। क़ानून सब पर एक बराबर लागू होता है, अलग-अलग नहीं। हाईकोर्ट ने भी सभी किसानों के हक़ में निर्णय दिया था।"

यही वे 52 किसान हैं जो हर बार नरेन्द्र मोदी के लिए संकटमोचक बनकर सामने आते हैं। राजू भाई सरदार इन्हीं के नेता हैं। नरेन्द्र मोदी के भाजपा में प्रधानमन्त्री पद का आधिकारिक उम्मींदवार चुने जाने के बाद जब आम आदमी पार्टी और कांग्रेस ने कच्छ के सिख किसानों की ज़मीन का मामला दिल्ली में उठाया था, तब इन्हीं किसानों का समूह राजू भाई की अगुवायी में दिल्ली आया था।

लोकसभा चुनाव 2014 के दौरान अरविन्द केजरीवाल और कांग्रेस पार्टी दोनों ने ही तत्कालीन गुजरात सरकार और मोदी पर सवाल उठाया था कि वे सुप्रीम कोर्ट के सहारे क्यों सिख किसानों की ज़मीन हड़पना चाह रहे हैं।

केजरीवाल दो दिन के फैक्ट फाइंडिंग मिशन पर गुजरात के कच्छ 2014 के मार्च पहले सप्ताह में गये थे। वहाँ उन्होंने अब्डासा के किसानों

से मुलाक़ात की थी और बहुत विस्तार से राज्य की मोदी सरकार पर सवाल उठाया था।

इससे पहले पंजाब कांग्रेस नरेन्द्र मोदी पर सवाल उठा चुकी थी। पंजाब में कांग्रेस के अध्यक्ष प्रताप सिंह बाजवा ने नरेन्द्र मोदी को इस मसले पर एक पत्र भी लिखा था और 2010 में कच्छ के जिलाधिकारी के आदेश को भेदभावकारी ठहराया था। इससे भाजपा के गठबन्धन में सहयोगी अकाली दल पर बहुत दबाव बन गया था।

इस दबाव से अकाली दल को उबारने और तत्कालीन गुजरात सरकार को क्लीन चिट देने में राजू भाई सरदार और वही पचास किसान दिल्ली आये थे, जो 15 दिसम्बर, 2020 को प्रधानमन्त्री से कच्छ में मिलने गये।

सवाल है कि 15 दिसम्बर को जो सिख किसान मोदी से कच्छ में मिले, उन्हों ने बात क्याछ की? कुछ जगहों पर यह सूचना फैलायी गयी है कि इन किसानों ने अपनी फ्रीज ज़मीनों के बारे में बात की। यह तो तथ्यात्मनक रूप से ग़लत बात है क्योंकि ये उन्हीं किसानों का समूह है जिनकी ज़मीनों का मामला सुलझ चुका है, फिर ये ज़मीन पर बात क्यों करने जायेंगे। ख़ुद इस तथ्य को राजू भाई सरदार सही ठहराते हैं जब वे कच्छ के सिख किसानों पर अंकित अग्रवाल के बनाये एक यूट्यूब वीडियो को प्रमाणित करते हुए ट्वीट करते हैं कि ''यही सच्ची कहानी है और सभी विवरण दुरुस्त हैं''।

इस तरह एक बात तो तभी तय हो गयी थी कि इस बैठक का न तो किसान क़ानूनों से कोई लेना देना था, न ही कच्छ में बसे सिख किसानों की समस्या से। किसान आन्दोलन से तो इसका दूर-दूर तक कोई वास्ता नहीं था। बिलकुल वैसे ही, जैसे 19 नवम्बर 2021 को प्रधानमन्त्री द्वारा कृषि क़ानूनों को वापस लेने सम्बन्धी की गयी घोषणा का न तो किसान आन्दोलन से लेना-देना था न किसानों की समस्याओं से, बल्कि यह विशुद्ध चुनावी निर्णय था। इस बात को दिन चढ़ते-चढ़ते इस देश का हर मतदाता समझ चुका था।

3

रात लखपत में गुजारने के बाद अगली सुबह जब हम गुरुद्वारे में पहुँचे तो प्रवेश द्वार पहले से बहुत संकरा हो चुका था और चारों ओर से निर्माण कार्य की आवाज़ें आ रही थीं। पिछले चार साल से मैं सुन रहा था कि इस गुरुद्वारे का नवीनीकरण होना है। कोरोना से पहले पिछली बार 2019 के अक्टूबर में जब आया था तो यहाँ एक मास्टर प्लाान का लेआउट भी लगा हुआ था।

तभी ख़बर मिली थी कि निर्माण कार्य का लोकार्पण करवाने की योजना में अमिताभ बच्चन का यहाँ आना भी शामिल है, हालाँकि वह सफल नहीं हो सका। इस बार काम पूरे शबाब पर था।

इस गुरुद्वारे के नवनिर्माण के लिए 2017 में पाँच करोड़ रुपये स्वी कृत हुए थे। गुरद्वारे का प्रबन्धन एक ट्रस्ट करता है जिसमें सभी धर्मों के प्रतिनिधि शामिल हैं, हालाँकि यह इमारत पुरातत्व सर्वेक्षण के अन्तर्गत विरासतों में गिनी जाती है क्योंकि गुरु नानक देव यहीं से मक्का गये थे और उनके बेटे श्रीचन्द जी ने उदासी पन्थ के इस केन्द्र की स्थापना की थी। सरकार सीधे इसे पैसा देती है। इस स्थल के महत्त्व का अन्दाज़ा इसी बात से लगाया जा सकता है कि साल भर में इस सुदूर इलाके में लाखों श्रद्धालु देश-विदेश से आते हैं। पीक सीजन नवम्बर में शुरू होकर पूरे रण महोत्सव की अवधि तक चलता है। स्थानीय श्रद्धालुओं की भी कमी नहीं है क्योंकि यहाँ के पान्ध्रो, नरा, नलिया, कोठारा, माण्डवी और भुज तक सिखों की अच्छी-ख़ासी तादाद है।

मेरी पहली मुलाक़ात गुरुद्वारे के ग्रन्थी 36 वर्षीय फतेह सिंह जी से हुई। वे उत्तराखण्ड के रुद्रपुर के मूल निवासी हैं और यहाँ तीन साल से हैं। उन्हों ने मुद्दा उठाते ही यह जानकारी दी कि निर्माण कार्य के आर्किटेक्ट ने पूरे काम का 18 करोड़ रुपये का बजट दिया है। राजू भाई सरदार और उनके साथी नरेन्द्र मोदी से इसी बढ़े हुए बजट पर चर्चा करने के लिए 15 दिसम्बर, 2020 को गये थे। उस बातचीत में खेती-किसानी या किसान आन्दोलन का कोई मसला शामिल नहीं था।

आख़िर यहाँ के किसानों का मुद्दा क्यों है, मैंने सीधे फतेह सिंह जी से जानना चाहा। मैंने ये भी पूछा कि दस महीने हो गये किसान आन्दोलन को दिल्ली में चलते हुए, क्या उन लोगों के बीच से समर्थन के लिए कोई जत्था वहाँ गया था। यहाँ कच्छ में और पूरे गुजरात में खेती-किसानी की क्या हालत है और किसान आन्दोलन से वे खुद को कितना करीब पाते हैं, जबकि उनके भाई-बन्धु वहाँ जान दे रहे हैं। इन सवालों पर ग्रन्थी जी ने खुलकर बात की और बहुत उदास मन से बात की।

फतेह सिंह जी बोले, ''जो किसान वहाँ मर रहे हैं उन्हें हम लोग 'शहीद' कहते हैं। दिल से बहुत बुरा लगता है जब किसी की जान जाती है।'' उन्होंने बताया कि कच्छ से कोई जत्था दिल्ली नहीं गया, तो इसकी ख़ास वजह है। यहाँ वे लोग राज्य सरकार या नरेन्द्र मोदी के ख़िलाफ़ एक आवाज़ नहीं उठा सकते वरना किसी की बिजली काट दी जायेगी तो किसी

का पानी बन्द कर दिया जायेगा। यहाँ के सिख किसानों की स्थिति ऐसी है कि यहाँ रह कर किसी से कुछ बोल नहीं सकते और पंजाब वापस जा नहीं सकते। वहाँ कौन बैठा के खिलायेगा?

वे मानते हैं कि आन्दोलनरत किसान सच्चे हैं। उनका कहना था कि अगर मोदी जी ने एमएसपी पर क़ानूनी गारंटी नहीं दी और किसानों को उनकी उपज का सही मूल्य नहीं मिला, तो किसान उन पर भरोसा नहीं कर पायेंगे।

वे बताते हैं कि पिछले कुछ वर्षों से कच्छ के किसानों के बीच नरमा (कपास) उपजाने की आदत लग गयी है। कपास बहुत पानी पीता है। ज़मीन की हालत ये है कि हर साल नमक की मात्रा बढ़ती ही जा रही है। पिछले साल एक एकड़ ज़मीन में 20 से 30 मन नमक निकला था। इससे ज़मीन की उपजाऊ ताक़त जाती रही है। यह यहाँ के किसानों का बड़ा संकट है।

शुरुआत में जब 2007-08 के दौरान यहाँ के किसानों ने कपास की बुवाई शुरू की थी तो एक एकड़ में 80 मन उपज होती थी। आज यह उपज गिरकर 15 मन पर आ गयी है। फ़सल पर सब्सिडी केवल उन किसानों को मिलती है जिनके पास ड्रिप सिंचाई प्रणाली है। ये कुछ बड़े किसान हैं। बाक़ी छोटे किसानों ने मोटर लगवा लीं। ज़मीन में नमी बढ़ती गयी, जिसके चलते बहुत से किसानों को अपनी ज़मीनें छोड़ कर कहीं और जाना पड़ा।

कृषि क़ानून लागू होने से पहले यहाँ गेहूँ की ख़रीद 2025 रुपये पर हुई थी। इस साल उन्हें इसके 1600 भी नहीं मिले हैं। किसानों ने इन्तज़ार किया कि ख़रीद की दर किसी तरह बढ़ जाये, लेकिन उल्टे वह गिरकर 1300 पर आ गयी। फतेह सिंह कहते हैं कि भुज में कृषि मण्डी बेशक है, लेकिन ख़रीद की दर यहाँ स्थानीय स्तर पर ही तय हो जाती है, मण्डियों में नहीं।

इसके अलावा यहाँ के कपास में एक समस्या भी है। बाहर से देखने में वह बहुत सुन्दर लगता है, लेकिन उसके भीतर एक कीड़ा बैठा रहता है। पंजाब में कपास में कीड़ा लगने पर मुआवजे का प्रावधान है और किसान उसका दावा ठोक देते हैं। वे बताते हैं, "यहाँ पूरा सिस्टम प्राइवेट है। बीज विदेशी होते हैं और हमारे पास बीज और स्प्रे की ख़रीद के बिल नहीं होते। इसके अलावा यहाँ कपास पर फ़सल बीमा भी नहीं है क्यों कि गुजरात सरकार का मानना है कि यहाँ की मिट्टी कपास उपजाने के लिए नहीं है।"

दो दिन पहले की ही एक घटना वे बता रहे थे कि दयापर में किसानों से 1300 के रेट पर गेहूँ की ख़रीद की गयी और आगे उसे 2500 में बेच दिया गया। इसका नतीजा यह हुआ है कि गेहूँ उपजाने वाले सिख किसानों

को अब अपनी जेब से बाज़ार से आटा ख़रीदना पड़ रहा है। दूसरे खेतिहार समुदायों की स्थिति सिखों के मुक़ाबले बेहतर है क्योंकि वे पूरी तरह खेती पर निर्भर नहीं है। फतेह सिंह जी बताते हैं कि पटेल जैसी बिरादरी खेती से बहुत कम कमाती है, बाक़ी काम-धन्धों पर उसका जीवन टिका होता है। इसके ठीक उलट सिख परिवारों की आय का एकमात्र साधन खेती है क्योंकि वे यहाँ दूसरे काम-धन्धे नहीं कर पाते।

इन तमाम वजहों से कच्छ के सिख किसानों की हालत बहुत नाजुक हो चुकी है, लेकिन संकट यह है कि वे बोल नहीं सकते। सन 1991-92 में नरा गाँव को मिनी पंजाब का अवॉर्ड मिला था। आज यह मिनी पंजाब संकट में घिर चुका है क्योंकि तब वाली सरकार नहीं रही। पिछले बीस साल से भाजपा की सरकार ने सिखों की खेती को बहुत मुश्किल बना दिया है।

4

यह हाल तब है जबकि पंजाब, हरियाणा, सिन्ध और उत्तराखण्ड के सिखों ने इस इलाके को अपनी मेहनत से उपजाऊ बनाया है। सन 1965 में तत्कालीन प्रधानमन्त्री लाल बहादुर शास्त्री ने इन किसानों को यहाँ ज़मीनें दी थीं। सरकार ने इन विस्थापितों को छह से आठ महीने का समय दिया था कि वे जंगल काट के अपने लिए ज़मीन को उपजाऊ बना लें। फतेह सिंह के पूर्वजों ने इस जंगल की ज़मीन को अपनी हाड़तोड़ मेहनत से खेती के लायक बनाया और यहीं बस गये। जब तक कांग्रेस की सरकार रही, इनके सामने कोई संकट नहीं आया।

फतेह सिंह बताते हैं कि समस्या 2004-05 में शुरू हुई जब राज्य की मोदी सरकार ने सिख किसानों को 'परप्रान्ती' या बाहर का कह दिया और उन्हें चले जाने को कहा। सबके लोन खाते सीज कर दिये गये। इस मामले को क़ानूनी रूप से उठाने का काम कांग्रेस के नेता शक्ति सिंह गोहिल ने किया और अन्ततः उच्च न्यायालय में गुजरात सरकार मुक़दमा हार गयी। फिर मामला सुप्रीम कोर्ट में गया जहाँ आज तक लटका हुआ है। वे बताते हैं कि आज भी कुछ किसानों के लोन खाते सीज हैं। उन्हें सही-सही संख्या का अन्दाज़ा नहीं है।

फतेह सिंह एक दर्दनाक बात कहते हैं, "देश के किसी भी इलाके के सिख किसानों से हमारी हालत मिला के आप देख लो। हमारा हाल ये

है कि न हम इधर के रहे न उधर के और जगहों के किसान कम से कम आवाज़ तो उठा सकते हैं। यहाँ बोलना मना है।''

कच्छ के किसानों ने 2011 और उसके बाद पंजाब के तत्कालीन मुख्यमन्त्री प्रकाश सिंह बादल से मदद की गुहार लगायी थी। आज भले बादल की पार्टी शिरोमणि अकाली दल किसान आन्दोलन के समर्थन में है, लेकिन उस वक़्त उन्होंने कई बार के आवेदन के बावजूद यहाँ के किसानों की आवाज़ को अनसुना कर दिया था। इसके पीछे का कारण ग्रंथी जी बताते हैं, ''राजू भाई का कुछ लेना देना बादलों के साथ है।''

5

19 नवम्बर, 2021 को कृषि क़ानूनों को संसदीय रास्ते से वापस लिए जाने सम्बन्धी प्रधानमन्त्री की घोषणा के बाद मीडिया में कई जगह अजीबोग़रीब विश्लेषण छपे हैं। मसलन, *न्यूज़18* के राजनीतिक सम्पादक अमिताभ सिन्हा लिखते हैं :

''पीएम मोदी सिक्ख समुदाय की भावनाओं को लेकर हमेशा ख़ासे संवेदनशील रहे हैं। जब सिक्ख समुदाय के एक प्रतिनिधिमण्डल ने उनसे मिलकर करतारपुर साहिब खोलने की माँग की तो पीएम ने फ़ैसला लेने में देर नहीं लगायी। जब कृषि क़ानून की बारी आयी तो उन्होंने गुरु नानक जयन्ती का दिन चुना।''

इसी तरह आउटलुक की वेबसाइट ने घोषणा के बाद प्रधानमन्त्री को सिखों का हितैशी ठहराते हुए *प्रेस ट्रस्ट ऑफ़ इंडिया* के इनपुट से एक स्टोरी छापी। इस स्टोरी में याद दिलाया गया कि कैसे उन्होंने गुजरात का मुख्यमन्त्री रहते हुए 2001 में आये भूकम्प के बाद लखपत के गुरुद्वारे का नवीनीकरण करवाया था।

खुद प्रधानमन्त्री ने घोषणा करने के बाद बुन्देलखण्ड में कुछ परियोजनाओं का लोकार्पण करते हुए जो भाषण दिया, उसमें कच्छ के साथ बुन्देलखण्ड की तुलना करते हुए कहा कि अच्छे से जानते हैं कि पानी की समस्या के कारण किसानों को क्या दिक़्क़तें आती हैं।

ऊपर के उदाहरणों के पीछे कारणों को समझने के लिए याद किया जाना चाहिए कि कच्छ में राजू भाई सरदार और उनके साथियों से मोदी के मिलकर आने के बाद केन्द्र सरकार ने एक पुस्तिका जारी की थी जिसमें

मोदी सरकार का सिखों से कितना गहरा नाता रहा है, ये ज़ताने की कोशिश की गयी थी। पुस्तिका का नाम था: ''पीएम मोदी और उनकी सरकार का सिखों के साथ विशेष सम्बन्ध''। पूरे मीडिया ने इस पुस्तिका के बारे में रिपोर्ट किया था। भारतीय रेलवे की कैटरिंग एजेंसी आईआरसीटीसी ने दो करोड़ यात्रियों को इस पुस्तिका के मेल भेजे थे।

कुल मिलाकर देखा जाये तो ख़ुद प्रधानमन्त्री और उनके साथ सारा मीडिया बार-बार सिखों के प्रति मोदी के 'विशेष लगाव' का हवाला देता रहा और बीच-बीच में कच्छ का भी ज़िक्र आता रहा। किसी मीडिया ने यह दिखाने की जहमत नहीं उठायी कि मोदी के कच्छ दौरे पर वहाँ के कुछ किसानों ने वाकई प्लेकार्ड लेकर कृषि क़ानूनों का विरोध किया था। कच्छ के किसानों की जबान पर लगी पाबन्दियों का जो ज़िक्र लखपत गुरुद्वारे के ग्रन्थी ने हमसे किया था, उसके बाद कुछ कहने-सुनने को रह नहीं जाता।

बस एक पंजाबी किसान की कहानी पूरे मामले को संक्षेप में समझने में मददगार होगी।

हरजिन्दर सिंह 2010 में मोदी के वाइब्रेंट गुजरात निवेश सम्मेलन से प्रभावित होकर पंजाब से कच्छ चले गये थे। उन्होंने वहाँ ज़मीन भी अपने नाम रजिस्ट्री करवा ली थी, लेकिन विभाग ने दाखिल खारिज़ करने से यह कहते हुए इनकार कर दिया कि वे बाहरी हैं। इस चक्कर में वे ट्यूबवैल का कनैक्शन भी नहीं लगवा पाये। ऊपर से डीजल-पेट्रोल पंजाब से ज़्यादा महँगा था। पंजाब की तरह वहाँ मण्डी भी नहीं थी और गेहूँ का एमएसपी 1200 से 1300 रुपये क्विंटल था, जो पंजाब में उस वक़्त 1950 चल रहा था। आख़िरकार कई सीजन में घाटे के बाद उन्हें पंजाब लौट आना पड़ा।

यह कहानी लिखे जाने तक हरजिन्दर सिंह दिल्ली के सिंघु बॉर्डर पर साल भर से आन्दोलनरत किसानों के बीच शामिल थे और देश के किसानों को संसद का शीतसत्र शुरू होने का इन्तज़ार था।

सिंगुर के किसान आन्दोलन के सबक

कृपाशंकर चौबे

लम्बे क़ानूनी संघात के बाद सिंगुर के किसानों की ज़बरन अधिगृहीत ज़मीन तो पाँच साल पहले 2016 में मिल गयी किन्तु वह पहले जैसी बहुफ़सली और उर्वर नहीं रही। जगह-जगह लोहे के छड़, धातु व पत्थर गड़े होने के कारण उसकी उर्वरा शक्ति खत्म हो चुकी है। सिंगुर में ज़मीन में गड़ी धातुओं को हटाने तथा ट्यूबवैल आदि लगाकर ज़मीन को खेती योग्य बनाने की सारी कोशिशें बेकार गयी। अत: सिंगुर के किसानों के सामने अपनी ज़मीन बेचने के अलावा अब कोई रास्ता नहीं बचा है। अच्छी बात है कि दुर्गापुर एक्सप्रेस वे के पास वह ज़मीन है इसलिए उसकी क़ीमत दसगुना अधिक बढ़ गयी है। इसका लाभ उठाते हुए किसान अब फिर अपनी ज़मीन बेच रहे हैं। आज से ठीक दस साल पहले 2011 में कोलकाता हाईकोर्ट द्वारा सिंगुर पुनर्वास एवं विकास अधिनियम 2011 को संवैधानिक तथा वैध करार दिये जाने और इस अधिनियम की संवैधानिकता को चुनौती देनेवाली टाटा मोटर्स की अपील खारिज की गयी थी। टाटा मोटर्स ने हाईकोर्ट के उस फैसले को सर्वोच्च न्यायलय में चुनौती दी। 2016 में सिंगुर के अनिच्छुक किसानों के पक्ष में फ़ैसला आया। उसी वर्ष पश्चिम बंगाल की ममता सरकार ने सिंगुर के किसानों की ज़मीन लौटा दी। सिंगुर के अनिच्छुक किसानों की ज़मीन लौटाने के लिए ममता बनर्जी की सरकार ने पहले ही सिंगुर पुनर्वास एवं विकास क़ानून बनाया था, उसे उसने 2016 में अमल में लाने का अवसर मिला। पश्चिम बंगाल के हुगली ज़िले में स्थित सिंगुर की 997.11 एकड़ ज़मीन को लेकर दस साल पहले ममता बनर्जी ने घोषणा की थी कि यदि वे राज्य की सत्ता में आयीं तो सिंगुर के जिन दो हज़ार नौ सौ किसानों की 400 एकड़ ज़मीन ज़बरन ली गयी है, उसे उन्हें वापस करने के

लिए वे विधेयक लायेंगी। तदनुसार गत 14 जून 2011 को बाकायदा बंगाल विधानसभा में सिंगुर पुनर्वास व विकास अधिनियम 2011 पारित कराकर ममता बनर्जी ने अपनी राजनीतिक प्रतिबद्धता भी पूरी की। उस विधेयक पर 20 जून को राज्यपाल एम.के. नारायणन का दस्तख़त होने के बाद ही राज्य सरकार ने सिंगुर में टाटा मोटर्स तथा उसकी अनुषंगी व सहयोगी इकाइयों को लीज पर दी गयी 997.11 एकड़ ज़मीन वापस अपने क़ब्ज़े में लेते हुए अनिच्छुक किसानों की ज़मीन वापस करने की प्रक्रिया प्रारम्भ कर दी। उसके अगले ही दिन 22 जून को उस प्रक्रिया को रोकने के लिए टाटा मोटर्स ने कोलकाता हाईकोर्ट में याचिका दायर कर दी। टाटा मोटर्स की क़ानूनी लड़ाई का लक्ष्य यह था और अब भी है कि उसे हर्जाने के रूप में मोटी रकम मिले अथवा सिंगुर मसला क़ानूनी पचड़े में फँसा रहे और इस तरह अपनी ज़मीन वापस पाने की आस लगाये हुए छोटे किसानों का मनोबल टूटता चला जाये। टाटा मोटर्स को 2006 में सिंगुर की ज़मीन दी गयी थी। दस वर्षों तक क़ानूनी लड़ाई चलती रही।

एक बुद्धदेव भट्टाचार्य सरकार थी, जिसने टाटा के नैनो कारख़ाने के लिए 1894 के ज़मीन अधिग्रहण क़ानून के तहत सिंगुर की बहुफ़सली ज़मीन का ज़बरन अधिग्रहण किया था। दूसरी ममता बनर्जी की सरकार है जिसने अनिच्छुक किसानों की ज़मीन लौटाने के लिए विधानसभा में सिंगुर पर विधेयक पास कराया और पाँच साल पहले उसे अमल में ले आयीं। ऐसा कर ममता ने स्पष्ट कर दिया कि ज़मीन के मामले में उनकी समूची प्रतिबद्धता किसानों के प्रति है। किसानों के प्रति प्रतिबद्धता का यह ममता का दूसरा प्रमाण था। पहला प्रमाण उन्होंने सिंगुर के अनिच्छुक किसानों की ज़मीन वापस कराने की माँग को लेकर 26 दिनों तक आमरण अनशन कर दिया था। वह घटना ही राज्य में परिवर्तन का निर्णायक मोड़ साबित हुई। राज्य के किसानों को लगा कि उनकी ज़मीन (जो उनका जीवन व जीविका है) की रक्षा ममता ही कर सकती हैं। उस घटना के बाद जितने चुनाव हुए, सभी में ग्रामीण बंगाल ने अपने भरोसे का साथी ममता के नेतृत्व वाली तृणमूल कांग्रेस को माना।

सिंगुर के संग्राम ने साफ़ सन्देश दिया है कि औद्योगिकीकरण के लिए ज़मीन का ज़बरन अधिग्रहण नहीं किया जाना चाहिए और जहाँ तक सम्भव हो, निजी औद्योगिक इकाइयों को ज़मीन सीधे किसानों से ख़रीदनी चाहिए। सिंगुर के किसान आन्दोलन का एक सन्देश यह भी है कि देश के करोड़ों खेतीहर और ग़रीब किसानों के अस्तित्व के सवाल को गम्भीरता से लिया जाये।

आज किसानों के जीवन में कम विभीषिकाएँ नहीं हैं। क़र्ज़ के बोझ तले दबे किसानों की आत्महत्या का सिलसिला थम नहीं रहा। देश में हर महीने 70 से अधिक किसान आत्महत्याएँ कर रहे हैं। भारत में ज़्यादातर किसान क़र्ज़, लागत बढ़ने, सिंचाई के अभाव, क़ीमतों में कमी और फ़सल के बर्बाद होने के चलते आत्महत्या का रास्ता चुनते हैं। 1995 से लेकर अब तक 2,96,438 किसान आत्महत्याएँ कर चुके हैं। लाखों की संख्या में लोग खेती-किसानी छोड़ रहे हैं। विकास के मौजूदा ढाँचे ने किसानों को बेतरह प्रभावित किया है। विकास की यह प्रक्रिया लोगों के भीतर बिखराव व विभेद पैदा कर रही है। आज़ादी के 75 साल बाद भी भारत का किसान अभागा बना हुआ है। देश के कई हिस्से किसानों के लिए सुसाइड जोन बने हुए हैं। किसानों के जीवन में गुणात्मक सुधार लाये बगैर मौजूदा विकट परिदृश्य से नहीं लड़ा जा सकेगा। इसके लिए ज़रूरी है कि किसान और उसके गाँव की रक्षा की जायें देश को पालने-पोसनेवाला यदि किसान ख़ुद ही मरता जायेगा तो देश भी नहीं बचेगा। धरती से जो किसान अन्न उपजाता है, उसके सामने जितने प्रतिकूल हालात हैं, चाहे क़र्ज़ की समस्या हो या दूसरी समस्या, सबका समाधान खोजना होगा। उन लाखों लोगों के मन की बात जानने का यत्न करना होगा जो खेती छोड़ चुके हैं या छोड़ रहे हैं। शासन को यह बोध कब होगा कि खेती का काम छोड़े जाने के सांघातिक नतीज़े सामने आयेंगे। देश के भूमि रिकॉर्ड आज़ादी से लेकर अभी तक दुरुस्त नहीं किये गये हैं। आज़ादी के समय दिये गये नारे 'लैंड टू टिलर' को अभी तक देश में सही मायने में लागू नहीं किया गया है। भूमि सुधार के मुद्दे अभी तक अनसुलझे हैं। भूमिहीनों को अभी तक भूमि वितरण नहीं की गयी, भूमिहीनता बड़े पैमाने में दस गुना हो चुकी है।

सिंगुर के किसान आन्दोलन को तेभागा आन्दोलन और नक्सलबाड़ी आन्दोलन की कड़ी के रूप में देखना चाहिए। 1946-47 में पश्चिम बंगाल के दिनाजपुर, जलपाईगुड़ी और 24 परगना तथा पूर्वी बंगाल के रंगपुर, खुलना, मनमनसिह और जेसोर जिलों में खेत जोतनेवाले किसानों ने आधी फ़सल के बजाय तीन-चौथाई फ़सल पर अधिकार के लिए आन्दोलन चलाया। वे जुती जानेवाली ज़मीन के तीन भाग पर अधिकार चाहते थे, इसलिए उसे तेभागा (तीन भाग) आन्दोलन कहा गया। उस आन्दोलन का नेतृत्व भारतीय कम्युनिस्ट पार्टी से सम्बद्ध कृषक सभा ने किया था। 1967 में उत्तर बंगाल के नक्सलबाड़ी में भी जो आन्दोलन शुरू हुआ था, उसके मूल में भी किसान ही थे।

नक्सलबाड़ी गाँव के किसानों ने स्वतःस्फूर्त जमींदारों के विरुद्ध विद्रोह किया तो चारू मजॅमदार को लगा कि गाँवों में इस तरह की परिस्थितियाँ हैं तो उनके विद्रोह को दिशा दी जा सकती है। इस तरह कामरेड चारू मजूमदार भारत में नक्सलबाड़ी आन्दोलन के सूत्रधार बने। उन्होंने गाँवों के जमींदारों-जोतदारों को खत्म करने की मुहिम की कमान सँभाली और शहरों में गुरिल्ला एक्शन के जरिये सत्तर के दशक को मुक्ति दशक में बदलने और 1975 तक देश को मुक्त करने का पढ़े-लिखे छात्र-युवाओं को सपना दिखाया था। युवकों को ख़ासकर कम्युनिस्ट माँ-बाप की सन्तानों को कामरेड चारू मजूमदार की कल्पना में उर्वरता नज़र आयी। कॉलेजों और विश्वविद्यालयों के छात्रों का दल गाँवों में जाने लगा और अभियान चलाने लगा। ये छात्र कामरेड गाँवों के भूमिहीन किसानों को अपने आन्दोलन के बारे में बताते। फिर पूछते फलाँ जमींदार तो इतना अत्याचारी है, उसे खत्म कर देने पर कैसा हो? किसान राज़ी होते और उनका स्क्वैड बनाकर ख़त्म अभियान चलता। यह अभियान शहरों में भी समान गति से चला। चारू मजूमदार ने ख़त्म अभियान को वर्ग संघर्ष का उच्चतर रूप माना था। देशव्रती और लिबरेशन पत्रों में उन्होंने कहा था कि गुरिल्ला युद्ध ही वर्ग वैषम्य से मुक्ति दिलायेगा और सारी समस्याओं का समाधान करेगा। वैसे नक्सल आन्दोलन में इस विचार के विरोधी तब भी मौजूद थे। सुशीतन राय चौधरी जैसे क्रान्तिकारी कामरेड ने चारू मजूमदार की सहज विजय लाइन को चुनौती दी थी। पर तब चारू दा के दाहिने हाथ असीम चटर्जी उर्फ़ काका ने कहा था कि यदि पेइचिंग रेडियो भी चारू बाबू का विरोध करे तो भी मैं चीन नेतृत्व को नहीं मानूँगा। मैं चारु बाबू को ही मानूँगा। हालाँकि चारू दा ने ही तब कहा था कि चीन के चेयरमैन (माओ-त्से-तुंग) हमारे चेयरमैन हैं। चारू दा के समर्थकों की संख्या दिनों-दिन बढ़ती गयी। उनमें परिवर्तन का जुनून था। विरोधी विचारधारा के लोग भी चारू दा के प्रति ऊँची धारणा रखते थे क्योंकि ऐसे धवल चरित्र के कामरेड विरल थे जो संघर्ष विमुख नहीं हुए थे। चारू दा जितना अपनी वैचारिक पद्धति के कारण जाने गये उतना ही अपनी सद्‌चरित्रता, ईमानदारी, निष्ठा और लड़ाकू छवि के कारण। उनके साथी कामरेड जानते थे कि पुलिस या विरोधी राजनीतिक कार्यकर्ताओं द्वारा देखे जाते ही मारे जायेंगे पर वे डरते नहीं थे। उनमें गजब का साहस था। दीवारों पर वे नारे लिखते थे—वर्ग के शत्रु के ख़ून से जो हाथ रंगा नहीं, वो क्रान्तिकारी नहीं। लालबाज़ार को फूँकने की अपील भी नारों में होती। चारू मजूमदार ने तब कहा था कि पूरे देश में क्रान्तिकारी ज्वार आयेगा।

किन्तु यथार्थ क्या है? आज उस आन्दोलन के केन्द्र में किसान नहीं, आदिवासी हैं। आज नक्सलवादियों, जिन्हें माओवादी कहा जा रहा है, ने भारत के कई राज्यों के जंगल गलियारा को अशान्त कर रखा है। जंगल पर से जंगलजीवियों का अधिकार छिने जाने और जंगल और ज़मीन पर कॉर्पोरेट घरानों का क़ब्ज़ा होते जाने से ही माओवादियों को उन इलाक़ों में अपना प्रभाव बढ़ाने का मौक़ा मिलता गया। माओवादी राजनीतिक तौर पर चुनौती भले नहीं बन पाये हैं, सुरक्षा के लिए ही चुनौती बने हुए हैं।

तथ्य है कि विशेष आर्थिक क्षेत्र की आड़ में आदिवासियों को उजाड़ कर उन्हें विस्थापित किये जाने से वे ख़ुद को छला हुआ महसूस करते हैं। शासन आख़िर इस पर विचार करने का जहमत क्यों नहीं उठाता कि जनजातीय संस्कृतियाँ देश के लोकतान्त्रिक ढाँचे के भीतर भी स्वयं को आहत और उपेक्षित क्यों महसूस करती हैं? जनजातीय क्षेत्रों की विशिष्टता को बरकरार रखते हुए उनके जल-जंगल-ज़मीन के अधिकारों की सुरक्षा की गारंटी सुनिश्चित करने का काम आख़िर शासन ने क्यों नहीं किया है?

जल-जंगल-ज़मीन का सवाल आदिवासियों के जीवन और जीविका का सवाल है। आदिवासी जल-जंगल-ज़मीन की रक्षा इसलिए करते रहे हैं क्योंकि प्रकृति को वे ईश्वर मानते हैं। विकास परियोजनाओं में उन्हें विश्वास में नहीं लेना उनके साथ अन्याय है और न्याय की छटपटाहट ने ही उन्हें शासन व्यवस्था से दूर किया है और माओवादियों के निकट पहुँचाया है। माओवादियों ने भारत के कई राज्यों में राज्य सत्ता के ख़िलाफ़ युद्ध छेड़ रखा है। माओवादी लगातार हिंसा कर रहे हैं। माओवादी जिस तरह रक्तपात करते हैं, क्या उससे कोई समाधान सम्भव है? कहने की ज़रूरत नहीं कि जो भी माओवादी समूह अथवा दल हिंसा जैसे अस्त्र को आज़माते हैं, वे लोकतन्त्र के समर्थक नहीं हैं। लोकतन्त्र में असहमति तथा प्रतिरोध का सबको हक़ है लेकिन उसके लिए हिंसा का सहारा लेने की अनुमति नहीं है। लोकतन्त्र को मज़बूत करना ही हिंसा पर काबू पाने का सबसे कारगर उपाय है। हिंसा का प्रतिरोध प्रतिहिंसा से नहीं किया जा सकता। माओवादी जब तक हिंसा का सहारा लेते रहेंगे तो शासन को भी हथियार उठाने का बहाना मिलता रहेगा।

जल-जंगल-ज़मीन पर स्थानीय आदिवासी समूहों के स्वामित्व को औपचारिक स्वीकृति देकर, जनजातियों के जीवन संसाधन की सुरक्षा सुनिश्चित करके और स्थायी व टिकाऊ विकास की परियोजनाएँ प्रारम्भ कर ही जंगलों के साथ अन्योन्याश्रित सम्बन्ध बनाकर जीनेवाली एक समूची संस्कृति के

भीतर एक नयी उम्मीद जगायी जा सकती है। उनकी बौद्धिक सम्पदा के दस्तावेज़ीकरण, जनजातियों की कलाओं व उनकी सांस्कृतिक धरोहर तथा कृषि व औषधि के बारे में आदिवासियों के देशज ज्ञान को बढ़ावा देने की पहल भी अनिवार्य है। शान्तिपूर्ण सह अस्तित्व से ही गैर-बराबरी मिटेगी और एक न्यायपूर्ण समाज बनेगा। शान्ति को व्यवहार में बरतना होगा। शान्ति हमारे जीने-मरने का सवाल है। अशान्ति पैदा करनेवाले कारकों को समूल नष्ट करना होगा। पूँजीवाद ने जिस तरह समाज में गैर-बराबरी को बढ़ाया है, उसे कमतर करने के लिए एक रोड मैप बनाना होगा। आदिवासियों को साथ लिए बगैर मनुष्य, समाज और विश्व को बेहतर नहीं बनाया जा सकता और न ही मनुष्य, प्रकृति और समाज की एकता को मज़बूत बनाया जा सकता है। यह एकता सामाजिक, राजनीतिक, आर्थिक, सांस्कृतिक और पर्यावरणीय दृष्टि को ध्यान में रखते हुए कायम करनी होगी। कहना न होगा कि प्रकृति के सान्निध्य और साहचर्य में ही मनुष्य और समाज का विकास सम्भव है। इसे आदिवासी से बेहतर कोई नहीं जानता। बढ़ती आबादी की ज़रूरत पूरी करने के लिए हो रहे प्रकृति के अन्धाधुन्ध दोहन के सांघातिक नतीजे मनुष्य प्रजाति को भुगतने पड़ रहे हैं और आगे भी भुगतने होंगे। गाँधी ने कहा था कि धरती पर इतना संसाधन है कि उससे मनुष्य की ज़रूरत की पूर्ति हो सकती है किन्तु लालच की नहीं। इसलिए प्रकृति सम्मत वैकल्पिक लोकतान्त्रिक रास्तों पर चलना अनिवार्य है। प्रकृति व मनुष्य में संतुलन नहीं होने के कारण ही आज 'ग्लोबल वार्मिंग' का संकट हमारे सामने मुँह बाये खड़ा है। यह भी कहा जा रहा है कि अगला विश्वयुद्ध पानी के लिए लड़ा जायेगा। वैश्वीकरण के इस युग में एक तरफ समूची दुनिया एक हो रही है, वहीं मनुष्य और मनुष्य के बीच दूरी बढ़ रही है। संयुक्त परिवार बिखर रहे हैं। यदि समय रहते दुनिया इस पूँजीवादी विनाशकारी राह को नहीं छोड़ती तो धरती से जीवों के गायब होने की आशंका को कम नहीं किया जा सकेगा। अन्य जीवों के साथ मनुष्य इस धरती पर कैसे लम्बे समय तक बना रहे, उन वैकल्पिक उपायों की खोज तभी सम्भव है जब विकास परियोजनाओं में आदिवासियों को शामिल किया जाये।

अवध में किसान आन्दोलन

कृष्ण प्रताप सिंह

सन् 1920 में सत्रह अक्टूबर को प्रतापगढ़ जिले के रूरे गाँव से आरम्भ हुए अवध के ऐतिहासिक किसान आन्दोलनों का शताब्दी वर्ष आया और लगभग अचर्चित चला गया। यह इस अर्थ में बहुत दुर्भाग्यपूर्ण था कि वे आन्दोलन न सिर्फ़ अवध बल्कि समूचे उत्तर भारत का पहला जनान्दोलन थे और आज़ादी के फौरन बाद ज़मीनदारी एवं जागीरदारी के खात्मे जैसे जो किसान हितकारी क़दम उठाये गये, उनकी पटकथा उन्होंने ही लिखी थी। शताब्दी वर्ष में उन्हें याद किया जाना इसलिए भी ज़रूरी था कि देश की नदियों में ढेर सारा पानी बह चुकने के बावजूद वे किसी भी किसान संघर्ष की प्रबलतम प्रेरणा हो सकते हैं। हाँ, इन दिनों देश की राजधानी दिल्ली की सीमाओं पर चल रहे किसानों के आन्दोलन की भी। प्रस्थानबिन्दु तो ख़ैर वे सारे किसान आन्दोलनों के हैं।

यहाँ हम यह नहीं कहना चाह रहे कि उन्हें किसी दुर्भावना के तहत चर्चाओं से बाहर रखा गया। दरअसल, उनकी चर्चा के साथ एक बड़ी दिक़्क़त है। यह कि अपने सुनहरे दिनों में वे इतने बहुआयामी और विविधता भरे हो गये थे कि उनकी चर्चा के लिए उनका कोई एक सिरा पकड़ने चलिए तो दूसरा सिरा पहुँच से बाहर होने लगता है। ये पंक्तियाँ पढ़ने के बाद भी आश्चर्य नहीं कि आपको उनकी बाबत बहुत कुछ छूटा हुआ लगे।

बहरहाल, इतिहासकारों ने यह दर्ज करते हुए उनकी चर्चा की है कि किसानों ने उनमें ब्रिटिशकालीन सामन्ती व्यवस्था के जाये क्रूरतम किसान उत्पीड़नों के विरुद्ध अपने रक्त से भारतीय इतिहास के कई स्वर्णिम पृष्ठ लिखे। इससे भी बड़ी बात यह कि ऐसा करते हुए उन्होंने देश की व्यापक जनता की स्वाधीनता संग्राम से जुड़ी पहलों से भरपूर तालमेल बनाये रखा।

यहाँ जानना ज़रूरी है कि 1857 में शुरू हुए प्रथम स्वाधीनता संग्राम के दौरान अवध की जनता ने, जिसमें किसानों की बहुतायत थी, अंग्रेज़ों की सत्ता और सेना के ख़िलाफ़ जमकर मोर्चा लिया था। तब उनके व्यापक उभार से डरे अंग्रेज़ों ने, अपनी सत्ता की लम्बी उम्र के लिए और कोई विकल्प न देख, ज़मींदारों, तालुकेदारों, रजवाड़ों को अपना प्रशासनिक आधार बनाया और उक्त स्वतन्त्रता संग्राम को विफल करने में सफल मनोरथ होने के बाद उन्हें किसानों से निपटने की खुली छूट दे दी। फिर तो नाकाबिल-ए-बर्दाश्त शोषण की चक्की में लगातार पिसते जाना और दमन व अपमान सहना जैसे गोरी सत्ता के ख़िलाफ़ युद्ध में किसानों की सक्रिय भागीदारी की अघोषित सजायें बन गये। बढ़ते लगान, बेदख़ली, नज़राने व हरी-बेगारी की मार गहरी होती गयी तो उनका गुस्सा फूट पड़ा और उन्होंने सामन्ती एवं साम्राज्यी दोनों तरह के दमनों व उत्पीड़नों के विरुद्ध अप्रत्याशित अभियान शुरू कर उनमें अपनी सारी ताक़त झोंक दी।

उन दिनों उत्तर प्रदेश का अस्तित्व नहीं था। उसकी जगह अवध व आगरा नाम के दो सूबे हुआ करते थे। इसमें ख़ासकर अवध के किसानों को अपनी जोतें बचाये रखने के लिए अंग्रेज़ सरकार के साथ तालुकेदारों, ज़मीनदारों व कारिन्दों के कई-कई पाटों के बीच 'जीभ बिचारी' की तरह रहना और पिसना पड़ता था। 1886 के कुख्यात अवध रेंट ऐक्ट के प्रावधानों के तहत उन्हें भारी-भरकम लगान तो देना ही पड़ता था, साथ ही 'नज़राना' भी। ज़मींदार साहब हाथी या मोटर पर चढ़कर लगान व नज़राना वसूलने गाँव आ जाते तो 'हथियाना' या 'मोटराना' अलग से। किसानों से हरी-बेगारी में जरा-सी चूक हुई नहीं कि उन्हें अपने घरों व कृषि भूमि से बेदख़ल कर दिया जाता था। यह पहले विश्वयुद्ध के बाद का वह कठिन समय था, जब विश्वव्यापी मन्दी और मंहगाई ने वैसे भी देशवासियों की कमर तोड़ रखी थी।

जैसा कि शुरू में बता आये हैं, किसानों के संघर्ष की शुरुआत प्रतापगढ़ जिले के रूरे ग्राम से 17 अक्टूबर, 1920 को हुई, जहाँ ज़मींदारों द्वारा शोषण व उत्पीड़न के विरुद्ध संघर्ष के लिए 'अवध किसान सभा' का गठन किया गया। आगे चलकर यह 'किसान सभा' की मातृ संस्था बन गयी। कई इतिहासकारों के अनुसार अवध किसान सभा के गठन के पीछे कांग्रेस के कलकत्ता अधिवेशन में अंग्रेज़ों के प्रति असहयोग का रास्ता अपनाने को लेकर उभरे मतभेद थे, जिनसे किसान सभा भी नहीं बच सकी थी क्योंकि अपने मूल रूप में वह कांग्रेस के किसान संगठन जैसी ही थी।

उसमें मतभेदों के बाद असहयोग समर्थक किसानों ने अलग 'अवध किसान सभा' गठित कर ली। जातियों और ऊँच-नीच में बँटे किसानों की एकता के लिए इस सभा में सारी जातियों के पदाधिकारी रखे गये और किसान सभा से कोई दुराव न रखकर उसकी कई इकाइयों को अपना लिया गया, जो स्थानीय स्तर पर किसानों के कल्याण के लिए बिखरी-बिखरी सी पहले किया करती थीं।

इसी रूरे गाँव के ग़रीब किसानों झिंगुरी व सहदेव के नेतृत्व में अवध किसान सभा के बैनर पर शुरू हुए किसान संघर्ष ज़मीनदारों व जागीरदारों के प्रभुत्व, कुटिलताओं और साजिशों के आगे कमज़ोर पड़ने लगे तो किसानों के सौभाग्य से बाबा रामचन्द्र, जो महाराष्ट्रीय ब्राह्मण थे तथा फिजी में गुलाम भारतीय मज़दूरों को संगठित कर उनके लिए संघर्ष करने का अनुभव लेकर भारत लौटे थे, प्रतापगढ़ आ पहुँचे।

बाबा के बारे में कहा जाता है कि वे फिजी में खुद भी बन्धुआ मज़दूरी का अभिशाप झेलकर आये थे। अवध को अपनी कर्मभूमि बनाने का फ़ैसला उन्होंने किन परिस्थितियों में, कब और क्यों लिया, पक्के तौर पर किसी को नहीं मालूम। इतना ही पता चलता है कि 1909 में वे अवध में गाँव-गाँव घूमकर लोगों को 'रामचरित मानस' के दोहे व चौपाइयाँ सुनाया करते थे। इस दौरान सरकार और सामंतों का भी अत्याचार झेल रहे किसानों की दुर्दशा नहीं देख पाये तो उनके आन्दोलन से जुड़ गये और जल्दी ही उनके सबसे धारदार नेता बन गये।

झिंगुरी व सहदेव ने उनसे सम्पर्क कर उन्हें किसानों को संगठित करने के लिए आमन्त्रित किया तो मई, 1920 में उन्हीं के नेतृत्व में आन्दोलन को नयी धार दी गयी। किसानों की माँगों के लिए कांग्रेस का समर्थन हासिल करने तथा उनके संघर्षों का राष्ट्रीय आन्दोलन से तालमेल बिठाने के लिए बाबा ने पाँच सौ किसानों के जत्थे के साथ इलाहाबाद तक लगभग 110 किलोमीटर का पैदल मार्च निकाला। यह जत्था छह जून, 1920 को इलाहाबाद पहुँचा मगर महात्मा गाँधी से मुलाक़ात की उसकी हसरत अधूरी रह गयी क्योंकि वे तीन जून को ही इलाहाबाद से वापस लौट गये थे और जत्थे को इसकी सूचना नहीं मिल पायी थी। क्योंकि वह संचार क्रान्ति का नहीं संचार साधनों की व्यापक अनुपलब्धता का दौर था। बापू की ग़ैर-हाज़िरी में कांग्रेस के अन्य नेताओं पं. कृष्णकान्त मालवीय, पं. गौरीशंकर, पुरुषोत्तमदास टण्डन तथा पण्डित जवाहरलाल नेहरू ने हमदर्दी के साथ जत्थे की बातें सुनी अहेर उसकी माँगों को समर्थन व सहायता देने का आश्वासन दिया।

'जो इस किसान आन्दोलन के इतिहास पर काम कर रहे लेखक डॉ. रामबहादुर वर्मा बताते हैं कि, 'इसके बाद बाबा ने बढ़े हुए मनोबल के साथ लगान न देने, बेदख़ली की ज़मीन को अन्य किसानों द्वारा लगान पर न लेने आदि के नारे देकर 'सीधी कार्रवाई' शुरू की, जो तेज़ी से गाँव-गाँव फैल गयी। उन्होंने 'जय सीता राम' का नारा दिया, जिसे सुनते ही किसान आनन-फानन में एकत्रित हो जाते थे।'

इससे घबराये अधिकारियों ने 28 अगस्त, 1920 को बाबा रामचन्द्र और उनके साथ आन्दोलन में सक्रिय बत्तीस अन्य किसानों को गिरफ़्तार कर उन पर चोरी का आरोप मढ़ दिया। इससे उत्तेजित हज़ारों किसान मरने-मारने पर आमादा हो गये और उन्होंने अदालत में ही आन्दोलन शुरू कर दिया। उन्हें बड़ी मुश्किल से तितर-बितर किया जा सका। 10 सितम्बर, 1920 को जाने कैसे अफ़वाह फैल गयी कि बाबा को मुक्त कराने के लिए स्वयं महात्मा गाँधी प्रतापगढ़ आ रहे हैं, तो कोई बीस हज़ार किसान फिर जमा हो गये और उन्होंने जेल के सामने ही प्रदर्शन शुरू कर दिया। यह प्रदर्शन लगातार 48 घण्टे चला और प्रदर्शनकारी तभी माने जब प्रशासन ने उन्हें बाबा के 'दर्शन' करा दिये। इसके लिए प्रशासन बाबा को एक गन्ने के खेतों में ले गया और उनके बीच स्थित एक पेड़ चढ़ा दिया, ताकि सारे किसान सुविधापूर्वक उन्हें देख लें। बाद में बाबा को रिहाकर ज़मींदारों की ज्यादतियों एवं किसानों की शिकायतों की जाँच के लिए डिप्टी कमिश्नर वी.एन. मेहता को नियुक्त किया गया, जिन्हें कई मायनों में किसानों का शुभचिन्तक माना जाता था।

डॉ. वर्मा के अनुसार इस 'विजय' ने अवध के किसानों में व्यापक हलचल पैदा की। रायबरेली, फैज़ाबाद, सफलतानपुर व बाराबंकी आदि ज़िलों में किसानों ने ज़मींदारों व तालुकेदारों के ज़ुल्म के ख़िलाफ़ खुली बगावत कर दी-इसमें लगान न देने और ज़मींदारी को स्वीकार न करने का ऐलान भी शामिल था। इसी सिलसिले में दिसम्बर 1920 में अवध किसान सभा के तत्वावधान में अयोध्या में हुए किसानों के अभूतपूर्व शक्ति प्रदर्शन ने तो कहते हैं कि गोरी सरकार को हिलाकर रख दिया था।

अयोध्या किसान कॉन्फ्रेन्स के नाम से जाने जाने वाले इस शक्ति प्रदर्शन में कोई एक लाख किसानों ने भाग लिया था। उस वक़्त के लिहाज़ से यह संख्या बहुत बड़ी थी, क्योंकि तब यातायात के साधनों का अभाव तो था ही, ऐसे शक्ति प्रदर्शनों में जाने पर किसानों पर सरकारी कहर भी ख़ूब बरपता था। इस कॉन्फ्रेन्स से पहले ज़मीनदारों व तालुकदारों ने सरकारी अमले से

मिलीभगत कर किसानों को अयोध्या पहुँचने से रोकने के लिए कुछ उठा नहीं रखा था, लेकिन वे सफल नहीं हो पाये थे।

तब तक किसान आन्दोलनों की दिशा बदल गयी थी और वह आज़ादी के राष्ट्रीय आन्दोलन की मुख्य धारा से जुड़ गया था। इसके पीछे अवध किसान सभा द्वारा अपने गठन के बाद तत्परतापूर्वक कोई 330 किसान सभाओं को अपने साथ जोड़ लेना था। अवध किसान सभा ने रायबरेली के रसूलपुर गाँव की बहुचर्चित व सबसे ज़्यादा सक्रिय किसान सभा से तो समन्वय स्थापित कर ही लिया था, सफलतानपुर व फैज़ाबाद में भी अपनी इकाइयाँ गठित व सक्रिय कर दी थीं। जैसा कि पहले बता आये हैं, इससे पहले ये किसान सभाएँ अलग-अलग किसान हितों के लिए संघर्ष करती आ रही थीं।

अवध किसान सभा को अयोध्या में किसान कॉन्फ्रेंस आयोजित करने का सुझाव सबसे पहले किसान सभा के संस्थापक सदस्य और कांग्रेस नेता गौरीशंकर मिश्र ने दिया था। वे चाहते थे कि इसकी मार्फ़त किसानों की ताक़त का प्रदर्शन कर सरकार को झुकने और उनका उत्पीड़न रोकने पर बाध्य किया जाये। सभा में उनका सुझाव स्वीकृत होने के बाद उसके कार्यकताओं लल्लन जी (वकील), केदारनाथ व देव नारायण आदि ने सम्मेलन की तैयारियाँ शुरू कीं तो तब तक किसानों के बीच किंवदन्तीपुरुष बन चुके बाबा रामचन्द्र भी अयोध्या पहुँच गये।

कॉन्फ्रेन्स में अवध के प्रायः सभी ज़िलों के किसानों को बुलाया गया था, लेकिन पहुँचने वालों में सबसे अधिक संख्या प्रतापगढ़ के किसानों की ही थी। कारण यह कि अवध किसान सभा के गठन से पहले सबसे ज़्यादा किसान सभाएँ इस जिले में ही सक्रिय थीं।

हाँ, किसानों के अलावा कांग्रेस के अनेक नेता और बहुत से ऐसे जागरूक लोग भी, जो किसानों को अत्याचारों से बचाना चाहते थे, इस कॉन्फ्रेन्स में जोशोखरोश के साथ सम्मिलित हुए। कांग्रेस की ओर से पं. मोतीलाल नेहरू और जवाहरलाल नेहरू के भी आने का कार्यक्रम था, लेकिन आख़िरी क्षणों में कुछ ऐसा व्यवधान आया कि उनका आना सम्भव नहीं हो पाया। फिर भी गोरी सरकार और ज़मीनदारों व तालुकदारों के प्रति किसानों का रवैया जानने के लिए प्रतापगढ़ के डिप्टी कमिश्नर वी.एन. मेहता भी इस कॉन्फ्रेन्स में आये।

किसानों ने कॉन्फ्रेन्स के मंच पर बाबा रामचन्द्र का अनोखा रूप देखा तो चकित रह गये। बाबा उस पर कैदी के रूप में उपस्थित हुए।

उन्होंने अपने शरीर को रस्सी से बाँध रखा था। इस तरह वे किसानों को उनकी गुलामी का अहसास कराना चाहते थे। यह कि किसान भी उन्हीं की तरह ताल्लुकदारों और अंग्रेज़ी सरकार की बेड़ियों में जकड़े हुए हैं और इस आन्दोलन के रास्ते ही इन बेड़ियों से आज़ाद हो पायेंगे।

किसानों को चौंकाते हुए बाबा ने कॉन्फ्रेन्स के मंच से अचानक घोषणा कर दी कि वे अपने शरीर से रस्सी तभी खोलेंगे, जब किसान उन्हें भरोसा दिलायें कि वे एक होकर गुलामी की बेड़ियों से आज़ाद होने के लिए अपना संघर्ष ज़ोरदार तरीक़े से जारी रखेंगे। उपस्थित किसानों ने उनको भरोसा दिलाया कि वे एक होकर लड़ेंगे। महिला किसान सत्यादेवी ने भरोसा दिलाया कि महिलाएँ भी इस लड़ाई में पूरी दृढ़ता से साथ रहेंगी। इतना भरोसा मिलने के बाद ही बाबा अपने शरीर पर बँधी रस्सियाँ खोलने को राजी हुए। तब गौरीशंकर मिश्र ने उनको रस्सियों से मुक्त किया और किसानों ने कॉन्फ्रेन्स स्थल को बाबा रामचन्द्र और सीताराम की जय के नारों से गुँजा दिया।

जयकारों के बीच बाबा ने अपने भाषण में कहा कि वह किसानों की लड़ाई में जेल जाने और फाँसी के फँदे पर लटकने से भी नहीं डरते। इतिहास की गम्भीर अध्येता डॉ. निशा राठौर, जिन्होंने अवध के किसान आन्दोलन पर कई शोध किये हैं, बताती हैं कि अयोध्या के सन्तों-महन्तों ने तरह-तरह की असुविधाएँ झेलते और गोरी सरकार की निगाहों से बचते-बचाते इस कॉन्फ्रेंस में भाग लेने पहुँचे किसानों का हार्दिक स्वागत किया था। उन्होंने उनके लिए अपने मठों-मन्दिरों के दरवाज़े खोल दिये थे और उनमें ठहराकर उनका हर सम्भव आतिथ्य सत्कार किया था।

इससे चिढ़ी गोरी सरकार सन्तों-महन्तों का तो ख़ैर कुछ नहीं बिगाड़ पायी, लेकिन किसान उसके कोप से नहीं ही बच पाये थे। कॉन्फ्रेंस की समाप्ति पर वे अपने घरों को वापस जाने लगे तो उनके रेलवे स्टेशन पर रेलगाड़ियों की प्रतीक्षा करने और उनमें सवार होने में भी बाधाएँ डाली गयी, लेकिन किसान जैसे इस सबके लिए तैयार होकर आये थे। पुलिस ने उन्हें रोका तो वे नये सिरे से आन्दोलित हो उठे, रेलपटरियों पर ही लेट गये और शान्तिपूर्वक सत्याग्रह शुरू कर दिया।

पुलिस ने उन्हें तितर-बितर करने के लिए पहले उन पर लाठियाँ भाँजीं, फिर रेल के भाप के इंजन से निकले गर्म पानी की बौछारें डालीं। फिर भी उन्हें भगा या रास्ते से डिगा नहीं पायी। अन्ततः रेल-प्रशासन को झुकना पड़ा और उनको ट्रेनों से अपने-अपने ज़िलों में वापस भेजना पड़ा।

इस कॉन्फ्रेन्स ने अवध के ही नहीं समूचे उत्तर भारत के किसानों में जोश भर दिया था। साथ ही उनके संघर्ष के इरादों को भरपूर मज़बूती प्रदान की थी, जिसके फलस्वरूप उन्होंने गोरी सरकार और तालुकदारों द्वारा किये जा रहे दोहरे तिहरे अत्याचारों के ख़िलाफ़ लम्बी लड़ाई के लिए कमर कस ली थी। अंग्रेज़ अफ़सर जे.ए. फरनॉन ने किसानों पर इस कॉन्फ्रेन्स के प्रभाव के बारे में जानकारी देते हुए रायबरेली के डिप्टी कमिश्नर को लिखा था, 'अब किसान अपने संगठन की ताक़त और आन्दोलन के महत्त्व को समझ चुके हैं।'

सात जनवरी, 1921 को रायबरेली के मुन्शीगंज में अंग्रेज़ों ने जिस दूसरे जलियाँवाला बाग़ काण्ड को अन्जाम दिया, वह किसानों के अपने संगठन की ताक़त और आन्दोलन के महत्त्व को समझ जाने से उनकी सत्ता में पैदा हुई घबराहट का ही फल था। इस घबराहट की सर्वाधिक क़ीमत रायबरेली के किसानों ने चुकाई। जिले के किसान जिस भी बाज़ार या कस्बे में सभा करते, ज़मीनदारों के गुर्गे वहाँ लूटपाट करने पहुँच जाते और पुलिस उसका इल्ज़ाम किसानों पर मढ़ देती।

पाँच जनवरी, 1921 को कोई तीन हज़ार किसानों ने चन्दनिहा रियासत के बर्बर तालुकेदार त्रिभुवनबहादुर सिंह की कोठी घेर ली तो उसने उनके नेताओं को बात करने के बहाने अपने दरबार में बुलाकर डिप्टी कमिश्नर ए.जी. शेरिफ को सूचना भिजवा दी कि वे वहाँ आगजनी व लूटपाट पर आमादा हैं। शेरिफ ने किसान नेताओं–बाबा जानकीदास, पण्डित अमोल शर्मा व चन्द्रपाल सिंह–को पकड़वा लिया और आनन–फानन में मजिस्ट्रेट के सामने पेश करवाकर एक–एक वर्ष की क़ैद की सजायें सुनवा दीं। फिर उन्हें रातोंरात लखनऊ जेल भिजवा दिया।

इससे उत्तेजित किसान अगले दिन फुरसतगंज में आयोजित सभा में बेसब्र से बाबा रामचन्द्र की प्रतीक्षा कर रहे थे तो एक छोटे से विवाद के बाद पुलिस ने इतनी ज़बरदस्त फायरिंग की कि अंग्रेज़ी अख़बार 'लीडर' ने लिखा, 'अनुमान लगाना कठिन है कि कितने किसान मरे और कितने घायल हो गये,' लेकिन सरकारी रिपोर्टों के अनुसार छह किसान मारे गये और दर्जनों घायल हो गये।

इससे फैले उद्धेलनों के बीच अफ़वाह उड़ी कि पुलिस से चन्दनिहा में गिरफ़्तार किसान नेताओं की हत्या करा दी है, तो किसानों के गुस्से का पारावार नहीं रह गया। सच्चाई यह थी कि प्रशासन को डर था कि उक्त नेताओं को रायबरेली जेल भेजा गया तो किसान जेल पर धावा बोलकर उन्हें छुड़ा लेंगे।

इसलिए उसने एहतियातन उन्हें लखनऊ जेल भेज दिया था, लेकिन उसी दिन रायबरेली जेल से छूटे कुछ कैदियों ने बताया कि उन नेताओं को तो वहाँ ले ही नहीं जाया गया तो किसानों के सब्र का बाँध टूट गया।

रायबरेली जेल पहुँचकर वस्तुस्थिति जानने की मुहिम के तहत सात जनवरी की सुबह उनके जत्थे सई नदी के उस पार से मुन्शीगंज स्थित पुल के दक्षिणी किनारे पर पहुँचे तो देखा कि वहाँ गोरों की सेना उनका रास्ता रोके हुए है। उनके जमावड़े से थोड़ी ही दूरी पर खुरेहटी के तालुकेदार और एमएलसी सरदार वीरपाल सिंह का महल था। उसे अन्देशा था कि उग्र किसान जेल के साथ उसके महल पर भी धावा बोल सकते हैं। अपराह्न तीन बजे के आस-पास किसानों के उग्र नारों से भयभीत होकर उसने गोलियाँ चलानी शुरू कीं तो सेना व पुलिस ने इसे फायरिंग का संकेत समझकर उसका साथ देना शुरू कर दिया। जब तक उन्हें अपनी ग़लती मालूम होती, दस मिनट गुज़र गये और अनेक किसानों की लाशें बिछ गयीं। सरकारी अमला जानता था कि इसकी खबर फैलेगी तो किसान एक़दम से आपा खो देंगे। इस डर से उसने अनेक किसानों की लाशें फ़ौजी वाहनों से डलमऊ ले जाकर गंगा में फेंकवा दीं। सई नदी में तो उन्हें छिपाने भर को पानी ही नहीं था। जो लाशें नहीं ले जायी जा सकीं, उन्हें चार बड़े-बड़े गड्ढे खोदकर वहीं दबा दिया गया। इस नरसंहार में शहीद व घायल हुए किसानों की सही संख्या का आधिकारिक तौर पर आज तक पता नहीं लग पाया है।

तब गणेश शंकर विद्यार्थी ने अपने ऐतिहासिक पत्र 'प्रताप' में अग्रलेख लिखकर इस किसान संहार को 'एक और जलियाँवाला' की संज्ञा दी थी। उनके अनुसार 'वहाँ (जलियाँवाला में) एक घिरा हुआ बाग़ था, जबकि यहाँ (रायबरेली में) सई नदी का किनारा और क्रूरता, निर्दयता और पशुता की मात्रा में किसी प्रकार की कमी नहीं थी।'

ऐसे दमन व अत्याचार के बीच किसान कब तक 'अहिंसक' बने रहते? जल्दी ही उनके आन्दोलन ने दूसरी करवट ले ली, जिसमें अहिंसा कोई बड़ा मूल्य नहीं रह गयी। साथ ही आन्दोलन इतना स्वतःस्फूर्त हो गया कि प्रशासन समझ ही नहीं पाता था कि स्थानीय लोगों के साथ साधु-सन्त और जबरिया बेदख़ल किसान कब, कहाँ और कैसे उपद्रव पर उतर आयेंगे। फैज़ाबाद (अब अम्बेडकरनगर) जिले के बिड़हर नामक परगने में तो उन्होंने अति ही कर दी। तालुकेदारों व ज़मीनदारों पर हमला बोलकर उनकी कोठियाँ लूट और जला डालीं। 10 फ़रवरी, 1921 को महात्मा गाँधी फैजाबाद आये

तो किसानों के इस कृत्य से इतने ख़फ़ा थे कि रेल के अपने डिब्बे की सारी खिड़कियाँ बन्द कर ली थीं और किसी से भी मिलने जुलने या बातचीत करने से इनकार कर दिया था।

बाद में बहुत अनुनय विनय पर इस पर राजी हुए थे कि 'शर्मिन्दगी दिलाने वाले किसानों' को सम्बोधित कर उनसे अपनी नाराज़गी जता दें। तब उन्होंने किसानों से कहा था, 'हिंसा बहादुरी का नहीं कायरता का लक्षण है और तलवारें कमज़ोरों का हथियार हैं।' इतना ही नहीं, पण्डित नेहरू ने किसानों से सार्वजनिक रूप से उनका 'गुनाह' कुबूल करा लिया था, जिसके तहत किसानों ने खुद को क़ानून के हवाले कर लम्बी-लम्बी सजायें भोगी थीं।

किसानों के इन संघर्षों व आन्दोलनों के ही एक अँग के रूप में नवम्बर, 1921 में लखनऊ के मलिहाबाद से 'एका' आन्दोलन शुरू हुआ, जो शीघ्र ही सीतापुर, हरदोई, बहराइच व बाराबँकी आदि में फैल गया। इसकी भूमिका कांग्रेस और ख़िलाफ़त आन्दोलन के नेताओं ने मिलकर बनायी थी और इसे मुख्यत: अनाज के रूप में लगान न देकर निश्चित धनराशि के रूप में देने तथा उससे अधिक न देने के प्रश्नों को लेकर संगठित किया गया। इसके लिए गाँवों में 'एका समितियाँ' बनायी गयीं और इनकी मार्फ़त बेदख़ली के प्रतिरोध, रसीद लेकर ही लगान देने, तालाबों से मुफ़्त सिंचाई तथा चारागाह व परती की ज़मीन पर मवेशी चराने के अधिकार आदि के सवाल उठाये गये। मदारी पासी व ख़्वाजा अहमद इस आन्दोलन के प्रमुख नेता थे। इसमें पंचायतों के आदेश को मानने व अदालतों में न जाने का भी आह्वान किया जाता था।

इस आन्दोलन की बैठकों में एक ख़ास धार्मिक अनुष्ठान हुआ करता था : एक गड्ढा खोदकर पानी से भर दिया जाता और उसे गंगा का प्रतीक बताया जाता। फिर एक पुजारी बुलाया जाता और उसकी उपस्थिति में किसान 'गंगा मइया' के सामने आन्दोलन से जुड़ी प्रतिज्ञाएँ करते। आगे चलकर एका में उन छोटे ज़मीनदारों को भी शामिल किया, जो गोरी सरकार की भारी लगान की माँग से असन्तुष्ट थे। इस आन्दोलन की एक और ख़ास बात यह थी कि यह सामन्ती तथा साम्राज्यी हुकूमत के विरुद्ध किसानों की स्वतन्त्र शक्ति का प्रदर्शन करता था। इसे भी ब्रिटिश सरकार ने बेहद क्रूरता व दमन से कुचला। किसान कार्यकर्ताओं पर समानान्तर प्रशासन चलाने से लेकर 'डकैती' व 'बदमाशी' तक के आरोप लगाकर तत्सम्बन्धी धाराओं में जेलों में बन्द किया गया। इस सिलसिले में किसानों के नेताओं को ही नहीं, आम किसानों को भी भीषण दमन बर्दाश्त करने पड़े।

फिर भी उनके आन्दोलनों व संघर्षों की लहर तभी दबी, जब महात्मा गाँधी द्वारा चौरीचौरा काण्ड के बाद असहयोग आन्दोलन वापस लेने की घोषणा कर दी गयी। लेकिन तब तक उनके आन्दोलन स्वतन्त्रता के राष्ट्रीय आन्दोलन पर गहरी छाप छोड़ चुके थे। उनके दबाव में गोरी सरकार को अवध रेंट ऐक्ट–1868 में संशोधन करना पड़ा, जिसके द्वारा सभी काश्तकारों को ज़मीन पर मालिकाना हक़ मिलने का मार्ग प्रशस्त हुआ। इतना ही नहीं, कांग्रेस को ज़मीनदारी व जागीरदारी उन्मूलन को अपने एजेंडे में शामिल करना पड़ा। आगे चलकर बीसवीं शताब्दी के चौथे और पाँचवें दशक में भी देश के अनेक भागों में जुझारू किसान आन्दोलन फूट पड़े, जिनके दबाव में स्वाधीनता के तुरन्त बाद कांग्रेस सरकार को ज़मींदारी एवं जागीरदारी प्रथा के खात्मे के क़दम उठाने पड़े।

किसान आन्दोलन का घटनाक्रम

5 जून, 2020	– केन्द्र सरकार ने तीन कृषि क़ानूनों को अध्यादेश के रूप में जारी किया।
14 सितम्बर	– संसद का सत्र आरम्भ होने के बाद अध्यादेश मन्जूरी के लिए सदन में पेश।
17 सितम्बर	– अध्यादेश क़ानून के रूप में लोकसभा से पारित।
20 सितम्बर	– राज्यसभा से भी कृषि क़ानून पारित।
25 सितम्बर	– अखिल भारतीय किसान संघर्ष समन्वय समिति ने इन क़ानूनों के अखिल भारतीय विरोध का आह्वान किया।
27 सितम्बर	– राष्ट्रपति ने विधेयक को मन्जूरी दी और इस तरह से वे क़ानून बन गये।
3 नवम्बर	– किसानों ने राष्ट्रव्यापी विरोध किया। सड़कें जाम।
25 नवम्बर	– किसानों संगठनों ने दिल्ली चलो का नारा दिया। उसी के साथ जगह-जगह से किसान चल पड़े।
26 नवम्बर	– हरियाणा की सीमा पर किसानों का पुलिस से संघर्ष। जगह जगह लाठीचार्ज, आँसू गैस के गोले छोड़े गये और पानी की धार मारी गयी। किसान उन्हें लाँघते हुए दिल्ली की सीमा पर आ पहुँचे।
28 नवम्बर	– केन्द्रीय गृहमन्त्री अमित शाह ने कहा कि जब किसान दिल्ली की सीमाएँ खाली करके बुराड़ी मैदान में आयेंगे तभी उनसे वार्ता होगी, लेकिन किसान बुराड़ी आने को तैयार नहीं हुए। उन्होंने दिल्ली की सीमाओं पर ही डेरा डाल दिया।

3 दिसम्बर	–	सरकार ने किसान प्रतिनिधियों से पहले दौर की वार्ता की।
5 दिसम्बर	–	सरकार और किसान प्रतिनिधियों के बीच दूसरे दौर की वार्ता भी बेनतीजा रही।
8 दिसम्बर	–	किसानों ने भारत बन्द की अपील की।
9 दिसम्बर	–	किसान नेताओं ने सरकार से वार्ता के दौरान क़ानून में संशोधन का प्रस्ताव ठुकराया।
11 दिसम्बर	–	आन्दोलन करने वाले किसानों के संगठन संयुक्त किसान मोर्चा से अलग के कुछ संगठन इन क़ानूनों के विरुद्ध सुप्रीम कोर्ट गये।
7 जनवरी, 2021	–	सुप्रीम कोर्ट नये कृषि क़ानूनों को चुनौती देने वाली याचिका सुनने को तैयार।
11 जनवरी	–	सुप्रीम कोर्ट ने कहा कि वह भारत के पूर्व मुख्य न्यायाधीश के नेतृत्व में गतिरोध खत्म करने के लिए एक कमेटी बनायेगा।
12 जनवरी	–	सुप्रीम कोर्ट ने कृषि क़ानूनों का क्रियान्वयन रोका। सिफारिशों के लिए एक कमेटी बनायी।
26 जनवरी	–	गणतन्त्र दिवस की परेड के बाद किसानों को दिल्ली में मार्च निकालने की अनुमति मिले तो कई लोग लाल किले की प्राचीर तक पहुँच गये। उन्होंने वहाँ निशान साहिब फहरा दिया तिरंगे के बगल में। उधर आईटीओ और दूसरी जगहों पर मार्च कर रहे किसानों और पुलिस के बीच ज़बरदस्त झड़प। किसानों पर आँसू गैस और लाठीचार्ज। इस दौरान एक किसान की मौत। किसान आन्दोलन में उग्रवादी तत्वों की घुसपैठ का आरोप।
2 फ़रवरी	–	मशहूर गायिका रेहाना और पर्यावरण की कार्यकर्ता ग्रेटा थनबर्ग ने किसानों को समर्थन दिया।
5 फ़रवरी	–	ग्रेटा थनबर्ग ने किसान आन्दोलन पर बनी टूलकिट शेयर की। उस बारे में कुछ लोगों पर एफआईआर।
14 फ़रवरी	–	21 वर्षीय पर्यावरण कार्यकर्ता दिशा रवि को टूलकिट संशोधित करने के आरोप में गिरफ्तार कर लिया गया।

18 फ़रवरी	–	किसान संगठनों ने पूरे देश मे रेल रोको आन्दोलन किया।
23 फ़रवरी	–	दिशा रवि को जमानत मिली।
2 मार्च	–	शिरोमणि अकाली दल के अध्यक्ष सुखबीर सिंह बादल और पार्टी के दूसरे नेता पंजाब विधानसभा की ओर मार्च करते हुए गिरफ़्तार।
5 मार्च	–	पंजाब विधानसभा ने क़ानून वापस करने की माँग करने वाला प्रस्ताव सदन से पारित किया।
7 अगस्त	–	किसान आन्दोलन को लेकर संसद में विपक्षी नेताओं की बैठक और गतिरोध समाप्त करने की माँग।
28 अगस्त	–	हरियाणा पुलिस ने करनाल में किसानों पर लाठीचार्ज किया। कई किसान और पुलिस वाले घायल।
7 सितम्बर	–	कई जगहों के किसान विरोध प्रदर्शन करने करनाल पहुँचे। धरना शुरू हुआ।
11 सितम्बर	–	हरियाणा सरकार लाठीचार्ज की जाँच को तैयार।
4 अक्टूबर	–	केन्द्रीय गृहमन्त्री अजय मिश्र टेनी के बेटे आशीष मिश्र ने लखीमपुर खीरी में प्रदर्शन कर लौट रहे किसानों पर पीछे से अपनी जीप चढ़ा दी। उस घटना में चार किसान कुचल कर मारे गये। बदले में हिंसक भीड़ ने तीन लोगों को पीट कर मार डाला। इस घटना में एक पत्रकार की भी मौत।
6 अक्टूबर	–	देशव्यापी विरोध प्रदर्शन और नया वीडियो आने के बाद एफआईआर दर्ज। उसमें कहा गया कि जिस जीप ने किसानों को कुचला उसमें अजय मिश्र के बेटे आशीष मिश्र बैठे थे।
14 अक्टूबर	–	एक हफ्ते तक पुलिस ने आशीष मिश्र को ढिलाई के साथ बुलाया और पूछताछ के बाद छोड़ती रही। जब सुप्रीम कोर्ट ने कहा कि क्या पुलिस हत्या के सभी अपराधियों के साथ ऐसा ही पेश आती है तब जाकर पुलिस ने आशीष मिश्र और उनके साथियों को गिरफ़्तार किया।

17 नवम्बर – सुप्रीम कोर्ट ने पंजाब और हरियाणा हाई कोर्ट के रिटायर जज आर.के. जैन को एसआईटी जाँच की निगरानी के लिए नियुक्त किया।

17 नवम्बर – पंजाब के मुख्यमन्त्री चरणजीत सिंह चन्नी ने कहा कि किसानों पर दायर सारे एफआईआर रद्द होंगे।

19 नवम्बर – प्रधानमन्त्री नरेन्द्र मोदी ने देव दिवाली और गुरु नानक की जयन्ती यानी प्रकाश पर्व के दिन तीनों क़ानून वापस लेने का ऐलान किया।

29 नवम्बर – मोदी सरकार ने संसद में तीनों कृषि क़ानूनों को वापस लेने वाला बिल पास करा दिया। विपक्ष उस पर बहस की माँग को लेकर हँगामा करता रहा, लेकिन कोई बहस नहीं हुई। कृषि मन्त्री नरेन्द्र तोमर ने पहले लोकसभा में और फिर राज्यसभा में क़ानून वापस लेने वाला बिल पेश किया और उसे ध्वनिमत से पारित कर दिया गया।

लेखक परिचय

अरविन्द कुमार सिंह : वरिष्ठ पत्रकार और लेखक, भारतीय कृषि अनुसन्धान परिषद् के चौधरी चरण सिंह कृषि पत्रकारिता पुरस्कार और भारतीय प्रेस परिषद् के ग्रामीण पत्रकारिता पुरस्कार समेत कई प्रतिष्ठित पुरस्कारों से सम्मानित; राज्य सभा टी.वी. में संसदीय और कृषि मामलों के पूर्व सम्पादक। कई पुस्तकों के लेखक। ईमेल *: arvindksinghar.tsv@gmail.com*

अभिषेक श्रीवास्तव : स्वतन्त्र पत्रकार, भारत के जनान्दोलनों पर केन्द्रित रिपोर्ताज का एक संकलन 2018 में 'देसगाँव' नाम से प्रकाशित। गुजरात के कच्छ में पाँच वर्षों से रिपोर्टिंग। कच्छ पर केन्द्रित एक यात्रा-वृत्तान्त शीघ्र प्रकाश्य। ईमेल *: guruweltschemerz@gmail.com*

अटल तिवारी : लखीमपुर खीरी जनपद के गाँव में जन्म। पत्रकार लेखक और शिक्षक। आकाशवाणी लखनऊ के लिए धारावाहिक 'कुछ नक़्श तेरी याद के' के रूपककार। 'तद्भव' पत्रिका के मीडिया विशेषांक का सम्पादन: अवधी कवि रफ़ीक़ सादानी की कविताओं का सम्पादन। दिल्ली विश्वविद्यालय के रामलाल आनन्द कॉलेज में जनसंचार विभाग में अतिथि प्रवक्ता। ईमेल *: atal.tewari@gmail.com*

आशुतोष : प्रसिद्ध टीवी पत्रकार और राजनेता। 'अन्ना क्रान्ति' जैसी चर्चित पुस्तक के लेखक। सम्पादक सत्य हिन्दी.काम। ईमेल *: ashutosh83b@gmail.com*

ए.के. अरुण : गाँधी विचारों के अध्येता: 'युवा संवाद' पत्रिका के सम्पादक; जनस्वास्थ्य वैज्ञानिक एवं राष्ट्रीय पुरस्कार प्राप्त चिकित्सक। 'फूड न्यूट्रिशन एंड हेल्थ' जरनल के सम्पादक। ईमेल *: docarun2@gmail.com*

अनिल चौधरी : वरिष्ठ पत्रकार हिन्दुस्तान, विगत 25 वर्षों से प्रतिबद्ध पत्रकारिता, कृषि पत्रकारिता पर पीएच.डी., पश्चिमी उत्तर प्रदेश की सामाजिक राजनीतिक स्थितियों पर गहरी पकड़ और किसान आन्दोलन का विशेष अध्ययन। खेती किसानी के विषयों पर छह शोध पत्र प्रकाशित। साल भर तक किसान आन्दोलन की तथ्यपूर्ण रिपोर्टिंग। ईमेल *: anilchaudhry@gmail.com*

कृपाशंकर चौबे : प्रसिद्ध पत्रकार शिक्षक और लेखक। पत्रकारिता के उत्तर आधुनिक चरण, संवाद चलता रहे, रंग, स्वर और शब्द, महाअरण्य की माँ, मृणाल सेन का छाया लोक, दलित आन्दोलन और बांग्ला साहित्य, नज़रबन्द तस्लीमा, चलकर आये शब्द और राष्ट्रनिर्माताओं की पत्रकारिता, चन्द्रशेखर के विचार, हज़ारी प्रसाद द्विवेदी: ज्ञान का आलोक पर्व जैसी दो दर्जन पुस्तकों के लेखक और सम्पादक। सम्प्रति: प्रोफ़ेसर जनसंचार विभाग, महात्मा गाँधी अन्तरराष्ट्रीय हिन्दी विश्वविद्यालय वर्धा। ईमेल *: drkschaubey@gmail.com*

कृष्णप्रताप सिंह : वरिष्ठ पत्रकार और लेखक, अयोध्या केन्द्रित विशेष लेखन और रिपोर्ताज; देश के कई प्रमुख न्यूज़ पोर्टल के स्तम्भकार, जनमोर्चा अयोध्या के स्थानीय सम्पादक। ईमेल *: kp_faizabad@yahoo.com*

चिन्मय मिश्र : प्रसिद्ध गाँधीवादी चिन्तक, पत्रकार और सर्वसेवा संघ के पदाधिकारी। नर्मदा आन्दोलन से लेकर वस्त्रों की रंगीन छपाई जैसे विविध क्षेत्रों में सक्रियता। कई पुस्तकों के लेखक। ईमेल *: chinmay.saroj@gmail.com*

डी. जेनिफर : दिल्ली के चैनल दलित कैमरा की युवा पत्रकार: पंजाब से दिल्ली तक किसान आन्दोलन का सघन कवरेज। समाज विज्ञान की शोधार्थी। ईमेल *: jennifer23walky@gmail.com*

देविन्दर शर्मा : अन्तरराष्ट्रीय स्तर के प्रसिद्ध कृषि अर्थशास्त्री, पत्रकार और जनान्दोलनों के रिसोर्स पर्सन, डेट ट्रैप जैसी पुस्तक के लेखक: खेती के मुद्दों पर केन्द्रित ग्राउंड रियल्टी नामक ब्लॉग के ब्लॉगर। ईमेल : *hunger55@gmail.com*

प्रेम सिंह : समाजवाद और उदारीकरण के गहन अध्येता: दिल्ली विश्वविद्यालय के पूर्व प्राध्यापक, पूर्व फैलो इंडियन इन्स्टीट्यूट ऑफ एडवांस स्टडीज़ शिमला, पूर्व विजिटिंग प्रोफ़ेसर सेंटर फार ओरियंटल स्टडीज़ विलनियुस यूनिवर्सिटी लिथुआनिया; पूर्व विजिटिंग प्रोफ़ेसर सेंटर ऑफ़ ईस्टर्न लैंग्वेज एंड कल्चर्स डिपार्टमेंट ऑफ इंडोलॉजी सोफिया यूनिवर्सिटी, सोफिया, बुल्गारिया। ईमेल-*drpremsingh8@gmail.com*

मृणाल पाण्डे : प्रख्यात पत्रकार और कथाकार: टी.वी. और प्रिंट मीडिया में लम्बे समय तक प्रमुख पदों पर योगदान; प्रसार भारती की पूर्व अध्यक्ष; सम्प्रति नेशनल हैराल्ड और नवजीवन की सम्पादक; प्रमुख रचनाएँ–अपनी गवाही, हमका दियो परदेस, रास्तों पर भटकते हुए (सभी उपन्यास); यानी कि एक बात थी, बचुली चौकीदारिन की कढ़ी (कहानी संग्रह)। ईमेल : *mrinal.pande@gmail.com*

महेन्द्र मिश्र : युवा पत्रकार और लेखक: चर्चित जनपक्षधर न्यूज़ पोर्टल जनचौक के संस्थापक सम्पादक। ईमेल : *janchowknews@gmail.com*

रवि अरोड़ा : वरिष्ठ पत्रकार, लेखक और रंगकर्मी, विगत 35 वर्षों से पत्रकारिता, पूर्व क्षेत्रीय सम्पादक नयी दुनिया; पूर्व प्रमुख संवाददाता *हिन्दुस्तान;* फिलहाल स्वतन्त्र पत्रकारिता। साल भर तक चले किसान आन्दोलन को करीब से देखा और कवर किया। ईमेल–*raviarora1962@gmail.com*

सुखपाल सिंह : पंजाब एग्रीकल्चर यूनिवर्सिटी लुधियाना में प्रधान अर्थशास्त्री।

सुनीलम : मध्य प्रदेश विधानसभा के पूर्व विधायक। किसान नेता, अखिल भारतीय किसान संघर्ष समन्वय समिति और संयुक्त किसान मोर्चा के सदस्य। ईमेल : *samajwadisunilam@gmail.com*

सचिन कुमार जैन : पत्रकार लेखक और सामाजिक कार्यकर्ता। विकास संवाद नामक संस्था के माध्यम से मीडिया और सरकार की नीतियों में जनहस्तक्षेप। सामाजिक कार्यकर्ताओं के लिए 200 प्रशिक्षण कार्यक्रमों का संचालन। 65 पुसतकों का लेखन। कई पुरस्कारों, से सम्मानित। ईमेल : *Sachin.vikassamvad@gmail.com*

❑❑